— Jim Holt —

GIBT ES ALLES ODER NICHTS?

Eine philosophische Detektivgeschichte

Aus dem Englischen von
Hainer Kober

Büchergilde Gutenberg

Lizenzausgabe für die Büchergilde Gutenberg,
Frankfurt am Main, Wien, Zürich
Mit freundlicher Genehmigung des Rowohlt Verlags, Reinbek bei Hamburg.
Die amerikanische Originalausgabe erschien 2012 unter dem Titel
«Why Does the Worl Exist? An Existential Detective Story»
bei Liveright Publishing Corporation,
A Division of W. W. Norton & Company, New York.
Redaktion: Karin Schneider
© 2012 by Jim Holt
All rights reserved
Auszug aus «Epistemology» aus Ceremony and Other Poems © 1950,
erneuert 1978 by Richard Wilbur, Neuausgabe mit Genehmigung von
Houghton Mifflin Harcourt Publishing Company
Satz aus der Documenta PostScript bei
Dörlemann Satz, Lemförde
© für die deutsche Ausgabe 2014 by Rowohlt Verlag GmbH,
Reinbek bei Hamburg
Druck und Bindung: CPI – Clausen & Bosse, Leck
Printed in Germany 2014
ISBN 978-3-7632-6773-6

www.buechergilde.de

INHALT

PROLOG:
Schneller Beweis, dass etwas sein muss und nicht nichts sein kann, für Leute, die viel um die Ohren haben 7

1 Dem Geheimnis trotzen 9

ZWISCHENSPIEL: Könnte unsere Welt von einem Hacker geschaffen worden sein? 23

2 Philosophische Tour d'Horizon 28

ZWISCHENSPIEL: Arithmetik des Nichts 54

3 Eine kurze Geschichte des Nichts 61

4 Der große Verweigerer 89

5 Endlich oder unendlich? 113

ZWISCHENSPIEL: Nachtgedanken im Café de Flore 123

6 Der induktive Theist aus North Oxford 132

ZWISCHENSPIEL: Das höchste *brute fact* 149

7 Der Magier des Multiversums 165

ZWISCHENSPIEL: Das Ende der Erklärungen 179

8 Der endgültige «free lunch»? 187

ZWISCHENSPIEL: Ekel 201

9 Warten auf die Weltformel 207

ZWISCHENSPIEL: Ein Wort zu vielen Welten 220

10   Platonische Überlegungen 229

ZWISCHENSPIEL: *It from bit?* 249

11   «Das ethische Erfordernis, dass etwas ist» 264

ZWISCHENSPIEL: Ein Hegelianer in Paris 289

12   Das letzte Wort aller Seelen 295

BRIEFLICHES ZWISCHENSPIEL: Der Beweis 317

13   Die Welt als ein kleines Scherzgedicht 324

14   Das Selbst: Existiere ich wirklich? 338

15   Rückkehr ins Nichts 356

EPILOG: Über der Seine 368

Danksagung 373

Anmerkungen 374

Register 390

PROLOG

Schneller Beweis, dass etwas sein muss und nicht nichts sein kann, für Leute, die viel um die Ohren haben

Nehmen Sie an, es gebe nichts. Dann gäbe es keine Gesetze; denn Gesetze sind schließlich etwas. Gäbe es keine Gesetze, wäre alles erlaubt. Wäre alles erlaubt, wäre nichts verboten. Wenn es also nichts gäbe, wäre nichts verboten. Also schließt nichts sich selbst aus. Folglich muss es etwas geben. Was zu beweisen war.

— 1 —
DEM GEHEIMNIS TROTZEN

And this grey spirit, yearning in desire
To follow knowledge like a sinking star
Beyond the utmost bound of human thought.*

Alfred Lord Tennyson, Ulysses

Ich möchte Sie ernsthaft vor dem Versuch warnen, für alles einen Grund und eine Erklärung finden zu wollen ... Das zu versuchen und tatsächlich den Grund für alles zu entdecken, ist sehr gefährlich, denn es bringt nur Enttäuschung und Unzufriedenheit, zerrüttet Ihren Geist und macht Sie unglücklich.

Königin Viktoria, in einem Brief an ihre Enkelin Prinzessin Viktoria von Hessen, 22. August 1883

... wer war denn das erste Wesen im Weltraum bevor ... sonst jemand da war der alles geschaffen hat er denn ah das wissen sie nicht genauso wenig wie ich ...

James Joyce, «Mollys Monolog», Ulysses

Ich erinnere mich noch lebhaft an den Augenblick, als mir das Geheimnis der Existenz zum ersten Mal zu Bewusstsein kam. Es war Anfang der siebziger Jahre. Ich war ein Milchbart und Möchtegernrebell an einer Highschool im ländlichen Virginia. Wie es Milchbärte und Highschool-Rebellen gelegentlich tun, hatte ich

---

* Und dieser graue Geist, sich verzehrend im Verlangen,/der Erkenntnis zu folgen wie einem verglühenden Stern/bis an die äußerste Grenze menschlichen Denkens.

angefangen, mich für Existenzialismus zu interessieren, eine Philosophie, die offenbar Anlass zu der Hoffnung gab, meine jugendlichen Unsicherheiten zu beseitigen oder sie zumindest auf eine höhere Ebene zu verlagern. Eines Tages ging ich in die Bücherei des örtlichen Colleges und schaute mir einige eindrucksvoll wirkende Folianten an: Sartres *Das Sein und das Nichts* und Heideggers *Einführung in die Metaphysik*. Auf den einleitenden Seiten letzteren Buches mit dem vielversprechenden Titel begegnete ich zum ersten Mal der Frage: «Warum ist überhaupt Seiendes und nicht vielmehr Nichts?»[1] Ich weiß noch, wie mir dieser Satz mit seiner Kompromisslosigkeit, Reinheit, schieren Wucht die Sprache verschlug. Hier war die absolut ultimative Warum-Frage, die eine hinter all den anderen, die die Menschheit jemals gestellt hatte. Wo war sie, so fragte ich mich, während meines ganzen, zugegebenermaßen kurzen, geistigen Lebens gewesen?

Es heißt, die Frage «Warum ist etwas und nicht nichts?» sei so tiefsinnig, dass sie nur einem Metaphysiker einfallen könne, aber auch so einfach, dass nur ein Kind auf sie zu kommen vermöge. Damals war ich zu jung, um ein Metaphysiker zu sein. Aber warum war mir die Frage als Kind nicht eingefallen? In der Rückschau liegt die Antwort auf der Hand. Meine natürliche metaphysische Neugier war durch meine religiöse Erziehung erstickt worden. Von frühester Kindheit an wurde mir gesagt – von meiner Mutter und meinem Vater, von den Nonnen, die mich in der Grundschule unterrichteten, von den Franziskanermönchen im Kloster jenseits des Hügels –, dass Gott die Welt erschaffen habe, und zwar aus dem vollkommenen Nichts. Deshalb gab es die Welt. Deshalb gab es mich. Warum es Gott selbst gab, ließ man ein wenig im Ungewissen. Anders als die Welt, die Er so großzügig erschaffen hatte, war Gott ewig. Außerdem war er allmächtig und auch in jeder anderen Hinsicht von unendlicher Vollkommenheit. Deshalb brauchte er vielleicht keine Erklärung für seine Existenz. Da er allmächtig war, hätte er sich aus eigener

Kraft zur Existenz bringen können. Er war, um es lateinisch zu sagen, *causa sui*.

Das ist die Geschichte, die man mir als Kind erzählte. Es ist die Geschichte, die eine große Mehrheit der Amerikaner noch glaubt. Für diese Gläubigen gibt es kein «Geheimnis der Existenz». Wenn man sie fragt, warum es das Universum gibt, sagen sie, es existiert, weil Gott es geschaffen hat. Wenn man sie fragt, warum es Gott gebe, hängt die Antwort davon ab, ob sie theologisch mehr oder weniger bewandert sind. Sie sagen vielleicht, Gott sei selbst verursacht, das heißt, er sei der Grund seines eigenen Seins, seine Existenz sei in seiner Essenz enthalten. Oder sie sagen, dass Menschen, die so gottlose Fragen stellen, in der Hölle schmoren würden.

Aber stellen Sie sich vor, Sie fordern Nichtgläubige auf zu erklären, warum es eine Welt und nicht einfach nichts gibt. Wahrscheinlich werden sie Ihnen keine sehr befriedigende Antwort geben. In den gegenwärtigen «Gotteskriegen» pflegen die Verteidiger des Glaubens das Geheimnis der Existenz als Keule gegen ihre neoatheistischen Widersacher einzusetzen. Richard Dawkins, der Evolutionsbiologe und Berufsatheist, hat es satt, von diesem angeblichen Geheimnis zu hören. «Immer und immer wieder», sagt Dawkins, «kamen meine theologischen Freunde auf den Punkt zurück, dass es einen Grund haben müsse, warum es etwas und nicht nichts gibt.»[2] Christopher Hitchens, ein weiterer unermüdlicher Missionar des Atheismus, musste sich von seinen Gegnern häufig die gleiche Frage gefallen lassen. «Wenn Sie nicht bereit sind, Gottes Existenz anzuerkennen, wie können Sie dann erklären, dass es die Welt gibt?», wurde Hitchens von einer etwas aggressiven rechtsgerichteten Fernsehmoderatorin mit einem Anflug von Triumph in der Stimme gefragt. Eine andere Moderatorin, dieses Mal vom Typ langbeinige Blondine, kam ebenso auf den religiösen Aspekt zu sprechen. «Woher kam das Universum?», fragte sie Hitchens. «Die Vorstellung, dass das alles aus dem Nichts kam, scheint doch Logik und Vernunft zu widersprechen. Was war vor dem Urknall?» Worauf Hitchens erwiderte: «Ich würde nur zu gerne wissen, was vor dem Urknall war.»

Welche Optionen haben wir, das Geheimnis der Existenz zu lösen, wenn wir auf die Gotteshypothese verzichten? Vielleicht nehmen Sie ja an, dass die Naturwissenschaften eines Tages nicht nur erklären können, wie die Welt ist, sondern auch, warum sie ist. Das zumindest hofft Dawkins, der die Antwort von der theoretischen Physik erwartet. Er schrieb: «Vielleicht erweist sich die ‹Inflation›, die in der Physik für den ersten winzigen Sekundenbruchteil im Dasein des Universums postuliert wird, bei genauerer Untersuchung als kosmologischer Kran, der neben Darwins biologischem Kran bestehen kann.»[3]

Stephen Hawking, der ein tatsächlich praktizierender Kosmologe ist, wählte einen anderen Ansatz. Hawking entwickelte ein Modell, in dem das Universum, obwohl endlich in der Zeit, in sich geschlossen ist, ohne Anfang und Ende. In diesem «Ohne-Grenzen-Modell» sei, so erklärt er, kein Schöpfer erforderlich, ob von göttlicher oder anderer Art. Doch selbst Hawking bezweifelt, dass seine Gleichungen das Geheimnis der Existenz vollständig lüften können. «Wer bläst den Gleichungen den Odem ein und erschafft ihnen ein Universum, das sie beschreiben können?», klagt er. «Warum muss sich das Universum all dem Ungemach der Existenz unterziehen?»[4]

Schauen wir uns das Problem der wissenschaftlichen Option etwas genauer an. Das Universum enthält alles, was physikalisch vorhanden ist. Eine wissenschaftliche Erklärung muss eine physikalische Ursache irgendeiner Art aufweisen. Doch jede physikalische Ursache ist definitionsgemäß Teil des Universums, das erklärt werden soll. Folglich muss jede rein wissenschaftliche Erklärung der Existenz des Universums zum Zirkelschluss werden. Selbst wenn wir mit etwas sehr Kleinem beginnen – einem kosmischen Ei, einer winzigen Quantenfluktuation des Vakuums, einer Singularität –, beginnen wir immer noch mit etwas, nicht mit nichts. Die Naturwissenschaften mögen in der Lage sein, nachzuvollziehen, wie sich das gegenwärtige Universum aus einem frühen Zustand physikalischer Wirklichkeit entwickelt hat, und den Prozess sogar bis zum Urknall zurückzuverfolgen. Doch letzten Endes trifft die Wissenschaft auf eine Mauer. Sie kann nicht erklären, wie der physikalische Urzustand aus dem Nichts entstanden ist. Darauf jedenfalls beharren die hartgesottenen Verteidiger der Gotteshypothese.

Wenn die Naturwissenschaften früher außerstande zu sein schienen, Naturerscheinungen zu erklären, waren die Gläubigen rasch zur Stelle und füllten die Lücke mit einem göttlichen Schöpfer – nur um in Verlegenheit zu geraten, wenn es der Wissenschaft schließlich doch gelang, eine Erklärung zu finden. Beispielsweise glaubte Newton, Gott sei erforderlich, um von Zeit zu Zeit kleine Korrekturen an den Bahnen der Planeten vorzunehmen, damit sie nicht zusammenstießen. Doch ein Jahrhundert später bewies Laplace, dass die Physik durchaus in der Lage war, die Stabilität des Sonnensystems zu erklären. Als Napoleon ihn fragte, wo Gott sich in seinem Himmelsschema befinde, antwortete Laplace bekanntlich: «*Je n'avais pas besoin de cette hypothèse.*» – «Ich habe diese Hypothese nicht gebraucht.» In jüngerer Zeit behaupteten Gläubige, die blinde natürliche Selektion allein könne die Entstehung komplexer Organismen nicht erklären, daher müsse Gott den Evolutionsprozess «lenken» – ein Argument, das von Dawkins und anderen Darwinisten schlüssig – und frohgemut – widerlegt wurde.

Solche auf einen «Gott der Lücken» rekurrierenden Argumente fallen in der Regel, wenn sie biologische oder astrophysikalische Details betreffen, auf ihre frommen Urheber zurück. Doch bei der Frage «Warum ist etwas und nicht nichts?» meinen diese Gläubigen, sich auf festerem Boden zu bewegen. «Offenbar kann keine wissenschaftliche Theorie die Kluft zwischen dem absoluten

Nichts und einem vollständig entwickelten Universum überbrücken», schreibt Roy Abraham Varghese, ein Parteigänger der Religion mit wissenschaftlichen Neigungen. «Diese höchste und letzte Frage ist eine metawissenschaftliche Frage, die die Wissenschaft zwar stellen, aber nicht beantworten kann.» Der namhafte Harvard-Astronom – und fromme Mennonit – Owen Gingerich ist der gleichen Meinung. In einem Vortrag mit dem Titel «Gottes Universum», den er 2005 in der Harvard Memorial Church gehalten hat, bezeichnete er diese letzte Warum-Frage als «teleologisch» – eine Frage, die «nicht in die Zuständigkeit der Wissenschaft fällt».[5]

Bekommt es der Atheist mit dieser Art von Argumentation zu tun, zuckt er gewöhnlich die Achseln und sagt, die Welt «ist eben einfach da». Vielleicht existiere sie, weil sie immer existiert habe. Oder vielleicht sei sie ohne jeden Grund entstanden. In jedem Fall ist ihre Existenz ein *brute fact*, eine «unerklärliche nackte Tatsache».

Die *Brute-fact*-Auffassung verneint, dass das Universum in seiner Ganzheit einer Erklärung für seine Existenz bedarf. Damit vermeidet sie die Notwendigkeit, irgendeine transzendentale Wirklichkeit, wie etwa Gott, zu postulieren, um die Frage «Warum ist etwas und nicht nichts?» zu beantworten. Ja, für den Verstand fühlt sich das an, als werde das Handtuch geworfen. Es ist eine Sache, sich mit einem Universum ohne Zweck und Bedeutung abzufinden, das haben wir alle schon mal in einer dunklen Nacht unseres Gemüts getan. Aber ein Universum ohne Erklärung? Das heißt dann wohl doch, die Absurdität zu weit zu treiben, zumindest für eine begründungssüchtige Spezies wie die unsere. Ob es uns klar ist oder nicht, wir alle halten uns instinktiv an das Prinzip des zureichenden Grundes, wie es der Philosoph Leibniz im 17. Jahrhundert nannte. Das bedeutet, dass wir für alles und jedes eine Erklärung brauchen. Für jede Wahrheit muss es einen Grund geben, warum sie so ist und nicht anders; und für die Existenz eines jeden Dings muss es einen Grund geben. Leibniz' Prinzip ist von einigen Kritikern als bloßes «Verlangen eines Metaphysikers» verlacht worden. Dabei ist es ein Grundprinzip der Naturwissenschaften, in denen es sich als bemerkenswert erfolgreich erwiesen hat – so erfolgreich, dass man es pragmatischerweise wahr nennen könnte: es funktioniert. Das Prinzip scheint im begründenden Denken selbst zu wurzeln, denn jeder Versuch, dafür oder dagegen zu argumentieren, setzt seine Gültigkeit voraus. Und wenn das Prinzip des zureichenden Grundes gültig ist, muss es eine Erklärung für die Existenz der Welt geben, ob wir sie finden können oder nicht.

In einer Welt, die ohne irgendeinen Grund existieren würde – einer irrationalen, zufälligen, «einfach vorhandenen» Welt –, würde es sich sehr unbehaglich leben. Zumindest hat das der amerikanische Philosoph Arthur Lovejoy behauptet. 1933 erklärte er in seinen Harvard-Vorlesungen über die «Große Kette des Seins»: Eine solche Welt «hätte keine Beständigkeit, keine Zuverlässigkeit; alles wäre von Ungewißheit infiziert; alles und jedes (ausgenommen vielleicht das in sich Widersprüchliche) könnte existieren, und kein Ding wäre in sich wahrscheinlicher als irgendein anderes».[6]

Sind wir also dazu verurteilt, zwischen Gott und dem tiefen, rohen Absurden wählen zu müssen?

Dieses Dilemma lauert in der Peripherie meines Bewusstseins, seit ich zum ersten Mal auf das Geheimnis des Seins stieß. Daher begann ich darüber nachzudenken, was es mit dem «Sein» auf sich hat. Der philosophische Ausdruck für die fundamentalen Bausteine der Wirklichkeit ist «Substanz». Für Descartes besteht die Welt aus zwei Substanzformen, der Materie, die er als *res extensa*, «ausgedehnte Substanz», bezeichnet, und dem Geist, *res cogitans*, der «denkenden Substanz». Wir Heutigen haben viel von dieser kartesischen Sichtweise übernommen. Das Universum enthält physikalischen Stoff: die Erde, Sterne, Galaxien,

Strahlung, «dunkle Materie», «dunkle Energie» und so fort. Es enthält auch biologisches Leben, das, wie die Naturwissenschaften gezeigt haben, seinem Wesen nach physikalisch ist. Außerdem enthält das Universum Bewusstsein. Es enthält subjektive geistige Zustände wie Freude und Kummer, das Erleben von Röte, das Empfinden, sich den Zeh gestoßen zu haben. Sind solche subjektiven Zustände auf objektive physikalische Zustände zurückzuführen? Diese Frage ist philosophisch noch nicht entschieden. Eine Erklärung ist nur eine Kausalgeschichte, die sich mit Beispielen aus der einen oder anderen dieser ontologischen Kategorien beschäftigt. Der Aufprall der Bowlingkugel bewirkt, dass die Pins fallen. Die Furcht vor einer Finanzkrise bewirkt, dass Aktien verkauft werden.

Wenn das alles ist, was es mit der Wirklichkeit auf sich hat – Materie-Stoff und Geist-Stoff und dazwischen ein Geflecht von Kausalbeziehungen –, dann sieht es mit dem Geheimnis des Seins tatsächlich hoffnungslos aus. Doch vielleicht ist diese dualistische Ontologie allzu sehr vereinfacht. Jedenfalls begann ich, das zu vermuten, als ich nach meinem pubertären Flirt mit dem Existenzialismus in Leidenschaft zur reinen Mathematik entbrannte. Objekte jener Art, mit denen grübelnde Mathematiker ihre Tage zubringen – nicht nur Zahlen und Kreise, sondern auch n-dimensionale Mannigfaltigkeiten, Galois-Systeme und kristalline Kohomologien –, sind im Reich von Raum und Zeit nirgends zu finden. Sie gehören eindeutig nicht zu den materiellen Dingen. Auch scheinen sie nicht von geistiger Beschaffenheit zu sein. Ausgeschlossen beispielsweise, dass der endliche Geist eines Mathematikers eine Unendlichkeit von Zahlen enthalten könnte. Haben mathematische Objekte also eine mathematische Existenz? Nun, das hängt davon ab, was Sie unter «Existenz» verstehen. Platon war sicherlich der Meinung, dass sie existieren. Er glaubte nämlich, dass mathematische Objekte, als zeitlose und unveränderliche Entitäten, wirklicher seien als die Welt der Dinge, die wir mit unseren Sinnen wahrnehmen. Das Gleiche gelte für abstrakte Vorstellungen wie Güte und Schönheit. Für Platon stellten diese «Ideen» die eigentliche Wirklichkeit dar. Alles andere war bloße Erscheinung.

Möglicherweise sind wir nicht gewillt, bei der Revision unseres Wirklichkeitsbegriffs ganz so weit zu gehen. Güte, Schönheit, mathematische Objekte, logische Gesetze – sie sind nicht eigentlich etwas, so wie Geist-Stoff und Materie-Stoff etwas sind. Aber sie sind genauso wenig nichts. Könnten sie vielleicht Bedeutung haben für die Erklärung, warum etwas ist und nicht nichts?

Zugegeben, abstrakte Ideen können nicht in unseren üblichen Kausalerklärungen vorkommen. Beispielsweise wäre es unsinnig zu behaupten, Güte habe den Urknall «verursacht». Aber nicht alle Erklärungen müssen auf dem Prinzip von Ursache und Wirkung beruhen; denken Sie beispielsweise an die Erklärung eines Schachzugs. Etwas zu erklären, heißt im Grunde genommen, etwas plausibel und verständlich zu machen. Wenn eine Erklärung erfolgreich ist, «spüren wir, wie sich der Schlüssel im Schloss dreht», um die gelungene Formulierung des amerikanischen Philosophen C. S. Peirce zu zitieren. Es gibt viele verschiedene Arten von Erklärungen, und jede bedient sich einer anderen Bedeutung von «Ursache». Beispielsweise nennt Aristoteles vier verschiedene Ursachen, die zur Erklärung physikalischer Ereignisse herangezogen werden können, aber nur eine von ihnen, die «Wirkursache», entspricht unserem heutigen engen wissenschaftlichen Begriff. Äußerst extravagant im aristotelischen Schema ist die «Zweckursache», also der Zweck oder das Ziel, um dessentwillen etwas geschieht.

Zweckursachen sind häufig Kennzeichen sehr schlechter Erklärungen: Warum regnet es im Frühling? Damit die Pflanzen wachsen! Solche «teleologischen» Erklärungen parodiert Voltaire in *Candide*, und sie werden von der modernen Wissenschaft zu Recht als Methode zur Erklärung von Naturerscheinungen verworfen. Aber sollen sie auch automatisch ausgeschlossen werden, wenn es darum geht, unsere Existenz in ihrer Gesamtheit zu erklären? Von der Annahme, dass Erklärungen immer mit «Dingen» zu tun haben müssten, hat Nicholas Rescher, ein namhafter zeitgenössischer Philosoph, gesagt, dass «kein Vorurteil tiefer in der westlichen Philosophie verankert ist als dieses».[7] Offenkundig müssen wir uns, um eine gegebene Tatsache – wie diejenige, dass es eine Welt gibt – zu erklären, an andere Tatsachen halten. Doch daraus folgt nicht, dass die Existenz eines gegebenen Dings nur durch Berufung auf andere Dinge erklärt werden kann. Vielleicht sollte ein Grund für die Existenz der Welt anderswo gesucht werden, im Bereich solcher «Nichtdinge» wie mathematischen Objekten, objektiven Werten, logischen Gesetzen oder der Heisenberg'schen Unschärferelation. Vielleicht kann uns etwas in der Art einer teleologischen Erklärung zumindest einen Hinweis liefern, wie sich das Geheimnis von der Existenz der Welt lösen lässt.

In meinem allerersten Philosophiekurs, den ich als Studienanfänger an der University of Virginia belegt hatte, ließ uns der Professor – ein renommierter Ex-Oxforder mit dem vielsagenden Namen A. D. Woozley [*woozly* = wirr] – David Humes *Dialoge über die natürliche Religion* lesen. In diesen Dialogen erörtert ein Trio fiktiver Personen – Cleanthes, Demea und Philo – verschiedene Argumente für die Existenz Gottes. Demea, die streng Orthodoxe unter den dreien, verteidigt das «kosmologische Argument», das im Wesentlichen besagt, die Existenz der Welt lasse sich nur erklären, indem man eine notwendigerweise existierende Gottheit als ihre Ursache postuliere. Daraufhin entwickelt der skeptische Philo – der am ehesten Humes Meinung zum Ausdruck bringt – einen bestechenden Gedanken: Zwar scheine die Welt für ihre Existenz eine gottähnliche Ursache zu brauchen, aber das könne auch an der Blindheit unseres Verstandes liegen. Philo fordert seine Gesprächspartner auf, die folgende arithmetische Merkwürdigkeit zu betrachten: Wenn man irgendein Vielfaches von 9 nimmt (etwa 18, 27, 36 usw.) und die Ziffern dieser Zahlen addiert (1 + 8, 2 + 7, 3 + 6 usw.), erhält man wieder 9. Der mathematische Laie mag darin einen bloßen Zufall sehen. Der erfahrene Algebraiker hingegen erkennt sofort die Notwendigkeit des Sachverhalts. «Ist es nicht annehmbar», fragt Philo, «daß die ganze Einrichtung dieses Universums durch eine gleiche Notwendigkeit beherrscht wird, obgleich keine menschliche Algebra den Schlüssel geben kann, welcher die Schwierigkeit löst?»[8]

Ich fand die Idee einer verborgenen kosmischen Algebra – einer Algebra des Seins! – unwiderstehlich. Allein die Formulierung schien das Spektrum möglicher Erklärungen für die Existenz der Welt enorm auszuweiten. Vielleicht lautet die Alternative gar nicht Gott oder *brute fact*. Vielleicht gibt es eine nicht theistische Erklärung für die Existenz der Welt – eine, die der menschliche Verstand entdecken kann. Eine solche Erklärung müsste keinen Gott postulieren, ihn aber auch nicht unbedingt ausschließen. Sie könnte sogar die Existenz irgendeiner Art übernatürlicher Intelligenz voraussetzen und dabei eine Antwort auf die schreckliche Kinderfrage «Aber wer hat Gott gemacht, Mami?» liefern.

Wie nah sind wir der Entdeckung einer solchen Algebra des Seins? Der Romancier Martin Amis wurde einmal in einem Fernsehinterview von Bill Moyers gefragt, wie das Universum seiner Meinung nach entstanden sei. «Ich würde sagen, wir sind mindestens fünf Einsteins von der Antwort entfernt», erwiderte Amis. Ich denke, er liegt ziemlich richtig mit seiner Schätzung. Aber, so fragte ich mich, gibt es heute überhaupt einen dieser Einsteins? Natürlich kann ich nicht den Anspruch erheben, einer von ihnen zu sein. Aber wenn es mir gelänge, einen von ihnen zu finden oder vielleicht zwei oder drei oder sogar vier und sie dann noch in die richtige Reihenfolge zu bringen ... nun, das wäre eine wunderbare Suche.

Genau das hatte ich vor. Bei meiner Suche nach den Ansätzen einer Antwort auf die Frage «Warum ist etwas und nicht nichts?» stieß ich auf viele verheißungsvolle Ansätze. Einige erwiesen sich als Sackgassen. Einmal rief ich beispielsweise einen Bekannten an, einen theoretischen Kosmologen, der berühmt ist für seine brillanten Spekulationen. Ich geriet an seine Voicemail und sagte, ich hätte eine Frage an ihn. Er rief zurück und hinterließ eine Nachricht auf meinem Anrufbeantworter: «Sprich die Frage auf meine Voicemail, und ich hinterlass die Antwort auf deinem AB», sagte er. Das war verlockend. Ich war einverstanden. Als ich an diesem Tag spätabends nach Hause zurückkehrte, blinkte mein Anrufbeantworter. Gespannt drückte ich auf die Abspieltaste. «Okay», ertönte die Stimme des Kosmologen vom Band, «eigentlich redest du über die Verletzung der Materie-Antimaterie-Parität...»

Ein andermal wandte ich mich an einen bekannten Professor der philosophischen Theologie. Ich fragte ihn, ob die Existenz der Welt erklärt werden könne, indem man eine göttliche Entität postuliere, deren Existenz in ihrer Essenz enthalten sei. «Machen Sie Witze?», sagte er. «Gott ist so vollkommen, er braucht nicht zu existieren!»

Bei wieder einer anderen Gelegenheit begegnete ich auf der Straße in Greenwich Village einem Gelehrten des Zen-Buddhismus, mit dem ich auf einer Cocktailparty bekannt gemacht worden war. Es hieß, er sei eine Autorität auf dem Gebiet kosmischer Fragen. Nach ein wenig Smalltalk fragte ich ihn, rückblickend betrachtet, wohl ein wenig überstürzt: «Warum ist etwas und nicht nichts?» Statt einer Antwort versuchte er, mir einen Schlag auf den Kopf zu versetzen. Er dachte wohl, das sei ein Zen-Kōan gewesen.

Auf der Suche nach einer Lösung für das Rätsel des Seins warf ich meine Netze ziemlich weit aus und sprach mit Philosophen, Theologen, Teilchenphysikern, Kosmologen, Mystikern und einem sehr bedeutenden amerikanischen Schriftsteller. Vor allem aber suchte ich nach Leuten mit einem regen und vielseitigen Verstand. Um etwas wirklich Brauchbares zu der Frage beizusteuern, warum wohl die Welt existiert, muss jemand schon mehr als nur einen einzigen Wissensschwerpunkt haben. Nehmen wir an, ein Wissenschaftler besitzt einen gewissen philosophischen Scharfsinn. Dann könnte er vielleicht erkennen, dass das «Nichts», über das die Philosophen reden, einem bestimmten wissenschaftlich definierbaren Objekt begrifflich äquivalent ist – sagen wir, einer geschlossenen vierdimensionalen Raumzeitmannigfaltigkeit mit verschwindendem Radius. Wenn man eine mathematische Beschreibung dieser Null-Realität in die Gleichungen der Quantenfeldtheorie eingäbe, könnte man vielleicht beweisen, dass ein winziger Schnipsel «falsches Vakuum» eine Wahrscheinlichkeit ungleich null aufweist, spontan zu entstehen – und dass dieser Schnipsel Vakuum durch den wunderbaren Mechanismus der «chaotischen Inflation» zu einem ganz normalen Universum aufgebläht werden könnte. Wäre unser Naturwissenschaftler obendrein in der Theologie bewandert, könnte er erkennen, dass dieses kosmogonische Ereignis sich deuten ließe als eine rückwärts in der Zeit ablaufende Emanation eines künftigen «Omega-Punkts» mit einigen Eigenschaften, die traditionell dem jüdisch-christlichen Gott zugeschrieben werden. Und so fort.

Für solche spekulativen Aufschwünge bedarf es einer kräftigen Portion intellektuellen Elans. Und Elan hatten die meisten meiner Gesprächspartner reichlich zu bieten. Ein Gutteil des Vergnügens an Unterhaltungen mit originären Denkern über so tiefsinnige Fragen wie das Geheimnis des Seins liegt darin, dass man sie dazu bekommt, laut zu denken. Manchmal sagten sie die erstaunlichsten Dinge. Es war, als genösse ich das Privileg, in ihre Denkprozesse zu blicken. Das war natürlich ein Grund für Ehrfurcht. Aber ich fand es auch eigenartig ermutigend. Wenn Sie miterleben, wie selbst solche Denker versuchen, der Frage auszuweichen, warum es eine Welt gibt, wird Ihnen klar, dass Ihre eigenen Gedanken zu diesem Thema nicht ganz so nichtig sind, wie Sie gedacht haben. Vor dem Geheimnis der Existenz kann niemand geistige Überlegenheit für sich beanspruchen. William James hatte schon recht, als er schrieb: «Hier sind wir alle Bettler.»[9]

— *Zwischenspiel* —
KÖNNTE UNSERE WELT VON EINEM HACKER GESCHAFFEN WORDEN SEIN?

Woher kam unser Universum? Lässt seine bloße Existenz nicht darauf schließen, dass eine höchste Schöpfungskraft im Spiel war? Stellt ein Gläubiger diese Frage einem Atheisten, ruft sie in der Regel eine von zwei Antworten hervor. Entweder sagt der Atheist: «Wenn Sie eine solche ‹Schöpfungskraft› postulieren, müssen Sie bereit sein, noch eine zweite zu postulieren, um die Existenz der ersten zu erklären, und eine dritte als Ursprung der zweiten und so fort. Mit anderen Worten, Ihr Versuch endet in einem unendlichen Regress.» Die andere Antwort eines Atheisten lautet, dass, selbst wenn es eine höchste Schöpfungskraft geben sollte, kein Grund bestehe, sie sich als gottähnlich vorzustellen. Warum muss die erste Ursache ein unendlich weises und gutes Wesen sein, gar nicht zu reden davon, dass es sich in allen Einzelheiten für unsere innersten Gedanken und unser Sexualleben interessiert? Warum sollte es überhaupt ein Bewusstsein haben?

Die Vorstellung, dass unser Kosmos irgendwie von einem intelligenten Wesen «gemacht» worden sei, mag allzu simpel, wenn nicht gar völlig verrückt erscheinen. Doch bevor wir sie vollkommen verwerfen, sollten wir uns vielleicht anhören, was Andrei Linde dazu zu sagen hat, der sich intensiver als jeder andere Forscher mit der Frage beschäftigt hat, wie der Kosmos entstanden sein könnte. Linde ist ein russischer Physiker, der 1990 in die USA eingewandert ist und heute an der Stanford University lehrt. Noch als junger Mann in Moskau entwickelte er eine neue Urknalltheorie, die drei verzwickte Fragen beantwortete: Was knallte? Warum knallte es? Und was war, bevor es knallte? Lindes Theorie, die sogenannte chaotische Inflation, erklärte die allgemeine Form des Raums und die Galaxienbildung. Sie sagte auch das exakte Muster der vom Urknall übrig gebliebenen Hintergrundstrahlung voraus, das der COBE-Satellit in den neunziger Jahren entdeckte.

Unter all den seltsamen Implikationen der Linde'schen Theorie ist eine der verblüffendsten Erkenntnisse, dass es gar nicht so schwierig ist, ein Universum zu erschaffen. Dazu sind weder Ressourcen in kosmischer Größenordnung noch übernatürliche Kräfte erforderlich. Es wäre sogar für jemanden in einer nicht viel weiter fortgeschrittenen Zivilisation als der unseren möglich, in einem Labor ein neues Universum zu basteln. Was uns zu einem faszinierenden Gedanken führt: Könnte unser Universum so entstanden sein?

Linde ist ein gut aussehender, korpulenter Mann mit dichter, weißer Mähne. Unter Kollegen genießt er einen legendären Ruf dank seiner Fähigkeit, selbst in leicht angetrunkenem Zustand noch zu akrobatischen Kunststücken und verblüffenden Taschenspielertricks fähig zu sein.

«Als ich die Theorie der chaotischen Inflation entwickelte, stellte ich fest, dass man, um ein Universum wie das unsere entstehen zu lassen, lediglich ein Tausendstel Gramm Materie braucht», erklärte Linde mir in seinem Englisch mit russischem Akzent. «Das genügt, um ein Klümpchen Vakuum zu erzeugen, das sich zu Milliarden und Abermilliarden Galaxien aufbläht, wie wir sie um uns herum sehen. Das sieht nach einem Trick aus, aber so funktioniert die Inflationstheorie nun einmal – alle Materie im Universum wird von der negativen Energie des Gravitationsfelds erzeugt. Was also hindert uns, ein Universum im Labor zu erschaffen? Wir wären wie Götter!»

Ich sollte wohl erwähnen, dass Linde berüchtigt ist für seine verschmitzt-hintergründigen Scherze, und auch in dieser Äußerung war die Ironie unüberhörbar. Aber er versicherte mir, dass die Labor-Kosmogenese durchaus machbar sei, zumindest im Prinzip.

«Es gibt ein paar Lücken in meinem Beweis», räumte er ein. «Aber nach allem, was ich gezeigt habe – und Alan Guth [der die Inflationstheorie mitentwickelt hat] sowie andere, die auf diesem Gebiet arbeiten, sind zu dem gleichen Ergebnis gelangt –, können wir die Möglichkeit nicht ausschließen, dass unser Universum von jemand geschaffen wurde, dem einfach danach zumute war.»

Mir fiel auf, dass sein Entwurf einen Haken hatte. Würde man im Labor einen Urknall auslösen, müsste sich das Babyuniversum dann nicht in unserer Welt ausdehnen, die Menschen zerquetschen, die Gebäude zermalmen und so fort?

Linde versicherte mir, dass dergleichen nicht zu befürchten sei. «Das neue Universum würde in sich selbst expandieren», sagte er. «Sein Raum wäre so gekrümmt, dass er seinem Schöpfer winzig wie ein Elementarteilchen erschiene. Vielleicht würde es sogar völlig aus dessen Welt verschwinden.»

Doch warum sollten wir uns die Mühe machen, ein Universum herzustellen, wenn es sich uns entzöge wie Eurydike einst den Händen des Orpheus? Würden wir uns nicht eine quasi göttliche Macht über unsere Schöpfung wünschen, um in der Lage zu sein, ihre Entwicklung zu verfolgen, zu beeinflussen und dafür zu sorgen, dass die Wesen, die sich darin entwickelten, wohlgeraten wären? Lindes Schöpfer schien große Ähnlichkeit mit dem von Voltaire und US-Amerikas Gründervätern bevorzugten Gottesbegriff zu haben – einem Wesen, das unser Universum geschaffen und in Gang gesetzt hatte, aber sich dann nicht weiter für seine Geschöpfe interessierte.

«Sie haben es erfasst», sagte Linde mit einem amüsierten Schnauben. «Zunächst glaubte ich, der Schöpfer könne Informationen in das neue Universum schicken – um seinen Geschöpfen Benehmen beizubringen, ihnen bei der Entdeckung der Naturgesetze zu helfen und dergleichen. Dann dachte ich eingehender darüber nach. Der Inflationstheorie zufolge bläht sich ein Babyuniversum in einem unvorstellbar winzigen Sekundenbruchteil wie ein Luftballon auf. Stellen wir uns vor, der Schöpfer würde etwas auf die Ballonfläche schreiben, etwa: ‹Bitte denkt daran, dass ich euch gemacht habe.› Die inflationäre Expansion würde diese Botschaft exponentiell anwachsen lassen. Die Geschöpfe in dem neuen Universum lebten in einer winzigen Ecke eines der Buchstaben und wären nie in der Lage, die ganze Botschaft zu lesen.»

Schließlich aber war Linde noch auf einen anderen denkbaren Kommunikationskanal zwischen Schöpfer und Schöpfung gestoßen – den einzig möglichen, soweit er erkennen konnte. Durch entsprechende Manipulation der kosmischen Saat hätte der Schöpfer die Möglichkeit, während des Schöpfungsaktes bestimmte physikalische Parameter des neuen Universums festzulegen. Beispielsweise könnte er entscheiden, in welchem numerischen Verhältnis die Masse des Elektrons und die des Protons stehen sollen. Diese Zahlen, die sogenannten Naturkonstanten, erscheinen uns vollkommen willkürlich: Es gibt keinen erkennbaren Grund, warum sie den gegebenen und nicht irgendeinen anderen Wert besitzen – warum wird beispielsweise die Stärke der Gravitation in unserem Universum durch eine Zahl mit den Ziffern 6673 bestimmt? Doch der Schöpfer könnte durch die Festlegung bestimmter Werte für diese Konstanten eine versteckte Botschaft in die innerste Struktur des Universums schmuggeln. Eine solche Botschaft wäre, wie Linde mit sichtlichem Vergnügen mitteilte, nur von Physikern zu entziffern.

Scherzte er?

«Sie halten das vielleicht für einen Scherz», sagte er. «Aber vielleicht ist es nicht vollkommen absurd. Es könnte erklären, warum die Welt, in der wir leben, so sonderbar, von jeder Vollkommenheit so weit entfernt ist. Allem Anschein nach wurde unser Universum nicht von einem göttlichen Wesen erschaffen, sondern von einem physikalisch bewanderten Hacker!»

Aus philosophischer Sicht verdeutlicht Lindes kleine Geschichte die Gefahr, die in der Annahme liegt, dass die unserem Universum zugrundeliegende Kraft, wenn es denn eine gibt, sich mit dem traditionellen Gottesbegriff decken müsse: allmächtig, allwissend, von unendlicher Güte und so fort. Selbst wenn die Ursache unseres Universums ein intelligentes Wesen wäre, so könnte es doch entsetzlich unfähig und fehlbar sein, indem es etwa die kosmogenische Aufgabe durch eine vollkommen mittelmäßige Schöpfung gründlich vermasselt hätte. Natürlich würde ein orthodoxer Gläubiger auf Lindes Szenario antworten wie immer: «Schön und gut, aber wer hat den Hacker erschaffen?» Hoffen wir, dass bis zum höchsten Ende dieser Leiter nicht nur Hacker am Werk waren.

— 2 —
PHILOSOPHISCHE TOUR D'HORIZON

Das Rätsel gibt es nicht.

Ludwig Wittgenstein,
Tractatus logico-philosophicus,
Satz 6.5

Die ganze Crux des Geheimnisses der Existenz liegt, wie gesagt, zusammengefasst in der Frage: «Warum ist etwas und nicht nichts?» William James nannte diese Frage «die abgründigste der ganzen Philosophie».[1] Der britische Astrophysiker Sir Bernard Lovell meinte, das Grübeln darüber könne «einen vor geradezu quälende Alternativen stellen»[2]; tatsächlich gab es schon Psychiatriepatienten, die von dieser Frage besessen waren. Arthur Lovejoy, Begründer der geisteswissenschaftlichen Disziplin der Ideengeschichte, erklärte, bei dem Versuch, sie zu beantworten, handle es sich «um eine der gewaltigsten Unternehmungen des menschlichen Geistes».[3] Wie alles, was zutiefst unverständlich ist, reizt auch diese Frage zu Scherzen. Vor einigen Jahrzehnten, als ich sie dem amerikanischen Philosophen Arthur Danto stellte, erwiderte er in gespieltem Ärger: «Wer sagt denn, dass es nicht nichts gibt?» Wie sich bald zeigen wird, ist die Antwort nicht nur scherzhaft zu verstehen. Eine noch bessere Entgegnung kam von Sidney Morgenbesser, einem verstorbenen Philosophieprofessor der Columbia University und legendärem Witzbold. «Professor Morgenbesser, warum ist etwas und nicht nichts?», fragte ihn eines Tages ein Student. Woraufhin Morgenbesser erwiderte: «Ach, wissen

Sie, wenn es nichts gäbe, wären Sie immer noch nicht zufrieden!»

Dennoch lässt sich die Frage nicht einfach mit einem Lachen abtun. Jeder von uns, so Martin Heidegger, wird einmal von ihrer «verborgenen Macht... gestreift»:

«In einer großen Verzweiflung z. B., wo alles Gewicht aus den Dingen schwinden will und jeder Sinn sich verdunkelt, steht die Frage auf... In einem Jubel des Herzens ist die Frage da, weil hier alle Dinge verwandelt und wie erstmalig um uns sind... In einer Langeweile ist die Frage da, wo wir von Verzweiflung und Jubel gleich weit entfernt sind, wo aber die hartnäckige Gewöhnlichkeit des Seienden eine Ode ausbreitet, in der es uns gleichgültig erscheint, ob das Seiende ist oder ob es nicht ist...»[4]

Die Nichtbeachtung dieser Frage ist ein Symptom geistiger Beeinträchtigung – das behauptete zumindest der Philosoph Arthur Schopenhauer. «Je niedriger ein Mensch in intellektueller Hinsicht steht, desto weniger Rätselhaftes hat für ihn das Daseyn selbst», schrieb er.[5] Was den Menschen über andere Geschöpfe erhebt, ist das Bewusstsein seiner Endlichkeit; die Aussicht auf den Tod führt zur Vorstellbarkeit des Nichts, dem Schock des Nichtseins. Wenn mein eigenes Selbst, der Mikrokosmos, ontologisch so prekär ist, dann gilt das womöglich auch für den Makrokosmos, für das Universum als Ganzes. Begrifflich steht die Frage «Warum ist die Welt?» mit der Frage «Warum bin ich?» in engem Zusammenhang. Das sind, wie John Updike schrieb, die beiden großen existenziellen Geheimnisse. Sollten Sie zufällig ein Solipsist sein und wie der junge Wittgenstein behaupten: «Ich bin meine Welt», verschmelzen sie miteinander.

Bei einer Frage, die als so zeitlos und universell angesehen wird wie «Warum ist etwas und nicht nichts?», ist es schon seltsam, dass sie vor Beginn der Neuzeit von niemandem explizit gestellt wurde. Vielleicht macht der «Nichts-Teil» die Frage so ausgesprochen modern. Vormoderne Kulturen hatten ihre Schöpfungsmythen, um den Ursprung des Universums zu erklären, aber solche Mythen beginnen nie mit dem reinen Nichts. Stets setzen sie ein Urwesen oder einen Urstoff voraus, aus dem die bekannte Welt hervorging. In einem altnordischen Mythos, der um 1200 entstand, begann das Dasein beispielsweise, als eine feurige Urregion eine urweltliche Frostregion auftaute, woraufhin sich Tropfen einer Flüssigkeit bildeten, die rasch zu Leben erwachten und die Gestalt des weisen Riesen Ymer und einer Kuh namens Audhumla annahmen. Bald entwickelte sich jene Welt, die den Wikingern bekannt war. Nach einem etwas sparsameren Schöpfungsmythos, dem der afrikanischen Bantu, wurde der gesamte Inhalt des Universums – Sonne, Sterne, Land, See, Tiere, Fische, Menschheit – buchstäblich von einem unter Übelkeit leidenden Wesen namens Bumba erbrochen. Kulturen, die keinen Mythos kennen, der erklärt, wie die Welt entstanden ist, sind selten, aber nicht unbekannt. Eine ist die der Pirahã, eines sonderlichen Amazonas-Volks. Wenn Anthropologen die Pirahã fragten, was vor der Welt war, erwiderten sie stets: «Es ist schon immer so gewesen.»[6]

Eine Theorie über die Geburt des Universums bezeichnet man als Kosmogonie, von den griechischen Wörtern *kosmos*, «Universum», und *gone*, «Zeugung». Letzteres hat dieselbe Sprachwurzel wie «Gonade». Die Griechen waren die Pioniere der rationalen Kosmogonie, die der mythopoetischen Spielart der Schöpfungserzählungen gegenübersteht. Trotzdem haben die Griechen nie gefragt, warum es eine Welt gibt und nicht gar nichts. Ihre Kosmogonien begannen alle mit irgendeinem Ausgangsstoff, der immer ziemlich chaotisch war. Die natürliche Welt entstand dann, wenn diesem anarchischen Urzustand Ordnung aufgezwungen wurde: wenn aus Chaos Kosmos wurde. (Interessant, dass «Kosmos» und «Kosmetik» dieselbe Wurzel haben: *kosméo*, das griechische Wort für «ordnen» oder «schmücken».) Zu der Frage, wie das Urchaos ausgesehen haben könnte, äußerten die griechischen

Philosophen unterschiedliche Vermutungen. Thales glaubte, sein beherrschendes Element sei das Wasser gewesen, eine Art Urmeer. Für Heraklit war es Feuer. Anaximander hatte eine abstraktere Vorstellung, er hielt es für einen unbestimmten Stoff, den er das «Grenzenlose» nannte. Für Platon und Aristoteles war es ein formloses Substrat, in dem man ein vorwissenschaftliches Konzept des Raums sehen könnte. Die Griechen interessierten sich nicht sonderlich für die Frage, woher diese Urmaterie gekommen sein könnte. Man hielt sie einfach für ewig. Was immer sie war, sie war sicherlich nicht nichts – eine Idee, die für die Griechen völlig unvorstellbar war.

Das Nichts war auch der jüdischen Tradition völlig fremd. Im ersten Buch Mose erschafft Gott die Welt nicht aus nichts, sondern aus einem Chaos von Erde und Wasser, das «wüst und leer» war – *tohu bohu* im hebräischen Original.

Doch zu Beginn der christlichen Ära begann sich eine neue Denkweise durchzusetzen. Die Vorstellung, dass Gott irgendeinen Stoff brauchte, um eine Welt zu formen, schien seinen vermeintlich unendlichen Schöpfungskräften eine Grenze zu setzen. Daher entwickelten die Kirchenväter um das 2. oder 3. Jahrhundert eine vollkommen neue Kosmogonie. Die Welt sei, so verkündeten sie, allein durch Gottes schöpferisches Wort in ihre Existenz gerufen worden, ganz ohne einen präexistenten Stoff, aus dem er sie hätte erschaffen können. Diese Lehre von der Creatio ex nihilo, der Schöpfung aus dem Nichts, ging in die islamische Theologie ein, wo sie jetzt zum Kalam-Beweis für die Existenz Gottes gehört. Auch in das jüdische Denken des Mittelalters fand sie Eingang. Als der jüdische Philosoph Maimonides den Anfang des Ersten Buchs Mose las, gelangte er zu dem Schluss, dass Gott die Welt aus nichts erschaffen habe.

Die Aussage, Gott habe die Welt «aus nichts» gemacht, heißt nicht, das Nichts in den Rang einer Entität zu erheben, auf eine Stufe mit Gott. Es heißt lediglich, dass Gott die Welt nicht aus etwas erschaffen hat. Wie andere christliche Theologen vertrat auch Thomas von Aquin diese Auffassung mit großer Entschiedenheit. Trotzdem schien die Lehre von der Schöpfung aus nichts die Vorstellung vom Nichts als eine echte ontologische Option zu bestätigen. Sie schuf die begriffliche Möglichkeit zu fragen, warum eine Welt ist und nicht gar nichts.

Was dann einige Jahrhunderte später jemand tatsächlich tat – ein deutscher Höfling, der eitel und nicht ganz ehrlich war und zugleich zu den größten Denkern aller Zeiten zählte: Gottfried Wilhelm Leibniz. Man schrieb das Jahr 1714. Der achtundsechzigjährige Leibniz stand am Ende eines langen und aberwitzig produktiven Gelehrtenlebens. Zur gleichen Zeit wie Newton und völlig unabhängig von diesem hatte er die Infinitesimalrechnung entwickelt. Im Alleingang hatte er die wissenschaftliche Logik revolutioniert. Er hatte eine fantastisch anmutende Metaphysik ersonnen, in der es um eine unendliche Zahl seelenartiger Entitäten geht, sogenannter Monaden, und um die – später von Voltaire in *Candide* so gnadenlos verspottete – Lehre von «der besten aller möglichen Welten». Trotz seines Ansehens als Philosoph und Wissenschaftler wurde Leibniz in Hannover zurückgelassen, als sein hochwohlgeborener Arbeitgeber, der Kurfürst Georg Ludwig, nach Großbritannien ging, um dort als König George den Thron zu besteigen. Leibniz' Gesundheit war angegriffen; zwei Jahre später starb er und verließ – nach Angaben des Sekretärs – seinen Körper in einer dichten Wolke giftiger Gase.

Unter diesen wenig erfreulichen Umständen verfasste Leibniz seine letzten philosophischen Schriften, unter anderem den Aufsatz «Vernunftprinzipien der Natur und der Gnade». Darin legte er sein Prinzip des «zureichenden Grundes» dar, das im Wesentlichen besagt, es gebe eine Erklärung für jede Tatsache, eine Antwort auf jede Frage. «Ist dieses Prinzip aufgestellt», heißt es dort, «so wird die erste Frage, die man mit Recht stellen darf, die sein, warum es eher Etwas als Nichts gibt.»[7]

Für Leibniz ergab sich die vermeintliche Antwort von selbst. Aus Karrieregründen hatte er sich immer zur religiösen Orthodoxie bekannt. Daher behauptete er, der Grund für die Existenz der Welt sei Gott, der sie aus eigenem freiem Willen dank seiner unendlichen Güte erschaffen habe.

Doch wie ließ sich Gottes eigene Existenz erklären? Auch auf diese Frage wusste Leibniz eine Antwort. Im Gegensatz zum Universum, dessen Sein kontingent sei, wäre Gott notwendig. Er trage den Grund seiner Existenz in sich selbst. Seine Nichtexistenz sei logisch unmöglich.

Kaum hatte er also die Frage «Warum ist überhaupt etwas und nicht vielmehr nichts?» gestellt, da verwarf er sie schon wieder. Die Existenz des Universums habe ihren Grund in Gott. Und die Existenz Gottes habe ihren Grund in Gott. Nur Gott könne, so Leibniz, das letzte Geheimnis der Existenz lüften.

Die Leibniz'sche Lösung für das Rätsel der Existenz hatte nicht lange Bestand. Noch im 18. Jahrhundert attackierten David Hume und Immanuel Kant – zwei Philosophen, die über die meisten anderen Fragen zerstritten waren – den Begriff des «notwendigen Seins» als ontologischen Betrug. Natürlich gibt es Entitäten, deren Existenz logisch unmöglich ist – wie die eines quadratischen Kreises beispielsweise. Doch die Existenz keiner Entität – darin waren sich Hume und Kant einig – ist durch reine Logik gewährleistet. «Alles, was wir als seiend vorstellen, können wir auch als nichtseiend vorstellen», schreibt Hume. «Also gibt es kein Ding, dessen Nichtsein einen Widerspruch einschließt» – Gott eingeschlossen.[8]

Doch wenn Gott nicht notwendigerweise existiert, ergibt sich eine vollkommen neue metaphysische Möglichkeit: die Möglichkeit eines absoluten Nichts – keine Welt, kein Gott, kein irgendwas. Merkwürdigerweise nahmen jedoch weder Hume noch Kant die Frage «Warum ist etwas und nicht nichts?» ernst. Hume hielt jede denkbare Antwort darauf «für bloße Sophisterei und

Illusion», da sie niemals auf unsere Erfahrung gegründet sein könne. Nach Kants Ansicht würde der Versuch, die Gesamtheit des Seins zu erklären, notgedrungen bedeuten, dass wir die Begriffe, mit deren Hilfe wir die Welt unserer Erfahrung strukturieren – Begriffe wie Kausalität und Zeit –, unzulässig auf eine Wirklichkeit verallgemeinern, die diese Welt transzendiert, das heißt, auf die Wirklichkeit der «Dinge an sich». Das Ergebnis könnten nur Irrtum und Widersprüchlichkeit sein.

Möglicherweise unter dem Eindruck dieser Hume'schen und Kant'schen Einschränkungen scheuten nachfolgende Philosophen weitgehend die Auseinandersetzung mit der Frage: «Warum ist etwas und nicht nichts?» Der große Pessimist Schopenhauer, der vom Geheimnis der Existenz sagte, es sei «die Unruhe, welche die nie ablaufende Uhr der Metaphysik in Bewegung erhält», ließ sich nicht daran hindern, die Philosophen, die vorgaben, es zu lösen, als Possenreißer, «Windbeutel» und «Scharlatane» zu bezeichnen.[9] Der deutsche Romantiker Friedrich Schelling erklärte, die Hauptaufgabe der Philosophie sei es, «die Thatsache der Welt zu erklären».[10] Doch Schelling gelangte bald zu dem Schluss, es sei unmöglich, die Existenz rational zu erklären; allenfalls könnten wir sagen, glaubte er, die Welt sei durch einen unbegreiflichen Sprung aus dem Abgrund ewigen Nichts erwachsen. Hegel schrieb eine Menge unverständlicher Prosa über «das Verschwinden von Sein in Nichts und von Nichts in Sein»,[11] aber der dänische Philosoph Søren Kierkegaard befand, seine dialektischen Manöver seien kaum erhellender als eine «Kolonialwarenhändlererklärung».[12]

Anfang des 20. Jahrhunderts regte sich erneut ein gewisses Interesse am Geheimnis der Existenz, was in erster Linie dem französischen Philosophen Henri Bergson zu verdanken war. «Ich will wissen, warum das Universum ist», erklärte Bergson 1907 in seinem Buch *Schöpferische Entwicklung*. Alle Existenz – Materie, Bewusstsein, Gott selbst – sei, so schien es ihm, «ein Sieg über das Nichtsein».[13] Doch nach intensivem Nachdenken gelangte er zu dem Schluss, dass diese Überwindung so wundersam gar nicht sei. Die ganze Etwas-oder-nichts-Frage beruhe auf einer Illusion: der Illusion, dass es gar nichts geben könne. Mit einer Reihe zweifelhafter Argumente gab Bergson vor, beweisen zu können, dass der Begriff des absoluten Nichts in sich widersprüchlich sei wie der Begriff eines runden Quadrats. Da das Nichts ein Pseudobegriff sei, handle es sich bei der Frage «Warum ist etwas und nicht nichts?» um eine Pseudofrage.

Diese ernüchternde Schlussfolgerung machte sicherlich keinen Eindruck auf Martin Heidegger, für den das Nichts allzu wirklich war, eine Art negierender Kraft, die das Reich des Seins mit Vernichtung bedrohte. Ganz am Anfang einer Reihe von Vorlesungen, die Heidegger 1935 an der Universität Freiburg hielt – wo er ob seiner NSDAP-Mitgliedschaft zum Rektor ernannt worden war –, bezeichnete er die Frage «Warum ist überhaupt Seiendes und nicht vielmehr Nichts?» als die «weiteste, tiefste und ursprünglichste Frage».[14]

Und was fing Heidegger im Verlauf der Vorlesungen mit dieser Frage an? Nicht viel. Er ließ sich über ihr existenzielles Pathos aus. Er dilettierte in selbst gebastelter Etymologie, trug griechische, lateinische und sanskritische Wörter zusammen, die mit «Sein» verwandt waren. Er schwärmte von den poetischen Qualitäten der Vorsokratiker und der griechischen Tragiker. Am Ende der letzten Vorlesung erklärte Heidegger schließlich: «Fragen können heißt: warten können, sogar ein Leben lang»[15] – was diejenigen seiner Zuhörer, die auf die Andeutung einer Antwort gehofft hatten, zu einem müden Kopfnicken veranlasst haben wird.

Zweifellos war Heidegger der einflussreichste kontinentaleuropäische Philosoph des 20. Jahrhunderts. Doch für die englischsprachige Welt war es Ludwig Wittgenstein. Wittgenstein und Heidegger wurden im selben Jahr, 1889, geboren. Was ihren Charakter anging, hätten sie allerdings gegensätzlicher nicht sein können: Wittgenstein war mutig und asketisch, Heidegger verschlagen und eitel. Beide aber waren sie gleichermaßen angezogen vom Geheimnis – oder vom «Mystischen» – der Existenz. «Nicht *wie* die Welt ist, ist das Mystische, sondern *dass* sie ist», bekennt Wittgenstein in einem der nüchtern bezifferten Sätze – 6.44, um genau zu sein – des *Tractatus logico-philosophicus*, des einzigen Werks, das er zu Lebzeiten veröffentlichte.[16] Einige Jahre zuvor, am 26. Oktober 1916, hatte Wittgenstein in das Tagebuch, das er als Soldat der österreichischen Armee während des Ersten Weltkriegs führte, notiert: «Das künstlerische Wunder ist, daß es die Welt gibt.» Später am selben Tag folgte die an Schiller angelehnte Eintragung: «Ernst ist das Leben, heiter die Kunst» – und das, während er an der russischen Front kämpfte.[17] Staunen und Verwunderung über die Existenz der Welt gehörten nach eigenem Bekunden zu den drei Erfahrungen, die ihm ermöglichten, sein Denken auf Ethik zu richten; die anderen beiden waren das Gefühl absoluter Sicherheit und die Erfahrung von Schuld. Doch wie bei allen wirklich wichtigen Fragen – Ethik, Sinn des Lebens und Tod – sei jeder Versuch einer Erklärung vergeblich; er führe über die Grenzen der Sprache hinaus ins Reich des Unsagbaren. Zwar achte er den Drang, die Frage «Warum ist etwas und nicht nichts?» zu stellen, halte sie aber letztlich für sinnlos. Kompromisslos hat er diesen Gedanken in Satz 6.5 des *Tractatus* formuliert: «Das Rätsel gibt es nicht.»

Auch wenn Wittgenstein das «Mystische» der Existenz für nicht sagbar hielt, es hat ihm dennoch ein Gefühl der Ehrfurcht und der geistigen Erleuchtung vermittelt. Dagegen erschien es vielen britischen und amerikanischen Philosophen, die nach ihm kamen, als eine abstruse Zeitverschwendung. Ein typisches Beispiel für diese ablehnende Haltung verkörperte A.J. «Freddy» Ayer, der britische Wortführer des logischen Positivismus, eingeschworene Feind aller Metaphysik und selbst ernannte philosophische Erbe David Humes. 1949 führte Ayer in einer Rundfunksendung der BBC mit Frederick Copleston, einem Jesuitenpater und Philosophiehistoriker, ein Streitgespräch über die Existenz Gottes. Wie sich herausstellte, drehte sich ein Großteil dieser Debatte um die Frage, warum etwas ist und nicht nichts. Für Pater Copleston eröffnete diese Frage einen Zugang zur Transzendenz, eine Möglichkeit, zu erkennen, dass Gottes Existenz «die höchste ontologische Erklärung der Erscheinungen ist».[18] Für Ayer, seinen atheistischen Widersacher, war das dummes Geschwätz.

«Nehmen wir an», sagte Ayer, «Sie stellen eine Frage wie: ‹Woher kommen alle Dinge?› Das ist eine vollkommen sinnvolle Frage zu jedem beliebigen Ereignis. Fragen Sie, woher etwas kommt, fragen Sie nach einem Ereignis, das vorher stattgefunden hat. Doch wenn Sie diese Frage verallgemeinern, wird sie sinnlos. Denn dann fragen Sie, was vor allen Ereignissen war. Selbstverständlich kann kein Ereignis vor allen Ereignissen sein. Da es ein Element der Klasse aller Ereignisse ist, muss es in dieser enthalten sein und kann daher nicht früher als diese sein.»[19]

Wittgenstein, der sich diese Sendung angehört hatte, sagte später zu einem Freund, er habe Ayers Argumentation als «unglaublich seicht» empfunden.[20] Trotzdem hielt man das Ergebnis der Debatte für so knapp, dass man einige Jahre darauf eine «Rückrunde» im Fernsehen ansetzte. Aber es gab eine technische Störung, und Ayer und Copleston wurden während ihrer Behebung so reichlich mit Whisky versorgt, dass sie, als die Debatte endlich begann, keinen zusammenhängenden Gedanken mehr formulieren konnten.

Der Meinungsstreit zwischen Ayer und Copleston darüber, ob die Frage «Warum ist etwas und nicht nichts?» sinnvoll sei oder nicht, lief letztlich auf einen Disput über das Wesen der Philosophie hinaus. Die große Mehrheit der Philosophen in der englischsprachigen Welt schlug sich in dieser Auseinandersetzung auf Ayers Seite. Es gebe zwei Arten von Wahrheiten, behaupteten die

Orthodoxen: logische Wahrheiten und empirische Wahrheiten. Nach dieser Auffassung hängen logische Wahrheiten nur von Wortbedeutungen ab. Die Notwendigkeiten, die sie ausdrücken, wie etwa «Alle Junggesellen sind unverheiratet», sind rein sprachliche Notwendigkeiten. Daher können logische Wahrheiten keine Erklärungen der Wirklichkeit liefern. Empirische Wahrheiten dagegen, so die Vertreter dieser Ansicht, hängen von der Evidenz ab, die die Sinne vermitteln. Sie fallen in die Zuständigkeit der wissenschaftlichen Forschung. Man war sich allgemein einig, dass die Frage, warum es die Welt gibt, dem Zugriff der Wissenschaft entzogen sei: Eine wissenschaftliche Erklärung könne schließlich einen Teil der Wirklichkeit nur mittels anderer Teile erklären; niemals könne sie die Wirklichkeit als Ganze erklären. Daher müsse die Existenz ein *brute fact* sein. Bertrand Russell fasste den philosophischen Konsens wie folgt zusammen: «Ich würde sagen, daß die Welt einfach da ist, und damit hat es sich.»[21]

Der überwiegende Teil der Wissenschaftler stimmte ihm zu. Die *Brute-fact*-Position ist relativ bequem, wenn man davon ausgeht, dass es das Universum schon immer gegeben hat. Und diese Ansicht teilten die meisten großen Naturwissenschaftler der Neuzeit – darunter Kopernikus, Galilei und Newton. Einstein war davon überzeugt, dass das Universum nicht nur ewig, sondern auch gänzlich unveränderlich sei. Als er 1917 seine allgemeine Relativitätstheorie auf die Raumzeit als Ganze anwendete, stellte er zu seiner Überraschung fest, dass seine Gleichungen ein ganz anderes Bild entwarfen: Danach musste sich das Universum entweder ausdehnen oder zusammenziehen. Das erschien ihm grotesk, deshalb setzte er einen Pseudofaktor in seine Theorie ein, der dafür sorgte, dass das Universum wieder ewig und unveränderlich war.

Ausgerechnet ein ordinierter Priester hatte den Mut, die Relativitätstheorie logisch zu Ende zu denken. 1927 arbeitete Georges Lemaître von der Universität Löwen in Belgien über ein Einstein'sches Modell des Universums, in dem der Raum expandierte. Als Pater Lemaître diesen Prozess in Gedanken rückwärts verfolgte, gelangte er zu der Hypothese, dass das ganze Universum in der Vergangenheit aus einem unvorstellbar kleinen Uratom von unendlich konzentrierter Energie hervorgegangen sei. Zwei Jahre später wurde Lemaîtres Modell des expandierenden Universums vom Astronomen Edwin Hubble bestätigt, der mit seinen Beobachtungen am Mount Wilson Observatory in Kalifornien bewies, dass sich alle Galaxien um uns herum tatsächlich entfernen. Beide Theorien und die empirischen Daten deuteten auf dieselbe Schlussfolgerung hin: Das Universum muss einen plötzlichen Anfang in der Zeit gehabt haben.

Die Kleriker jubelten. Damit war ihnen, glaubten sie, der Beweis für die biblische Schöpfungsgeschichte in den Schoß gefallen. 1951, in der Eröffnungsrede zu einer Konferenz im Vatikan, erklärte Papst Pius XII., diese Theorie vom kosmischen Ursprung lege Zeugnis ab «von dem erhabenen Augenblick des ersten *Fiat Lux* ... als zusammen mit der Materie ein Meer aus Licht und Strahlung hervorbrach ... Daher hat die Schöpfung stattgefunden. Wir sagen: Deshalb gibt es einen Schöpfer. Folglich gibt es Gott!»[22]

Die Leute am anderen Ende des ideologischen Spektrums knirschten mit den Zähnen – insbesondere die Marxisten. Ganz abgesehen von ihrer religiösen Aura widersprach die neue Theorie der Überzeugung von der Unendlichkeit und Ewigkeit der Materie, die ein Axiom von Lenins dialektischem Materialismus war. Folglich wurde die Theorie als «idealistisch» verworfen. Der marxistisch angehauchte Physiker David Bohm diffamierte die Urheber der Theorie als «Wissenschaftler, die praktisch zu Verrätern an der Wissenschaft werden und wissenschaftliche Fakten unterschlagen, um zu Schlussfolgerungen zu gelangen, die der katholischen Kirche genehm sind».[23] Auch Atheisten, die nicht dem marxistischen Lager angehörten, äußerten sich ablehnend.

«Einige jüngere Forscher wurden so aufgeregt über diese theologischen Tendenzen, daß sie ihre kosmologische Quelle einfach zu verstopfen beschlossen», berichtete der deutsche Astronom Otto Heckmann, ein prominenter Forscher auf dem Gebiet der kosmischen Expansion.[24] Sir Arthur Eddington, Doyen der Disziplin, schrieb: «Die Vorstellung eines Anfangs empfinde ich als abstoßend... Ich glaube einfach nicht, dass die gegenwärtige Ordnung der Dinge mit einem Knall begann... das expandierende Universum ist absurd... unglaubwürdig... lässt mich kalt.»[25]

Sogar einige überzeugte Wissenschaftler waren irritiert. So fand der Kosmologe Sir Fred Hoyle, dass eine Explosion ein ziemlich würdeloser Anfang für eine Welt sei, wie «ein Partygirl, das aus einer Torte springt».[26] In den fünfziger Jahren bezeichnete Hoyle den hypothetischen Ursprung unseres Universums spöttisch als «Big Bang», als «Großen Knall», woraus dann im Deutschen der «Urknall» wurde. Der Ausdruck setzte sich durch.

Erst kurz vor seinem Tod im Jahr 1955 gelang es Einstein, seine metaphysischen Skrupel hinsichtlich des Urknalls zu überwinden. Den Versuch, ihn durch einen theoretischen Trick zu umgehen, bezeichnete er als «die größte Eselei» seines Lebens. Hoyle und alle übrigen Skeptiker wurden 1965 endgültig überzeugt, als zwei Wissenschaftler von den Bell Labs in New Jersey zufällig eine allgegenwärtige Mikrowellenstrahlung entdeckten, die sich als das ferne Echo des Urknalls herausstellte – zunächst hatten die beiden Forscher sie für ein Störgeräusch gehalten, das durch den Taubenmist auf ihrer Antenne verursacht worden sei. Wenn Sie früher beim Einstellen Ihres Fernsehapparats zwischen zwei Sendern landeten, wurde das schwarz-weiße Flimmern auf dem Bildschirm zu ungefähr zehn Prozent von Photonen bewirkt, die vom Urknall übrig geblieben sind. Lässt sich ein besserer Beweis für die Wirklichkeit des Urknalls finden als die Tatsache, ihn im eigenen Fernseher anschauen zu können?

Egal, ob das Universum einen Schöpfer hatte oder nicht, die

Erkenntnis, dass es zu einem bestimmten Zeitpunkt in der Vergangenheit entstanden war – vor 13,7 Milliarden Jahren nach den neuesten kosmologischen Berechnungen –, schien die Vorstellung, es sei ontologisch autark, ad absurdum zu führen. Galt doch bis dahin die Annahme als vernünftig, dass alles, was aus sich selbst existiert, ewig und unvergänglich sein müsse. Doch jetzt sah es so aus, als sei das Universum weder das eine noch das andere. So wie es durch den Urknall mit einem Schlag existierte, expandierte und sich zur heutigen Gestalt entwickelte, so könnte es auch in einer fernen Zukunft mit einem vernichtenden Big Crunch, einem «Großen Knirschen», wieder aus der Existenz verschwinden. Ob das Schicksal des Universums letztlich ein Big Crunch, ein Big Chill [eine Große Kälte] oder ein Big Crack-up [Großes Bersten] sein wird, ist in der heutigen Kosmologie eine vollkommen offene Frage. Das Leben des Universums kann wie das unsere durchaus ein Zwischenspiel zwischen zwei großen Nichtsen sein.

Jedenfalls sorgte die Entdeckung des Urknalls dafür, dass es sehr viel schwieriger wurde, der Frage «Warum ist etwas und nicht nichts?» auszuweichen. «Sollte das Universum nicht schon immer existiert haben, stünde die Wissenschaft vor der Notwendigkeit, seine Existenz zu erklären», meinte Arno Penzias,[27] der sich für die Entdeckung, dass der Urknall nachglühte, den Nobelpreis teilte. Die ursprüngliche Warum-Frage wurde nicht nur mit neuem Leben erfüllt, sondern sie musste jetzt auch durch eine Wie-Frage ergänzt werden: «Wie konnte etwas aus Nichts entstehen?» Abgesehen davon, dass die Urknall-Hypothese den Apologeten der Religion frische Hoffnung gab, eröffnete sie auch eine neue und rein wissenschaftliche Möglichkeit, den tatsächlichen Ursprung des Universums zu erforschen. Überhaupt schienen sich die Forschungsansätze ungeheuer zu vervielfältigen. Schließlich gab es zwei revolutionäre Entwicklungen in der Physik des 20. Jahrhunderts. Die eine, Einsteins Relativitätstheorie, führte zu der Schlussfolgerung, dass das Universum einen Anfang in der Zeit hatte. Die andere, die Quantenmechanik, hatte noch radikalere Konsequenzen, denn sie erschütterte das Gesetz von Ursache und Wirkung. Nach der Quantentheorie sind Ereignisse auf der Mikroebene zufallsgesteuert; sie verstoßen gegen das klassische Prinzip der Kausalität. Damit ergab sich die theoretische Möglichkeit, dass auch das Universum ohne eine Ursache von übernatürlicher oder anderer Art entstanden sein könnte. Vielleicht war die Welt spontan aus dem reinen Nichts hervorgekommen. Alles, was existiert, könnte einer Zufallsfluktuation in vollkommener Leere zu verdanken sein, einem «quantenmechanischen Tunneleffekt», der den Übergang vom Nichts ins Sein ermöglicht hatte. Wie das im Einzelnen geschehen sein könnte, ist das Spezialgebiet einer kleinen, aber einflussreichen Gruppe von Physikern, die gelegentlich als «Nichts-Theoretiker» bezeichnet werden. Mit einer Mischung aus metaphysischer Chuzpe und Naivität glauben diese Physiker – unter ihnen auch Stephen Hawking –, sie seien in der Lage, ein Geheimnis zu lüften, von dem man bislang glaubte, es sei wissenschaftlicher Erkenntnis entzogen.

Möglicherweise von dieser naturwissenschaftlichen Unruhe beflügelt, offenbarten auch die Philosophen größere ontologische Kühnheit. Der logische Positivismus, der die Frage «Warum ist etwas und nicht nichts?» ignoriert hatte, wurde in den sechziger Jahren zu Grabe getragen – Opfer seiner Unfähigkeit, zwischen Sinn und Unsinn zu unterscheiden. Daraufhin erlebte die Metaphysik – der Versuch, die Wirklichkeit als Ganzes zu beschreiben – eine Renaissance. Selbst in der angelsächsischen Welt scheuen «analytische» Philosophen die Auseinandersetzung mit metaphysischen Themen nicht mehr. Der wohl kühnste der vielen Philosophen, die sich in den letzten Jahrzehnten mit dem Geheimnis der Existenz beschäftigten, war der 2002 mit dreiundsechzig Jahren verstorbene Robert Nozick von der Harvard University. Obwohl vor allem bekannt als Verfasser des libertären Klassikers *Anarchie, Staat, Utopia [Anarchy, State, and Utopia]* war Nozick auch so besessen von der Frage «Warum ist etwas und nicht nichts?», dass er in dem späteren Buch *Philosophical Explanations* den verschiedenen – teilweise höchst abenteuerlichen – Möglichkeiten ihrer Beantwortung einen fünfzigseitigen Abschnitt widmete. Unter anderem forderte er den Leser auf, sich das Nichts als eine Kraft vorzustellen, «die die Dinge in die Nichtexistenz saugt».[28] Er postulierte ein «Fruchtbarkeitsprinzip», das die gleichzeitige Existenz aller möglicher Welten gestattete. Schließlich behauptete er sogar, eine Art mystische Einsicht in die Grundlagen der Wirklichkeit zu haben. Den Kollegen, die seine Versuche, diese letzte aller Fragen zu beantworten, etwas seltsam finden mochten, trat Nozick mit großer Entschiedenheit entgegen: «Jemand, der eine nicht seltsame Antwort vorschlägt, zeigt, dass er die Frage nicht verstanden hat.»[29]

Heute spaltet die Frage «Warum ist etwas und nicht nichts?» die denkende Zunft in drei Lager. Die «Optimisten» vertreten die Ansicht, dass es einen Grund für die Existenz der Welt geben müsse und wir sehr wohl in der Lage seien, ihn zu entdecken. Die «Pessimisten» glauben, dass es einen Grund für die Existenz der Welt geben könnte, aber dass wir ihn nie mit Sicherheit erkennen würden – vielleicht, weil wir zu wenig von der Wirklichkeit sehen, um uns des hinter ihr verborgenen Grundes bewusst zu sein oder weil ein solcher wie auch immer gearteter Grund jenseits der menschlichen Verstandesfähigkeiten liegt, die von der Natur für Überlebenszwecke und nicht für die Erfassung des innersten Wesens unseres Kosmos entwickelt wurden. Und schließlich sind da die «Verweigerer», die hartnäckig dabei bleiben, dass es keinen Grund für die Existenz der Welt geben könne und dass daher schon die Frage selbst sinnlos sei.

Sie müssen kein Philosoph oder Wissenschaftler sein, um sich einem dieser Lager anzuschließen. Jeder ist dazu berechtigt. Beispielsweise scheint sich Marcel Proust für das Lager der Pessimisten entschieden zu haben. Der Erzähler seines umfangreichen Romanwerks *Auf der Suche nach der verlorenen Zeit* meint im Gedanken an die Dreyfus-Affäre, die die französische Gesellschaft in einander bekriegende Fraktionen gespalten hatte, dass die politische Weisheit möglicherweise machtlos sei, diese Auseinandersetzung zu beenden, «so wie in der Philosophie die reine Logik für die Lösung der Fragen des Seins unzuständig ist».[30]

Doch nehmen wir an, Sie sind ein optimistischer Mensch. Welcher Ansatz erscheint Ihnen am verheißungsvollsten, um das Geheimnis der Existenz zu lüften? Ist es der traditionelle theistische Weg, auf dem man nach einer gottähnlichen Entität als notwendiger Ursache und Erhalterin alles Seins sucht? Ist es der wissenschaftliche Ansatz, der sich an der Quantenkosmologie orientiert, um zu erklären, warum ein Universum zwangsläufig aus der Leere in die Existenz springen muss? Oder eine rein philosophische Herangehensweise, bei der es darum geht, einen Grund für die Existenz der Welt aus abstrakten Wertvorstellungen oder aus der reinen Unmöglichkeit des Nichts abzuleiten? Handelt es sich gar um so etwas wie einen mystischen Weg, dessen Ziel es ist, das Verlangen nach einem rationalen Grund für die Existenz der Welt durch unmittelbare Erleuchtung zu stillen?

Alle diese Ansätze haben ihre zeitgenössischen Vertreter. Alle scheinen auf den ersten Blick einen Versuch wert zu sein. Tatsächlich können wir nur dann hoffen, das Geheimnis der Existenz zu lüften, wenn wir es aus jedem verfügbaren Blickwinkel betrachten. All denjenigen, denen die Frage «Warum ist etwas und nicht nichts?» viel zu schwierig oder sogar völlig sinnlos erscheint, sei ins Stammbuch geschrieben, dass Erkenntnisfortschritte häufig dann zustande kommen, wenn genau solche Fragen auf eine von ihren Urhebern nicht vorhergesehene Weise präzisiert werden. Betrachten wir eine andere Frage, die vor 2500 Jahren von Thales und seinen vorsokratischen Zunftgenossen gestellt wurde: «Woraus bestehen die Dinge?» Wer eine Frage von so umfassender Allgemeinheit stellt, könnte naiv, sogar kindisch klingen. Doch der Oxford-Philosoph Timothy Williamson hält dagegen, die Vorsokratiker «stellten eine der besten Fragen, die jemals ersonnen wurden, eine Frage, die offensichtlich entscheidend zur Entwicklung der modernen Naturwissenschaft beigetragen hat». Wer sie von Anfang an als unlösbar verwerfe, «kapituliere schwächlich und unnötig vor Verzweiflung, Banausentum, Feigheit und Trägheit».[31]

Angesichts solcher Fragen kann das Geheimnis der Existenz äußerst belanglos erscheinen. Denn, so sagt William James, «vom Nichts zum Sein führt keine logische Brücke».[32] Doch können wir das wissen, bevor wir irgendeinen Versuch gemacht haben, eine solche Brücke zu bauen? Andere scheinbar unmögliche Brücken sind schließlich auch errichtet worden: vom Nichtleben zum Leben – dank der Molekularbiologie –, vom Endlichen zum Unendlichen – dank der mathematischen Mengentheorie. Heute versuchen die Forscher, die sich mit dem Problem des Bewusstseins befassen, die Kluft zwischen Geist und Materie zu überbrücken und die Wissenschaftler, die um eine Vereinheitlichung der Physik bemüht sind, Materie und Mathematik durch eine Brücke zu verbinden. Angesichts des Umstands, dass diese theoretischen Verknüpfungen allmählich Gestalt annehmen, lassen sich vielleicht schon die ersten Umrisse einer Brücke – oder eines Tunnels, wenn die Quantentheoretiker recht haben – zwischen Nichts und Etwas erkennen. Man kann nur hoffen, dass die Brücke trägt.

Die Beweggründe für die Beschäftigung mit dem Geheimnis der Existenz sind nicht nur intellektueller, sondern auch emotionaler Natur. In der Regel haben unsere Emotionen Objekte; sie richten sich auf etwas. Ich bin traurig über den Tod meines Hundes. Ich bin außer mir vor Freude, wenn mein Lieblingsverein Meister wird. Othello ist zornig über Desdemonas Untreue. Doch einige emotionale Zustände scheinen «frei schwebend» zu sein, ohne bestimmte Objekte. Kierkegaards Angst richtete sich auf nichts – oder auf alles. Stimmungen wie Niedergeschlagenheit und Heiterkeit scheinen, wenn sie denn überhaupt ein Objekt haben, der Existenz selbst zu gelten. Heidegger behauptete, dass dies auf der tiefsten Ebene auf alle Gefühle zutreffe.

Was für eine Emotion ist angemessen, wenn das Objekt des Gefühls die Welt als Ganze ist?

Diese Frage unterteilt die Menschen in zwei Kategorien: in diejenigen, die die Existenz mit einem Lächeln begrüßen, und diejenigen, die sie finsteren Blickes betrachten. Ein berühmtes Mitglied der finster dreinblickenden Fraktion war Arthur Schopenhauer, dessen philosophischer Pessimismus viele beeinflusste, die nach ihm kamen – unter anderem Denker wie Tolstoi, Wittgenstein und Freud. Wenn wir über die Existenz der Welt staunen würden, erklärte Schopenhauer, sei es ein «bestürztes» und «betrübtes» Staunen, denn «die Philosophie hebt, wie die Ouvertüre zum *Don Giovanni*, mit einem Mollakkord an».[33] Nicht in der besten aller Welten leben wir seiner Meinung nach, sondern in der schlechtesten. Deren Nichtexistenz wäre «nicht nur denkbar, sondern sogar ihrem Daseyn vorzuziehn». Warum? Ganz einfach, in Schopenhauers Metaphysik ist das ganze Universum die Manifestation eines einzigen dunklen Dranges, eines gewaltigen Willens. Wir alle mit unseren scheinbar individuellen Willensäußerungen sind in Wahrheit nur kleinste Teile dieses kosmischen Willens. Selbst die unbelebte Natur – die Anziehungskraft der Gravitation, die Undurchdringlichkeit der Materie – hat an ihm teil. Wollen aber ist für Schopenhauer im Wesentlichen Leiden: Es gibt kein Ziel, das, wenn es erreicht wird, Zufriedenheit schenken kann; der Wille wird entweder enttäuscht und unglücklich oder befriedigt und gelangweilt. Als erster Philosoph hat Schopenhauer diese buddhistischen Vorstellungen in das westliche Denken eingeführt. Es gebe nur einen Weg aus dem Leiden, lehrte er: den Willen zu verneinen und in den Zustand des Nirwana zu gelangen – der für uns die größtmögliche Annäherung an das Nichtsein darstelle: «Kein Wille: keine Vorstellung, keine Welt. Vor uns bleibt... nur das.»[34] Allerdings sollte nicht unerwähnt bleiben, dass Schopenhauer selbst den asketischen Pessimismus, den er predigte, kaum praktizierte: Er liebte die Tafelfreuden; hatte viele Liebesaffären; war streitlustig, geizig und ruhmsüchtig. Außerdem hatte er einen Pudel, den er Atma nannte – das Sanskrit-Wort für «Weltseele».

Im letzten Jahrhundert haben die finster dreinschauenden Schopenhauerianer das Sagen gehabt, zumindest in der literarischen Welt. Besonders geballt traten sie auf den Pariser Boulevards auf. Nehmen Sie nur E.M. Cioran, den rumänischen Schriftsteller, der nach Paris kam und sich als existenzieller Flaneur neu erfand. Noch nicht einmal der Zauber der Stadt, die er zu seinem neuen Zuhause erkoren hatte, vermochte seine nihilistische Verzweiflung zu lindern. «Wenn man verstanden hat, dass nichts ist», schrieb Cioran, «dass die Dinge noch nicht einmal den Status der Erscheinungen verdienen, braucht man nicht mehr erlöst zu werden, man ist erlöst, und unglücklich auf ewig.»[35] Samuel Beckett, ein anderer Exilant in Paris, war ähnlich betroffen von der Leere des Seins. Warum, wollte er wissen, ist der Kosmos so gleichgültig gegen uns? Warum sind wir ein so unbedeutender Teil desselben? Warum gibt es überhaupt eine Welt?

Jean-Paul Sartre konnte, wenn es ihn überkam, ähnlich angeekelt sein vom Dasein. Roquentin, der autobiographische Held in Sartres Roman *Der Ekel*, empfindet «ohnmächtige Wut» auf dieses «fette, absurde Wesen», das ihn umgibt, als er in der fiktiven Ortschaft Bouville (französisch für «Schlammstadt») unter einem Kastanienbaum sitzt. Die bloße Zufälligkeit des Ganzen empfindet er nicht nur als absurd, sondern als geradezu obszön. «Man konnte nicht einmal fragen, wo alles das herkam und warum eine Welt existierte statt des Nichts», denkt Roquentin, woraufhin er den Wunsch verspürt, «verfluchter Dreck!» zu schreien angesichts der «Tonnen voll Existenz», um dann in die Fänge eines «ungeheuren Verdrusses» zu geraten.[36]

Amerikanische Literaten gingen mit ihrem ontologischen Pessimismus in der Regel heiterer um. Beispielsweise hat der Dramatiker Tennessee Williams einfach festgestellt, dass «ein Vakuum verdammt viel besser ist als 'ne Menge von dem Zeug, mit dem die Natur es ersetzt», und sich dann einen weiteren Whisky genehmigt.[37] John Updike stattete sein literarisches Alter Ego, den gehemmten, unzüchtigen und zu Verzweiflungsanfällen neigenden jüdischen Romancier Henry Bech, mit seiner Ambivalenz gegenüber dem Sein aus. In einer Updike-Geschichte ist Bech zu einer Lesung an einem Mädchen-College in den Südstaaten eingeladen, wo er als Literaturstar empfangen wird. Nach der Lesung, bei einem Festessen zu seinen Ehren, blickte er sich «in dem Kreis kauender weiblicher Wesen um und sah ihre Körper so, wie ein Marsmensch oder eine Molluske sie sehen mochte, als breiige Stiele von gebündelten Nerven, zusammengezwängt zu einem Konzentrationsknoten im Kopf, einem haarigen Knochenklumpen, der einige Pfund geleeartiger Masse barg, in der eine Trillion Schaltungen und Stromkreise, zumeist abgeschaltet, Tatsachen zu Protokoll nahmen, motorische Operationen verschlüsselten und ein Übermaß an Elektrizität erzeugten, das sich in die haarlose Seite des Kopfes hineindrückte und durch die Öffnungen heraustropfte in Form von schmerzvollen, hoffnungsvollen Geräuschen und einem affigen Tanz von Fältchen». In einer nihilistischen Vision sah Bech, «daß man die Leere hätte unbelästigt lassen, ihr diesen Wirrwarr von Materie, Leben und, was das Schlimmste war, Bewußtsein hätte ersparen sollen». Alle Existenz, so sagt er sich, sei nur ein «kleiner Fleck auf nichts».[38] Doch in seinen heitereren Momenten – oder wenn er während eines literarischen Interviews Heiterkeit vortäuscht – vermag Bech das Sein mit einem Lächeln zu betrachten: «Er glaubte, falls dieses Bandgerät das interessierte ... an die Würde des Leblosen, die Komplexität des Lebenden, die Schönheit der Durchschnittsfrau und den gesunden Menschenverstand des Durchschnittsmannes.» Kurzum, Bech glaubte «an die Güte von etwas gegen nichts».[39] Bechs Anfall von ontologischem Optimismus erinnert an Margaret Fuller, eine berühmte neuenglische Transzendentalistin des 19. Jahrhunderts, die mit Vorliebe ausrief: «Ich akzeptiere das Universum!» – woraufhin der sarkastische Thomas Carlyle meinte: «Himmel, das sollte sie auch lieber!»

Das wohl eindringlichste Bekenntnis zur Güte der Welt ist nicht literarischer oder philosophischer, sondern musikalischer Natur. Wir verdanken es Haydn und seinem Oratorium *Die Schöpfung*. Zunächst ist alles musikalisches Chaos, eine Mischung aus unheimlichen Obertönen und abgerissenen Melodien. Dann kommt der Augenblick der Schöpfung, als Gott verkündet: «Es werde Licht!», und die Sänger antworten: «Und es ward Licht.» Orchester und Chor künden von dem Wunder, indem sie den mächtigen und lang gehaltenen C-Dur-Dreiklang anstimmen – das genaue Gegenteil des düsteren Schopenhauer'schen «Mollakkords».

Die Haltung, die wir zur Existenz als Ganzes einnehmen, sollte nicht nur davon abhängen, welches Temperament wir haben – oder ob wir schlecht gelaunt sind oder wie wir in der Nacht zuvor geschlafen haben. Wir sollten sie einer rationalen Bewertung unterziehen. Nur wenn wir die Frage «Warum ist etwas und nicht nichts?» untersuchen, kann es uns gelingen, den Wert der Existenz im Lichte der Vernunft zu betrachten.

Könnte es beispielsweise sein, dass es die Welt eben deshalb gibt, weil sie alles in allem besser ist als nichts? Es gibt tatsächlich Philosophen, die das glauben. Sie bezeichnen sich als «Axiarchisten»; das Wort kommt aus dem Griechischen und bedeutet so viel wie «Wertherrschaft». Sie glauben, der Kosmos sei als Antwort auf das Bedürfnis nach Güte jäh ins Sein gekommen. Wenn sie recht hätten, könnten die Welt und unsere Existenz darin besser sein, als es uns scheint. Dann sollten wir Ausschau halten nach ihren diskreten Tugenden wie verborgenen Harmonien, reinen Herzen und all den anderen Dingen, in denen Gott dem Vernehmen nach wohnt.

Andere vertreten die Auffassung, dass der Triumph des Seins über das Nichts durchaus dem blinden Zufall zu verdanken sein könnte. Schließlich gibt es viele Möglichkeiten, wie etwas sein könnte – Welten, in denen alles blau ist, Welten, die aus Frischkäse bestehen, und so fort –, aber es gibt nur ein einziges Nichts. Angenommen, alle möglichen Wirklichkeiten hätten in der kosmischen Lotterie die gleiche Chance, dann spricht eine überwältigende Wahrscheinlichkeit dafür, dass eines der vielen Etwas gewönne und nicht das ganz allein antretende Nichts. Wenn sich diese vom blinden Zufall ausgehende Wirklichkeitsauffassung als richtig erweisen sollte, müssten wir uns um eine etwas schlichtere Einstellung zur Existenz bemühen. Ist nämlich die Wirklichkeit das Ergebnis einer kosmischen Lotterie, ist es wahrscheinlich, dass die Welt, die gewinnt, mittelmäßig ist: weder sehr gut noch sehr böse, weder sehr sauber noch sehr schlampig, weder sehr schön noch sehr hässlich. Der Grund ist, dass mittelmäßige Möglichkeiten häufig sind, die wirklich ausgezeichneten oder schrecklichen dagegen selten.

Stellt sich hingegen heraus, dass die Lösung für das Rätsel der Existenz theistischer oder quasitheistischer Natur ist – das heißt, dass an ihr eine Art Schöpfer beteiligt ist –, dann hängt die Einstellung, die wir zur Welt gewinnen, vom Charakter dieses Schöpfers ab. Nach den großen monotheistischen Religionen wurde die Welt von einem Gott erschaffen, der allgütig und allmächtig ist. Wenn das stimmt, sind wir mehr oder weniger gezwungen, die Welt in einem günstigeren Licht zu sehen, ungeachtet physikalischer Mängel wie redundanter Elementarteilchen und implodierender Sterne und moralischer Mängel wie Krebserkrankungen von Kindern und Holocaust. Doch einige Religionen verkündeten eine andere Schöpfungslehre. Beispielsweise vertraten die Gnostiker, eine häretische Bewegung, die in frühchristlicher Zeit viele Anhänger fand, die Auffassung, dass die materielle Welt nicht von einem gütigen Gott erschaffen worden war, sondern von einem bösen Demiurg. Daher wähnten sie sich im Recht, wenn sie die materielle Wirklichkeit ablehnten. (Ein vernünftiger Kompromiss zwischen Christen und Gnostikern könnte meine eigene Position sein: dass nämlich das Universum von einem Wesen geschaffen wurde, das zu hundert Prozent guten Willens war, diesen aber nur zu achtzig Prozent in die Tat umzusetzen vermochte.)

Von allen möglichen Lösungen für das Geheimnis der Existenz wäre wohl die erheiterndste Entdeckung, dass die Welt wider allen Anschein eine *causa sui*, eine Ursache ihrer selbst, ist. Diese Möglichkeit wurde zuerst von Spinoza ins Spiel gebracht, der kühn, wenn auch ein wenig vage, vorbrachte, dass alle Wirklichkeit aus einer einzigen unendlichen Substanz bestehe. Einzelne Dinge, gleich, ob materiell oder geistig, seien bloß vorübergehende Modifikationen dieser Substanz, wie Wellen auf der Oberfläche des Meeres. Diese unendliche Substanz bezeichnete Spinoza als *Deus sive Natura*: «Gott oder Natur». Gott könne unmöglich von der Natur gesondert sein, meinte er, weil dann jedes dem Sein des anderen Grenzen setzen würde. Aus diesem Grund sei die Welt selbst göttlich: ewig, unendlich und die Ursache ihrer eigenen Existenz. Daher verdiene sie unsere Hochachtung und Verehrung. Metaphysisches Verstehen führe folglich zu einer «intellektuellen Liebe» der Wirklichkeit – dem höchsten Ziel des Menschen, laut Spinoza, und der größtmöglichen Annäherung an die Unsterblichkeit, die uns gelingen könne.

Spinozas Bild von der Welt als *causa sui* begeisterte Albert Einstein. 1921 fragte ihn ein New Yorker Rabbiner in einem Telegramm, ob er an Gott glaube. Einstein antwortete: «Ich glaube an spinozas gott der sich in der harmonie des seienden offenbart stop nicht an einen gott der sich mit schicksalen und handlungen der menschen abgibt.»[40] Die Idee, dass die Welt in irgendeiner Weise den Schlüssel zu ihrer eigenen Existenz besitze – und dass sie folglich notwendigerweise existiere und nicht durch Zufall –, deckt sich mit den Vorstellungen einiger metaphysisch gestimmter Physiker wie Sir Roger Penrose und dem verstorbenen John Archibald Wheeler, der den Begriff «schwarzes Loch» prägte. In diesem Zusammenhang wurde vermutet, dass der menschliche Geist eine entscheidende Rolle in dem selbstverursachenden Mechanismus spielen könne. Obwohl wir ein vernachlässigbarer Teil des Kosmos zu sein scheinen, erhält er seine Realität als Ganzes erst durch unser Bewusstsein. Nach diesem Entwurf, der gelegentlich als «partizipatorisches Universum» bezeichnet wird, ist die Wirklichkeit eine selbsterhaltende Kausalschleife: Die Welt erschafft uns, und wir erschaffen die Welt. In gewisser Weise ist man an Prousts großes Werk erinnert, in dem er auf Tausenden von Seiten das Treiben und Leiden seines Protagonisten beschreibt, bis dieser am Ende beschließt, ebenjenen Roman zu schreiben, den der Leser gerade beendet.

Eine solche prometheische Phantasie – ich bin der Urheber der Welt und zugleich ihr Spielball! – mag zu schön erscheinen, um wahr zu sein. Doch eine ernsthafte Auseinandersetzung mit der Frage «Warum ist etwas und nicht nichts?» wird zwangsläufig dazu führen, dass sich unsere Einstellung zur Welt und zu unserem Platz in ihr verwandelt. Das Staunen, das wir angesichts ihrer bloßen Existenz empfinden, kann sich zu einer neuen Art von Ehrfurcht entwickeln, sobald wir – und wenn nur in äußerst vagen Umrissen – den Grund dieser Existenz zu entdecken beginnen. Die schwache Angst, die uns angesichts der Unsicherheit unseres Seins beschleicht, kann dem Vertrauen in eine Welt weichen, die sich als schlüssig, licht und intellektuell zuverlässig erweist. Sie kann sich aber auch zum kosmischen Horrortrip auswachsen, falls wir erkennen müssen, dass die ganze Sache eine bloße ontologische Seifenblase ist, die jeden Augenblick ohne die geringste Vorwarnung zu nichts zerplatzen kann. Währenddessen kann unser gegenwärtiges Empfinden vom potenziellen Vermögen des menschlichen Verstands einer neu entdeckten Bescheidenheit ob seiner Grenzen oder einem neu entdeckten Staunen ob seiner Sprünge und Fortschritte weichen – oder es wird ein bisschen von beidem. Vielleicht fühlen wir uns dann wie der Mathematiker Georg Cantor, als er eine weitreichende Entdeckung über das Unendliche machte. «Ich sehe es», rief er aus, «aber ich glaube es nicht.»[41]

Bevor wir in das Geheimnis der Existenz eintauchen, scheint es nur billig zu sein, dem Nichts Gerechtigkeit widerfahren zu lassen. Der deutsche Diplomat und Philosoph Max Scheler meinte in diesem Zusammenhang: «Wer gleichsam nicht in den Abgrund des absoluten Nichts geschaut hat, der wird auch die eminente Positivität des Inhalts der Einsicht, daß überhaupt Etwas ist und nicht lieber Nichts, völlig übersehen.»[42]

Tauchen wir also kurz in diesen Abgrund ein, in der sicheren Gewissheit, dass wir nicht mit leeren Händen zurückkommen werden. Denn wie heißt es so richtig? Wer nicht sucht, der nicht findet.

— *Zwischenspiel* —
ARITHMETIK DES NICHTS

Die Mathematik hat einen Namen für nichts: null oder *zero*, wie die englischsprachige Welt sagt. Interessanterweise ist die Sprachwurzel von *zero* das Sanskritwort *sunya*, das so viel wie «nichts» oder «Leere» bedeutet. Den Begriff von «zero» verdanken wir also den Indern.

Für die Griechen und Römer war null als Idee oder Konzept undenkbar – wie konnte ein Nichts ein Etwas sein? Da es in ihren Zahlensystemen kein Symbol dafür gab, konnten sie auch die bequeme Darstellung im Stellenwertsystem nicht nutzen, in dem 307 beispielsweise für drei Hunderter, keine Zehner und sieben Einer steht. Das ist einer der Gründe dafür, dass das Multiplizieren mit römischen Zahlen so höllisch schwer ist.

Der Begriff der Leere war den indischen Mathematikern von der buddhistischen Philosophie vertraut. Sie hatten mit einem abstrakten Symbol, das nichts bezeichnete, keine Schwierigkeiten. Während des Mittelalters wurde ihre Notation von arabischen Gelehrten – daher «arabische Zahlen» – nach Westen vermittelt. Das Sanskritwort *sunya* wurde zum arabischen Ausdruck *sifr*, aus dem dann die Wörter *zero* und «Ziffer» wurden.

Zwar begrüßten die europäischen Mathematiker die Null als Notationshilfe, hatten aber zunächst eine gewisse Scheu gegenüber dem zugrundeliegenden Begriff. Ursprünglich sahen sie in der Null eher ein Interpunktionszeichen als eine eigenständige Zahl. Doch schon bald gewann sie mehr Realität. Merkwürdigerweise hatte die Bedeutungszunahme des Handels etwas damit zu tun. Als um 1340 die doppelte Buchführung in Italien erfunden wurde, hielt man null für die natürliche Wasserscheide zwischen Soll und Haben.

Ob entdeckt oder erfunden, die Null war zweifellos eine Zahl, mit der sich rechnen ließ. Philosophische Zweifel über ihr Wesen rückten in den Hintergrund angesichts der virtuosen Rechenkunststücke von Mathematikern wie Fibonacci und Fermat. Die Null erwies sich als Geschenk für die Algebraiker, wenn sie sich an die Lösung von Gleichungen machten: Hatte die Gleichung beispielsweise die Form $ab = 0$, ließ sich daraus schließen, dass entweder $a = 0$ oder $b = 0$ war.

Über den Ursprung der Ziffer «0» konnten die Altertumskundler keine Einigung erzielen. Nach einer Theorie, die heute als widerlegt gilt, leitet sie sich vom ersten Buchstaben des griechischen Wortes *oudén* ab, «nichts». Eine andere – zugegebenermaßen abenteuerliche – Theorie besagt, dass die Form der Null von dem kreisförmigen Abdruck eines Rechenplättchens im Sand herrühre – der Anwesenheit einer Abwesenheit.

Nehmen wir an, 0 steht für nichts und 1 für etwas. Dann haben wir vom Geheimnis der Existenz eine Art Spielzeugversion: Wie können wir von 0 zu 1 kommen?

In der höheren Mathematik gibt es einen einfachen Weg, um zu erklären, warum der Übergang von 0 zu 1 unmöglich ist. Mathematiker sagen, eine Zahl sei «regulär», wenn sie nicht mittels der unter ihr befindlichen numerischen Ressourcen erreicht werden kann. Genauer, die Zahl n sei regulär, wenn sie nicht durch Addition von weniger als n Zahlen, die kleiner als n sind, erreicht werden kann.

Es ist leicht zu erkennen, dass 1 eine reguläre Zahl ist, denn sie kann nicht von unten erreicht werden, da dort nur die 0 zur Verfügung steht. Die Summe von null Nullen ist 0, und damit hat es sich. Also gibt es keinen Weg vom Nichts zum Etwas.

Merkwürdigerweise ist 1 nicht die einzige Zahl, die auf diese Weise unerreichbar ist. Auch die Zahl 2 erweist sich als regulär, da wir nicht durch Addition von weniger als zwei Zahlen, die kleiner als 2 sind, zu ihr gelangen. Versuchen Sie es und schauen Sie selbst. Sie gelangen also nicht von der Einheit zur Mehrheit. Die übrigen endlichen Zahlen lassen diese interessante Eigenschaft der Regularität vermissen. Sie können von unten erreicht werden. Beispielsweise lässt sich die Zahl 3 durch die Addition zweier Zahlen – 1 und 2 – erreichen, deren jede kleiner als 3 ist. Die erste unendliche Zahl, durch den griechischen Buchstaben Omega bezeichnet, erweist sich wiederum als regulär. Sie kann nicht durch Addition einer beliebigen endlichen Menge endlicher Zahlen erreicht werden. Das heißt, Sie können nicht vom Endlichen zum Unendlichen gelangen.

Doch zurück zu 0 und 1. Gibt es irgendeinen anderen Weg, die Lücke zwischen ihnen zu überbrücken – die arithmetische Lücke zwischen nichts und etwas?

Tatsächlich dachte kein Geringerer als das Genie Leibniz, er habe eine solche Brücke gefunden. Leibniz war nicht nur eine überlebensgroße Erscheinung der Philosophiegeschichte, sondern auch ein bedeutender Mathematiker. Mehr oder minder gleichzeitig mit Newton, aber unabhängig von ihm, entwickelte er die Infinitesimalrechnung. Die beiden Männer trugen einen erbitterten Prioritätsstreit aus, doch eines ist unbestritten: Leibniz' Notation ist um Welten besser als die seines Konkurrenten.

Neben vielen anderen Dingen befasst sich die Infinitesimalrechnung auch mit unendlichen Reihen. Eine dieser von Leibniz abgeleiteten Reihen ist die folgende:

$$1/(1-x) = 1 + x + x^2 + x^3 + x^4 + x^5 + \ldots$$

Mit bemerkenswerter Kaltblütigkeit setzte Leibniz -1 für x ein, was ergab:

$$1/2 = 1 - 1 + 1 - 1 + 1 - 1 + \ldots$$

Bei entsprechender Klammersetzung erhalten wir die interessante Gleichung:

$$1/2 = (1-1) + (1-1) + (1-1) + \ldots$$

oder:

$$1/2 = 0 + 0 + 0 + \ldots$$

Leibniz war fasziniert. Hier war ein mathematisches Gegenstück zum Geheimnis der Schöpfung! Die Gleichung schien zu beweisen, dass etwas tatsächlich aus nichts hervorgehen kann.

Doch leider hatte er sich getäuscht. Wie Mathematiker bald herausfanden, sind solche Reihen sinnlos, wenn sie nicht konvergent sind – das heißt, wenn die betreffende unendliche Summe nicht am Ende auf einen einzigen Wert hinausläuft. Dieses Kriterium erfüllte Leibniz' oszillierende Reihe nicht, weil ihre Partialsummen endlos zwischen 0 und 1 hin- und hersprangen. Daher war dieser «Beweis» falsch.

Der Mathematiker in ihm hat das sicherlich geargwöhnt, auch wenn der Metaphysiker in ihm jubelte.

Doch vielleicht lässt sich aus diesem begrifflichen Schiffbruch noch etwas retten. Betrachten wir eine einfachere Gleichung:

$$0 = 1 - 1$$

Was könnte sie bedeuten? Natürlich, dass sich 1 und −1 zu null addieren.

Aber das ist interessant. Kehren wir den Prozess um: nicht 1 und −1 kommen zusammen, um 0 zu ergeben, sondern 0 wird gewissermaßen auseinandergerissen in 1 und −1. Wo wir zuvor nichts hatten, haben wir jetzt zweimal etwas! Offensichtlich Gegensätze. Positive und negative Energie. Materie und Antimaterie. Yin und Yang.

Noch faszinierender: wir können uns −1 als identisch mit 1 vorstellen, nur dass es sich in der Zeit rückwärts bewegt. Diese Interpretation hat sich der Oxforder Chemiker – und bekennende Atheist – Peter Atkins zu eigen gemacht. «Gegensätze», schreibt er, «unterscheiden sich durch ihre Richtung in der Zeit.»[1] In Abwesenheit der Zeit heben sich −1 und 1 auf; sie verschmelzen zu null. Die Zeit erlaubt den beiden Gegensätzen, sich voneinander zu trennen – und dieser Trennungsprozess wiederum markiert die Entstehung der Zeit. Auf diese Weise, so Atkins' These, sei die spontane Schöpfung der Welt eingeleitet worden. – Von diesem Szenario war John Updike so fasziniert, dass er es am Schluss seines Romans *Das Gottesprogramm* als Alternative zum Theismus für die Erklärung der Existenz verwendete.

Und das Ganze aus der Gleichung $0 = 1 - 1$. Die Gleichung ist ontologisch weit stärker besetzt, als man meinen könnte.

Einfache Arithmetik ist nicht die einzige Möglichkeit, die die Mathematik hat, um eine Brücke zwischen dem Nichts und dem Sein zu bauen. Auch die Mengentheorie liefert Material. Schon zu einem sehr frühen Zeitpunkt im Mathematikunterricht, häufig noch in der Grundschule, werden die Kinder mit einer Merkwürdigkeit vertraut gemacht, die man «leere Menge» nennt. Das ist eine Menge, die überhaupt keine Elemente besitzt – wie zum Beispiel die Menge aller Frauen, die vor Barack Obama Präsidentinnen der USA waren. Üblicherweise wird sie durch { }, eine Mengenklammer ohne Inhalt, oder durch das Symbol Ø ausgedrückt.

Kinder sträuben sich gelegentlich gegen den Begriff der leeren Menge. Wie kann eine Menge, die nichts enthält, eine Menge sein? Sie sind nicht allein mit ihrer Skepsis. Richard Dedekind, einer der bedeutendsten Mathematiker des 19. Jahrhunderts, weigerte sich, in der leeren Menge mehr zu sehen als eine bequeme Fiktion. Ernst Zermelo, ein Begründer der Mengentheorie, nannte sie «unsauber». In jüngerer Zeit verspottete der namhafte amerikanische Philosoph David K. Lewis die leere Menge als «einen kleinen Fleck reinen Nichts, eine Art schwarzes Loch im Gefüge der Wirklichkeit selbst... ein Sonderwesen mit einem Hauch von Nichts».[2]

Gibt es die leere Menge? Kann es ein Etwas geben, dessen Wesen – ja, dessen einziges Merkmal – darin besteht, dass es nichts umfängt? Weder die Gläubigen noch die Skeptiker haben stichhaltige Argumente für oder gegen die leere Menge anführen können. In der Mathematik wird sie schlicht als gegeben vorausgesetzt. Ihre Existenz lässt sich aus den Axiomen der Mengentheorie beweisen, allerdings nur unter der Voraussetzung, dass es mindestens eine Menge im Universum gibt.

Seien wir metaphysisch liberal und sagen wir, die leere Menge existiere. Selbst wenn es nichts gibt, muss es eine Menge geben, die es enthält.

Mit diesem Zugeständnis kommt es zu einer regelrechten ontologischen Orgie. Denn wenn es die leere Menge $\varnothing$ gibt, gilt das auch für eine Menge, die sie enthält: $\{\varnothing\}$. Und für eine Menge, die die beiden enthält, $\varnothing$ und $\{\varnothing\}$: $\{\varnothing, \{\varnothing\}\}$. Des Weiteren für eine Menge, die diese neue Menge und $\varnothing$ sowie $\{\varnothing\}$ enthält: $\{\varnothing, \{\varnothing\}, \{\varnothing, \{\varnothing\}\}\}$. Und so weiter und so fort.

Aus reinem Nichts ist eine bemerkenswerte Fülle von Objekten entstanden. Diese Objekte bestehen nicht aus irgendeinem «Stoff». Sie sind reine, abstrakte Struktur. Sie können die Struktur von Zahlen nachahmen; im vorstehenden Absatz haben wir die Zahlen 1, 2 und 3 aus der leeren Menge «konstruiert». Und Zahlen können mit ihrem vielfältigen Netz von Wechselbeziehungen komplexe Welten simulieren. Ja, sie können das ganze Universum simulieren. Zumindest vermögen sie das, wenn Theoretiker wie der Physiker John Archibald Wheeler recht haben, der die spekulative These aufgestellt hat, das Universum bestehe aus mathematisch strukturierter Information. Diese Auffassung enthält die knappe Formulierung «it from bit» – «alle Materie entsteht aus

Information». Die ganze Realitätsschau lässt sich aus einer leeren Menge erzeugen – aus dem Nichts.

Aber das setzt natürlich voraus, dass es zunächst einmal ein Nichts gibt.

— 3 —
EINE KURZE GESCHICHTE DES NICHTS

Hartley sagte seiner Mutter, er denke den ganzen Tag – den ganzen Morgen, den ganzen Tag, den ganzen Abend: «Was wäre, wenn es Nichts gäbe! wenn alle Männer & Frauen & Bäume & Gräser und Vögel & Tiere & der Himmel & der Erdboden, wenn alles verschwunden wäre: Dunkelheit & Kälte – & nichts, das dunkel & kalt sein könnte.»
Samuel Taylor Coleridge, Brief an Sara («Asra») Hutchinson, Juni 1802 (Hartley war Coleridges Sohn.)

NOTHING! thou elder brother even to shade
That hadst a being ere the world was made,
And (well fixed) are alone of ending not afraid.*
John Wilmot, Earl of Rochester, Upon Nothing

Das Nichts,
sagt Heidegger,
der philosophische Held
der Moderne,
nichtet.

*Archilochus Jones,
Metaphysics Explained for You*

Was ist nichts? Macbeth beantwortete diese Frage hinreißend elegant: «... nichts ist, als was ist.» Mein Wörterbuch drückt es

---

* Nichts! Bist älter noch als Schatten/Warst schon da, bevor die Welt gemacht/Bist allein (weil fest gegründet) ohne Furcht vorm Ende.

etwas paradoxer aus: «Nichts (n.): etwas, das es nicht gibt.»[1] Obwohl Parmenides, der eleatische Weise, erklärte, es sei unmöglich, über etwas zu sprechen, das es nicht gebe – und damit seine eigene Vorschrift verletzte –, weiß es der einfache Mensch besser. Der Volksmund sagt: Nichts ist besser als ein trockener Martini, aber schlechter als Sand im Bett. Ein armer Mann hat es, ein reicher Mann braucht es, und wenn Sie es längere Zeit essen, bringt es Sie um. Gelegentlich kann es weiter von der Wahrheit entfernt sein, aber niemand weiß, wie viel weiter. Es kann gleichzeitig ganz schwarz und ganz weiß sein. Nichts ist unmöglich für Gott, jedoch ist es ein Kinderspiel für den größten Tölpel. Ganz egal, welches Paar widersprüchlicher Eigenschaften Sie wählen, Nichts scheint fähig, sie zu verkörpern. Daraus könnten wir schließen, dass Nichts geheimnisvoll ist. Aber das würde bedeuten, dass alles offenkundig ist – auch Nichts, vermutlich.

Das ist vielleicht der Grund, warum es in der Welt wimmelt von Leuten, die nichts wissen, nichts verstehen und an nichts glauben. Aber hüten Sie sich, blasphemisch von nichts zu sprechen, denn es laufen auch viele aufgeblasene Typen herum – nennen wir sie «Nullophile» –, die gerne von sich behaupten, ihnen sei nichts heilig.

Ex nihilo nihil fit, behaupteten die antiken Philosophen, und König Lear stimmte zu: Aus nichts kann nichts entstehen. Dieser Grundsatz scheint dem Nichts eine bemerkenswerte Macht zuzuschreiben: sich aus sich selbst zu erzeugen, wie Gott, causa sui. Der Philosoph Leibniz machte dem Nichts noch ein weiteres Kompliment, als er schrieb, dass es «einfacher und leichter als irgendetwas» sei.[2] Bittere Erfahrung lehrt uns die gleiche Lektion: Nichts ist einfach, nichts ist leicht. Tatsächlich war es die vermeintliche Einfachheit des Nichts, die Leibniz zu fragen bewog, «warum es eher Etwas als Nichts gibt».[3] Denn wenn es Nichts gäbe, müsste man auch Nichts erklären – und niemand würde eine Erklärung verlangen.

Wenn nichts so einfach, so natürlich ist, warum erscheint es dann, so fragt man sich, so ungeheuer geheimnisvoll? In den 1620er Jahren lieferte John Donne in einer seiner Predigten eine plausible Antwort: «Je weniger irgendetwas ist, desto weniger erkennen wir es: Wie unsichtbar, wie unverständlich ist dann also dieses *Nichts*!»[4]

Warum sollten andere aber dann eine so einfache – wenn auch unverständliche – Sache als so unheilvoll empfinden? Nehmen Sie den Schweizer Theologen Karl Barth, einen der tiefsinnigsten und mutigsten Denker des 20. Jahrhunderts. Was, so fragt Barth, ist Nichts, «das Nichtige»? Es «ist das, was Gott nicht will».[5] In der *Kirchlichen Dogmatik*, seinem ungeheuer umfangreichen und unvollendeten Lebenswerk, schrieb Barth: «Eben aus dieser eigentümlichen Ontik des Nichtigen folgt nun aber sein Charakter: folgt, daß es das Böse ist.»[6] Laut Barth entstand Nichts gleichzeitig mit Etwas, als Gott die Welt erschuf. Die beiden sind wie ein ontologisches Zwillingspaar, wenn auch gegensätzlich in ihrem moralischen Charakter. Das Nichtige, wie Barth es nannte, erklärt die widernatürliche Neigung des Menschen, Böses zu tun, sich gegen die göttliche Güte aufzulehnen. Für Barth war das Nichtige schlechtweg satanisch.

Obwohl gottlos, betrachteten die Existenzialisten das Nichts mit ähnlicher Furcht. In seiner umfangreichen Abhandlung *Das Sein und das Nichts* verkündet Sartre, «daß das Nichts das Sein heimsucht».[7] Für Sartre ist die Welt wie ein kleiner versiegelter Behälter, der in einem riesigen Meer von Nichts treibt. Noch nicht einmal ein Pariser Café – an einem guten Tag «eine Seinsfülle»[8] mit seinen Nischen und Spiegeln, seiner verrauchten Atmosphäre, den angeregten Stimmen, klirrenden Weingläsern und klappernden Untertassen – könne Zuflucht vor dem Nichts bieten. Sartre sucht das Café de Flore auf, um sich mit seinem Freund Pierre zu treffen. Aber Pierre ist nicht da! *Et voilà*: Eine kleine Pfütze Nichts ist eingesickert in das Reich des Seins, aus dem großen *Néant*, das jenes umgibt. Da das Nichts durch zerschlagene Hoffnungen und enttäuschte Erwartung in die Welt eindringt, müssen wir unserem eigenen Bewusstsein die Schuld daran geben. Bewusstsein ist nichts Geringeres (oder mehr?) als ein Loch «im Herzen des Seins».

Sartres existenzialistischer Kollege Martin Heidegger empfand «Angst» beim bloßen Gedanken an das Nichts, was ihn allerdings nicht daran hinderte, ausführlich darüber zu schreiben. «Die Angst offenbart das Nichts», stellt er fest.[9] Heidegger unterscheidet zwischen der Furcht, die auf ein bestimmtes Objekt gerichtet ist, und der Angst aus einem diffusen Empfinden heraus, in der Welt nicht zu Hause zu sein. Wovor ist uns bange in unseren Angstzuständen? Vor Nichts! Unsere Existenz kommt aus dem Abgrund des Nichts hervor und endet im Nichts des Todes. Daher ist unser aller geistige Begegnung mit dem Nichts von unserer Angst vor dem eigenen bevorstehenden Nichtsein durchdrungen.

In seinen Äußerungen zum Wesen des Nichts blieb Heidegger äußerst unbestimmt. «Das Nichts ist weder ein Gegenstand noch überhaupt ein Seiendes»,[10] heißt es an einer Stelle einleuchtend. Doch um nicht sagen zu müssen «Das Nichts ist», sah er sich zu einer höchst merkwürdigen Behauptung gezwungen: «Das Nichts nichtet.» Statt als passiver Gegenstand erscheint das Nichts als dynamische Entität, als eine Art vernichtende Kraft.

Der amerikanische Philosoph Robert Nozick ging noch einen Schritt weiter als Heidegger. Wenn Nichts eine vernichtende Kraft sei, so spekulierte Nozick, könnte es doch auch sich selbst «nichten» und dadurch eine Welt des Seins hervorbringen. Er malte sich eine «Saug-Kraft» aus, «die Dinge ins Nichtsein saugt oder dort festhält. Wenn diese Kraft auf sich selbst einwirkt, saugt sie Nichts ins Nichts und erzeugt dadurch Etwas oder vielleicht auch Alles».[11] Nozick erinnert an das staubsaugerähnliche Ungetüm in dem Film *Yellow Submarine*, das umherwandert und alles aufsaugt, was ihm begegnet. Nachdem es sich alle anderen auf der Leinwand befindlichen Dinge einverleibt hat, wendet es sich schließlich sich selbst zu und saugt sich ins Nichtsein. Daraufhin taucht die Welt schlagartig wieder auf und mit ihr die Beatles.

Nozicks Spekulationen über nichts, so spielerisch sie auch waren, brachten einige seiner philosophischen Zunftgenossen auf die Palme. Er riskiere mutwillig das Abgleiten in den blanken Unsinn, fanden sie, so auch der Oxford-Philosoph Myles Burnyeat: «Wenn er sich dann glücklich durch diesen abenteuerlichen und konfusen Versuch gekämpft hat, eine Kategorie jenseits von Sein und Nichtsein zu finden und Dinge bestaunt wie den Graphen für ‹die Stärke der Nichts-Kraft, die erforderlich ist, um etwas mehr von der ausgeübten Nichts-Kraft zu nichten›, ist man bereit, augenblicklich zu den logischen Positivisten überzulaufen.»[12]

Die logischen Positivisten indessen taten all diese Spekulationen als viel Lärm um Nichts ab. Rudolf Carnap, einer der namhaftesten unter ihnen, meinte, die Existenzialisten seien der Grammatik des «Nichts» auf den Leim gegangen: Da es sich verhalte wie ein Substantiv, hätten sie angenommen, es müsse eine Entität bezeichnen, ein Etwas. Das ist der gleiche Fehler, den der rote König in Lewis Carrolls *Alice hinter den Spiegeln* macht: Wenn Niemand den Boten auf der Straße überholt habe, so der rote König, hätte Niemand zuerst ankommen müssen. Wenn wir «Nichts» als ein Ding behandeln, erzeugen wir ein endloses paradoxes Gewäsch, wie die ersten Absätze dieses Kapitels beweisen.

Der Gedanke, dass es unsinnig sei, über Nichts zu sprechen, reicht zurück bis in die Anfänge der abendländischen Philosophie. Besonders unnachsichtig in diesem Punkt war Parmenides, der bedeutendste Vorsokratiker. Parmenides ist eine in mancher Hinsicht geheimnisumwobene Figur. Im süditalienischen Elea geboren, wirkte er Mitte des 5. Jahrhunderts vor Christus. Als älterer Mann soll er dem jungen Sokrates begegnet sein. Platon nannte ihn «ehrenwert... und zugleich furchtbar».[13] Parmenides war der erste griechische Philosoph, der eine längere Erörterung über das Wesen der Wirklichkeit vorlegte, und könnte insofern als der erste Metaphysiker angesehen werden. Seltsamerweise entschloss er sich, seine Überlegungen in Gestalt eines längeren allegorischen Gedichts zu präsentieren, von dem etwa 150 Verse erhalten blieben. In dem Gedicht bietet eine ungenannte Göttin dem Erzähler die Wahl zwischen zwei Wegen an: dem Weg des Seins und dem Weg des Nichtseins. Allerdings erweist sich der zweite Weg als illusorisch, da Nichtsein weder vorgestellt noch erörtert werden kann. Wie «nichts sehen» heißt, nicht zu sehen, so bedeutet nichts sprechen oder denken, dass wir gar nicht sprechen oder denken, und die Annäherung an nichts heißt, nicht von der Stelle zu kommen.

Der parmenideische Ansatz scheint die Luft aus dem Geheimnis der Existenz zu lassen. Wenn sich nicht bedeutungsvoll von «nichts» sprechen lässt, können wir auch nicht bedeutungsvoll fragen, warum es etwas und nicht einfach nichts gibt. Die Wörter hätten nicht mehr Bedeutung als die Blasen im Wasser, die aus dem Maul eines Fisches aufsteigen.

Doch der Sinn lässt sich rasch wieder herstellen, indem wir eine einfache Unterscheidung zwischen «nichts» und «Nichts» treffen. Wie uns die Logiker in Erinnerung rufen, ist *nothing* [nichts] kein Name, sondern ein Kürzel für *not anything* [nicht irgendetwas]. Wenn wir beispielsweise sagen, «nichts ist größer als Gott», sprechen wir nicht von einer übergöttlichen Erscheinung, sondern sagen einfach, dass es nicht irgendetwas gibt, das größer ist als Gott. «Nichts» dagegen ist tatsächlich ein Name. Er bezeichnet eine ontologische Option, eine mögliche Realität, eine vorstellbare Sachlage: diejenige nämlich, in der nichts ist.

Einige Sprachen unterscheiden deutlicher zwischen «nichts» und «Nichts». Im Französischen beispielsweise ist «nichts» *rien*, während «Nichts» *le néant* heißt. In der Mathematik wird diese Unterscheidung durch den Begriff der «leeren Menge» getroffen. Eine leere Menge hat keine Elemente; folglich ist sie etwas, das nichts enthält. Wenn wir die Klammern der Mengenlehre verwenden, erhalten wir folgende Gleichungen:

$$le\ néant = \{rien\}$$
$$Nichts = \{nichts\}$$

Sobald einmal «nichts» und «Nichts» unterschieden sind, ist es leicht, die Paradoxa aufzulösen, die durch die Vermischung der beiden entstehen – Paradoxa von jener Art, wie sie die griechischen Philosophen so liebten: «Wie kann irgendetwas etwas sein, das nicht etwas ist?», lautete eines dieser griechischen Rätsel. «Indem es nichts ist.» Die Unterscheidung erleichtert auch den Umgang mit obskuren Formulierungen wie Heideggers «Das Nichts nichtet». Bringt man sie ins Englische als *nothing noths* [nichts nichtet], ist die Aussage vollkommen wahr, aber uninteressant: Natürlich gibt es nicht irgendetwas, das «nichtet»! Übersetzt man sie hingegen als *Nothingness noths* [Nichts nichtet], ist sie völlig falsch. Das Nichts tut nichts dergleichen. Es ist nur eine mögliche Wirklichkeit, und eine mögliche Wirklichkeit kann der Fall sein oder auch nicht. Das ist alles. Es kann keine Tätigkeit ausführen; es kann weder verursachen noch «nichten».

Aber ist das Nichts eine mögliche Realität? Natürlich haben wir alle schon Abwesenheit und Verlust erlebt. Wir kennen uns aus mit Löchern und Lücken, mit Mangel und Defizit. Aber das sind kleine Fleckchen Nichts, die von einer Welt des Seins umgeben sind. Wie sieht es hingegen mit dem absoluten Nichts aus, der totalen Abwesenheit von allem? Ist es möglich?

Einige Philosophen verneinen das. Schon der bloße Gedanke sei ein Widerspruch in sich. Wenn diese Philosophen recht haben, hat das Rätsel des Seins eine billige und ziemlich triviale

Lösung: Es gibt etwas statt nichts, weil Nichts unmöglich ist. In der Formulierung eines zeitgenössischen Philosophen heißt das: «Es gibt einfach keine Alternative zum Sein.»[14]

Könnte das wahr sein? Schließen Sie die Augen und verstopfen Sie sich die Ohren. Nun stellen Sie sich eine absolute Leere vor. Versuchen Sie, den gesamten Inhalt der Welt ins Nichtsein zu wünschen. Sie können anfangen, wie es Coleridges kleiner Sohn tat, indem Sie sich vorstellen, dass alle Männer und Frauen und Bäume und Gräser und Vögel und Tiere und Erde und Himmel fort sind. Und nicht nur der Himmel, sondern alles, was in ihm ist. Malen Sie sich aus, im ganzen Kosmos gingen die Lichter aus: Die Sonne verschwindet, die Sterne verlöschen, die Galaxien blinken sich ins Nichtsein, eine nach der anderen oder eine Milliarde nach der anderen. Vor Ihrem geistigen Auge gleitet der ganze Kosmos in Schweigen, Kälte und Dunkelheit – mit nichts, was schweigsam, kalt oder dunkel sein könnte. Es ist Ihnen gelungen, sich das absolute Nichts vorzustellen.

Tatsächlich? So oft der französische Philosoph Henri Bergson versuchte, sich die universelle Vernichtung vorzustellen, konstatierte er, dass am Ende des Experiments unvermeidlich etwas übrig blieb: sein inneres Selbst. Bergson hielt die Welt des Seins für «eine Stickerei im Kanevas des Leeren». Aber wenn er versuchte, diese Stickerei zu entfernen, blieb das Trägermaterial, der Stoff seines Bewusstseins. Sosehr er sich auch bemühte, er konnte es nicht unterdrücken. «Im selben Augenblick, wo mein Bewußtsein erlischt, entzündet sich ein anderes Bewußtsein – oder besser, es war schon entzündet, war schon im Augenblick vorher aufgetaucht, um dem Entschwinden des ersten beizuwohnen.»[15] Es war ihm unmöglich, sich ein absolutes Nichts vorzustellen, ohne dass ein Bewusstseinsrest in die Dunkelheit einsickerte, wie ein schwacher Lichtstreif, der unter der Tür erscheint. Daher, so schloss er, müsse das Nichts unmöglich sein.

Bergson hat diese Auffassung nicht als Einziger vertreten. Der britische Idealist F. H. Bradley, Verfasser eines Werks mit dem vollmundigen Titel *Appearance and Reality* [*Erscheinung und Wirklichkeit*, Leipzig 1928], behauptete ganz ähnlich, dass das reine Nichts undenkbar sei. Auch er schloss daraus, dass es unmöglich sein müsse.

Einen der konfuseren Versuche, sich das Nichts vorzustellen, unternahm «S», ein Patient des namhaften russischen Psychologen Alexander Lurija. S hatte ein so ungewöhnliches Gedächtnis, dass Lurija ein ganzes Buch über ihn schrieb, *The Mind of a Mnemonist*. Seltsamerweise war sein Gedächtnis nahezu ausschließlich visuell. Als S versuchte, sich das Nichts vorzustellen, ging das Experiment entsetzlich schief: «Um die Bedeutung einer Sache zu erfassen, muss ich sie sehen ... Nehmen Sie das Wort *Nichts* ... Ich sehe dieses *Nichts* und es ist Etwas ... Daher wandte ich mich an meine Frau und fragte sie, was *Nichts* bedeute ... Sie sagte einfach: ‹*Nichts* heißt, dass nichts da ist.› Ich verstand das anders. Ich sah dieses *Nichts* ... Wenn *Nichts* einem Menschen erscheinen kann, folgt daraus, dass es etwas ist. Und damit beginnen die Schwierigkeiten.»[16]

Vielleicht ist jeder Versuch, ein Abbild von Nichts aufzurufen, sinnlos. Aber selbst wenn es sich anders verhielte, wäre denn Denkbarkeit ein verlässlicher Test für Möglichkeit? Bedeutet denn der Umstand, dass wir uns absolutes Nichts nicht vorstellen können – ausgenommen vielleicht im traumlosen Schlaf –, dass Etwas oder etwas anderes zwangsläufig existieren muss?

Man hüte sich vor dem, was als «Philosophenfehlschluss» bezeichnet wird: der Neigung, das Versagen der Vorstellung als Erkenntnis dessen zu verstehen, wie die Wirklichkeit zu sein habe. «Ich kann es mir nicht anders vorstellen», sagt sich ein Opfer dieses Fehlschlusses, «daher muss es so sein.» Es gibt so viele Dinge, die über unser Vorstellungsvermögen gehen und trotzdem nicht nur möglich, sondern auch wirklich sind. Beispielsweise können wir uns keine farblosen Objekte ausmalen, und doch sind Atome farblos; sie sind noch nicht einmal grau. Mit Ausnahme einiger außergewöhnlich begabter Mathematiker können sich die meisten Menschen keinen gekrümmten Raum denken. Trotzdem wissen wir aus Einsteins Relativitätstheorie, dass wir tatsächlich in einer gekrümmten vierdimensionalen Raumzeitmannigfaltigkeit leben, die gegen die Gesetze der euklidischen Geometrie verstößt – etwas, was Immanuel Kant unvorstellbar fand und deshalb aus philosophischen Gründen ausschloss.

Bergson und Bradley dachten, der Begriff des absoluten Nichts sei völlig sinnlos, weil schon die reine Möglichkeit die Existenz eines Beobachters einschlösse, der darüber nachdächte. Das wollen wir das «Beobachter-Argument» gegen das Nichts nennen. Das Beobachter-Argument ist nicht nur aus allgemeinen Gründen zweifelhaft, sondern führt auch zu abenteuerlichen Folgerungen. Es bedeutet nämlich, dass jede mögliche Welt einen bewussten Beobachter enthalten muss. Nun ist aber ein Universum ohne Bewusstsein physikalisch möglich. Wichen die Naturkonstanten in unserem Universum – Stärke der schwachen Kernkraft, Masse des Top-Quarks und so fort – nur ein wenig von ihren gegebenen Werten ab, hätte es keine Evolution des Lebens gegeben, nur eine Menge roher Materie. Doch nach der Logik des Beobachter-Arguments wäre ein solches Zombie-Universum unmöglich, weil es niemanden gäbe, der es beobachten könnte.

Aus Bergsons Version des Beobachter-Arguments ergeben sich noch absurdere Schlussfolgerungen. Vor seinem geistigen Auge konnte er sein eigenes Selbst nicht abschaffen. Nach dem Grundsatz, dass nicht möglich ist, was sich nicht vorstellen lässt, hätte er zu dem Schluss gelangen müssen, dass sein eigenes Nichtsein unmöglich sei: dass es, ganz gleich wie die Wirklichkeit beschaffen wäre – leer, voll, egal –, eine metaphysische Garantie für das Vorhandensein von Monsieur Bergson gebe; dass er selbst ein gottähnliches notwendiges Wesen sei. In diesem Zusammenhang von Solipsismus zu sprechen wäre geschmeichelt.

Es gibt noch ein zweites Argument gegen das Nichts, das, obwohl ähnlich in seiner Logik, einen objektiveren Weg einschlägt. Wie das Beobachter-Argument geht es davon aus, dass unser Bemühen, uns das absolute Nichts vorzustellen, zur Unvollständigkeit verurteilt ist. Doch statt zu behaupten, es sei das Bewusstsein, das übrig bleibe, glauben die Vertreter dieses Arguments an einen nicht geistigen Restbestand: Selbst wenn alle Inhalte des Kosmos auf imaginativem Wege verbannt seien, bleibe immer noch das abstrakte Substrat, das diese bewohnt hätten. Das Substrat mag leer sein, aber es ist nicht nichts. Ein Behälter ohne Inhalt ist noch immer ein Behälter. Das wollen wir das «Behälter-Argument» gegen das Nichts nennen.

Ein bewundernswerter Vertreter des Behälter-Arguments ist Bede Rundle, ein zeitgenössischer Philosoph an der Universität Oxford. «Unser Versuch, alles wegzudenken, läuft darauf hinaus, dass wir uns eine Raumregion vorstellen, aus der alle in ihr enthaltenen Objekte entfernt wurden – was mit der Möglichkeit, dass es nichts gibt, nicht mehr zu tun hat als die Vergegenwärtigung eines leeren Schranks», schreibt Rundle in einem Buch mit dem vielsagenden Titel *Why There Is Something Rather Than Nothing*.[17] Was ist nun dieser «leere Schrank»? Rundle scheint ihn mit dem Raum selbst gleichzusetzen. Da man die Anwesenheit des Raums nicht «wegdenken» könne, sagt er, müsse er Teil jeder möglichen Wirklichkeit sein – ein notwendig Seiendes wie Gott oder Henri Bergsons inneres Selbst.

Ist also der Raum unser größtes Bollwerk gegen das Nichts? Rundle sichert sich nach allen Seiten ab. Einmal erwägt er ein alternatives Argument und meint, die reine Idee des Nichts sei nicht schlüssig. Wenn es nichts gebe, sei es eine Tatsache, dass es nichts gebe. Daher gebe es zumindest eines: diese Tatsache! (Das ist ein wahrhaft grausiges Argument; die Aufzählung seiner Fehlschlüsse möchte ich dem Leser überlassen.) Ständig aber kommt Rundle auf den Raum zurück, da er ihn nicht wegdenken kann, mag er sich auch noch so sehr bemühen. «Der Raum ist nicht *nichts*», erklärt er mit Nachdruck, «sondern etwas, in das wir hineinstarren, durch das wir uns bewegen können oder das Volumen haben kann.»[18]

Rundles Überzeugung, dass der Raum ein Etwas sei, ist durchaus nicht unstrittig. Unter Philosophen gibt es zwei konkurrierende Auffassungen vom Raum und dem, was er tatsächlich ist; um auf dem neuesten Stand der Wissenschaft zu sein, müssten wir von der «Raumzeit» und nicht vom «Raum» sprechen, aber das spielt hier keine Rolle. Die eine, die «Substanzauffassung», geht auf Newton zurück. Nach ihr ist der Raum tatsächlich eine reale Sache mit einer ihr eigenen Geometrie und einer Existenz, die auch dann noch andauern würde, wenn alle ihre Inhalte verschwunden wären. Die andere Auffassung des Raums, die «relationale», stammt von Newtons großem Rivalen Leibniz. Danach ist der Raum selbst kein Ding, sondern nur ein Netz von Beziehungen zwischen Dingen. Ohne die Dinge, die er verbindet, könnte der Raum nach Leibniz' Ansicht nicht existieren, so wenig wie das Lächeln der «Cheshire Cat», der Grinsekatze, in *Alice im Wunderland* ohne das Tier existieren kann.

Die ontologische Debatte zwischen den Anhängern von Newton und den Parteigängern von Leibniz wird bis heute geführt und hat kaum etwas von ihrer Leidenschaftlichkeit verloren. Durch die Relativitätstheorie, der zufolge die Raumzeit das Verhalten der Materie beeinflusst, hat sich die Waagschale zugunsten der «Substantivisten» geneigt.

Doch wir müssen diesen Streit nicht entscheiden, um festzustellen, ob das Behälter-Argument brauchbar ist. Nehmen wir an, die Relationisten haben recht, und der Raum ist nur eine bequeme theoretische Fiktion. Würden in diesem Fall die Inhalte des Kosmos verschwinden, würde mit ihnen der Raum verschwinden, und übrig bliebe das absolute Nichts.

Nehmen wir jetzt umgekehrt an, die Substantivisten haben

recht. Dann ist der Raum ein echter kosmischer Schauplatz mit eigenständigem Sein. Er kann das Verschwinden seines materiellen Inhalts überleben. Selbst wenn alles weg ist, bleiben noch die nunmehr leeren Positionen. Doch wenn der Raum eine reale, objektive Existenz hat, gilt das auch für seine geometrische Form. Er kann unendlich in seiner Ausdehnung sein. Aber genauso kann er begrenzt sein, auch wenn er keine Grenze hat; beispielsweise ist die Oberfläche eines Basketballs ein endlicher, zweidimensionaler Raum ohne eine Grenze. Solche «geschlossenen» Raumzeiten sind mit Einsteins Relativitätstheorie vereinbar. Daher haben Stephen Hawking und andere Kosmologen die Theorie entwickelt, dass die Raumzeit unseres Universums – wie die Oberfläche eines Basketballs – endlich und nicht begrenzt ist. In diesem Fall ist es nicht schwierig, die Raumzeit mit allem, was sie enthält, «wegzudenken». Stellen Sie sich nun vor, der Basketball lässt Luft und schrumpft. Vor Ihrem geistigen Auge wird der endliche Radius des Basketball-Kosmos immer kleiner und kleiner, bis er null erreicht. Nun ist auch der Raumzeitschauplatz selbst verschwunden, und zurück bleibt das absolute Nichts.

Dieses Gedankenexperiment führt zu einer eleganten wissenschaftlichen Definition, die ursprünglich auf den Physiker Alex Vilenkin zurückgeht:

Nichts = eine geschlossene Raumzeitkugel mit dem Radius null

Mit anderen Worten, das Behälter-Argument scheitert, egal, wie der Behälter beschaffen ist. Falls aber die Raumzeit keine echte Entität ist, sondern nur eine Reihe von Beziehungen zwischen Dingen, dann verschwindet sie mit diesen Dingen und steht folglich der Möglichkeit des Nichts nicht im Wege. Ist die Raumzeit hingegen eine echte Entität mit Struktur und Quiddität, kann sie mittels unserer Vorstellungskraft zum Verschwinden gebracht werden wie die ganze übrige Möblierung der Wirklichkeit.

Die Entleerung der Wirklichkeit vor dem geistigen Auge ist nur ein rein theoretischer Prozess. Was wäre, wenn wir es im Labor versuchten? Aristoteles hielt es für unmöglich. Er brachte eine Vielzahl von Argumenten sowohl empirischer wie begrifflicher Art vor, um zu zeigen, dass man eine Raumregion nicht leeren könne. Die aristotelische Orthodoxie «Die Natur verabscheut das Vakuum» galt bis Mitte des 17. Jahrhunderts, als sie endgültig von dem Galilei-Schüler Evangelista Torricelli widerlegt wurde. Der brillante Experimentator hatte den glücklichen Einfall, Quecksilber in ein Reagenzglas zu gießen und dies dann, mit dem Finger über dem offenen Ende, in ein Quecksilberbad zu tauchen. In dem senkrecht auf dem Kopf stehenden Glas zeigte sich daraufhin über der Quecksilbersäule ein kleiner luftleerer Hohlraum. Damit hatte Torricelli das erste Barometer konstruiert. Zugleich hatte er den Beweis erbracht, dass der vermeintlich naturgegebene Horror Vacui in Wirklichkeit nichts anderes war als das Gewicht des auf uns lastenden atmosphärischen Drucks.

Doch war es Torricelli damit gelungen, ein Stück echtes Nichts herzustellen? Nicht ganz. Heute wissen wir, dass diese Form des luftleeren Raums, die er als Erster erzeugte, beileibe nicht vollkommen leer ist. Wie sich inzwischen herausgestellt hat, enthält auch das vollkommenste Vakuum noch etwas. In der Physik wird der Begriff des «Etwas» durch Energie quantifiziert – sogar Materie ist, wie Einsteins berühmteste Gleichung zeigt, nur gefrorene Energie. Physikalisch betrachtet, hat der Raum die größtmögliche Leere erreicht, wenn ihm jegliche Energie entzogen ist.

Stellen Sie sich nun vor, Sie beginnen, alle Energie restlos aus einer Raumregion zu entfernen. Mit anderen Worten, malen Sie sich aus, Sie versuchen diese Region in ihren niedrigsten Energiezustand zu versetzen, den sogenannten Vakuumzustand. An einem bestimmten Punkt dieses Energieentzugs geschieht etwas sehr Unerwartetes: Es kommt zur spontanen Bildung eines physikalischen Objekts, des sogenannten Higgs-Feldes. Dieses Higgs-Feld nun lässt sich nicht beseitigen, weil sein Beitrag zur Gesamtenergie des Raums, den Sie zu entleeren versuchen, negativ ist. Das Higgs-Feld ist ein «Etwas», das weniger Energie als ein «Nichts» enthält. Begleitet wird es von einem randalierenden Haufen «virtueller Teilchen», die pausenlos in die Existenz und aus ihr hinausspringen. Der Raum im Vakuumzustand erweist sich somit als ähnlich belebt wie der Times Square am Silvesterabend.

Philosophen, die ans Nichts glauben – sie bezeichnen sich gelegentlich als «metaphysische Nihilisten» –, versuchen, die physikalischen Hindernisse zu umgehen. Ende der 1990er Jahre entwickelten britische und amerikanische Philosophen gemeinsam einen Ansatz, der als «Subtraktionsargument» bezeichnet wird. Im Gegensatz zum Beobachter- und Behälter-Argument – beide anti Nichts ausgerichtet – ist das Subtraktionsargument pro Nichts. Es soll zeigen, dass absolute Leere eine echte metaphysische Möglichkeit ist.

Das Subtraktionsargument beginnt mit der durchaus plausiblen Annahme, dass die Welt eine endliche Zahl von Objekten enthält – Menschen, Tische, Stühle, Felsen und so fort. Es setzt auch voraus, dass jedes dieser Objekte kontingent ist: Obwohl das Objekt tatsächlich existiert, könnte es genauso gut nicht existieren. Auch das erscheint plausibel. Denken Sie an den Film *Ist das Leben nicht schön?* und seinen Protagonisten George Bailey, dargestellt von James Stewart. Nach einer Reihe von Rückschlägen in seinem Leben denkt George an Selbstmord. Dank des Eingreifens eines Engels namens Clarence gelingt es George, die Welt so zu erblicken, wie sie aussehen würde, wenn er nie geboren worden wäre. Er ist mit der Kontingenz seiner eigenen Existenz konfrontiert. Diese Kontingenz scheint nicht nur einzelne Menschen zu kontaminieren, sondern auch das gesamte Inventar tatsächlich existierender Dinge, von der Milchstraße über den Eiffelturm und den Hund, der auf Ihrem Sofa schläft, bis hin zum Staubkörnchen auf dem Mauspad Ihres Laptops. Jedes dieser Dinge könnte, obwohl es existiert, genauso gut nicht existieren, wenn sich der Kosmos anders entwickelt hätte. Schließlich macht das Subtraktionsargument noch eine Unabhängigkeitsannahme: dass nämlich das Nichtsein eines Dings nicht zwangsläufig das Sein eines anderen voraussetzt.

Mit diesen drei Prämissen – Endlichkeit, Kontingenz und Unabhängigkeit – lässt sich mühelos der Schluss ziehen, dass es genauso gut gar nichts geben könnte. Sie subtrahieren einfach jedes kontingente Objekt von der Welt, eines nach dem anderen, bis Sie am Ende eine absolute Leere haben. Diese «Subtraktion» ist metaphorisch, nicht wörtlich zu verstehen. Jeder Schritt dieses Arguments stützt sich auf eine Beziehung zwischen möglichen Welten: Wenn eine Welt mit n Objekten möglich ist, dann ist auch eine Welt mit $n-1$ Objekten möglich. Beim vorletzten Schritt dieses Subtraktionsprozesses besteht die Welt möglicherweise nur noch aus einem einzigen Sandkorn. Wenn eine so traurige kleine Welt möglich ist, dann kann es auch eine Welt geben, in der dieses Sandkorn beseitigt wird – eine Welt des Nichts.

Generell gilt das Subtraktionsargument als das stärkste im Arsenal der metaphysischen Nihilisten. Möglicherweise ist es sogar das einzige positive Argument, das sie haben. Während ich es etwas schlicht wiedergegeben habe, sind seine Verfechter sehr bemüht gewesen, es in eine Form zu bringen, in der es logisch gültig erscheint: keine geringe Tat. Wenn die Prämissen wahr sind, muss die Konklusion – dass das absolute Nichts möglich ist – ebenfalls wahr sein.

Aber sind die Prämissen des Subtraktionsarguments wahr? Anders gesagt, ist das Argument nicht nur gültig, sondern auch, wie die Logiker sagen, beweiskräftig?

Nun, die Prämissen der Endlichkeit und der Kontingenz sind

offenbar in Ordnung. Aber die dritte Prämisse, die der Unabhängigkeit, erscheint eher zweifelhaft. Können wir wirklich sicher sein, dass das Nichtsein eines Dings nicht das Sein eines anderen einschließt? Erinnern wir uns noch einmal an den Film *Ist das Leben nicht schön?*. In der Parallelwelt, in der George Bailey nie existierte, gab es infolgedessen viele andere mögliche Dinge – wie die anrüchigen Bars und Pfandleihen von «Pottersville», die der geldgierige Bankier Mr. Potter gegründet hätte, wenn George nicht zugegen gewesen wäre, um ihn daran zu hindern. Kontingente Dinge sind nämlich durchaus nicht so unabhängig voneinander. Jedes Ding scheint – egal, wie gering sein Anspruch auf Sein auch ist – in ein Netz ontischer Wechselbeziehungen mit vielen anderen wirklichen und möglichen Dingen verflochten.

Wenn Ihnen ein Filmbeispiel nicht seriös genug erscheint, betrachten Sie ein strengeres, ein wissenschaftliches Modell. Nehmen wir an, die Welt besteht nur aus zwei Objekten, einem Elektron und einem Positron, die einander umkreisen. Ist relativ zu dieser «Paar-Welt» auch eine «Ein-Ding-Welt» möglich, in der nur das Positron existiert? Man sollte es meinen. Doch der Schritt von der Paar-Welt zur Ein-Ding-Welt würde ein Grundprinzip der Physik verletzen: das Gesetz der Ladungserhaltung. Die Gesamtladung der Paar-Welt addiert sich zu null, da das Positron die Ladung +1 und das Elektron die Ladung –1 hat. Dagegen wäre die Gesamtladung der Ein-Ding-Welt +1. Daher würde der Schritt von der Paar-Welt zur Ein-Ding-Welt auf die Erzeugung einer neuen Gesamtladung hinauslaufen – eine physikalische Unmöglichkeit. Zwar sind das Elektron und das Positron individuell kontingent, aber jedes ist mit dem anderen durch das Gesetz der Ladungserhaltung existenziell verknüpft.

Und wie steht es mit dem Versuch, von der Paar-Welt direkt zum Nichts zu gelangen? Leider ist auch das physikalisch nicht möglich, weil die Eliminierung des Elektron-Positron-Paars ein weiteres Grundprinzip der Physik verletzen würde: das Gesetz von der Erhaltung der Masse und der Energie. Daraus folgt nämlich die Notwendigkeit, dass ein neues Objekt – sagen wir, ein Photon oder ein anderes Teilchen – an seine Stelle treten müsste.

Der Haken scheint der gleiche zu sein, auf den Bergson und Rundle stießen, nur sieht er etwas anders aus. In allen drei Fällen wird das absolute Nichts als eine Art Grenze gedacht, eine Grenze, der man sich von der Welt des Seins nähern kann. Bergson versuchte diese Annäherung durch die imaginierte Vernichtung aller Inhalte der Welt, blieb aber auf seinem eigenen Bewusstsein sitzen. Rundle versuchte es ebenfalls auf dem Weg der Vorstellung, kam aber auch nicht ans Ziel, sondern hatte am Ende einen leeren Raum-Behälter. Beide gelangten zu dem Schluss, dass das absolute Nichts nicht vorstellbar sei. Einen ganz anderen Weg schlägt das Subtraktionsargument ein, indem es das Nichts durch eine Reihe von logischen Schritten zu erreichen versucht. Doch die vernünftig klingende Überlegung, die dem Subtraktionsargument zugrunde liegt – wenn es einige Objekte gibt, könnte es auch weniger von ihnen geben –, widerspricht einer Reihe physikalischer Prinzipien: den Erhaltungsgesetzen. Und selbst wenn diese Gesetze irgendwie außer Kraft gesetzt wären, ist keineswegs gewährleistet, dass sich das ontologische Inventar der Welt stetig um eins vermindern ließe, bis hin zu null. Vielleicht bedingt die imaginäre oder wirkliche Abwesenheit eines Dings immer die Anwesenheit eines anderen. Entfernen Sie George Bailey aus dem Plan der Dinge, und schon erscheint Pottersville.

Die Moral von der Geschicht' ist offenkundig: Es ist nicht einfach, vom Etwas zum Nichts zu kommen. Der Ansatz ist bestenfalls asymptotisch – er scheitert immer am Grenzwert, lässt immer einen Rest Seiendes übrig, mag er auch noch so winzig sein. Aber ist das überraschend? Um vom Nichts zum Etwas zu gelangen, müssen wir schließlich das Rätsel des Seins auf umgekehrtem Weg lösen. Jede logische Brücke vom einen zum anderen würde vermutlich den Verkehr in beide Richtungen erlauben. Wenn es uns leichter erscheint, vom Etwas das Nichts zu erreichen als umgekehrt, liegt es daran, dass sowohl der Ausgangspunkt wie das Ziel im Voraus bekannt sind. Nehmen Sie an, Sie sitzen an einem Computerterminal im Lesesaal der New York Public Library in der 42. Straße. Es ist nur ein einziges Zeichen auf dem Bildschirm – sagen wir, «$». Sie drücken die Delete-Taste, und der Bildschirm wird leer. Damit ist Ihnen der Übergang vom Etwas zum Nichts gelungen. Nun stellen Sie sich vor, Sie sitzen an einem Terminal mit einem leeren Schirm. Wie gelangen Sie von Nichts zu Etwas? Durch Drücken der Undelete-Taste. Wenn Sie das tun, haben Sie jedoch keine Ahnung, was auf dem Schirm erscheinen wird. Je nachdem, was Ihr Vorgänger am Terminal gemacht hat, kann es eine kurze Nachricht oder ein Durcheinander von Zeichen sein. Der Übergang von Nichts zu Etwas ist geheimnisvoll, weil Sie nie wissen, was Sie bekommen. Das Gleiche gilt auf kosmischer Ebene. Der Urknall – der physikalische Übergang vom Nichts zum Etwas – war nicht nur unvorstellbar gewalttätig, sondern auch durch und durch gesetzlos. Die Physik sagt uns, dass es im Prinzip keine Möglichkeit gibt vorherzusagen, was aus einer nackten Singularität hervorgehen könnte. Noch nicht einmal Gott könnte das wissen.

Statt uns zu bemühen, eine unüberbrückbare begriffliche Kluft zwischen Etwas und Nichts zu überwinden, täten wir vielleicht besser daran, uns die Welt des Seins aus dem Kopf zu schlagen und uns stattdessen auf das Nichts zu konzentrieren. Lässt sich das absolute Nichts schlüssig beschreiben, ohne irgendeiner Art von Widerspruch anheimzufallen? Das hielte die Hoffnung wach, dass das Nichts eine echte metaphysische Möglichkeit ist.

Doch das absolute Nichts zu definieren kann schwierig sein. Ein erster Versuch könnte mit der folgenden Aussage beginnen:

Nichts existiert.

In die formale Logik übersetzt, wird daraus:

Für alle x gilt: Es ist nicht der Fall, dass x existiert.

Damit haben wir bereits ein Problem: «existiert» bezeichnet keine Eigenschaft, die Dinge haben oder nicht haben können. Es ergibt einen Sinn zu sagen: «Einige Tiger fauchen und andere nicht.» Aber es ist unsinnig zu sagen: «Einige zahme Tiger existieren und andere nicht.»

Wenn wir uns auf richtige Prädikate beschränken – «ist blau», «ist größer als ein Brotkasten», «ist übel riechend», «ist negativ geladen», «ist allmächtig» und so fort –, dann wird die Definition des absoluten Nichts sehr viel schwieriger. Dann brauchen wir eine unbegrenzte, möglicherweise unendliche Liste von Aussagen, um die Null-Möglichkeit zu bestimmen: «es gibt nichts, was blau ist», «es gibt nichts, was übel riechend ist», «es gibt nichts, was negativ geladen ist» und so fort. Jede dieser Aussagen hat die Form:

Für alle x gilt: Es ist nicht der Fall, dass x A ist.

Oder, noch bündiger:

Es gibt keine As.

Jede Aussage in dieser Liste schließt die Existenz aller Objekte mit einer bestimmten Eigenschaft aus: alle blauen Dinge, alle übel riechenden Dinge, alle negativ geladenen Dinge und so fort.

Wenn unsere Liste der nicht existenten Objekte eine Aussage für jede metaphysisch mögliche Eigenschaft enthält, ist es uns gelungen, das absolute Nichts durch diese *via negativa*, den verneinenden Weg, zu definieren. Doch wie können wir sicher sein, dass die Liste erschöpfend ist? Eine einzige Auslassung bringt das ganze Nichtigkeitsprojekt zum Scheitern, weil sie die Existenz einer Kategorie von Objekten erlaubt, die wir entweder vergessen haben oder die unsere Vorstellung übersteigt. Hätten wir die Liste beispielsweise vor hundert Jahren aufgestellt, wären wir nicht zu folgender Aussage gekommen: «Für alle x gilt: Es ist nicht der Fall, dass x ein schwarzes Loch ist.»

Wir können versuchen, dieses Problem der Vollständigkeit zu umgehen, indem wir alle möglichen Arten von Dingen in einige wenige fundamentale Kategorien einordnen. Descartes teilte die Welt beispielsweise in lediglich zwei Arten von Substanzen ein: Geist, denkende Substanz – *res cogitans* –, und Materie, ausgedehnte Substanz. Daher könnten wir versuchen, das absolute Nichts durch das Aussagenpaar «Es gibt keine geistigen Dinge» und «Es gibt keine materiellen Dinge» zu definieren. Dieses exakt bestimmte Paar würde die Existenz von Bewusstsein, Seelen, Engeln und Göttern einerseits und von Elektronen, Felsen, Bäumen und Galaxien andererseits ausschließen. Aber würde es auch die Existenz von mathematischen Objekten wie Zahlen ausschließen? Oder abstrakte Universalien wie Gerechtigkeit? Solche Dinge scheinen weder geistig noch materiell zu sein, und doch würde ihre Existenz vermutlich den Zustand des absoluten Nichts verderben. Außerdem könnte es noch ein ganzes Spektrum von anderen Substanzen, anderen Seinsarten geben, unerkannt von Descartes wie von uns.

Allerdings gibt es eine Eigenschaft, die jedes denkbare Objekt, egal, ob tierisch, pflanzlich, mineralisch, geistig, spirituell, mathematisch oder sonst etwas, unter Garantie besitzt. Das ist die Selbstidentität. Ich habe die Eigenschaft, ich zu sein. Sie haben die Eigenschaft, Sie zu sein. Und so fort. «Identität» wird in der Logik nämlich als die Beziehung definiert, die jedes Ding zu sich selbst hat. Mit anderen Worten, es ist eine logische Wahrheit, dass:

$$\text{Für jedes } x, x = x.$$

Existieren heißt folglich, mit sich selbst identisch zu sein.

In Hinblick auf die Identitätsbeziehung wird aus der Aussage «Etwas existiert»:

$$\text{Es gibt ein } x, \text{ sodass } x = x.$$

Um also das absolute Nichts in der Falle der Logik zu fangen, müssen wir diese Assertion lediglich negieren. Das Ergebnis lautet:

$$\text{Es ist nicht der Fall, dass es ein } x \text{ gibt, für das gilt } x = x.$$

Oder äquivalent:

$$\text{Für alle } x \text{ gilt: Es ist nicht der Fall, dass } x = x.$$

Das heißt so viel wie: «Alles ist nicht selbstidentisch.» Noch knapper wird die Aussage, wenn sie in den Symbolen der formalen Logik ausgedrückt wird:

$$(x)\sim(x = x).$$

Das Symbol «(x)» ist der Allquantor, der zu lesen ist als «für jedes/alle x gilt», und «$\sim$» ist der Negationsoperator, der zu lesen ist als «ist nicht der Fall, dass».

Es gibt also eine logische Glyphe, hübsch und klein, die besagt, es gibt absolut nichts. Aber ist auch eine Wirklichkeit vorstellbar, die sie wahr werden lässt? Ein namhafter amerikanischer Philosoph, der verstorbene Milton Munitz, hat das vehement bestritten. In seinem Buch *The Mystery of Existence* vertritt er die Auffassung, die Aussage, dass etwas existiere – «Es gibt ein x, für das gilt: x ist mit sich selbst identisch» –, sei eine logische Wahrheit. Daher sei ihre Negation – meine hübsche kleine Glyphe darüber – «vollkommen bedeutungslos».[19]

Munitz hat recht, aber in einem ziemlich trivialen Sinn. Um ihre formalen Systeme zu perfektionieren, schließen Logiker das Nichts routinemäßig aus. Sie setzen voraus, dass es immer mindestens ein Individuum im Diskursuniversum gibt – neben anderen Vorteilen erleichtert ihnen das, Wahrheit zu definieren. Dank diesem Hilfsmittel wird die Aussage «Es gibt ein x, für das gilt: x ist selbstidentisch» zu einer logischen Wahrheit. Aber es ist eine künstliche Wahrheit. Wie Willard Van Orman Quine, der Doyen der amerikanischen Philosophie im 20. Jahrhundert, dargelegt hat, ist die Bedingung einer nicht leeren Domäne «rein technischer Art». Sie vermittle «kein philosophisches Dogma über notwendige Existenz».[20] Bertrand Russell ging sogar noch weiter, indem er die herkömmliche Existenzannahme als einen Makel der Logik ansah.

Um sich von diesem Makel zu befreien, entwickelten Logiker, die sich Russells Meinung angeschlossen hatten, ein alternatives Logiksystem, das die Möglichkeit des Nichts zulässt. Ein solches System heißt «universell freie Logik», weil es frei von Existenzannahmen über das Universum ist. In einer universell freien Logik ist das leere Universum erlaubt, damit sind Aussagen, die die Existenz von irgendetwas behaupten – Aussagen wie «Es gibt ein Objekt, das mit sich selbst identisch ist» –, keine logischen Wahrheiten mehr.

Wie Quine entdeckte, gibt es im leeren Universum einen bemerkenswert einfachen Test für Wahrheit und Falschheit. Alle Existenzaussagen – das heißt, Aussagen, die beginnen mit «Es gibt ein x, für das gilt...» – sind automatisch falsch. Dagegen sind alle Universalaussagen – Aussagen, die beginnen mit «Für jedes x...» – automatisch wahr. Warum sollen alle Universalaussagen in einem leeren Universum wahr sein? Nehmen wir die Aussage «Für jedes *x*, *x* ist rot». In einer Welt ohne Objekte gibt es sicherlich keine Objekte, die nicht rot sind. Folglich gibt es in ihr auch keine Gegenbeispiele zu der Behauptung, dass alles rot sei. Daher heißt es von diesen universellen Aussagen, sie seien trivial wahr. Quines Wahrheitstest für das leere Universum ist wunderbar – oder, wie er es lieber ausdrückte, «an Trivialität kaum zu überbieten».[21] Der Test kann über die Wahrheit von Aussagen jeder, auch sehr komplexer, Art entscheiden. (Wenn die Aussage sowohl existenzielle wie universelle Elemente enthält, die durch «und» oder «oder» verbunden sind, wendet man einfach die Methode der Wahrheitstabellen an, die ursprünglich von Wittgenstein entwickelt wurde und heute jedem Studenten der elementaren Logik vertraut ist.) Er klärt schlüssig, was in einem leeren Universum, das heißt in einem Zustand des absoluten Nichts, wahr und falsch wäre. Außerdem zeigt er, dass sich keine Widersprüche aus der Annahme, dass nichts existiert, ableiten lassen. Für den metaphysischen Nihilisten ist das sehr interessant. Denn es bedeutet, dass das absolute Nichts selbstkonsistent ist! Im Gegensatz zu den Überzeugungen so vieler skeptischer Philosophen ist es eine echte logische Möglichkeit. Vielleicht sind wir nicht ganz in der Lage, uns das Nichts vorzustellen, aber das heißt nicht, dass es in irgendeiner Weise paradox wäre. Es mag lächerlich klingen, aber es ist nicht absurd. Logisch gesprochen, könnte es gar nichts gegeben haben.

Nennen wir diese mögliche Wirklichkeit die Null-Welt, aber halten wir uns dabei vor Augen, dass sie gewissermaßen nur aus ontologischer Höflichkeit eine «Welt» ist. Anders als andere mögliche Welten kommt sie ohne Raumzeit, ohne Behälter, ohne Bühne oder Schauplatz aus. Wenn wir von «ihr» sprechen, sprechen wir von keinem irgendwie gearteten Objekt; wir sprechen lediglich über eine der verschiedenen möglichen Erscheinungsformen, die die Wirklichkeit hätte annehmen können – eine Möglichkeit, die vollständig wiedergegeben wird durch die Formel

$$(x) \sim (x = x).$$

Dabei ist diese Formel nicht selbst Teil der Null-Welt – das würde das absolute Nichts nicht erlauben! Es ist nur unsere Art, die Null-Welt zu bezeichnen, logisch zu verschlüsseln, was es für das Nichts heißt, in irgendeiner Weise zu existieren.

Logische Konsistenz ist eine große Tugend. Aber sie ist nicht die einzige Tugend, die die Null-Welt besitzt. Das Nichts ist auch, wie Leibniz als Erster dargelegt hat, die einfachste aller möglichen Wirklichkeiten. In den Naturwissenschaften ist Einfachheit eine hochgeschätzte Eigenschaft. Wenn konkurrierende wissenschaftliche Theorien in gleicher Weise von den Forschungsergebnissen gestützt werden, favorisieren Wissenschaftler die einfachste – die Theorie, welche die wenigsten kausal unabhängigen Objekte und Eigenschaften postuliert, die Theorie, die sich am wenigsten mit Ockhams Rasiermesser trimmen lässt. Das liegt nicht daran, dass einfache Theorien eleganter oder leichter zu verwenden sind. Einfachheit gilt als Merkmal naturgegebener Wahrscheinlichkeit, der Wahrheit. Man geht davon aus, dass komplexe Wirklichkeiten der Erklärung bedürfen, nicht einfache. Und keine mögliche Wirklichkeit ist einfacher als die Null-Welt.

Folglich weist die Null-Welt die geringste Beliebigkeit auf. Da sie überhaupt keine Objekte enthält, ergibt eine Zählung bei ihr eine hübsche, runde Null. Bei der Zählung jeder alternativen Welt kommt ein Ergebnis von ungleich null heraus. Eine solche Welt kann eine endliche oder eine unendliche Zahl von Individuen enthalten. Nun sieht jede endliche Zahl, wenn Sie sich nicht gerade der Numerologie verschrieben haben, zwangsläufig beliebig aus. Unser eigenes Universum scheint beispielsweise aus einer endlichen Population von Elementarteilchen zu bestehen; deren geschätzte Zahl besteht aus einer 10 gefolgt von achtzig Nullen. Außerdem kann es nichtmaterielle Individuen geben, die wie Engel umherschweben. Würden Sie all diese Objekte addieren, sähe die Gesamtzählung der realen Welt aus wie eine extreme Fahrleistung auf dem Kilometerzähler Ihres Autos – eine lange, lange Reihe beliebiger Ziffern. Genauso beliebig wäre der Eindruck, wenn die Welt eine kleinere Zahl von Objekten enthielte, zum Beispiel siebzehn. Sogar eine unendliche Welt wäre willkürlich. Denn es gibt Unendlichkeit nicht nur in einer, sondern in vielen Größen – in unendlich vielen, um genau zu sein. Mathematiker bezeichnen die verschiedenen Größen des Unendlichen mit dem hebräischen Buchstaben Aleph: Aleph-0, Aleph-1, Aleph-2 und so fort. Sollte sich herausstellen, dass unsere Welt eine unendliche Zahl von Objekten hätte, warum sollte diese dann beispielsweise Aleph-2 und nicht Aleph-29 sein? Nur die Null-Welt entgeht dieser Art von Beliebigkeit.

Hinzu kommt, dass das Nichts die größtmögliche Symmetrie einer Wirklichkeit aufweist. Viele Dinge – Gesichter etwa oder Schneeflocken – sind von begrenzter Symmetrie. Weil Sie es um eine Achse kreisen lassen oder um neunzig Grad drehen können, ohne seine Form zu verändern, zeigt ein Quadrat viele Symmetrien, aber nicht so viele wie die Kugel: bei jeder beliebigen Drehung bleibt ihre Form gleich. Von noch größerer Symmetrie als die Kugel ist wiederum der unendliche Raum: Wir können ihn drehen, in einem Spiegel betrachten oder in jede beliebige Richtung verschieben, ohne ihn im Geringsten zu verändern. Unser eigenes Universum ist, im Kleinen betrachtet, nicht sehr symmetrisch – schauen Sie sich nur die Unordnung in Ihrem Wohnzimmer an! In kosmischem Maßstab zeigt es mehr Symmetrie: Es scheint in jeder Richtung gleich auszusehen. Aber kein Universum, das unsere eingeschlossen, kann in dieser Hinsicht mit dem Nichts mithalten. Durch den vollkommenen Mangel an Besonderheit ist die Null-Welt absolut invariant unter jeder Form von Transformation. Es gibt nichts, was man verschieben, spiegeln oder drehen könnte. Eine geradezu fürchterliche Symmetrie!

Aber was ist das für eine Tugend? Nun, sie könnte ästhetisch sein. Seit der griechischen Antike, mit ihrem Verlangen nach Harmonie und Ordnung, gilt die Symmetrie als fester Bestandteil objektiver Schönheit. Das soll nicht heißen, dass die Null-Welt die schönste aller Welten sei – obwohl sie das für Leute, die eine Vorliebe für Schmucklosigkeit und Wüstenlandschaften haben, schon sein könnte. Aber sie ist die erhabenste. Wenn Sein wie der Glanz der Mittagssonne ist, dann ist das Nichts wie ein sternenloser Nachthimmel, der eine Art lustvollen Schrecken in dem kühnen Denker hervorruft, der sich in seinen Anblick versenkt.

Das Nichts besitzt noch eine letzte und ziemlich esoterische Tugend, die mit der Entropie zu tun hat. Entropie ist einer der fundamentalsten Begriffe in der Naturwissenschaft. Er erklärt, warum die Zeit eine Richtung hat, einen «Pfeil», der von der Vergangenheit in die Zukunft zeigt. Der Entropiebegriff wurde im 19. Jahrhundert bei der theoretischen Beschäftigung mit Dampfmaschinen entwickelt und betraf ursprünglich den Wärmefluss. Doch schon bald fasste man ihn abstrakter auf und verwendete ihn als Maß für die Unordnung oder Zufälligkeit eines Systems. Im 20. Jahrhundert wurde die Entropie noch abstrakter und verschmolz mit dem Konzept reiner Information. Als Claude Shannon die Grundlagen der Informationstheorie schuf, riet er John von Neumann, er solle «Entropie» in seiner Theorie verwenden, dann würde er nie eine Debatte verlieren, weil niemand wirklich verstehe, was der Begriff bedeute.

Alles besitzt Entropie. Wenn wir unser Universum als geschlossenes System betrachten, nimmt seine Entropie stets zu, weil Dinge sich immer von der Ordnung zur Unordnung entwickeln. Das ist der zweite Hauptsatz der Thermodynamik. Und was hat das mit dem Nichts zu tun? Kann ihm Entropie zugeschrieben werden? Die Berechnung ist nicht schwer. Wenn ein System – alles von einer Tasse Kaffee bis zu einer möglichen Welt – in n verschiedenen Zuständen existieren kann, ist seine maximale Entropie gleich log(n). Die Null-Welt hat in ihrer vollkommenen Einfachheit nur einen einzigen Zustand. Daher ist ihre maximale Entropie log(1) = 0 – die zugleich auch ihre minimale Entropie ist!

Das Nichts hat also, abgesehen davon, dass es die einfachste, am wenigsten beliebige und die größte Symmetrie aufweisende aller möglichen Wirklichkeiten ist, auch das eleganteste Entropie-Profil. Seine maximale Entropie ist gleich seiner minimalen Entropie, und beide sind gleich null. Kein Wunder, dass Leonardo da Vinci sich zu dem, vielleicht etwas paradoxen, Ausruf veranlasst fühlte: «Unter den großen Dingen, die unter uns zu finden sind, ist das Sein des Nichts das größte.»[22]

Aber wenn das Nichts so grandios ist, warum hat es dann in der Wirklichkeitslotterie nicht gegen das Sein gewonnen? Die Tugenden der Null-Welt sind bei genauerem Nachdenken vielfältig und unstrittig, aber sie tragen lediglich dazu bei, das Geheimnis der Existenz noch geheimnisvoller zu machen.

Jedenfalls schien es mir so bis zu jenem Tag im Jahr 2006, als ich in der Post einen Brief fand, in dem es zu meiner großen Überraschung hieß: «Es gibt kein Geheimnis der Existenz.»

— 4 —
DER GROSSE VERWEIGERER

Der Brief, der die Nachricht «Es gibt kein Geheimnis der Existenz» enthielt, kam zwar unerwartet, aber nicht vollkommen aus heiterem Himmel. Eine Woche zuvor war in der *New York Times* eine Kritik veröffentlicht worden, die ich zu Richard Dawkins' Buch *Der Gotteswahn* geschrieben hatte. Die Frage «Warum ist etwas und nicht einfach nichts?» sei möglicherweise das letzte Bollwerk gegen die Übergriffe der Naturwissenschaften, hatte ich geäußert und dargelegt: «Wenn es eine letzte Erklärung für unsere kontingente und vergängliche Welt gibt, dann muss sie sich, wie mir scheint, auf etwas zugleich Notwendiges und Unvergängliches berufen, das man ‹Gott› nennen könnte.»[1] Diese Bemerkung hatte offensichtlich einen empfindlichen Nerv meines Korrespondenten getroffen, eines Herrn namens Adolf Grünbaum.

Der Name war mir durchaus nicht unbekannt. In der philosophischen Welt ist Adolf Grünbaum ein Mann von eminenter Bedeutung. Man könnte sagen, er ist der wichtigste lebende Wissenschaftsphilosoph. In den fünfziger Jahren wurde Grünbaum bekannt als führender Theoretiker für die komplizierten Fragen von Raum und Zeit. Drei Jahrzehnte später wurde er noch berühmter – und berüchtigter –, weil er einen längeren und wirkungsvollen Angriff auf die Freud'sche Psychoanalyse führte. Das trug ihm den Zorn der meisten Psychoanalytiker ein und brachte ihn auf die Titelseite der *New-York-Times*-Wissenschaftsbeilage.

All das wusste ich von dem Mann. Nicht bekannt war mir, dass er ein unversöhnlicher Feind aller Religion war. Besonderen Anstoß schien er an jener kosmischen Geheimniskrämerei zu nehmen, die dazu diente, den Glauben an einen übernatürlichen

Schöpfer zu begründen. Soweit es ihn betraf, führte die Frage «Warum gibt es eine Welt und nicht einfach gar nichts?» weder zu Gott noch sonst irgendwohin. Er hielt sie für ein «Scheinproblem» – ein Ausdruck, den er als deutscher Muttersprachler auch im Englischen verwendete.

Was machte Grünbaum zu einem solch entschlossenen Verweigerer? Ich könnte verstehen, wenn jemand das Geheimnis der Existenz seiner Natur nach für unlösbar hielte. Aber es einfach als Scheinproblem abzutun, schien mir dann doch ein wenig leichtfertig zu sein. Falls Grünbaum allerdings recht behalten sollte, wäre die ganze Suche nach einer Erklärung für die Existenz der Welt eine gigantische Zeitverschwendung, vergebliche Liebesmüh. Warum sollte man sich anstrengen, hinter ein Geheimnis zu kommen, wenn es sich einfach auflösen ließ?

Nicht ohne eine gewisse Beklommenheit antwortete ich Grünbaum. Ob wir miteinander reden könnten? Er antwortete mit dem ihm eigenen Elan und lud mich nach Pittsburgh ein, wo er seit fünf Jahrzehnten lebt und lehrt. Es werde ihm ein Vergnügen sein, mir zu erklären, warum das Geheimnis der Existenz ein Blindgänger sei, schrieb er mir in seinem Brief, selbst wenn es ein paar Tage dauern würde, mich zu überzeugen. Wenn er dann versuche, mich unter seine philosophischen Fittiche zu nehmen, sei es an mir, darauf zu reagieren.

Ich war noch nie in Pittsburgh gewesen und kannte die Stadt nur aus dem Film *Flashdance*. Aber mir war sehr daran gelegen, Grünbaum zu treffen und den Monongahela River zu sehen. Daher nahm ich den nächstmöglichen Flug von New York und kam zwei Stunden später in meinem Hotel an, das bequemerweise im Schatten der hochaufragenden neugotischen Cathedral of Learning der University of Pittsburgh lag. Mein eifriger Mentor Grünbaum erwartete mich schon in der Lobby, lächelte freundlich und sah aus wie eine achtzigjährige Kreuzung zwischen Danny DeVito und Edward G. Robinson.

An diesem Abend erzählte mir Grünbaum bei Dinner und Drinks in einem zentral gelegenen Restaurant namens Common Plea, wie er zu seiner Abneigung gegen den Theismus gekommen war. Er führte ihn zurück auf seine Kindheit in Köln, wo er 1923 in den unruhigen Jahren der Weimarer Republik geboren worden war. Köln mit seinem berühmten Dom war eine vorwiegend katholische Stadt. Grünbaums Familie gehörte einer kleinen jüdischen Minderheit an, die rund zwölftausend Mitglieder umfasste. Sie lebten in der Rubensstraße, die nach dem niederländischen Maler benannt war. Als Grünbaum zehn war, kamen die Nationalsozialisten an die Macht. Lebhaft erinnerte er sich daran, wie er auf der Straße von jugendlichen Rowdys zusammengeschlagen worden war, die riefen: «Die Juden haben unseren Heiland getötet.» Er wusste auch noch, dass seine sportliche Entwicklung «psychologisch verkümmerte», weil ihn die Massenaufmärsche der Nazis fatal an Sportveranstaltungen erinnerten.

Bereits als Junge begann Grünbaum die Existenz Gottes zu bezweifeln. Er sei entsetzt gewesen über die «ethisch monströse» Geschichte von Abraham, der von Gott aufgefordert wird, seinen unschuldigen Sohn zu opfern, um seinen Gehorsam gegenüber Gott zu beweisen. Außerdem fand er es absurd, dass es ein Tabu war, Gottes Namen Jehova auszusprechen. Als ihm das Wort im hebräischen Unterricht unbekümmert über die Lippen kam, schlug der Lehrer mit der Faust auf den Tisch und erklärte, das sei das Schlimmste, was ein Jude tun könne.

Seine Ernüchterung gegenüber der Religion habe etwa gleichzeitig mit seinem Interesse an der Philosophie eingesetzt, erzählte Grünbaum weiter. Der Rabbiner in der Synagoge der Familie hätte sich in seinen Predigten häufig auf Kant und Hegel berufen. Das habe Grünbaum dazu angeregt, eine Einführung in die Philosophie zu lesen, die sich neben anderen Spekulationen auch mit dem Ursprung des Universums beschäftigte. Außerdem begann er, Schopenhauer zu lesen, den er wegen seiner mitfühlenden buddhistischen Einstellung und seiner literarischen Begabung bewunderte. Bei seiner Bar-Mizwa 1936 war Adolf Grünbaum dreizehn und bekennender Atheist. Im folgenden Jahr floh seine Familie aus Hitler-Deutschland in die USA und fand eine Bleibe im Süden Brooklyns. Grünbaum besuchte als Pendler eine Highschool in der Bronx – jeweils anderthalb Stunden U-Bahn-Fahrt hin und zurück –, wo er sich Englisch mit Hilfe einer zweisprachigen Shakespeare-Ausgabe beibrachte.

Im Zweiten Weltkrieg wurde Grünbaum einzogen und versah seinen Dienst als Nachrichtenoffizier. Zweiundzwanzig Jahre alt, kehrte er mit der U.S. Army nach Deutschland zurück und verhörte inhaftierte Nationalsozialisten in Berlin. Erstaunt erfuhr ich, dass unter den Leuten, die er vernommen hatte, auch Ludwig Bieberbach gewesen war, der Mann, dem wir die Bieberbach'sche Vermutung verdanken – jahrzehntelang eines der großen ungelösten Probleme in der Mathematik, das gleich nach dem großen Fermat'schen Satz kam. Die Vorstellung, dass Bieberbach ein Mensch aus Fleisch und Blut gewesen war, ganz zu schweigen davon, dass er sich für seine Vorlesungen an der Berliner Universität gewöhnlich in seine SA-Uniform geworfen hatte, brachte mich dann doch etwas aus der Fassung. Grünbaums Verachtung für diesen Nazi-Mathematiker hatte nicht nur moralische Gründe. Sie war auch intellektueller Natur. Um Hitlers Antisemitismus zu unterstützen, hatte Bieberbach öffentlich die Auffassung vertreten, arische Mathematiker würden einen gesunden geometrischen Ansatz für ihre Arbeiten wählen, während der jüdische Geist den zersetzenden abstrakten Weg einschlüge. Das machte Grünbaum fuchsteufelswild, weil Bieberbach dabei absichtlich das «ins Auge springende Gegenbeispiel» unterschlagen hatte – nämlich den jüdischen Physiker Albert Einstein, der in seiner Relativitätstheorie zeigte, dass die Gravitation in Wirklichkeit geometrischer Natur war. Seither verliere er leicht die Fassung, erklärte er, wenn er es mit «schludrigen, unehrlichen und tendenziösen Argumenten» zu tun bekomme – zum Beispiel Argumenten, mit denen bewiesen werden solle, warum das Universum existiert.

Trotz des fortgeschrittenen Alters und seiner geringen Körpergröße aß Grünbaum mit gesundem Appetit. Er verputzte eine Kalbfleischvorspeise, dann eine riesige Portion Capelli d'angelo, gefolgt von einem weiteren Gang mit Portobello-Champignons. Auf Wein verzichtete er, weil er ihn nicht vertrage, wie er sagte, stattdessen blieb er auch während der Mahlzeit bei seinen Cosmopolitans – «mein Speed» –, während er mich in seiner präzisen Sprechweise, leicht getönt von einem deutschen Akzent, mit philosophischem Klatsch unterhielt. Hinterher fuhr er mich liebenswürdigerweise in mein Hotel. Dabei kamen wir an einer ziemlich imposanten Kirche vorbei, vermutlich einem von Pittsburghs architektonischen Schmuckstücken. «Gehen Sie dort zum Gottesdienst?», fragte ich ihn betont harmlos.

«Klar, jeden Tag», antwortete er.

Als ich mich am nächsten Morgen mühsam durch den riesigen Stapel mit Sonderdrucken aus verschiedenen Philosophiezeitschriften arbeitete, die mir der Professor in die Hand gedrückt hatte – Arbeiten mit kämpferischen Titeln wie «The Poverty of Theistic Cosmology» [Die Armseligkeit der theistischen Kosmologie] und «The Pseudo-Problem of Creation» [Das Scheinproblem der Schöpfung] –, versuchte ich zu begreifen, warum Grünbaum das Geheimnis der Existenz mit solcher Verachtung abtat. Seine Geringschätzung für diejenigen, die es ernst nahmen, war unübersehbar. Sie waren nicht nur «begriffsstutzig», sondern «empörend begriffsstutzig». Ihre Gedanken waren «plump», «primitiv», «grotesk», die «reinste Farce». Sie waren mehr als «töricht», nämlich «haarsträubend töricht».

Ich brauchte nicht lange, um zu begreifen, warum er so dachte. Anders nämlich als Leibniz und Schopenhauer, anders als Wittgenstein und Heidegger, als Dawkins, Hawking und Proust, anders als fast alle zeitgenössischen Philosophen, Wissenschaftler, Theologen und so gut wie alle denkenden Menschen findet Grünbaum die Existenz der Welt nicht im Geringsten erstaunlich. Er ist zutiefst davon überzeugt, dass es vernünftig von ihm ist, nicht erstaunt zu sein.

Betrachten wir noch einmal das grundlegende Geheimnis, das Leibniz als Erster mit der Frage formulierte, «warum es eher Etwas als Nichts gibt». Grünbaum nennt dies, mit angemessener Grandezza – und vielleicht einer Spur von Ironie –, die existenzielle Urfrage. Doch wodurch ist sie legitimiert? Wie jede andere Warum-Frage, sagt er, stütze sie sich auf versteckte Voraussetzungen. Ihr liege nicht nur zugrunde, dass es irgendeine Erklärung für die Existenz der Welt geben müsse, sondern sie setze auch als selbstverständlich voraus, dass die Welt eine Erklärung brauche – dass in Abwesenheit einer zwingenden Ursache von einer Vorrangigkeit des Nichts auszugehen sei.

Aber warum sollte das Nichts Vorrang haben?, fragt Grünbaum. Die Menschen, die Verwirrung angesichts einer Welt wie der unseren bekunden – einer Welt, in der es wimmelt von Leben und Sternen und Bewusstsein und dunkler Materie und allen möglichen anderen Stoffen, die wir noch nicht einmal entdeckt haben –, scheinen unter einem intellektuellen Vorurteil zu leiden, das die Null-Welt bevorzugt. Unausgesprochen glauben sie, das Nichts sei der natürliche Stand der Dinge, die ontologische Standardoption. Nur die Abweichungen vom Nichts seien rätselhaft und bedürften einer Erklärung.

Und woher haben sie diesen Glauben an das, was Grünbaum spöttisch die Spontaneität des Nichts nennt – einen Glauben, der ihnen so selbstverständlich erscheint, dass sie sich noch nicht einmal die Mühe machen, ihn zu verteidigen? Ob ihnen das klar sei oder nicht, sie hätten ihn von der Religion, meint er. Sogar Atheisten wie Dawkins hätten ihn «mit der Muttermilch» aufgesogen. Die Spontaneität des Nichts sei ein ausgesprochen christliches Konzept, behauptet Grünbaum: Angeregt habe es die Doktrin von der Schöpfung *ex nihilo*, die im 2. Jahrhundert nach Christus entstanden war. Nach christlicher Lehre brauchte Gott in seiner Allmacht keinen präexistenten Stoff, um daraus die Welt zu machen. Er erschuf sie aus reinem Nichts. (Wahrscheinlich kann die biblische Schöpfungsgeschichte, nach der Gott die Welt erschuf, indem er einer Art Wasserchaos seine Ordnung aufzwang, als mythopoetische Freiheit beiseitegelassen werden.)

Aber Gott ist nach christlicher Auffassung nicht nur der Schöpfer der Welt. Er ist auch derjenige, der sie erhält. Einmal geschaffen, ist die Welt für ihre weitere Existenz vollkommen auf ihn angewiesen. Er arbeitet rund um die Uhr, um sie in einem Seinszustand zu erhalten. Hielte Gott auch nur einen Augenblick inne, die Welt existenziell zu unterstützen, würde sie, um eine Redewendung des im 20. Jahrhundert wirkenden britischen Erzbischofs William Temple zu bemühen, «in Nichtsein zusammenstürzen».[2] Die Welt ist nicht wie ein Haus, das stehen bleibt, wenn der Baumeister es beendet hat, sondern wie ein Auto, das sich am Rande einer Klippe in einem empfindlichen Gleichgewicht befindet. Ohne die göttliche Macht, die der Welt ihr Gleichgewicht bewahrt, stürzte sie in den Abgrund des Nichts.

Diese christliche Vorstellung von der Schöpfung *ex nihilo* teilten die antiken Griechen nicht. Ebenso wenig die indischen Philosophen. Daher könne es kaum überraschen, meint Grünbaum, dass sie sich keine Gedanken darüber machten, warum es etwas und nicht einfach nichts gibt. Diese Idee wurde von Kirchenphilosophen wie Augustinus und Thomas von Aquin in das abendländische Denken getragen. Die Lehre, die die ontologische Abhängigkeit der Welt von Gott behauptet – Grünbaum nennt sie das Abhängigkeitsaxiom –, beeinflusste die intuitiven Vorstellungen von Rationalisten wie Descartes und Leibniz und schuf die Voraussetzung für ihre Überzeugung, dass ohne die ständigen Bemühungen Gottes, die Existenz der Welt zu erhalten, das Nichts herrschen würde. Sein ohne Ursache war für sie undenkbar. Sogar wir, wenn wir heute fragen, warum etwas ist und nicht nichts, sind bewusst oder unbewusst die Erben einer Denkweise, die ein Relikt der frühen jüdisch-christlichen Geschichte ist.

Daher, so Grünbaum, beruhe die existenzielle Urfrage auf der Annahme von der Spontaneität des Nichts. Die Spontaneität des Nichts beruhe auf dem Abhängigkeitsaxiom. Und das Abhängigkeitsaxiom erweise sich als ein Fall von primitiver und grundloser theologischer Schaumschlägerei.

Und das war erst der Anfang von Grünbaums Kurzdarstellung. Er gab sich nicht mit der Behauptung zufrieden, dass die existenzielle Urfrage, wie er sie nannte, auf zweifelhaften Voraussetzungen beruhe. Er wollte zeigen, dass diese Voraussetzungen schlicht und einfach falsch waren. Aus seiner Sicht gibt es keinen Grund, wegen der Existenz der Welt erstaunt, verwirrt, beeindruckt oder entgeistert zu sein. Keine der für das Nichts reklamierten Tugenden – die vermeintliche Einfachheit, die Natürlichkeit, die fehlende Beliebigkeit und so fort – mache es zum rechtmäßigen Favoriten in der Wirklichkeitslotterie, so seine Überzeugung. Wenn wir die Sache empirisch betrachteten – was moderne, wissenschaftlich ausgerichtete Leute tun sollten –, würden wir feststellen, dass die Existenz einer Welt in hohem Maße erwartungskonform ist. Oder in Grünbaums eigenen Worten: «Was könnte empirisch trivialer sein als die Tatsache, dass irgendetwas existiert?»

Dieser Mann dachte, die Frage «Warum ist etwas und nicht nichts?» sei eine ebenso arglistige Täuschung wie die, die da lautet: «Wann haben Sie aufgehört, Ihre Frau zu schlagen?»

Als ich an diesem Tag über den buschbestandenen Campus der University of Pittsburgh zu meinem nächsten Treffen mit Grünbaum ging, war ich entschlossen, das Geheimnis der Existenz und die ontologischen Ansprüche des Nichts zu verteidigen. Sein Büro befand sich ganz oben in der Cathedral of Learning, die, wie ich erfuhr, das höchste akademische Gebäude der westlichen Hemisphäre ist. Sie sieht aus wie eine amputierte und grotesk ins Riesenhafte verzerrte Turmspitze einer gotischen Kirche. Als ich die Eingangshalle mit dem gerippten Kreuzgewölbe betrat, hielt ich instinktiv nach Hauptschiff, Apsis und Altar Ausschau. Aber dies war eine weltliche Kathedrale, nicht der Anbetung einer Gottheit, sondern dem Erkenntnisstreben geweiht. Alles, was ich stattdessen erblickte, war eine lange Reihe von Fahrstühlen. Mit einem von ihnen fuhr ich in den fünfundzwanzigsten Stock empor, wo mich mein zum Mentor gewandelter Gesprächspartner erwartete.

Nach ein wenig Smalltalk über Psychoanalyse fragte ich ihn, ob er mir denn nicht wenigstens zugestehen wolle, dass das Konzept des Nichts seinen Sinn habe. Sei es denn nicht möglich, dass anstelle der Welt, die wir um uns sehen, absolut nichts wäre?

«Das ist etwas, woran ich gelitten habe und was mir Kopfzerbrechen bereitet hat», sagte er in seiner bedächtigen und überlegten Sprechweise. «Die Menschen haben Gründe gegen die Schlüssigkeit dieses Konzepts vorgebracht, aber viele dieser Argumente scheinen mir Fehlschlüsse zu sein. Nehmen wir die Behauptung, dass das absolute Nichts unmöglich sei, weil wir es uns nicht vorstellen können. Nun, wir können uns auch die hyperdimensionale Physik nicht vorstellen! Aber es ist nicht mein Problem zu beweisen, dass die Null-Welt eine echte Möglichkeit ist. Es ist das Problem von Leibniz, Heidegger, den christlichen Philosophen und all den Jungs, die Kapital aus der Frage ‹Warum gibt es eine Welt und nicht einfach gar nichts?› schlagen wollen. Ist das Nichts unmöglich, dann *cadit quaestio*, wie man im Mittelalter sagte, dann ist die Frage hinfällig, und ich kann ein Bier trinken gehen!»

Ich fragte, ob das Nichts denn nicht die einfachste Gestalt sei, die die Wirklichkeit annehmen könne? Und würde es damit für die Wirklichkeit nicht auch die wahrscheinlichste Form darstellen – sofern es nicht eine Ursache oder ein Prinzip gebe, um die Leere mit einer Welt voller seiender Dinge zu füllen?

«Oh, ich will gerne einräumen, dass das Nichts möglicherweise begrifflich die einfachste Form darstellt. Doch selbst wenn es so wäre, warum sollte diese Einfachheit – diese vermeintliche Einfachheit – in Ermangelung eines triftigen Grunds die Verwirklichung der Null-Welt verlangen können? Was macht Einfachheit zu einem ontologischen Imperativ?»

Es sei ein «echtes Mantra» geworden, klagte Grünbaum, dass die Einfachheit dem Nichts eine höhere Wahrscheinlichkeit verleihe.

«Manche Wissenschaftler und Philosophen begaffen die Welt und sagen: ‹Wir wissen eben, dass einfachere Theorien eher wahr sind.› Aber das ist einfach ihr psychologischer Ballast, ihr heuristischer Modus. Mit der objektiven Welt hat das nichts zu tun. Schauen Sie die Chemie an. In der Antike behauptete Thales, alle Chemie beruhe auf einem einzigen Element, dem Wasser. Wenn es um Einfachheit geht, gewinnt die Theorie des Thales locker gegen die ‹Polychemie› Mendelejews, der im 19. Jahrhundert das periodische System mit seiner Vielzahl von Elementen entwarf. Aber Mendelejews Theorie entspricht der Wirklichkeit.»

Also versuchte ich einen anderen Ansatz. Ob das Nichts – die Einfachheit beiseitegelassen – nicht die natürlichste Gestalt sei, die die Wirklichkeit annehmen könne?

Grünbaum verzog das Gesicht. «Was ‹natürlich› ist, erkennen wir nur, indem wir die empirische Welt betrachten», sagte er. «Es ist logisch möglich, dass sich ein Mensch spontan in einen Elefanten verwandelt, aber es wurde noch nie beobachtet. Daher verspüren wir nicht die geringste Versuchung zu fragen, warum diese logische Möglichkeit nicht verwirklicht wurde. Der Einsturz eines Wolkenkratzers dagegen ist etwas, was von Zeit zu Zeit beobachtet wird. Und wenn es passiert, möchten wir eine Erklärung haben, weil es im Gegensatz zur empirischen Bilanz nicht zusammenbrechender Wolkenkratzer geschieht. Tatsächlich ist dieses Nichteintreffen des Ereignisses so häufig, dass wir es durchaus als ‹natürlich› betrachten dürfen. Doch beim Universum haben wir seine Nichtexistenz noch nie beobachtet, geschweige denn Anhaltspunkte dafür gefunden, dass sie ‹natürlich› wäre. Also warum sollten wir versucht sein, uns zu fragen, warum es existiert?»

Hier dachte ich, ich hätte ihn.

«Aber wir haben seine Nichtexistenz beobachtet», warf ich ein. «Die Urknalltheorie sagt uns, dass das Universum erst vor rund 14 Milliarden Jahren entstanden ist. Gegen die Ewigkeit ist das ein Wassertropfen im Ozean. Was hat das Universum in dem unendlichen Zeitabschnitt vor der Urknall-Singularität getan, wenn nicht nicht zu existieren? Und würde das nicht die Nichtexistenz zu seinem natürlichen Zustand machen?»

Grünbaum machte nicht viele Umstände mit seinem Einwand.

«Und wenn das Universum nun eine endliche Vergangenheit hat?», fragte er. «Die Physik gestattet uns nicht, noch weiter zurück zu extrapolieren und zu sagen: ‹Vor dieser Singularität war das Nichts.› Das ist ein elementarer Fehler, den viele meiner Gegner begehen. Vor ihrem geistigen Auge sehen sie sich als gedächtnisbegabte Beobachter der Ursingularität, und das vermittelt ihnen die feste Überzeugung, dass es frühere Augenblicke in der Zeit gegeben haben muss. Aber das Urknallmodell lehrt uns ja gerade, dass es vor dem Anfangszustand keine Zeit gegeben hat.»

Na gut, dachte ich, Grünbaum scheint in Fragen der Zeit ein heimlicher Leibnizianer zu sein. Ende des 17. Jahrhunderts vertraten Leibniz und Newton konkurrierende Auffassungen über das wahre Wesen der Zeit. Newton nahm die «absolutistische» Position ein, wonach die Zeit die materielle Welt und alles, was diese enthält, überschreitet. «Die absolute, wahre und mathematische Zeit verfließt an sich und vermöge ihrer Natur gleichförmig, und ohne Beziehung auf irgend einen äussern Gegenstand», erklärte Newton.[3] Leibniz vertrat, im Gegensatz zu Newton, eine «relationistische» Haltung. Seiner Meinung nach war die Zeit nur eine Beziehung zwischen Ereignissen. Danach würde in einer statischen Welt – einer Welt ohne Veränderung, ohne «Geschehnisse» – die Zeit gar nicht existieren. Mit seiner Behauptung, es habe vor dem Urknall keine Zeit gegeben, schien Grünbaum an Leibniz anzuknüpfen. Er hielt es für sinnlos, in einem uhr- und ereignislosen Zustand des Nichts von Zeit zu sprechen.

Doch als ich diesen Punkt ansprach, reagierte Grünbaum mit geistigem Jiu-Jitsu, der Kunst des Siegens durch Nachgeben.

«Nein, Jim, ich bin philosophisch flexibel», sagte er. «Ich bin nicht unbedingt auf der Seite von Leibniz. Vielleicht ist ein Fließen der Zeit in einer Null-Welt denkbar, wie Newton meint. Aber das Urknallmodell behauptet etwas anderes! Nach ihm stellt die Anfangssingularität eine zeitliche Grenze dar. Wenn Sie das Modell für physikalisch wahr halten, beginnt an dieser Singularität die Zeit.»

Sei also die Behauptung, dass eine Welt aus dem Nichts entstehen könne, unsinnig?

«Ja, weil sie einen Prozess voraussetzt, der in der Zeit stattfindet. Die Frage, wie das Universum entstanden ist, setzt voraus, dass es frühere Zeitpunkte gab, an denen noch nichts existierte. Würde uns die Theorie erlauben, über solche früheren Zeitpunkte zu sprechen – Augenblicke vor dem Urknall –, dann könnten wir fragen, was in diesen Momenten vor sich ging. Das tut sie aber nicht. Es gibt kein ‹Vorher›. Folglich tut sich keine Lücke auf, durch die sich Gott einschleichen könnte. Sie könnten genauso gut sagen, dass das Universum aus dem Nirwana kam!»

Es seien aber nicht nur Vertreter religiöser Positionen, die auf diese Lücke zwischen Nichts und Sein pochten, wandte ich ein.

Es gebe doch auch viele atheistische Philosophen, die ihr Erstaunen über die Existenz des Kosmos äußerten. Insbesondere sprach ich von J.J.C. «Jack» Smart – einem australischen Philosophen von sehr entschiedenen Meinungen, der wie Grünbaum ein kompromissloser Materialist und Atheist ist. «Warum gibt es überhaupt etwas?» ist für Smart die «tiefsinnigste» Frage überhaupt.[4]

«Nun, ich werde Ihnen etwas über Jack erzählen», erwiderte Grünbaum. «Er wurde sehr religiös erzogen. Heute mag er Atheist sein, aber er hat mir mal gesagt, er wäre glücklich, wenn ihm jemand seine Argumente gegen die Religion widerlegen könnte, weil er seinen alten Glauben vermisse. Menschen wie er haben eine tief verwurzelte Neigung, sich von der Existenz der Welt in Staunen oder Ehrfurcht versetzen zu lassen. Wie gesagt, sie saugen es mit der Muttermilch auf.»

Ich konnte nicht umhin, Ludwig Wittgenstein anzusprechen, der ebenfalls vom Geheimnis der Existenz fasziniert war. Viele Philosophen halten Wittgenstein für den bedeutendsten Vertreter der Philosophie des 20. Jahrhunderts. Grünbaum allerdings gehört, wie ich rasch feststellen konnte, nicht zu ihnen.

«Tut mir leid», sagte er und verdrehte die Augen, «aber die Arbeit, in der Wittgenstein davon spricht, ist einfach schrecklich. Ein unglaublich krankes Elaborat, fast schon psychotisch. Am Ende seiner Ausführungen sagt er, er sei voller Ehrfurcht für die Frage ‹Warum ist etwas und nicht nichts?›. Aber zugleich behauptet er, die Frage sei sinnlos! Wie kann er Ehrfurcht vor ihr empfinden, wenn er sie widerlegt hat? Er hätte einen Psychiater aufsuchen und uns mit seiner ‹Ehrfurcht› verschonen sollen.»

Ich begann mich zu fragen, ob Grünbaum womöglich der unerschütterlichste Philosoph war, dem ich je begegnet war. Offenbar hatte er nicht die geringste Furcht vor dem Nichts – verächtlich nannte er sie das «ontopathologische Syndrom». Jedenfalls brachte ihn die Welt des Seins offenbar nicht zum Staunen. Gab es überhaupt etwas, was diesen Mann erstaunte? Fand er irgendein philosophisches Problem ehrfurchtgebietend oder verblüffend? Was war beispielsweise mit der Frage, wie Bewusstsein aus roher Materie entsteht?

«Ich bin erstaunt über die Vielseitigkeit des Bewusstseins und die Fülle von Ideen, mit denen der menschliche Verstand aufwarten kann», sagte er. «Das ist alles ganz prächtig! Aber die Existenz des Bewusstseins finde ich nicht besonders verwunderlich.»

Mir fiel auf, wie sehr sich seine Einstellung von der des Philosophen Thomas Nagel unterschied, eines meiner intellektuellen Helden. In seinem Buch *Der Blick von nirgendwo [The View from Nowhere]* setzt sich Nagel ausführlich mit der rätselhaften Frage auseinander, wie die irreduzible Subjektivität des Geistes mit der objektiven materiellen Welt in Einklang zu bringen sei.

«Ich habe das Buch nie gelesen», sagte Grünbaum.

Aber das sei doch ein ungeheuer wichtiges Buch, stammelte ich. Der Oxford-Philosoph Derek Parfit habe es zum bedeutendsten philosophischen Werk der Nachkriegszeit erklärt.

«Tatsächlich?», erwiderte Grünbaum. «Wie schön für ihn! Doch was mich betrifft, warum sollte ich erstaunt sein, dass ich so beschaffen bin, wie ich bin? Ich weiß, dass meine persönliche Geschichte durch viele Dinge geprägt wurde. Und es gibt vieles an mir, was ich nicht verstehe – warum ich zum Beispiel bestimmte Gewohnheiten und Neigungen habe. Aber das sind biologische oder biopsychologische Fragen. Mit einem gewissen Maß an evolutionärer Theorie und Genetik und was Sie wollen, könnten sie ganz interessant sein. Aber deshalb stelle ich mich doch nicht hin und frage mich, warum ich bin, wie ich bin. Ich lebe wahrhaftig nicht in zweifelnder Ungewissheit.»

Wenn Aristoteles recht hatte und die Philosophie tatsächlich mit Staunen beginnt, dann endet sie mit Grünbaum.

Und dennoch, das Wissen dieses Mannes war atemberaubend. Das Wesen der Zeit, der ontologische Status wissenschaftlicher Gesetze, die Extravaganz der Quantenkosmologie: All das gab vor seinem exakten und strengen Verstand jeden Widerstand auf. Die helle Freude, die er daran hatte – «Es ist eine Mordsgaudi!» –, war ansteckend.

Ich fragte ihn, ob eine Gegebenheit in der fernen Zukunft unseres Universums – ein «Omegapunkt», wie ihn einige Theoretiker genannt haben – in der Zeit rückwirkend ebenjenen Urknall verursacht haben könnte, der das Ganze hatte entstehen lassen.

«Ah», sagte er, «Sie sprechen von Retrokausalität. Ob die möglich ist?» Mit diesen Worten stürzte er sich in eine gelehrte Abhandlung über Ursache und Wirkung, deren Virtuosität mich an eine große Diva beim Vortrag einer Opernarie erinnerte. Ich lauschte ihm mit mehr Ehrfurcht denn Verständnis, als er seinen Vortrag wie folgt zusammenfasste: «Ihr Fehler bestand also darin, dass sie fälschlicherweise von Gleichungen zweiter Ordnung in der Newton'schen Mechanik, in denen Kräfte Beschleunigungen verursachen, extrapolierten auf eine Differenzialgleichung dritter Ordnung, die Dirac-Gleichung, in der Kräfte keine Beschleunigungen bewirken. Also selbst wenn Sie das Integral über die gesamte künftige Zeit bilden, haben Sie Kraftgrößen in dem Integral – sogenannte Vorbeschleunigungen –, die nicht bedeuten, dass dies die Retrokausalität der Beschleunigung durch Kräfte instanziiert. Sagen Sie, möchten Sie einen kleinen Gin? Ich muss hier irgendwo einen haben.»

Als er in eine der unteren Schubladen griff und die Erlösung verheißende Flasche nebst zwei Gläsern zutage förderte, nahm ich das Angebot dankbar an.

Hatte Grünbaum meine Überzeugung erschüttert, dass das Rätsel, nach dessen Lösung ich suchte, wirklich ein Geheimnis war?

Nun, der große Verweigerer hatte mein Denken sicherlich in einem Punkt verändert. Im Gegensatz zu dem, was ich bisher – in Übereinstimmung mit fast jedem Wissenschaftler und Philosophen, der sich jemals mit dieser Frage beschäftigt hatte – angenommen hatte, trägt der Urknall an sich nicht dazu bei, das Geheimnis der Existenz zu vertiefen. Er bedeutet nicht, dass der Kosmos aus einem Zustand der Präexistenz im Nichts irgendwie «ins Sein gesprungen» wäre.

Um uns das vor Augen zu führen, wollen wir den Film von der Geschichte des Universums rückwärts abspielen. Bei Umkehrung der Expansion sehen wir, wie die Inhalte des Universums aufeinander zu driften und sich immer dichter zusammendrängen. Zum Schluss befindet sich am exakten Anfangspunkt der kosmischen Geschichte – den wir aus Gründen der Bequemlichkeit $t = 0$ nennen wollen – alles in einem Zustand unendlicher Kompression, zu einem einzigen Punkt zusammengeschrumpft: der «Singularität». Nun sagt uns Einsteins Relativitätstheorie, dass die Form der Raumzeit durch die Verteilung von Energie und Materie bestimmt wird. Und wenn diese unendlich zusammengedrängt sind, ist es auch die Raumzeit. Sie verschwindet einfach.

Man ist versucht, sich den Urknall wie den Anfang eines Konzerts vorzustellen. Sie sitzen eine Zeitlang da und spielen mit Ihrem Programmheft herum, bis plötzlich bei $t = 0$ die Musik einsetzt. Doch die Analogie ist irreführend. Anders als der Anfang eines Konzerts ist die Singularität am Anfang des Universums kein Ereignis in der Zeit, sondern eine zeitliche Grenze oder ein Rand. Es gibt keine Zeit «vor» $t = 0$. Daher gab es auch nie eine Zeit, in der nichts herrschte. Es hat auch kein «Ins-Sein-Kommen» gegeben, jedenfalls nicht im zeitlichen Sinn. Grünbaum sagt in diesem Zusammenhang gerne, obwohl das Universum von endlichem Alter sei, habe es schon immer existiert, wenn man unter «immer» die Summe aller Zeitpunkte verstehe.

Wenn es nie einen Übergang vom Nichts zum Etwas gegeben hat, ist es nicht erforderlich, nach einer göttlichen oder anders gearteten Ursache zu suchen, die für die Entstehung des Universums gesorgt hat. Auch gibt es, wie Grünbaum darlegt, keine Notwendigkeit, sich den Kopf über die Frage zu zerbrechen, woher denn all die Materie und Energie im Universum kommen. Es gab beim Urknall keine «plötzliche und ungeheure» Verletzung des Erhaltungsgesetzes von Masse und Energie, wie seine theistisch gesinnten Gegner behaupten. Nach der Urknallkosmologie hatte das Universum immer den gleichen Inhalt an Masse und Energie – von $t = 0$ bis in die Gegenwart.

Trotzdem stellt sich die Frage, warum es diese ganze Materie und Energie überhaupt gibt? Warum befinden wir uns in einer Raumzeitmannigfaltigkeit mit einer bestimmten geometrischen Form und endlichem Alter? Warum ist diese Raumzeit mit allen möglichen physikalischen Feldern und Teilchen und Kräften gesättigt? Und warum werden diese Felder und Teilchen und Kräfte von einer Reihe bestimmter – und höchst unsystematischer – Gesetze beherrscht? Wäre es nicht einfacher, wenn es überhaupt nichts gäbe?

Grünbaum hat sich nach Kräften bemüht, die Vorstellung zu widerlegen, dass sich Einfachheit durch irgendeine metaphysische Besonderheit auszeichne. Er war bereit, um des Argumentes willen einzuräumen, dass die Null-Welt möglicherweise die einfachste Form sei, in der die Wirklichkeit auftreten könnte. Aber er konnte darin keinen Grund erkennen, warum das die Wahrscheinlichkeit für das Nichts in irgendeiner Weise erhöhen sollte. «Was rechtfertigt den Gedanken, dass das Einfache ontologisch wahrscheinlicher ist als das Wahre?», lautete seine rhetorische Frage.

Damit hatte er nicht ganz unrecht. Für einige Philosophen ist das auch der Punkt, an dem man mit dieser Argumentation nicht mehr weiterkommt. Warum sollte uns der Aspekt der größeren Einfachheit zu der Überzeugung bringen, dass es, wenn wir von einer übernatürlichen Kraft oder Ursache absehen, eher Nichts als Etwas geben müsse? Was ist, ontologisch betrachtet, falsch an Komplexität? Entweder Sie haben das Empfinden, dass die bloße Existenz der Welt eine Erklärung erfordert, oder Sie haben das

Empfinden, dass das nicht der Fall ist. Grünbaum war ein entschiedener Parteigänger des zweiten Lagers, intuitive Erkenntnisse über die vermeintliche Einfachheit des Nichts konnten ihn davon keineswegs abbringen.

Doch vielleicht unterschätzte er die Macht der Einfachheit. Denn für Wissenschaftler ist Einfachheit nichts weniger als ein Wegweiser zur Wahrheit. Das meinte auch der Physiker Richard Feynman, «weil sich die Wahrheit stets als einfacher erweist, als man dachte».[5] Dabei wollen sie nicht, dass die Wirklichkeit einfach ist, sondern sie möchten, dass ihre Theorien von der Wirklichkeit so einfach wie möglich sind.

Es ist überraschend schwierig zu entscheiden, was eine Theorie einfacher macht als eine andere. Trotzdem gibt es einige allgemein akzeptierte Kriterien. Einfache Theorien postulieren nur wenige Entitäten und wenige Arten von Entitäten; sie gehorchen dem Prinzip von Ockhams Rasiermesser: «Entitäten dürfen nicht über das Notwendige hinaus vermehrt werden.» Außerdem haben einfache Theorien nur eine minimale Anzahl von Gesetzen, und diese Gesetze nehmen die einfachste mathematische Form an; beispielsweise hält man Geradengleichungen für einfacher als komplizierte Kurven. Einfache Theorien sind auch sparsamer in Hinblick auf willkürliche Merkmale – nicht erklärte Zahlen wie die Planck-Konstante und die Lichtgeschwindigkeit.

Natürlich sind einfache Theorien leichter anwendbar und eingängiger für unseren Verstand. Außerdem sprechen sie unser ästhetisches Empfinden an. Aber warum sollten sie eher wahr sein als komplexe Theorien? Das ist eine Frage, die Wissenschaftsphilosophen bislang nicht befriedigend beantworten konnten. «Ich vermute, man wird nie wirklich beweisen können, dass einfache Theorien objektiv eine höhere Wahrscheinlichkeit besitzen, wahr zu sein, als komplexe Theorien», meinte Jack Smart. Dennoch, wenn Wissenschaftler zwei konkurrierende Theorien haben, die sich in gleicher Weise mit den vorliegenden Untersuchungsergebnissen vertragen, werden sie stets die einfachere der beiden vorziehen, da sie eher von ihr erwarten, dass sie durch künftige Daten bestätigt wird. Im Übrigen ist die Überzeugung, dass einfachere Theorien wahrscheinlicher sind als komplizierte, nicht auf Naturwissenschaftler beschränkt. Nehmen Sie an, Sie haben zwei gut belegte Theorien A und B. Theorie A sagt vorher, dass alles Leben in der südlichen Hemisphäre morgen ausgelöscht wird. Theorie B sagt vorher, dass alles Leben in der nördlichen Hemisphäre morgen ausgelöscht wird. Nehmen Sie weiter an, dass Theorie A sehr kompliziert ist und Theorie B sehr einfach. Frage: Wer von uns Nordlichtern würde nicht versuchen, noch heute Abend einen Flug in die südliche Hemisphäre zu bekommen?[6]

Wenn für einfache Theorien die Wahrscheinlichkeit, dass sie wahr sind, tatsächlich größer ist als für komplizierte, muss das daran liegen, dass die Welt als Ganze eine tief verwurzelte Tendenz zur Einfachheit hat. Diese Tendenz machen sich Physiker bei ihrer Suche nach den letztgültigen Naturgesetzen erfolgreich zunutze. Die «Symmetrien», nach denen Physiker in diesen Gesetzen Ausschau halten, sind, wie der Nobelpreisträger Steven Weinberg dargelegt hat, in Wahrheit Prinzipien der Einfachheit – Prinzipien, die beispielsweise besagen, dass die Zukunft in ihren Grundzügen der Gegenwart ähneln sollte.

Aber Einfachheit ist für Wissenschaftler mehr als ein Wegweiser zur Wahrheit. Nach der Auffassung von Weinberg ist sie auch «Bestandteil dessen, was wir unter einer Erklärung verstehen». Die Einfachheit unterscheide in der Physik zwischen einer «schönen erklärenden Theorie» und einer «bloßer Aufzählung von Daten».[7] Richard Dawkins argumentiert ähnlich. Komplizierte Realitäten, meint er, seien unwahrscheinlicher als einfache und bedürften daher eher einer Erklärung. Betrachten wir die Existenz biologischen Lebens. Gott als Ursache des Lebens zu postulieren bringe nichts, erläutert Dawkins, da «jeder Gott, der ein sorgfältig, weitsichtig abgestimmtes Universum gestalten kann und so die Voraussetzungen für unsere Evolution schafft, ein höchst komplexes, unwahrscheinliches Etwas sein muss und demnach noch schwieriger zu erklären ist als die Dinge, für die er eine Erklärung sein soll».[8] Ihrer Einfachheit verdankt die natürliche Selektion, dass sie eine befriedigende Erklärung für das Leben ist.

Nun ist die einfachste Theorie überhaupt diejenige, die sagt, NICHTS EXISTIERT. Diese Theorie – die Theorie des Nichts – postuliert keine Gesetze und keine Entitäten, und sie besitzt keine willkürlichen Eigenschaften. Wenn Einfachheit wirklich ein Merkmal der Wahrheit ist, dann muss die Theorie des Nichts die höchste A-priori-Wahrscheinlichkeit besitzen. Ohne Daten über die Wirklichkeit müsste sich die Null-Welt eigentlich durchsetzen. Aber sie setzt sich nicht durch! Es gibt offenkundig eine ungeheure Fülle des Seins. Wenn wir wissenschaftlich ausgerichtet sind, sollte uns das doch überraschen, oder?

Grünbaum aber überraschte es nicht. Wenn schon, sagte er, soll die Null-Welt doch die größte A-Priori-Wahrscheinlichkeit haben! «Wahrscheinlichkeiten haben keine ontologische Gesetzeskraft», verkündete er. Mit anderen Worten, Wahrscheinlichkeit ist keine Kraft, die die Wirklichkeit veranlasst, einen bestimmten Weg einzuschlagen, keine Kraft, der eine andere Kraft – göttlicher oder anderer Art – entgegenwirken müsste, damit ein Etwas wäre statt des Nichts. Dass das Universum die Grundprinzipien der Wissenschaft durcheinanderzubringen schien, war für ihn kein Problem.

Manchmal allerdings erweisen sich komplizierte Theorien als wahr. Wie Grünbaum bemerkt hatte, ist die moderne chemische Theorie, die ein ganzes Periodensystem voller Elemente postuliert, weit komplizierter als die alte chemische Theorie des Thales, die allein auf dem Wasser basiert. Doch wenn Wissenschaftler mit solch komplizierten Theorien konfrontiert sind, suchen sie stets nach einfacheren, die jenen zugrunde liegen und sie erklären. Ein bemerkenswerter Fall ist die zeitgenössische Suche nach einer einheitlichen Theorie der Physik. Hier geht es den Forschern um den Nachweis, dass die vier fundamentalen Kräfte der Physik – Gravitation, Elektromagnetismus, die starke Kernkraft und die schwache Kernkraft – alle Manifestationen einer einzigen zugrundeliegenden Superkraft sind. Eine solche vereinheitlichte Theorie – eine «Theorie von allem» oder die «Weltformel», wie sie manchmal genannt wird – wäre den Teiltheorien, die sie ersetzen würde, überlegen, weil sie vergleichsweise einfacher wäre. Statt von vier Kräften auszugehen, deren jede von einem eigenen Gesetz bestimmt wird, würde die vereinheitlichte Theorie nur noch eine Kraft und ein Gesetz postulieren. Infolgedessen würde sie eine umfassendere Erklärung der Natur liefern als das gegenwärtige theoretische Stückwerk. Tatsächlich könnte sich diese Weltformel als die größte denkbare Annäherung an eine Theorie erweisen, die physikalisch vollständig erklärt, warum die Welt so ist, wie sie ist. Aber dieser endgültigen Theorie der Physik würde immer noch ein Rest von Geheimnis innewohnen – warum ausgerechnet diese Kraft, warum dieses Gesetz? Die Weltformel an sich würde genauso wenig Antwort auf die Frage geben, warum sie die endgültige Theorie sein soll. Folglich würde sie dem Prinzip, dass jede Tatsache eine Erklärung haben muss – dem Prinzip des zureichenden Grundes –, nicht genügen.

Dem Anschein nach ist die einzige Theorie, die diesem Prinzip gehorcht, die Theorie des Nichts. Deshalb ist es so überraschend, dass sich die Theorie des Nichts als falsch erweist, dass es eine Welt des Etwas gibt. Und jede Theorie dieser Welt des Etwas, mag sie noch so einfach und endgültig sein, ist dazu verurteilt, am Test des zureichenden Grundes zu scheitern.

Oder doch nicht? Gibt es am Ende eine Theorie dieser Welt, die keine unerklärten Erklärer übrig lässt, die alle Restbestände des Geheimnisses auf null reduziert? Eine solche Theorie zu entdecken wäre gleichbedeutend mit der Antwort auf die Frage

«Warum ist etwas und nicht nichts?». Adolf Grünbaum und seinesgleichen mochten denken, diese Theorie lohne die Suche nicht – besonders wenn sie übernatürliche Aspekte einbeziehe. Aber ihre Argumente, so stark sie auch sind, brachten mich nicht zu der Überzeugung, dass ich die Suche aufgeben sollte. Nichts widerstrebt mir mehr als eine verfrühte intellektuelle Verzichtserklärung.

In dieser Nacht hatte ich Gelegenheit, selbst einen Blick in den Abgrund des Nichtseins zu werfen.

Die Planung für den Abend war vielversprechend. Adolf wollte mich zusammen mit seiner Frau Thelma im Hotel abholen. Dann war ein Abendessen in einem Restaurant namens Le Mont vorgesehen, hoch über Pittsburgh auf dem Mount Washington. Der Blick sollte atemberaubend sein.

Adolf fuhr einen nagelneuen Mercedes. Thelma, eine charmante und etwas zerstreute Dame im gleichen Alter wie ihr Mann, saß neben ihm. Als wäre ich ihr Sohn, hatte ich auf dem Rücksitz Platz genommen.

Als wir auf die Schnellstraße kamen, die am Ufer des Allegheny River entlangführt, begann mein Puls zu rasen. Ohnehin von zierlicher Statur und mit dem Alter geschrumpft, konnte Adolf kaum über das Armaturenbrett sehen. Es war, als säße Mr. Magoo – der kurzsichtige Zeichentrickheld – am Steuer. Ohne auf den dichten und schnellen Verkehr um uns herum zu achten, führte er einen ständigen Monolog in dem Bemühen, den richtigen Weg zu finden. Wir hatten einen Fastzusammenstoß nach dem anderen, aber Adolf und seine Frau schienen nicht im Entferntesten zu ahnen, dass das wütende Gehupe der anderen Verkehrsteilnehmer uns galt. Je länger wir fuhren, desto weiter schien uns der Mount Washington entfernt. Es war wie eine grausame Wirklichkeitsversion von Zenons Paradox.

Schließlich befanden wir uns auf der anderen Seite des Bergs –

wo irrerweise Geschwindigkeit und Dichte des Verkehrs noch zunahmen. Das wütende Gehupe in unserer Umgebung hielt an, und die Wahrscheinlichkeit, einen schweren Zusammenstoß zu vermeiden, ging gegen null. Würde ich mich aus eigener Kraft aus dem rauchenden Autowrack retten können? Vielleicht. Immerhin saß ich in einem neuen Mercedes-Modell. Aber ich konnte mich der Furcht nicht erwehren, dass die kostbare Flamme meines Bewusstseins auf immer zu verlöschen drohte, dass ich Gefahr lief, den Übergang von Pittsburgh zum Nichts zu vollziehen.

Schließlich reagierte Adolf auf meine verzweifelten Bitten, an die Seite zu fahren und zu halten, mit einem halsbrecherischen Manöver: Nach einer Vollbremsung kam er auf der mittleren Spur zum Stehen. Ein vorbeikommender Polizist bemerkte unsere missliche Lage. Freundlich wies er uns wieder ein und geleitete uns sicher zum Gipfelrestaurant. Bei der Ankunft brauchte ich dringender als gewöhnlich einen kräftigen Schluck Champagner.

«Kommen Sie, entspannen Sie sich und genießen Sie den Abend! Zerbrechen Sie sich nicht den Kopf, warum es eine Welt gibt – das ist eine törichte Frage!», forderte Grünbaum mich lässig und mit einer Spur väterlicher Zuneigung auf, nachdem wir an unserem Tisch Platz genommen hatten. Der Blick war wirklich spektakulär. Ganz Pittsburgh breitete sich unter uns aus. Ich konnte sehen, wo Allegheny und Monongahela zusammenflossen und zum Ohio wurden. Brücken, mit glitzernden Lichtern besetzt, überspannten die Flüsse in alle Richtungen.

Das Restaurant bot eine skurrile Fünfziger-Jahre-Szenerie, mit angejahrten, schwarz beschlipsten Kellnern, die aussahen wie Statisten in einem Marx-Brothers-Film, und Mengen von Kristall und Brokat. Auf der anderen Seite des Raums schmetterte ein Schmalztenor im Paillettenanzug, von einem Pianisten begleitet, *At the Copa*.

Während ich meinem namhaften Gesprächspartner über die Musik hinweg zuhörte – «Diese Jungs brauchen p und q!», rief er in Anspielung auf ein Paar von Prämissen aus, die ich aus den Augen verloren hatte –, überkam mich eine Art metaphysische Tristesse. Zuvor, auf der Straße, hatte ich eine Fastbegegnung mit *le néant* gehabt. Jetzt saß ich hier in einem Provinzrestaurant, das einem New Yorker wie mir wie ein Relikt aus einer versunkenen Zeit vorkam, wie «der Schnee vom vergangenen Jahr». Es war, als hätte die *Copa* Pittsburgh nie verlassen. In dieser gespenstisch unwirklichen Umgebung konnte ich die Spontaneität des Nichts fast spüren. Na gut, es war eine Stimmung, kein philosophisches Argument. Doch es vermittelte mir die Überzeugung, dass Grünbaums ontologische Gewissheit – obwohl wasserdicht, rostfrei, unzerbrechlich und kugelsicher – nicht das letzte Wort in Sachen Nichts war. Das Geheimnis der Existenz, das gab es da draußen noch immer.

Ohne Zwischenfall wurde ich in mein Hotel zurückgefahren. Leicht benebelt von den Mengen an Champagner und Wein, die ich hinuntergeschüttet hatte, legte ich mich hin und schlief ein, ohne die Tagesdecke abzuziehen. Das Nächste, an das ich mich erinnere, ist die Morgendämmerung, die durch die Vorhänge sickerte, und dass das Telefon läutete. Es war der große Verweigerer.

«Gut geschlafen?», fragte er putzmunter.

— 5 —
ENDLICH ODER UNENDLICH?

Im Vergleich zum ewigen Kosmos, den man sich in der Antike vorstellte, ist unser Universum ein ziemlicher Grünschnabel. Es scheint gerade einmal 14 Milliarden Jahre alt zu sein. Und auch seine Zukunft könnte begrenzt sein. Nach den heute geltenden kosmologischen Szenarien ist es dazu bestimmt, in ein paar Jahrmilliarden entweder schlagartig im Big Crunch unterzugehen oder allmählich in einem dunklen, kalten Nichts zu verschwinden.

Die zeitliche Endlichkeit unseres Universums – heute hier, gestern nicht und morgen fort – lässt seine Existenz noch unsicherer und kontingenter erscheinen. Und geheimnisvoller. Eine Welt mit soliden ontologischen Grundlagen würde sich, so scheint es, ganz anders benehmen. Sie würde ewig und unvergänglich existieren. Eine solche Welt besäße, anders als das Urknall-Universum, eine Aura der Selbstgenügsamkeit. Möglicherweise trüge sie die Ursache ihrer Existenz in sich selbst.

Aber was wäre, wenn sich unsere eigene Welt, im Gegensatz zum gegenwärtigen kosmologischen Denken, als ewig erwiese? Wäre das Geheimnis ihrer Existenz dann weniger drängend? Oder würde sich der Eindruck des Geheimnisses gänzlich verflüchtigen?

Der zeitliche Charakter der Welt war lange eine heiß umstrittene Frage des abendländischen Denkens. Aristoteles hielt den Kosmos für ewig, ohne einen Anfang und ein Ende in der Zeit. Die islamischen Gelehrten widersprachen. Der große Philosoph und Sufi-Mystiker al-Ghazali beispielsweise hielt den bloßen Gedanken einer unendlichen Vergangenheit für absurd. Im 13. Jahrhundert erklärte die katholische Kirche die Überzeugung, dass die Welt einen Anfang in der Zeit habe, zu einem Glaubensartikel – obwohl Thomas von Aquin, der sich der aristotelischen Tradition bis zu einem gewissen Grad verpflichtet fühlte, hartnäckig bei der Auffassung blieb, das werde sich niemals philosophisch beweisen lassen. Immanuel Kant glaubte, eine Welt ohne Anfang führe zu einem Paradox: Wie könne, so fragte er, der gegenwärtige Tag jemals kommen, wenn zuerst eine unendliche Zahl von Tagen durchschritten werden müsse? Auch Wittgenstein hielt die Vorstellung von einer unendlichen Vergangenheit für merkwürdig. Stellen Sie sich vor, sagte er, Sie begegnen einem Mann, der halblaut zählt: «… 9 … 5 … 1 … 4 … 1 … 3 … fertig!» Fertig womit?, fragen Sie ihn. «Oh», sagt er erleichtert, «ich habe alle Zahlen rückwärts von der Ewigkeit gezählt und bin endlich fertig.»

Aber wäre eine unendliche Vergangenheit wirklich paradox? Einige Philosophen lehnen die Idee ab, weil sie voraussetzt, dass vor dem gegenwärtigen Augenblick eine unendliche Folge von Aufgaben verrichtet worden sein müsste – was unmöglich sei, wie sie sagen. Doch eine unendliche Folge von Aufgaben zu erledigen ist nicht unmöglich, wenn man unendlich viel Zeit hat, sie zu verrichten. Tatsächlich ist es mathematisch möglich, dass Sie eine unendliche Folge von Aufgaben in endlicher Zeit erledigen, vorausgesetzt, Sie verrichten sie immer schneller und schneller. Nehmen Sie an, Sie können die erste Aufgabe in einer Stunde beenden; für die nächste Aufgabe brauchen Sie eine halbe Stunde; für die dritte eine Viertelstunde, für die vierte eine Achtelstunde und so fort. Bei dieser Steigerungsrate haben Sie die unendliche Folge von Aufgaben in zwei Stunden erledigt. Ein solches Wunder vollbringen Sie sogar jedes Mal, wenn Sie durch einen Raum gehen – da sich, wie der antike Philosoph Zenon von Elea zeigte, die Entfernung, die Sie zurücklegen, in eine unendliche Zahl immer winzigerer Abstände zerlegen lässt.

Folglich hatten Kant und al-Ghazali unrecht. Eine unendliche Vergangenheit ist keineswegs absurd. Es ist theoretisch durchaus möglich, dass es eine unendliche Abfolge von Sonnenaufgängen vor dem heutigen Morgen gab – vorausgesetzt, es gab eine unendliche Zeitspanne, in der sie hätten stattfinden können.

Wissenschaftler haben im Großen und Ganzen keine solchen philosophischen Probleme mit der Ewigkeit. Weder Galilei noch Newton oder Einstein hatten die geringste Schwierigkeit, sich ein in der Zeit unendliches Universum vorzustellen. Wie erwähnt, setzte Einstein sogar einen Pseudofaktor – die berüchtigte «kosmologische Konstante» – in seine Gleichungen ein, um sicherzustellen, dass sie ein statisches und ewiges Universum ergaben.

Doch schon bald zeigten astronomische Beobachtungen, dass das Universum im Gegensatz zu Einsteins Intuition nicht statisch ist. Wie durch eine Anfangsexplosion angetrieben, dehnt es sich aus. Doch trotz dieser empirischen Daten klammerten sich einige Kosmologen weiterhin an die Hoffnung, das Universum könnte ewig sein. Ende der vierziger Jahre schlugen Thomas Gold, Hermann Bondi und Fred Hoyle ein theoretisches Modell vor, das sogenannte Steady-State-Universum, dem es gelang, sowohl zu expandieren als auch ewig zu sein. Gold und Bondi behaupteten, sie hätten den Einfall gehabt, nachdem sie den Horrorfilm *Dead of Night [Traum ohne Ende]* gesehen hätten, dessen trauminspirierte Handlung in eine Endlosschleife mündet. In ihrem Modell füllt sich der leere Raum, den die zurückweichenden Galaxien hinterlassen, ständig mit neuen Materieteilchen, die dank eines Schöpfungsfeldes spontan entstehen. Auf diese Weise wird trotz der Expansion eine konstante Materiedichte aufrechterhalten. Ungeachtet seiner fortwährenden Expansion sieht das Steady-State-Universum immer gleich aus. Es hat keinen Anfang und kein Ende.

Ein anderes kosmologisches Ewigkeitsmodell ist das «oszillierende Universum», das der russische Mathematiker Alexander Friedmann in den zwanziger Jahren vorschlug. Danach entstand unser Universum – dasjenige, das vor rund 14 Milliarden Jahren mit dem Urknall begann – aus dem Kollaps eines früheren Universums. Wie dieses frühere Universum wird auch das unsere schließlich seine Expansion beenden und in sich zusammenstürzen. Doch der Kollaps wird kein alles vernichtender Big Crunch sein, sondern aus der feurigen Implosion wird in Umkehr der Bewegung ein neues Universum hervorgehen – durch einen Prozess, den man als Big Bounce, als Großen Rückprall, bezeichnen könnte. Und so fort und so fort, ad infinitum. In diesem Modell wird die Zeit zu einem endlosen Zyklus von Vernichtung und Wiedergeburt, ganz so wie beim Tanz des Gottes Shiva in der Hindukosmologie.

Sowohl das Steady-State-Universum wie das oszillierende Universum umgehen das Problem des kosmischen Ursprungs. Wenn das Universum unendlich alt ist – mit anderen Worten, wenn es schon immer da war –, gibt es kein «Schöpfungsereignis», das erklärt werden müsste. Zum Leidwesen der Ewigkeits-Fanatiker wird das Steady-State-Modell von den Kosmologen nicht mehr ernst genommen. Es war in dem Augenblick erledigt, als 1965 die vom Urknall übrig gebliebene Hintergrundstrahlung entdeckt wurde, die den endgültigen Beweis dafür lieferte, dass unser Universum tatsächlich mit einem feurigen Schöpfungsprozess begonnen hatte. Dem «oszillierenden» Modell ist es nicht ganz so schlecht ergangen, aber es weist theoretische Lücken auf. Bislang konnte niemand genau erklären, was für eine Abstoßungskraft die Anziehung der Gravitation im letzten Augenblick des Zusammensturzes überwinden und das Universum veranlassen könnte, im «Big Bounce» zurückzuprallen, statt im «Big Crunch» zermalmt zu werden.

Daher scheint im Augenblick die Wahrscheinlichkeit eher für eine endliche Vergangenheit unseres Universums zu sprechen.

Doch was ist, wenn unser Universum nicht die ganze Wahrheit ist? Wenn es Teil eines größeren Ganzen ist?

Eine der großen Lektionen, die uns die Wissenschaftsgeschichte lehrt, besagt, dass die Wirklichkeit sich immer als umfassender erweist, als sich irgendjemand vorher vorstellen konnte. Zu Beginn des 20. Jahrhunderts glaubte man, unser Universum bestehe nur aus unserer Galaxis, der Milchstraße, die sich ganz allein inmitten eines unendlichen Raums befinde. Inzwischen haben wir herausgefunden, dass die Milchstraße eine von rund hundert Milliarden ähnlichen Galaxien ist. Und dabei handelt es sich nur um das beobachtbare Universum. Gegenwärtig ist die Theorie, die den Urknall am besten erklärt, die «neue inflationäre Kosmologie». Nun sagt diese Theorie aber auch, dass Explosionen wie der Urknall, die Universen erzeugen, wohl ziemlich alltägliche Ereignisse sind. Und wie ein Freund von mir meinte, wäre es sehr seltsam, wenn der Urknall mit einem Schild versehen wäre, auf dem stünde: «Dieser Mechanismus funktioniert nur einmal.»

Nach dem Inflationsszenario bildete sich unser Universum – dasjenige, das schlagartig vor 14 Milliarden Jahren entstand – aus der Raumzeitblase eines präexistenten Universums. Statt die ganze materielle Wirklichkeit zu sein, ist es nur ein winzig kleiner Teil eines sich permanent reproduzierenden «Multiversums». Obwohl jedes dieser Blasen-Universen innerhalb des Multiversums einen eindeutigen Anfang in der Zeit hatte, kann das ganze selbstreplizierende System unendlich alt sein. Auf diese Weise meldet sich die Ewigkeit, die mit der Entdeckung des Urknalls verloren schien, zurück.

Bei einer ewigen Welt – gleich, ob von einer inflationären oder irgendeiner anderen Varietät – gibt es keinen unerklärlichen «Schöpfungsmoment». Dort gibt es für eine «erste Ursache» nichts zu tun. Dort gibt es auch keine beliebigen «Anfangsbedingungen». Folglich scheint eine ewige Welt das Prinzip des zureichenden Grundes zu erfüllen. Wie es in jedem beliebigen Augenblick ist, lässt sich dadurch erklären, wie es im Augenblick zuvor war. Ja, ihre Existenz in jedem Augenblick lässt sich durch ihre Existenz im vorhergehenden Augenblick erklären. Sollte das nicht genügen, um jeden Anflug eines Geheimnisses zu zerstreuen?

Viele haben so gedacht – nicht zuletzt David Hume. In seinen *Dialogen über die natürliche Religion* nennt der Protagonist Cleanthes, der am ehesten als die Stimme des Autors gelten könnte, zwei Argumente, die zeigen, dass eine ewige Welt keiner Erklärung für ihre Existenz bedarf. «Wie kann etwas, das von Ewigkeit existiert», fragt er, «eine Ursache haben, wenn doch dieses Verhältnis Priorität in der Zeit und einen Anfang des Daseins einschließt?»[1] Hier wird vorausgesetzt, dass eine Erklärung eine Ursache angeben und eine Ursache vor ihrer Wirkung kommen muss. Nun könne aber nichts einer Welt mit einer unendlichen Vergangenheit vorausgehen, daher könne eine solche Welt keine zeitlich frühere Ursache und infolgedessen keine mögliche Erklärung für ihre Existenz haben.

Dieses erste Argument wirft zwei Probleme auf. Zunächst einmal besagt der Kausalitätsbegriff keineswegs, dass eine Ursache ihrer Wirkung immer zeitlich vorausgehen muss. Stellen Sie sich eine Lokomotive vor, die einen Güterwaggon zieht: Die Bewegung der Lokomotive verursacht die des Waggons, doch sind beide Bewegungen gleichzeitig. Außerdem geben nicht alle Erklärungen Ursachen an. Denken Sie beispielsweise an die Erklärung für eine Regel beim Baseball oder einen Zug beim Schach.

Humes zweites Argument ist besser. Stellen wir uns vor, lässt er sein Alter Ego Cleanthes sagen, die Weltgeschichte sei eine Folge von Ereignissen. Wenn die Welt ewig ist, ist diese Folge unendlich, ohne ein erstes oder letztes Glied. Nun lässt sich jedes Ereignis in der Folge ursächlich durch das ihm vorausgehende Ereignis erklären. Da es kein Ereignis ohne Erklärung gibt, scheint alles erklärt zu sein. «Wo ist dann die Schwierigkeit?», fragt Cleanthes. Er lässt sich durch die naheliegende Erwiderung – dass, selbst wenn jedes Ereignis der Folge durch ein früheres Ereignis ursächlich erklärt sei, die Folge als Ganze doch unerklärt bleibe – nicht aus der Fassung bringen. Denn die Folge als Ganze stehe nicht über den Ereignissen, aus denen sie sich zusammensetze. «Ich antworte, daß die Vereinigung dieser Teile in ein Ganzes, gleichwie die Vereinigung mehrerer verschiedener Grafschaften in ein Königtum oder verschiedener Glieder in einen Körper, lediglich durch eine willkürliche Handlung des Geistes zustande gebracht wird und keinen Einfluß auf die Natur der Dinge hat»,[2] sagt Cleanthes. Seien erst einmal alle Teile erklärt, sei es unsinnig, eine weitere Erklärung des Ganzen zu fordern.

So betrachtet sieht eine ewige Welt wie die Ursache ihrer selbst aus, da alles, was sie enthält, durch etwas anderes in ihr verursacht ist. Deshalb braucht sie keine äußere Ursache für ihre Existenz. Sie ist eine *causa sui* – ein Attribut, das gewöhnlich Gott vorbehalten ist.

Trotzdem fehlt hier noch etwas. Diese unendliche Welt ist wie ein Eisenbahnzug mit einer unendlichen Zahl von Waggons, ein jeder gezogen vom vor ihm fahrenden – aber ohne Lokomotive. Wir können sie auch mit einer herabhängenden Kette vergleichen, die aus einer unendlichen Zahl von Gliedern besteht. Jedes dieser Glieder trägt das Glied unter sich. Aber was trägt die Kette als Ganze?

Stellen wir uns noch eine andere Folge ohne Anfang und ohne Ende vor, eine, die aus einer unendlichen Reihe von Kopien eines Buchs besteht – sagen wir der *Bhagavad Gita*. Nehmen wir an, jedes Buch in der Folge ist die akribische, wort- und buchstabengetreue Kopie des vorangehenden Buchs durch einen Kopisten. Dann ist der Text jeder Kopie der *Bhagavad Gita* durch den Text der vorangehenden Kopie, die als Vorlage gedient hat, vollständig erklärt. Aber warum sollte die ganze Folge von Büchern, die sich unendlich in die Vergangenheit erstreckt, aus Kopien von der *Bhagavad Gita* bestehen? Warum nicht von irgendeinem anderen Buch – sagen wir von *Don Quixote* oder *Paradise Lost*? Oder warum überhaupt von einem Buch?

Dieses Gedankenexperiment, das im Wesentlichen auf Leibniz zurückgeht, ist etwas wirklichkeitsfern. Aber es lässt sich auch moderner und wissenschaftlicher fassen. Nehmen wir an, Sie möchten erklären, warum das Universum in einem gegebenen Moment seiner Geschichte so ist und nicht anders. Wenn das Universum ewig ist, finden Sie immer frühere Zustände in seiner Geschichte, die in ursächlicher Beziehung zu dem Zustand stehen, den Sie erklären möchten. Doch das Wissen um diese früheren Zustände reicht nicht. Sie müssen auch die Gesetze kennen, die bestimmen, wie sich ein Zustand des Universums in einen anderen verwandelt.

Lassen Sie uns, um genauer zu sein, die gesamte Massenenergie des Universums in seiner heutigen Verfassung betrachten. Bezeichnen wir sie als die Massenenergie M. Warum hat M ausgerechnet den Wert, den sie hat? Um diese Frage zu beantworten, könnten Sie darauf verweisen, dass die gesamte Massenenergie des Universums gestern ebenfalls M betrug. Aber das ist an sich noch keine Erklärung für den heutigen Wert. Dazu müssen Sie auf ein Gesetz verweisen – in diesem Fall auf das Gesetz der Erhaltung von Masse und Energie. Die gesamte Massenenergie des heutigen Universums ist M, weil, erstens, die gesamte Massenenergie gestern M war und, zweitens, Massenenergie weder erzeugt noch vernichtet wird. Jetzt ist Ihre Erklärung vollständig.

Oder doch nicht? Anscheinend gibt es für das Universum zwei Möglichkeiten, vollkommen anders zu sein. Es könnte seine ganze Geschichte hindurch eine vollkommen andere Massenenergie gehabt haben – sagen wir, M' statt M. Und es könnte ein anderes Gesetz zur Bestimmung seiner Massenenergie gehabt haben: ein Gesetz etwa, das der Massenenergie gestattet hätte, im

Laufe der Zeit zwischen den beiden Werten M und M' hin und her zu springen. Auf unser Beispiel von der *Bhagavad Gita* bezogen, wäre das so, als würde der Text fortwährend aus dem Sanskrit ins Englische und von dort wieder zurück ins Sanskrit übersetzt. Wir können immer noch nicht erklären, warum es dieses Gesetz und diesen exakten Wert gibt. Beide scheinen kontingent zu sein. Auch können wir – bislang – nicht erklären, warum es überhaupt irgendeine Massenenergie gibt, geschweige denn ein Gesetz, das sie bestimmt. Eine ewige Welt kann immer noch eine geheimnisvolle Welt sein.

Doch intuitiv wussten wir das bereits. Selbst wenn etwas *causa sui* ist, kann seine Existenz immer noch beliebig sein. Eine Entität muss auch nicht ewig sein, um selbstverursacht zu sein. Sie könnte auch einen kreisförmigen Weg in der Zeit beschreiben, eine Endlosschleife. So etwas Ähnliches bietet der Film *Somewhere in Time [Ein tödlicher Traum]* aus dem Jahr 1980. Der Protagonist, dargestellt von Christopher Reeve, erhält von einer alten Frau eine goldene Uhr. Daraufhin reist er in der Zeit zurück und schenkt derselben, aber nun noch jungen Frau die Uhr – genau die Uhr, die sie ihm mehrere Jahrzehnte später geben wird. Wie ist diese Uhr entstanden? Während ihrer gesamten Existenz, die nur wenige Jahrzehnte umfasst, war sie nie in einer Uhrenfabrik gewesen. Sie existiert, obwohl sie keinen Schöpfer hat. Sie scheint eine *causa sui* zu sein. Einige Physiker bezeichnen eine Entität mit einer solch zirkulären Geschichte als Dschinn, weil sie sich wie der Geist aus Aladins Wunderlampe selbst heraufbeschwören kann. Die Existenz dieser goldenen Uhr ist so unerklärlich, wie es die Existenz des Gedichts «Kubla Khan» wäre, wenn ich eine Zeitreise in den Herbst 1797 unternommen und es einem dankbaren Coleridge diktiert hätte, der es dann veröffentlicht hätte, sodass ich es zwei Jahrhunderte später hätte auswendig lernen können.

Könnte irgendetwas dem Prinzip des zureichenden Grundes

krasser widersprechen als ein Gedicht, das sich selbst dichtet, und eine Uhr, die sich selbst hervorzaubert? Kann sich irgendetwas weniger von selbst erklären als ein oszillierendes Universum, das ständig aufheult und verstummt wie ein kosmisches Akkordeon, oder ein inflationäres Multiversum, das endlos vor sich hin sprudelt wie eine gerade entkorkte Flasche Veuve Clicquot? Warum ein so absurd geschäftiger Kosmos? Warum überhaupt ein Kosmos, egal, ob endlich oder unendlich?

Warum nicht nichts?

— *Zwischenspiel* —
NACHTGEDANKEN IM CAFÉ DE FLORE

«Et pour vous, monsieur? Du café? Une infusion?»
Der Kellner stellte die Frage in einem Ton erschöpfter Ungeduld. Es war kurz vor Schluss im Café de Flore an diesem Spätwinterabend in Paris. Der Abend war heftig gewesen, und ich hatte das Gefühl, etwas Stärkeres zu brauchen als die vorgeschlagenen Optionen. Mein Begleiter, ein alternder, aber immer noch gut aussehender Genussmensch namens Jimmy Douglas, schlug als Alternative einen hochprozentigen Kräuterlikör vor, von dem ich noch nie gehört hatte. Der würde, so sein Versprechen, meine Leber wieder auf Vordermann bringen.

Bei ihm hatte das offensichtlich gewirkt. Trotz eines Lebens voll zügelloser Exzesse und freudiger Kapitulation vor seinen unersättlichen und sprunghaften Gelüsten war Jimmy ungewöhnlich jugendlich geblieben. Freunde nannten ihn Dorian Gray. Es mag hilfreich gewesen sein, dass er sich, als einer der Erben des Quaker-Oats-Vermögens, nie die Hände mit Arbeit hat schmutzig machen müssen. In den fünfziger Jahren war er der Liebhaber von Barbara «armes kleines reiches Mädchen» Hutton gewesen und damit – eine anspruchsvolle Aufgabe – gewissermaßen der Nachfolger des internationalen Playboys, Diplomaten und Polostars Porfirio Rubirosa, der dreiundfünfzig Tage mit der Woolworth-Erbin verheiratet gewesen war. In seinem Apartment im Faubourg Saint-Germain, das neben dem eines ehemaligen französischen Ministerpräsidenten lag, hatte Jimmy in den sechziger Jahren eine gemeinsame Party für die Beatles und die Rolling Stones gegeben. Jetzt, Jahrzehnte später, unterhielt er mich mit

Geschichten über Baron Gottfried von Cramm, Nancy Mitford und den Aga Khan und drängte mich, von New York nach Paris umzuziehen, wo, wie er behauptete, die Nachtclubs besser seien und die Bakterienflora einen ewig jung halte.

Während ich den angenehm scharfen Kräuterschnaps schlürfte, den mir der Kellner gebracht hatte, blickte ich mich im Flore um. Zu dieser Uhrzeit ließ das Café die von Sartre beschriebene «Seinsfülle» eher vermissen. An einem Tisch im Hintergrund erblickte ich Karl Lagerfeld mit charakteristischem Outfit – Pferdeschwanz, dunkler Brille und hohem weißem Kragen – in gedämpfter Unterhaltung mit einer seiner Musen, deren Lippen schwarz geschminkt schienen. Ansonsten war das Lokal weitgehend leer: *le néant*.

Doch dann gab es einen Ausbruch von lärmender Aktivität. Eine Frau mittleren Alters, offenbar eine alte Freundin von Jimmy, rauschte durch die Eingangstür, begleitet von zwei Gestalten, die wie kubanische Gigolos in Jogginganzügen aussahen. Kichernd und mit Zahnpastalächeln setzte sich das Trio zu uns und begann munter drauflos zu schwatzen. Das Gesicht der Frau war eine bleiche Maske aus lederhäutigem Frohsinn, und sie sprach mit einer leisen heiseren Stimme, die mich an Jeanne Moreau denken ließ. Ich lauschte mit einer Art ironischer Unaufmerksamkeit, aber meine Lebensgeister begannen zu erlahmen.

Mir schien es Zeit zu gehen.

Die Nachtluft war kühl und feucht. Als ich den Rückweg zu meinem Hotel antrat, blickte ich über den verlassenen Platz zur Église de Saint-Germain-des-Prés hinüber, die vor tausend Jahren erbaut worden war. Dort, in einer der Seitenkapellen, liegen die sterblichen Überreste von Descartes, jedenfalls der größte Teil von ihnen – über den Verbleib seines Schädels und seines rechten Zeigefingers herrscht Unklarheit.

Ich fragte mich, ob Sartre, wenn er im Café de Flore seine Gedanken zu Papier gebracht hatte, wohl die kartesische Präsenz auf der anderen Seite des Platzes gespürt haben mochte. Und Descartes war nicht das einzige philosophische Gespenst, das dort sein Unwesen trieb. Vom Café aus gesehen befindet sich direkt auf der anderen Seite des Boulevard Saint-Germain die Rue Gozlin, die nur einen einzigen Block lang ist. Sie ist das letzte Überbleibsel der Rue Sainte-Marguérite, einer mittelalterlichen Straße, die dem Boulevard zum Opfer fiel, als Baron Haussmann Mitte des 19. Jahrhunderts Paris modernisierte. Dort hatte vor einigen Jahrhunderten das Hôtel des Romains gestanden, wo Leibniz zwei der sehr glücklichen vier Jahre, die er in Paris verbrachte, wohnte.

Was tat Leibniz in Paris? Anlass seines Besuchs war, wie gewöhnlich, eine Intrige gewesen. 1672 war er in geheimer diplomatischer Mission in die französische Hauptstadt gekommen, um Ludwig den XIV. zu veranlassen, in das ungläubige Ägypten einzufallen, statt bei den christlichen Deutschen. Die Mission war kein Erfolg. «Sie wissen doch», soll der Sonnenkönig höflich auf Leibniz' Ansinnen geantwortet haben, «dass Vorhaben wie der Heilige Krieg seit den Tagen Ludwigs des Frommen aus der Mode gekommen sind.» Tatsächlich marschierten französische Truppen in die Niederlande ein.

Doch Leibniz' Zeit in Paris war keineswegs vergeudet. Während er sein dreißigstes Lebensjahr – für ihn so etwas wie das *annus mirabilis* – im Hôtel des Romains verbrachte, entwickelte er die Infinitesimalrechnung, einschließlich der Schreibweise *«dx»* und des verlängerten «S»-Symbols für das Integral, Notationen, die noch heute verwendet werden. In diesem Hotel, in seinem Zimmer, von dem aus man auf die Stelle blickte, wo sich heute das Café de Flore befindet, legte Leibniz die Grundlagen für seine spätere metaphysische Philosophie, die ihn zur tiefsinnigsten aller Fragen führen sollte, nämlich «Warum es eher etwas als nichts gibt».

Leibniz wie Descartes setzten sich auf ihre rationalistische

Weise mit dem Geheimnis der Existenz auseinander. Beide gelangten zu dem Schluss, dass die einzige sichere ontologische Grundlage für eine kontingente Welt wie die unsere eine Entität sei, die die logische Garantie ihrer Existenz in sich trage. Eine solche Entität, erklärten sie, könne nur Gott sein.

Wie seine philosophischen Vorfahren war auch Sartre ein Rationalist. Anders als sie glaubte er allerdings, der Gottesbegriff sei mit Widersprüchen gespickt. Entweder besitze ein Wesen Bewusstsein oder nicht. Wenn es Bewusstsein habe, sei es *pour soi*, «für sich», eher eine Tätigkeit als ein Ding, ein «Wind, der aus dem Nirgendwo in Richtung Welt weht». Wenn es kein Bewusstsein habe, sei es ein *en soi*, «an sich», ein Objekt, das unveränderlich und in sich abgeschlossen sei. Gott wäre, wenn es ein solches Wesen gäbe, sowohl *pour soi* als auch *en soi*: sowohl bewusst als auch in sich abgeschlossen. Und das sei, so Sartre, unmöglich. Trotzdem können wir Menschen nicht anders, wir müssen nach dieser gottähnlichen Kombination aus Veränderlichkeit und Beständigkeit streben. Unser Wunsch nach absoluter Freiheit und absoluter Sicherheit in unserer Identität ist für Sartre nichts weniger als das Verlangen, Gott zu sein. Das sei die *mauvaise foi*, die «Unaufrichtigkeit», eine Art Erbsünde. Das, was nach Sartre mein Kellner im Café de Flore an den Tag legte. «Er hat lebhafte und eifrige Bewegungen, etwas allzu präzise, etwas allzu schnelle ... er verbeugt sich mit etwas zu viel Beflissenheit, seine Stimme, seine Blicke drücken ein Interesse aus, das etwas zu viel Aufmerksamkeit für die Bestellung des Gastes enthält ... Er spielt, es macht ihm Spaß. Aber was spielt er? Man braucht ihn nicht lange zu beobachten, um sich darüber klarzuwerden: er spielt Kellner *sein*.»[1] Aber ein Bewusstsein könne niemals eine Essenz wie Kellnerschaft oder Göttlichkeit haben. Daher sei Gott eine begriffliche Absurdität – und der Mensch «eine nutzlose Passion».[2]

Solche Sartre'schen Gedanken beschäftigten mich, als ich mich auf meinen nächtlichen Heimweg machte – vorbei an dem elegant beleuchteten Théâtre de l'Odéon, den Jardin du Luxembourg umrundend und in Richtung meines Hotels in Montparnasse – das, wie der Zufall wollte, nicht weit von dem Friedhof entfernt ist, wo Sartre und Simone de Beauvoir begraben sind und auch Susan Sontag. In der Stille, die sich in den frühen Morgenstunden auf Paris herabsenkt – in einigen Straßen können Sie sogar das Echo der eigenen Schritte hören, was in New York völlig undenkbar wäre –, erschienen mir meine Gedanken klar, zwingend und wahr.

Doch am nächsten Morgen umfing mich wieder ein metaphysischer Nebel. Ich fragte mich, ob das Café de Flore nicht etwas Ungesundes hatte. Sartres Paradoxa erschienen mir etwas zu leicht, seine ontologische Verzweiflung nicht ganz echt. Schließlich konnte er so bedeutenden Philosophen wie Leibniz und Descartes nicht das Wasser reichen. Und die waren beide davon überzeugt, dass die Welt des kontingenten Seins – jene, die Sartre so eklig und absurd fand, so durchdrungen vom Nichts – auf einer sicheren und notwendigen ontologischen Grundlage ruhen müsse.

Es musste doch ernsthafte Denker geben, die diese Auffassung noch teilten. Doch ich würde sie schwerlich auf der Rive Gauche finden, zumindest nicht in diesem Jahrhundert. Ich war gut beraten, meine Erleuchtung in einem Umfeld zu suchen, das etwas klösterlicher, mittelalterlicher war. Nachdem ich mir im Le Select an der Bar eine Tartine und einen Café crème genehmigt hatte, schleppte ich also mein Gepäck in die Metro und eilte zum Gare du Nord, um den Eurostar nach London zu nehmen. Als ich einige Stunden später auf der Waterloo Station ankam, stieg ich in die U-Bahn nach Paddington, wo ich in den Nahverkehrszug nach Oxford kletterte, um mich schließlich, lange vor der Cocktailstunde auf dem Bahnhof angekommen, vom Zauber der Stadt mit den träumenden Turmspitzen gefangen nehmen zu lassen.

«Ich bin schon mal hier gewesen», dachte ich ziemlich abgelenkt, während ich Oxfords High Street entlangschlenderte. Und es stimmte – wenige Monate zuvor, zur Hochzeit eines Freundes. Jetzt war tiefster Winter, Hilary-Semester, wie man in Oxford sagt, und das klare Licht des Spätnachmittags verlieh dem Cotswold-Sandstein der College-Gebäude einen aprikosenfarbenen Schimmer. Glocken erklangen über den Giebeln, Kuppeln und Bekrönungen. Studenten eilten durch die gotischen Labyrinthe der Durchlässe, Kreuzgänge, Gässchen und Kolleghöfe. Überall war ich umgeben vom stillen Hauch tausendjährigen Lernens.

So viel zur verlogenen Poesie. Wo fand ich den nächsten Hinweis auf das Rätsel, das die Existenz der Welt aufgibt?

Ich hatte eine ziemlich gute Idee. Vor Jahren war mir in einem Stapel Fahnen, die ich zur Rezension bekommen hatte, eine kleine Publikation aufgefallen. Ihr Titel, *Is There a God? [Gibt es einen Gott?]*, war an sich nicht der Rede wert. Bücher mit solchen Titeln gibt es wie Sand am Meer. Aufgefallen waren mir die Referenzen des Autors – sein Name war Richard Swinburne. Er war Religionsphilosoph, ein Anhänger der sogenannten Naturtheologie. Aber er war auch Wissenschaftsphilosoph, Verfasser strenger Abhandlungen über Raum, Zeit und Kausalität. Und ganz zweifellos war er ein Denker, dem das Geheimnis der Existenz bewusst war. «Es ist außergewöhnlich, daß überhaupt etwas existiert», heißt es im vierten Kapitel. «Sicherlich wäre der natürlichste Zustand der Dinge einfach nichts: kein Universum, kein Gott, nichts. Aber es gibt etwas. Und so viele Dinge. Möglicherweise könnte der Zufall ein altes Elektron ausgespuckt haben. Aber *so* viele Teilchen!»[3] Was könnte die Existenz eines solch reichen und verschwenderischen Universums erklären? Und was könnte seine vielen überraschenden Eigenschaften erklären – vor allem seine räumliche und zeitliche Ordnung, die genaue Kalibrierung der Voraussetzungen, die es für die Entwicklung von Leben und Bewusstsein schafft, seine Eignung als Schauplatz für menschliches Handeln? Es gibt eine «Komplexität, Vereinzelung und Endlichkeit im Universum ... die nach Erklärung geradezu schreit», schrieb er.[4]

Am einfachsten lasse sich die Existenz einer solchen Welt durch die Hypothese erklären, dass Gott ihr zugrunde liege – das war Swinburnes Schlussfolgerung. Zugegeben, sie war nicht originell. Doch durchaus originell war Swinburnes Methodik. Er machte sich nicht anheischig, Gottes Existenz durch abstrakte logische Deduktionen zu beweisen, so wie es Anselm von Canterbury, Thomas von Aquin oder Descartes getan hatten. Stattdessen verwendete er moderne wissenschaftliche Ansätze. Er bemühte sich um den Nachweis, dass die Gotteshypothese zumindest wahrscheinlich sei, wahrscheinlicher jedenfalls als ihre Negation, und dass daher der Glaube an Gott rational sei. «Genau dieselben Kriterien, die von Naturwissenschaftlern benützt werden, um zu ihren eigenen Theorien zu kommen, führen uns über diese Theorien hinaus zu einem Schöpfergott, der alles im Sein erhält», erklärte Swinburne. Bei ihm war jeder Schritt gewissenhaft durch die Berufung auf die Prinzipien der induktiven Logik abgesichert. Besonders geschickt verwendete er das Bayes-Theorem, eine mathematische Formel, die beschreibt, wie neue Evidenz die Wahrscheinlichkeit einer Hypothese erhöht oder verringert. Mit Hilfe der Bayes'schen Bestätigungstheorie versuchte er zu zeigen, dass bei Berücksichtigung der gesamten Evidenz – die nicht nur die Existenz des Universums einschließt, sondern auch seine Gesetzmäßigkeit, die Muster seiner Geschichte und sogar die Existenz des Bösen in ihm – die Wahrscheinlichkeit größer ist, dass es einen Gott gibt. Intellektuell fand ich das beeindruckend. Doch ich wusste, dass das keineswegs jedem so erging. Swinburnes Kollege Adolf Grünbaum hatte für seine protheistische Darlegung nur vernichtenden Spott übrig, der Wissenschaftstheoretiker nannte sie «ein armseliges Machwerk». Swinburnes Argumentation zugunsten des Theismus sei «unsinnig» und «stümperhaft», hatte Grünbaum zu mir gesagt, und stecke voller «Eseleien» und «Pappkameraden». Im Laufe der Jahre hatten sich Swinburne und Grünbaum in Foren wie dem *British*

Journal for the Philosophy of Science wiederholt in die Haare gekriegt. Als ich mir ihre Beiträge noch einmal durchlas, hatte ich das Gefühl, einem metaphysischen Pingpongspiel zuzusehen, das höllisch kompliziert war. «Wie zum Teufel», fragte Grünbaum einmal gereizt, «kommt Swinburne mit Leibniz zu dem Schluss, dass die bloße Existenz des Universums unabweisbar nach ‹einer von außen wirkenden Ursache› verlange?»[5]

Auch Richard Dawkins war skeptisch, um es vorsichtig auszudrücken. In *Der Gotteswahn* macht er sich lustig über Swinburnes Behauptung, die Gotteshypothese besitze den wissenschaftlichen Vorzug der Einfachheit, und nennt seine Argumentation einen «atemberaubenden Akt der intellektuellen Unverfrorenheit».[6] Wie könnte ein Wesen, so Dawkins, das ein komplexes Universum wie das unsere geschaffen habe und unterhalte, ein Wesen, das angeblich in der Lage ist, die Gedanken all seiner Geschöpfe zu überwachen und ihre Gebete zu erhören – «Was für eine Bandbreite!»[7] –, einfach sein? Swinburnes Argument, dass die Existenz eines allmächtigen und unendlich liebenden Gottes in Einklang zu bringen sei mit einer Welt, in der es das Böse und das Leiden gibt, übertrifft laut Dawkins «jede Parodie».[8] Dann berichtet er von einer Fernsehdiskussion, in der Swinburne – nach Dawkins' Worten – versucht habe, «den Holocaust zu rechtfertigen: Er habe den Juden eine großartige Gelegenheit verschafft, sich als mutig und edel zu erweisen». Woraufhin einer der Diskussionspartner – der Cambridger Chemiker und eingefleischte Antitheist Peter Atkins – Swinburne angeknurrt habe: «Sie sollten in der Hölle braten.»[9]

Ein Mann, der fähig war, so kühne Gedankengänge über den Kosmos zu entwickeln und so heftige Reaktionen bei seinen Gegnern zu provozieren, war sicherlich ein lohnender Gesprächspartner. Vor kurzem war Swinburne in Oxford emeritiert worden, wo er Nolloth-Professor für christliche Religionsphilosophie und Fellow des Oriel College gewesen war. Als es mir gelang, ihn zu kontaktieren, war er die Freundlichkeit in Person und lud mich zu einem Tee- und Plauderstündchen zu sich nach North Oxford ein.

Am Nachmittag des folgenden Tages verließ ich mein Hotel in der High Street, ging die Queens Lane hinunter, unter der Seufzerbrücke hindurch, an der Bodleian Library und dem Ashmolean Museum vorbei und stieß schließlich auf die breite Woodstock Road, der ich zwei bis drei Kilometer weit bis North Oxford folgte. Ich erhaschte einen Blick auf eine russisch-orthodoxe Kirche, als ich von der Hauptstraße abbog, um Swinburnes Adresse zu suchen, die sich als ein modernistisches Apartmentgebäude aus den fünfziger Jahren erwies, an das eine Reihe hübscher Ziegelhäuser aus der zweiten Hälfte des 19. Jahrhunderts grenzte. Kein Lüftchen rührte sich in der Winterluft des Viertels, das von einem unglaublichen Vogelgezwitscher erfüllt war. Ein gutes Omen, wie ich fand.

— 6 —
DER INDUKTIVE THEIST AUS NORTH OXFORD

«Sie haben einen weiten Weg zurückgelegt», sagte Richard Swinburne, als er öffnete. Wohl wahr, dachte ich – den ganzen Weg vom Café de Flore im postsartreschen Paris bis in die Zelle eines philosophischen Mönchs im mittelalterlichen Oxford. Swinburne, Jahrgang 1934, war schlank und jugendlich für einen Mittsiebziger, von angenehmem, ein wenig pastoralem Äußeren und gelassenem Habitus. Seine Stirn unter dem vollen grauen Haar war hoch und schmal, die Stimme ruhig und etwas nasal, mit exakten Vokalen und unendlich feinen Abstufungen des Tonfalls. Bekleidet war er mit einem elegant geschnittenen dunklen Anzug und einem Pullover, den er in die Hose gesteckt hatte.

Wie ich feststellte, lebte Swinburne allein in einer nüchtern eingerichteten und doch gemütlichen Maisonette. Über eine schmale Treppe gelangten wir in sein Arbeitszimmer, wo ein Kruzifix an der Wand hing. Er verschwand und kam nach einem Augenblick mit einer Kanne Tee und einem Teller Kekse wieder.

Ich erwähnte, dass ich einen interessanten Tag mit seinem großen kosmologischen Widersacher Adolf Grünbaum verbracht hatte und wie abfällig sich dieser über Swinburnes Überzeugungen geäußert habe – vor allem über die Ansicht, dass die bloße Existenz der Welt nach irgendeiner Erklärung verlange.

«Grünbaum missversteht mich», antwortete er milde, etwa so, wie ein Vikar über einen schwierigen Pfarrer sprechen würde. «Nach dem, was er sagt, behaupte ich, die Wirklichkeit müsse eigentlich aufgrund ihrer Beschaffenheit Nichts hervorbringen, und es sei ungewöhnlich oder überraschend, dass sie Etwas produziert habe. Aber das ist nicht meine Position. Die stützt sich vielmehr auf ein wissenschaftstheoretisches Prinzip: dass die einfachste Erklärung höchstwahrscheinlich auch wahr ist.»

Und warum, so fragte ich, besitzt Einfachheit diesen wissenschaftstheoretischen Vorzug?

«Es gibt unzählige Beispiele, die das belegen», sagte er, «und nicht nur aus den Naturwissenschaften. Ein Verbrechen ist begangen worden. Man hat eine Bank ausgeraubt. Es gibt drei Hinweise. Ein gewisser Jones soll sich zur Zeit des Raubes in der Nähe des Tatorts aufgehalten haben. Jones' Fingerabdrücke wurden auf dem Safe gefunden. Auf Jones' Dachboden haben die Fahnder Geld aus dem Banküberfall gefunden. Die plausible Erklärung lautet: Jones hat die Tat begangen. Warum denken wir das? Nun, wenn die Hypothese, dass Jones das Verbrechen begangen hat, sich als wahr erweisen würde, fänden wir solche Indizien wahrscheinlich; und wenn er es nicht war, fänden wir sie wahrscheinlich nicht. Doch es gibt eine unendliche Zahl von anderen Hypothesen, die diese Doppelbedingung erfüllen – beispielsweise die Hypothese, dass sich jemand aus Spaß so angezogen hat wie Jones und in der Nähe der Bank spazieren gegangen ist; dass eine zweite Person, die sich nicht mit der ersten abgesprochen hat, Jones eins auswischen wollte und deshalb dessen Fingerabdrücke auf den Safe praktizierte; und dass eine dritte Person, die mit den beiden ersten nichts zu tun hat, die Beute aus einem ganz anderen Überfall auf Jones' Dachboden versteckte. Auch diese Hypothese erfüllt die erforderliche Doppelbedingung. Allerdings würden wir nicht viel von einem Verteidiger halten, der sie vorbringen würde. Warum? Weil die erste Hypothese einfacher ist. Die Wissenschaft greift immer nach der einfachsten Hypothese. Wäre es anders, würden wir nie über die Daten hinauskommen. Das Prinzip der Einfachheit aufgeben hieße, auf das Nachdenken über die Außenwelt zu verzichten.»

Einen Augenblick sah er mich ernst an, dann sagte er: «Möchten Sie noch etwas Tee?»

Ich nickte. Er goss nach.

«Beschreibungen der Wirklichkeit lassen sich nach ihrer Einfachheit ordnen», fuhr Swinburne fort. «Aus apriorischen Gründen ist ein einfaches Universum wahrscheinlicher als ein kompliziertes. Und das einfachste Universum überhaupt ist dasjenige, das nichts enthält – keine Objekte, keine Eigenschaften, keine Beziehungen. Vor aller Evidenz ist das also die Hypothese mit der größten Wahrscheinlichkeit: die Hypothese, die besagt, dass es eher Nichts als Etwas gibt.»

Aber die Einfachheit, sagte ich, hat nicht dafür gesorgt, dass diese Hypothese wahr wurde. Ich widerlegte sie, indem ich einen Keks hochhielt.

«Richtig», sagte Swinburne, «daher stellt sich die Frage, wie das einfachste Universum beschaffen ist, das den Keks, die Teekanne, uns und alles, was wir beobachten, enthält. Ich behaupte eben, dass die einfachste Hypothese, die das alles erklärt, eben diejenige ist, die Gott postuliert.»

Die Behauptung, dass die Gotteshypothese in irgendeiner Weise einfach sein könnte, bringt viele atheistische Denker – Richard Dawkins zum Beispiel – auf die Palme. Deshalb musste ich Swinburne in diesem Punkt auf den Zahn fühlen. Zunächst, obwohl es sich um ein ziemlich strapaziertes Thema handelte: War es für seine Gotteshypothese von Bedeutung, ob das Universum eine endliche oder eine unendliche Vergangenheit hat?

«Ich weiß, dass viele Denker den Urknall durch eine metaphysische Brille betrachten», sagte er. «Aber ich glaube nicht, dass die Frage nach dem kosmischen Anfang von größerer Bedeutung ist. Das tat auch Thomas von Aquin nicht. Er glaubte, dass das Universum, soweit es die Philosophie betraf, unendlich alt sein könne. Seine Entstehung zu einem bestimmten Zeitpunkt ist ein Gegenstand christlicher Offenbarung. Das ist eine Lesart der Genesis. Aber nehmen wir an, das Universum würde auf ewig fortdauern und immer von denselben Gesetzen bestimmt werden.

Trotzdem bleibt wahr, dass es ein Universum gibt und dass es auch keins hätte geben können. Egal, ob die Gesetze, die seine Entwicklung regieren, seit endlicher oder seit unendlicher Zeit gelten, sie bleiben deshalb doch dasselbe Faktum. Damit diese Gesetze die Entwicklung der Menschen ermöglichen konnten, mussten sie von ganz besonderer Art sein. Man könnte denken, dass die Materie, wenn unendlich viel Zeit zur Verfügung steht, häufig genug neue Zusammenstellungen ausprobiert, um am Ende bewusste Wesen hervorzubringen. Doch das ist keineswegs der Fall! Denken Sie an Kugeln, die auf einem Billardtisch umherrollen. Selbst in unendlicher Zeit werden sie nicht alle Konfigurationen annehmen, die möglich sind. Ein Kosmos muss sehr exakte Bedingungen erfüllen, damit er von Menschen bevölkert wird.»

Doch was, wenn unsere Welt nur eine unter einer ungeheuren Zahl von Universen wäre, deren jedes andere Gesetze hätte? Ob dann nicht einige von ihnen Wesen wie uns produzieren müssten?, fragte ich.

«Ja, ich weiß, dass die Theorie des Multiversums viele Schlagzeilen bekommen hat», sagte er. «Aber auch sie spielt in meiner Argumentation keine Rolle. Nehmen wir an, jedes Universum erzeugt Tochteruniversen, die sich vom Mutteruniversum auf verschiedene Weise unterscheiden. Woher können wir wissen, dass solche Tochteruniversen existieren? Nur indem wir unser Universum studieren, es rückwärts in der Zeit extrapolieren und feststellen, dass sich irgendwann ein anderes Universum von ihm abgespalten haben muss. Unsere einzige Erkenntnisquelle über andere Universen ist eine detaillierte Untersuchung dieses Universums und seiner Gesetze. Wie können wir dann annehmen, dass andere Universen von ganz anderen Gesetzen bestimmt werden?»

Vielleicht, sagte ich, waren die Gesetze gleich, die andere Universen bestimmten, aber die Konstanten, die in diesen Gesetzen auftraten – die Liste der etwa zwanzig Zahlen, die die relativen Stärken der physikalischen Kräfte regieren, die relativen Massen der Elementarteilchen und so fort –, unterschieden sich von einem Universum zum nächsten. Wenn unser Universum nur eines unter einer Riesenanzahl von Universen ist, in denen diese Konstanten Zufallsschwankungen unterworfen sind, ist dann nicht zu erwarten, dass einige dieser Universen die Zusammenstellung von Konstanten haben, die für die Entstehung des Lebens erforderlich sind? Und müssen wir uns, als Menschen, nicht zwangsläufig in einem der Universen beobachten, deren Merkmale zufällig unsere Existenz ermöglichen? Wird durch dieses «anthropische Prinzip» die scheinbare Feinabstimmung unseres Universums nicht völlig unerheblich? Und wäre in diesem Fall die Gotteshypothese nicht überflüssig als Erklärung für unser Hiersein?

«Genau», sagte er mit einem fast unhörbaren Auflachen, als hätte er diesen Punkt schon unzählige Male vorher gehört. «Aber dann müssten wir ein Gesetz finden, das uns sagt, wie sich diese Konstanten von Universum zu Universum verändern. Falls die einfachste Theorie besagt, dass die Naturkonstanten eine gewisse Veränderung erfahren, wenn ein Mutteruniversum ein Tochteruniversum gebiert, dann wirft das die Frage auf, warum das Multiversum so und nicht anders ist angesichts der unendlich vielen anderen Möglichkeiten, wie ein Multiversum sein könnte. Diese anderen Multiversen würden keine Leben hervorbringenden Universen erzeugen. Auf jeden Fall ist es ein bisschen verrückt, Billionen und Aberbillionen andere Universen zu postulieren, um die lebensadäquaten Merkmale unseres Universums zu erklären, wenn die sehr viel einfachere Gotteshypothese zur Verfügung steht.»

Aber ist die Gotteshypothese wirklich so einfach? In einer bestimmten Hinsicht, so räumte ich ein, könnte Gott das einfachste denkbare Wesen sein. Der Gott der Theologen wird als die «Substanz», so der Terminus, definiert, die jedes positive Attribut in unendlichem Maße besitzt. Er ist unendlich mächtig, unendlich wissend, unendlich gut, unendlich frei, ewig existierend und so fort. Wenn alle Parameter auf unendlich gesetzt werden, ist eine Sache leicht zu definieren. Hat man es dagegen mit einem endlichen Wesen zu tun, muss man angeben, es ist so und so groß und hat die und die Macht, es weiß so viel und nicht mehr, es hat an dem und dem Punkt in der Zeit zu existieren begonnen und so fort. Mit anderen Worten, man muss eine lange und unübersichtliche Reihe von Zahlen spezifizieren.

Nun ist in der Wissenschaft das Unendliche, wie sein Gegenteil, die Null, eine sehr hübsche Zahl. Weder unendlich noch null bedürfen einer Erklärung. Wohl aber endliche Zahlen. Wenn in Ihrer Gleichung die Zahl 2,7 erscheint, gibt es immer jemanden, der fragt: «Warum 2,7 und nicht 2,8?» Die Einfachheit von null und unendlich verhindert solche lästigen Fragen. Man könnte sagen, die gleiche Logik gilt für Gott. Wenn der kosmische Schöpfer ein Universum nur aus einer genau so und so schweren Masse erschaffen konnte, dann stellt sich die Frage, wie sich diese Einschränkung seiner Macht erklärt. Bei einem unendlichen Gott müssten wir solche Grenzen nicht erklären.

Die Gotteshypothese besitzt also tatsächlich eine gewisse Art von Einfachheit. Aber Swinburnes Gott ist nicht einfach eine unendliche Substanz. Er greift auch in die menschliche Gesellschaft ein. Er beantwortet Gebete, offenbart Wahrheiten, lässt Wunder geschehen. Er schlüpft sogar in menschliche Gestalt. Dabei handelt er nach komplexen Zielsetzungen. Setzt die Fähigkeit, nach komplexen Zielsetzungen zu handeln, nicht eine entsprechende Komplexität im Handelnden voraus? Soweit ich gesehen hatte, schien Swinburne das in seinen Schriften selbst vorauszusetzen. So hatte er 1989 in einem Aufsatz geschrieben, wir Menschen könnten komplexe Überzeugungen und Zielsetzungen nur entwickeln, weil wir komplexe Gehirne hätten.[1] Müsste Gott, um all das zu schaffen, was er vollbringt, innerlich nicht viel komplexer sein – ja, unendlich komplex?

Swinburne zog seine hohe Stirn ein wenig kraus, als ich die Frage stellte. Aber gleich darauf war sie wieder glatt. «Menschen brauchen Körper, wenn sie mit der Welt interagieren und voneinander profitieren wollen», sagte er. «Und deshalb ist es erforderlich, dass sie komplizierte Gehirne haben. Gott aber braucht weder einen Körper noch ein Gehirn. Er wirkt direkt auf die Welt ein.»

Aber, wandte ich ein, wenn Gott die Welt zu einem bestimmten Zweck geschaffen habe, wenn er bestimmte Pläne für seine Geschöpfe hege, dann müsse sein Geist doch auch komplizierte Gedanken enthalten. Dann müsse das göttliche «Gehirn», selbst wenn es vollkommen immateriell sei, trotzdem ein komplexes Vorstellungsmedium sein?

«Es ist logisch nicht notwendig, ein Gehirn zu haben, um Ansichten und Zielsetzungen zu entwickeln», erwiderte Swinburne. «Gott kann seine ganze Schöpfung auch ohne Gehirn sehen.»

Ob denn die Fähigkeit – hirnlos oder nicht –, die ganze Schöpfung zu sehen, nicht etwas anderes als Einfachheit voraussetze? Wenn Gott alles Wissen der Welt in sich trage, müsse er dann nicht mindestens so komplex sein wie die Welt?

«Hmmmm», sagte Swinburne und strich sich übers Kinn. «Ich sehe, worauf Sie hinauswollen. Aber sehen Sie, ich kann eine Menge Dinge tun – zum Beispiel mir die Schuhbänder binden –, ohne darüber nachzudenken, wie ich das mache.»

Ja, sagte ich, aber Sie können Ihre Schuhbänder nur binden, weil Sie komplizierte neuronale Schaltkreise in Ihrem Gehirn haben.

«Das ist natürlich wahr. Aber es ist eine Wahrheit, dass ich meine Schuhbänder ohne nachzudenken binden kann. Und eine ganz andere, dass es gewisse Dinge gibt, die in meinem Gehirn vor sich gehen. Das sind zwei Wahrheiten über die Welt, und sie sind nicht notwendig miteinander verknüpft.»

Ich wollte gegen diesen bizarren Körper-Geist-Parallelismus protestieren, an den er zu glauben schien, diese Vorstellung, dass geistige Prozesse und Gehirnprozesse irgendwie unabhängig voneinander ablaufen. Doch ich befürchtete, dass ich ihn allmählich nerven könnte.

«Lassen Sie mich diesen Punkt etwas anders darstellen», sagte Swinburne, «durch eine Analogie. Jemand wie Dawkins könnte behaupten, dass die Naturwissenschaften niemals jene Art von ‹All›-Eigenschaften – Allwissen, Allmacht – postulieren, die wir Gott zuschreiben. Aber schauen wir uns doch einmal Newtons Gravitationstheorie an. Diese Theorie postuliert, dass jedes Teilchen im Universum eine Macht und eine Verpflichtung hat. Die Macht besteht darin, Gravitationskraft auszuüben, und die Verpflichtung, ihr zu unterliegen. Dabei ist die Macht unendlich: Jedes Teilchen beeinflusst jedes andere Teilchen im Universum, egal, wie weit es entfernt ist. Wir sehen, dass ernsthafte Physiker sehr winzigen Teilchen unendliche Macht zugeschrieben haben. Man hält es also in den Naturwissenschaften für durchaus angemessen, Objekten sehr einfacher Art All-Eigenschaften zuzuschreiben.»

Offenbar waren wir mit dem Problem der Einfachheit in eine Sackgasse geraten. Daher versuchte ich, einen anderen Schwachpunkt in Swinburnes Argumentation zu finden.

«Mir scheint, dass Ihr Gott eher ein abstraktes ontologisches Prinzip ist als die himmlische Vaterfigur, zu der die Gläubigen beten», sagte ich. «Es mag ja, wie Sie sagen, ein Wesen von höchster Einfachheit geben, das die Existenz und Beschaffenheit des Universums erklärt. Und das mag sogar einige persönliche Eigenschaften haben. Aber dieses Wesen mit jenem gleichzusetzen, das in Kirchen angebetet wird, scheint mir doch ein bisschen weit hergeholt. Es ist doch leicht zu erkennen, wie die heutigen Religionen sich aus animistischen Kulten entwickelten und verfeinerten, als die magischen Vorstellungen von der Welt wissenschaftlichen Erkenntnissen wichen. Aber diese primitiven Kulte hatten keinerlei transzendentale Bedeutung.»

«Ich halte das für falsch», sagte Swinburne etwas abrupt und ziemlich ernst. «Ich glaube, das Transzendentale war immer im Spiel. Der Gott, von dem das Neue Testament berichtet, und zum Teil auch das Alte Testament, ist ein allmächtiger, allwissender und allgütiger Schöpfer. Wenn wir zurück zu Jeremia gehen, finden wir die Vorstellung, dass die sichtbare Welt Belege für die transzendentale enthält. Jeremia spricht dort vom ‹Bund mit Tag und Nacht›, den Gott geschlossen habe. Das bedeutet, dass der regelmäßige Wechsel von Nacht und Tag die Zuverlässigkeit des Schöpfers zeigte. Philosophen sprechen hier vom teleologischen Gottesbeweis oder dem Argument der Zweckmäßigkeit, dem Argument from Design – einem der wichtigsten Argumente für die Existenz Gottes. Die frühen christlichen, jüdischen und islamischen Traditionen gingen alle von dieser Form des transzendentalen Denkens aus. Sie sprachen nur nicht viel darüber, weil es damals nicht um die Frage ging, ob es einen Gott gebe, sondern wie er sei und was er getan habe.»

Aber warum sollte jemand, der nicht in einer dieser Traditionen aufgewachsen war, an einen solchen Gott glauben, einen Gott, der sich um unser Handeln und Schicksal kümmert? Warum nicht lieber an den abstrakten und distanzierten Gott der Theisten aus dem 18. Jahrhundert oder den unpersönlichen Gott Spinozas?

«Nun ja», sagte Swinburne, «diese Vorstellungen nehmen die unendliche Güte des Schöpfers nicht ernst. Was würde ein guter Gott tun? Wohl kaum ein Universum erschaffen und sich dann nicht dafür interessieren. Eltern, die ihre Kinder sich selbst überlassen, sind keine sehr guten Eltern. Man darf doch erwarten, dass Gott mit seiner Schöpfung in Verbindung bleibt und dass er, wenn etwas schiefgeht, den Menschen hilft, es wieder in Ordnung zu bringen. Er wird mit seiner Schöpfung interagieren wollen, wenn auch nicht zu offenkundig. Wie ein guter Vater wird er hin und her gerissen sein zwischen zu viel und zu wenig Einmischung. Er wird wollen, dass die Menschen ihr Schicksal selbst bestimmen, selbst herausfinden, was richtig und was falsch ist und so fort, ohne dass er ständig eingreift. Daher hält er sich zurück. Aber andererseits gibt es viel Sünde, und er möchte den Menschen helfen, ihrer Herr zu werden, vor allem denjenigen, die seine Hilfe wünschen. Er hört ihre Gebete, und manchmal antwortet er ihnen.»

Ich führte das Argument einiger Philosophen an, demzufolge das Universum nicht durch einen persönlichen Gott geschaffen wurde, sondern durch das abstrakte Prinzip des Guten. Zumindest war Platon dieser Auffassung.

«Philosophisch ist das platonische Prinzip der Gutheit äußerst zweifelhaft», sagte er. «Aber ich habe vor allem ein christliches Problem damit. Solch ein abstraktes Prinzip kann nicht mit dem Problem des Bösen fertigwerden. Wie wir wissen, gibt es das Böse und das Leiden in der Welt. Ich habe eine Theodizee – eine Vorstellung, warum Gott das Böse zulässt. Ich denke, er lässt es geschehen, weil es logisch notwendig ist, wenn bestimmte gute Taten möglich sein sollen, die guten Taten, die geschehen, weil wir einen freien Willen besitzen. Gott ist allmächtig. Er kann alles tun, was logisch möglich ist. Aber es ist ihm logisch nicht möglich, uns den freien Willen zu geben und trotzdem dafür zu sorgen, dass wir ihn immer in der richtigen Weise verwenden.»

Swinburne hielt inne und trank einen Schluck Tee. Als er weitersprach, klang er fast ein wenig weihevoll. «Ein guter Vater erlaubt seinen Kindern zu leiden, manchmal zu ihrem eigenen Besten und manchmal zum Besten anderer Kinder. Ein Vater, der so handelt, hat, wie ich glaube, die Verpflichtung, am Leiden des Kindes teilzuhaben. Betrachten wir ein Beispiel, wenn es vielleicht auch oberflächlich ist. Nehmen wir an, mein Kind braucht eine bestimmte Arznei, die sehr knapp ist. Zufällig habe ich eine große Menge dieser Arznei für mein Kind. Aber nehmen wir an, das Kind meines Nachbarn leidet an derselben Krankheit und braucht die gleiche Medizin. Wenn ich meinen Vorrat mit meinem Nachbarn teile, hat mein Kind gerade genug zum Überleben. Man geht im Allgemeinen davon aus, dass es richtig ist, dem eigenen Kind Leid zuzufügen, damit auch ein anderes Kind überleben kann. Aber wenn ich mich dazu entschließe, habe ich meiner Meinung nach auch die Verpflichtung, das Leid meines Kindes zu teilen. Die gleiche Art von Verpflichtung hat Gott. Wenn er uns für eine gute Sache leiden lässt, kommt er an einen Punkt, an dem er die Verpflichtung hat, mit uns zu leiden. Ein abstraktes Prinzip der Gutheit kann das nicht leisten.»

Obwohl es um eine ernste Sache ging, entdeckte ich einen Anflug von Heiterkeit in Swinburnes Stimme, als könne er eine gewisse Freude über sein intellektuelles Manöver nicht verhehlen.

«Dann gibt es noch die christliche Lehre von der Buße», fuhr er fort. «Wenn meine Kinder schlecht gegeneinander handeln, tun sie auch mir Unrecht, weil ich viel Sorge und Mühe verwandt habe, als ich versuchte, genau dieses zu verhindern. Wenn wir uns gegenseitig Unrecht zufügen, tun wir also auch Gott Unrecht. Was tut Gott in diesem Fall? Nun, was tun wir, wenn wir gegen jemand unrecht gehandelt haben? Wir tun Buße. Und die Buße besteht aus vier Elementen: Reue, Entschuldigung, Wiedergutmachung und Sühne. Meist handeln die Menschen unrecht an Gott, indem sie ein falsches Leben führen. Also, wie können wir es wiedergutmachen? Nun, wir haben nicht so viel Zeit – oder die Neigung –, ein vollkommenes Leben zu führen, daher können wir keine wirklich angemessene Wiedergutmachung leisten. Andererseits kann uns jemand bei der Wiedergutmachung helfen, wenn wir selbst nicht dazu in der Lage sind. Nach christlicher Überlieferung hat Jesus ein vollkommenes Leben geführt – die Art Leben, die wir führen sollten. Selbst wenn unsere Leben schlecht waren, können wir das Leben Jesu als Wiedergutmachung für unsere eigenen Verfehlungen in die Waagschale werfen. Damit zeigen wir Gott, dass wir diese Verfehlungen ernst nehmen, deshalb wird er uns vergeben. Das ist die christliche Bußlehre, wie sie teils von Thomas von Aquin und teils von Anselm von Canterbury dargelegt wurde. Sie ist eine Art Brücke zwischen Philosophie und Christentum.»

Es lag etwas Numinoses in seiner Logik. Die Frage «Warum ist etwas und nicht einfach nichts?» hatte diesen Philosophen nicht einfach zu Gott, sondern auch zu der historischen Person Jesu Christi geführt.

Wieder wurde mir das Kruzifix bewusst, das unmittelbar hinter ihm an der Wand hing. Ob er der römisch-katholischen Kirche angehöre oder der Kirche von England?

«Weder noch», sagte er. «Ich bin russisch-orthodox.»

«Oh», stammelte ich und wusste nicht, was ich sagen sollte.

Doch es stellte sich heraus, dass Swinburne nicht in jeder Hinsicht orthodox war. Als ich das Gespräch wiederaufnahm, fragte ich nach dem allgemein akzeptierten theologischen Axiom, dass Gott außerhalb der Zeit stehe und aus dem unveränderlichen Blickwinkel der Ewigkeit die gesamte Geschichte des Kosmos mit einem Blick erfasse. Scholastische Denker wie Thomas von Aquin hielten diese Zeitlosigkeit für eine der Vollkommenheiten Gottes.

«Ich bin nicht dieser Ansicht», sagte er, «und ich glaube auch nicht, dass es die biblischen Autoren waren. Sie hielten Gott für ein Wesen in der Zeit – genau wie ich. Die Vorstellung, dass es für Gott ein Vorher und ein Nachher gibt und dass es durchaus sinnvoll ist zu sagen: ‹Zuerst hat er dies getan und dann jenes›, kommt wieder in Mode.»

Warum, so fragte ich mich laut, konnten Religionsphilosophen in diesen grundlegenden Fragen so selten Einigkeit erzielen? Und warum lag eine so tiefe Kluft zwischen Swinburne einerseits, der glaubte, die Gotteshypothese liefere eine wissenschaftlich haltbare Erklärung für die Existenz der Welt, und Grünbaum andererseits, für den der bloße Gedanke absurd war? «Das ist an sich eine interessante Frage», sagte Swinburne. «Und sie ist nicht auf die Religionsphilosophie beschränkt. Solche radikalen Meinungsverschiedenheiten finden Sie auf jedem denkbaren philosophischen Gebiet. Manchmal haben sie sogar praktische Konsequenzen. Menschen verändern aufgrund philosophischer Argumente ihre Ansicht über die moralische Berechtigung des Krieges, der Todesstrafe, einer ganzen Reihe ethischer Fragen. Aber die Philosophie ist eine schrecklich schwierige Disziplin, und der Anspruch, die allerschwierigsten Fragen in der endlichen Zeit eines menschlichen Lebens zu lösen, ist nicht gerade bescheiden. Denn wir sind nicht nur endlich, sondern auch begrenzt in unseren Verstandeskräften. Unsere Vorurteile sickern in unsere philosophischen Gedanken ein, besonders wenn diese unser Leben betreffen. Sie veranlassen uns, bestimmte Argumente sorgfältiger, verständnisvoller zu betrachten und vielleicht andere zu übersehen. Viele Philosophen sind in sehr religiösen Familien aufgewachsen. Als Jugendliche stellten sie fest, dass ihre Religion ganz offensichtlich in Konflikt mit etlichen offenkundigen Wahrheiten stand, und rebellierten gegen sie. Wenn sie später jemand mit einer Religion von ansprechender Art bekannt macht, sind sie nicht mehr offen dafür.»

Für Swinburne war Gott nicht einfach ein übernatürliches Wesen, dem wir Anbetung und Gehorsam schulden, sondern der Schlusspunkt einer Erklärungskette. Nach Swinburnes Auffassung können wir bei unserer Suche nach dem Geheimnis der Existenz nicht über Gott hinausgehen. Swinburne glaubt nicht an das Prinzip des zureichenden Grundes. Er denkt nicht, dass es eine Erklärung für alles gibt. Nach seinem Verständnis besteht die metaphysische Aufgabe darin, bei der Erklärung der Welt den richtigen Schlusspunkt zu finden, den Punkt, der den unerklärten Teil der Wirklichkeit minimiert. Dabei sollte dieser Punkt die einfachste Hypothese sein, die die ganze uns bekannte Evidenz berücksichtigt.

Trotzdem konnte ich der Versuchung nicht widerstehen, ihn zu fragen, warum Gott existiere. Swinburne hatte eingeräumt, dass die «natürlichste» Sachlage das Nichts sei: kein Universum und auch kein Gott. Außerdem war er der Meinung, dass eine Wirklichkeit, die aus einem Universum und keinem Gott besteht – die Art Wirklichkeit, an die die Atheisten glauben –, zumindest vorstellbar sei. Von Anselm über Descartes und Leibniz bis zu den heutigen Theisten – wie Alvin Plantinga von der University of Notre Dame – waren sich alle einig, dass die Existenz Gottes notwendig sei. Im Gegensatz zu unserem kontingenten Universum wäre es Gott gar nicht möglich, nicht zu existieren; nach dieser Auffassung trägt er seinen zureichenden Grund in sich selbst. Seine Existenz lässt sich sogar logisch beweisen. Das sieht Swinburne nicht so. Während andere philosophische Theisten von Notwendigkeit sprechen, begnügt er sich mit Einfachheit; und Einfachheit, wie er sie versteht, verleiht einer Hypothese nur Wahrscheinlichkeit, keine zweifellose Gewissheit. Wir könnten Gottes Existenz leugnen, meinte er, ohne dass man uns deshalb der Unlogik überführen könnte.

Aber würde Swinburne so weit gehen und sagen, dass Gottes Existenz ein *brute fact* sei?

«Ja, das würde ich», erwiderte er. «Ich würde das sagen. Nicht nur, weil es keine Erklärung für Gottes Existenz gibt, sondern auch, weil es keine Erklärung geben kann. Eine von Gottes Eigenschaften ist Omnipotenz. Wenn ihm also etwas zustößt, dann, weil er es erlaubt hat. Wenn etwas anderes Gott hervorgebracht hat, dann nur, weil Gott erlaubt hat, Gott hervorzubringen.»

Das war eine Argumentationskette, die ich noch nie gehört hatte. «Also ist für Sie persönlich die Frage, warum Gott existiert, kein Problem», sagte ich, «oder vielleicht doch? Ich weiß es nicht.»

Swinburne lachte ausnahmsweise einmal laut auf und sagte: «Ich glaube nicht, dass irgendjemand glaubt, Gott sei ein logisch notwendiges Wesen, zumindest nicht seit Anselms ontologischem Gottesbeweis. Und das war ungefähr bei Halbzeit der zweitausendjährigen Geschichte des Christentums. Anselms ontologisches Argument war ein schlechter, unnötiger Wendepunkt für die Theologie. Selbst Thomas von Aquin glaubte nicht ernsthaft daran. Daher stehe ich nicht allein mit der Überzeugung, dass Gott nicht aus rein logischen Gründen existiert. Aber ich glaube, dass Gott insofern ein notwendiges Sein ist, als seine Existenz nicht von etwas anderem abhängt. In diesem Sinne ist er das ontologisch Höchste, die höchste Erklärung aller anderen Dinge.»

Ich bat Swinburne, nur um des Arguments willen, eine andere Möglichkeit in Betracht zu ziehen: dass das Universum als *brute fact* – als unerklärliche nackte Tatsache – existiere, ohne einen Gott, der es erhalte. Wäre das Universum dann in seinem Sinne notwendig, weil seine Existenz von nichts anderem abhängen würde?

«Ja genau!», erwiderte er.

Dann löse also die Gotteshypothese – auch wenn sie für wahrscheinlicher gehalten werde als die Alternative, nach der ein komplexes Universum unverursacht existieren könne – das Geheimnis der Existenz nicht vollständig.

«Ich muss zugeben», sagte Swinburne, «dass ein Teil von mir Gewissheit sucht, irgendeine Garantie haben möchte, dass nicht kein Gott sein könnte. Aber ich verstehe, dass es logisch unmöglich ist, alles zu erklären. Sie können A durch B erklären, B durch C und C durch D, aber im Endeffekt können Sie nicht mehr tun, als die einfachste Hypothese zu suchen, die einen möglichst großen Teil der Wirklichkeit erklärt. An diesem Punkt muss das Erklären aufhören. Und dieser intellektuelle Schlusspunkt ist, so behaupte ich, Gott. Warum Gott existiert, kann ich nicht beantworten. Ich kann diese Frage nicht beantworten.»

Könnte denn Swinburnes Gott sie beantworten, wenn wir in

der Lage wären, ihn zu fragen? «Ich bin, der ich bin», wurde Moses von der Stimme im brennenden Dornbusch verkündet. Aber hat diese Stimme je gefragt: «Woher bin ich?» Wenn es eine Erklärung für Gottes Existenz gäbe, dann würde Gott, allwissend wie er ist, sie kennen. Aber falls es wirklich keine Erklärung gäbe – wenn er tatsächlich das höchste *brute fact* wäre –, dann würde er auch das wissen. Er würde wissen, dass die Wahrscheinlichkeit seiner eigenen Existenz als kontingentes Sein «sehr gering» wäre, wie Swinburne sagt.[2] Würde der göttliche Geist von seinem unerklärlichen Triumph über die vollkommene Einfachheit des Nichts verwirrt sein?

Ich verfolgte den potenziell gotteslästerlichen Gedankengang nicht weiter. Schließlich hatte ich Swinburnes Gastfreundschaft, seinen Tee und seine Kekse und vielleicht auch seine intellektuelle Geduld genügend in Anspruch genommen. Der frühe Sonnenuntergang hatte die Fenster seines Arbeitszimmers verdunkelt. Es war Zeit zu gehen. Ich dankte ihm überschwänglich, und er sagte mir noch, welche Restaurants am Abend in Oxford zu empfehlen seien.

Der Vogelgesang war schon lange verstummt, als ich Swinburnes Haus verließ. Als ich zurück auf die Hauptstraße schlenderte, fiel mein Blick wieder auf die auffällige russisch-orthodoxe Kirche in der Nachbarschaft. Sie wirkte wie eine merkwürdige byzantinische Invasion in North Oxford. Swinburne hatte mir gesagt, er sei ein russisch-orthodoxer Kommunikant. Ging er hier zum Gottesdienst? Mit seinem priesterlichen Auftreten und seinen ernsten, würdigen Gesichtszügen hätte dieser Oxforder Wissenschafts- und Religionsphilosoph gar keine schlechte Figur auf einem byzantinischen Mosaik abgegeben, gleich neben den anderen byzantinischen Gottesmännern:

Oh Wissende in Gottes heil'gem Brand
gleich Mosaiken, golden und befreit...[3]

Sag, war das des «großen Domes Dröhnen», das ich in jener Ferne hörte?

Nein, es waren nur die Glocken von Oxford, die mich in die High Street zurückriefen. Dort angekommen begab ich mich in eines der Restaurants, die Swinburne empfohlen hatte, die Quod Brasserie. Sie war halb voll und ziemlich laut, provinziell auf eine akademische Weise und ein Kontrast zum kosmopolitischen Café de Flore in Paris. Ich setzte mich allein an einen Tisch und bestellte geräucherten Schellfisch und Tomatensalat, dazu eine halbe Flasche Champagner und eine ganze australischen Shiraz. Während ich aß und trank, las ich geistesabwesend im *Guardian*. Als ich das Lokal verließ, war es fast Mitternacht. Auf dem Rückweg zu meinem Hotel durch die fast verlassene High Street erfüllte mich ein verschwommenes Gefühl der Zufriedenheit, und ich schlug mir vorübergehend das Geheimnis der Existenz aus dem Kopf.

— *Zwischenspiel* —
DAS HÖCHSTE *BRUTE FACT*

Richard Swinburne scheint ein Rätsel gelöst, dafür ein anderes ins Spiel gebracht zu haben. Er behauptet, die Existenz der Welt zu erklären, indem er einen Gott postuliert, der sie geschaffen hat. Aber er gibt zu, dass er keine Erklärung für Gott selbst finden kann, dessen Existenz ihm im Vergleich zur extremen Einfachheit des Nichts als höchst unwahrscheinlich vorkommt. Ist das das Beste, was der Theismus leisten kann – seine Erklärung des Kosmos durch ein unerklärliches Wesen, ein höchstes *brute fact*, zu beenden?

Traditionelle Philosophen des Theismus haben das anders gesehen. Sie haben behauptet, Gott existiere im Gegensatz zur Welt durch sich selbst. Er trage das Prinzip seines Seins in sich. Es gibt viele Termini dafür. Gott sei *causa sui*, «Ursache seiner selbst». Er besitze Aseität, die Eigenschaft der Selbstbegründetheit. Er sei das *ens realissimum*, das allerrealste Wesen, und das *ens necessarium*, das notwendige Sein.

Doch gibt es irgendeine Rechtfertigung für dieses Philosophie-Chinesisch?

Betrachten wir beispielsweise den Begriff *causa sui*. Er scheint nahezulegen, dass Gott seine Existenz irgendwie selbst verursacht habe. Aber selbst mittelalterliche Theologen weigerten sich, so weit zu gehen. Kein Wesen, so behaupteten sie, könne sich aus eigener Kraft zur Existenz verhelfen. Egal, wie mächtig das fragliche Wesen auch sein mochte, es müsse bereits existieren, bevor es seine Kausalkräfte ausüben könne.

Wer behauptet, Gott sei *causa sui*, sagt in Wirklichkeit, er sei unverursacht. Seine Existenz brauche keine Ursache, weil sie notwendig sei. Oder mit anderen Worten, seine Existenz brauche keine Erklärung, weil sie selbsterklärend sei.

Und wie ließe sich die Existenz eines solchen selbsterklärenden Wesens beweisen? Ein herkömmlicher Beweis für die Existenz Gottes ist das kosmologische Argument. Es geht zurück auf Aristoteles, aber die raffinierteste Version verdanken wir Leibniz, und die geht folgendermaßen.

Das Universum ist kontingent. Es könnte auch nicht existieren. Da es existiert, muss es eine Erklärung für seine Existenz geben. Diese muss durch ein anderes Wesen verursacht worden sein. Nehmen wir an, auch dieses Wesen ist kontingent. Dann braucht es ebenfalls eine Erklärung für seine Existenz. Und so fort. Entweder gelangt die Erklärungskette an ein Ende oder nicht. Erreicht sie einen solchen Schlusspunkt, muss das letzte Wesen in der Kette selbsterklärend sein. Setzt sich die Kette ad infinitum fort, braucht die ganze Kette der Wesen eine Erklärung. Sie muss durch etwas außerhalb ihrer selbst verursacht worden sein. Dann muss die Existenz dieses Wesens selbsterklärend sein. In jedem Fall muss die Existenz einer kontingenten Welt letztlich durch etwas erklärt werden, das selbsterklärend ist.

Sobald die Existenz eines selbsterklärenden Wesens deduziert ist, bedarf es nur eines geringen Aufwands an logischer Bastelei, um zu zeigen, dass dieses Wesen die Eigenschaften besitzt, die traditionell Gott zugeschrieben werden. Die Einzelheiten lieferte Samuel Clarke, ein englischer Theologe und Freund von Isaac Newton. Beginnen wir mit der Feststellung, dass die Existenz eines selbsterklärenden Wesens notwendig ist. Wenn es notwendigerweise existiert, muss es immer und überall existieren – das heißt, es muss ewig und unendlich sein. Außerdem muss es mächtig sein, da es die Existenz der kontingenten Welt verursacht hat. Auch intelligent muss es sein, da Intelligenz in der Welt existiert und folglich auch in deren Ursache existieren muss. Und da es auch unendlich ist, muss es unendlich mächtig und unendlich intelligent sein. Schließlich muss es noch moralisch vollkommen sein. Denn da es unendlich intelligent ist, muss es immer erkennen können, was in Wahrheit gut ist; und da es unendlich mächtig ist, kann es nie durch irgendeine eigene Schwäche daran gehindert werden, in Einklang mit dieser Wahrheit zu handeln.

Die vorstehende Überlegung, die zeigen soll, dass das Notwendige, das im kosmologischen Argument deduziert wird, gottähnlich sein muss, steckt offensichtlich voller Fehlschlüsse. Doch was ist mit dem kosmologischen Argument selbst? Wie gültig ist es? Im Wesentlichen versuchte Leibniz von Kontingenz auf Notwendigkeit zu schließen: Wenn es eine kontingente Welt gibt und wenn alles eine Erklärung hat, dann muss es ein notwendiges Wesen geben, das die Existenz dieser Welt erklärt. Leibniz' erste Prämisse scheint in Ordnung zu sein. Es scheint tatsächlich eine Welt zu geben, und sie scheint tatsächlich kontingent zu sein. Die zweite Prämisse – Leibniz' berühmtes Prinzip des zureichenden Grundes – ist zweifelhafter. Sogar Swinburne hat verneint, dass es eine Erklärung für absolut alles gibt. Und ohne diese Prämisse fällt das kosmologische Argument in sich zusammen.

Doch gültig oder nicht, das kosmologische Argument hat etwas Merkwürdiges an sich. Es soll uns von einer empirischen Prämisse – die aus der Erfahrung des realen Universums erwächst – zu einem notwendigen Sein führen. Aber wenn es tatsächlich ein solches notwendiges Wesen gibt, warum brauchen wir dann diese empirische Prämisse, um seine Existenz zu deduzieren? Warum können wir nicht direkt, mittels reiner Logik, auf seine Existenz schließen?

Zufällig gibt es ein bekanntes Argument, das genau diesen Versuch unternimmt. Es handelt sich um den ontologischen Gottesbeweis. Anders als das kosmologische Argument für die Existenz Gottes verzichtet der ontologische Beweis auf die Prämisse, dass eine Welt existiert, und auf die Prämisse, dass es eine Erklärung für alles gibt. Das ontologische Argument macht sich anheischig,

Gottes Existenz allein durch die Logik zu erklären. Gott muss aus logischer Notwendigkeit existieren, sagt es, da er alle Vollkommenheiten besitzt und es vollkommener ist, zu existieren als nicht zu existieren.

Das ontologische Argument wurde im 11. Jahrhundert von Anselm von Canterbury entwickelt, einem italienischen Mönch, der später Erzbischof von Canterbury wurde. Die Idee dazu scheint dem Mönch eines Tages während seines Morgengebets gekommen zu sein. Gott sei, so Anselm, definitionsgemäß das Größte und Vollkommenste, was wir denken könnten. Stellen wir uns nun vor, Gott ist nur ein gedankliches Objekt – etwas, das nur in unserer Imagination existiert. Dann könnten wir uns etwas vorstellen, das genauso wie Gott ist, nur dass es auch in der Wirklichkeit existiert. Da es größer ist, in der Wirklichkeit zu existieren, wäre dieses Wesen größer als Gott – was absurd ist. Daher ist Gottes Nichtexistenz eine logische Unmöglichkeit. «Und Du bist, der Du eigentlich und einfachhin bist... noch kann gedacht werden, daß Du einmal nicht existierst», schließt das Gebet, in dem Anselm sein Argument darlegt.[1]

Könnte der ontologische Gottesbeweis gültig sein? Selbst diejenigen, die an Gott glauben, dürften das Gefühl haben, dass er zu schön ist, um wahr zu sein. Thomas von Aquin akzeptierte ihn nicht. Descartes tat es, wenn er ihn auch etwas anders formulierte. Leibniz fand, dass es noch eine zusätzliche Prämisse brauche, nämlich dass Gott ein mögliches Wesen sei. Leibniz lieferte sie mühelos, indem er zeigte, dass Gottes verschiedene Vollkommenheiten alle miteinander vereinbar sind. Schopenhauer tat den ontologischen Gottesbeweis als «allerliebste Schnurre» ab.[2] Bertrand Russell dagegen schildert in seiner Autobiographie, wie ihm als junger Mann die Wahrheit dieses Arguments plötzlich einleuchtete: «Ich erinnere mich noch genau an den Augenblick, eines Tages im Jahr 1894, als ich die Trinity Lane entlangging und mir in einer blitzartigen Erkenntnis (zumindest hielt ich sie dafür) klar wurde, dass das ontologische Argument gültig ist. Ich hatte mir eine Büchse Tabak gekauft; auf dem Rückweg warf ich sie in die Luft und rief, nachdem ich sie wieder aufgefangen hatte: ‹Heiliger Bimbam, das ontologische Argument ist schlüssig.›»[3]

In seiner späteren philosophischen Laufbahn gelangte Russell allerdings zu dem Schluss, dass das ontologische Argument keineswegs so vernünftig sei. Doch meinte er einschränkend: «... nur kommt man leichter zu dem Gefühl, [der Beweis] müsse fehlerhaft sein, als zu der Entdeckung des Fehlers selbst.»[4]

Russells Bemerkung ist von zeitgenössischen Antitheisten bestätigt worden, deren Kritik am ontologischen Argument reduziert sich allerdings häufig auf bloßen Spott. In *Der Gotteswahn* beispielsweise bezeichnet Richard Dawkins den ontologischen Gottesbeweis als «kindisch» und spricht von «trickreichen Wortverdrehungen», macht sich aber nicht die Mühe, nachzuweisen, wo die Logik des Arguments hakt. Die Vorstellung, «dass sich eine erhabene Erkenntnis über den Kosmos aus einem einfachen Wortspiel»[5] herleiten lasse, erschien Dawkins höchst lächerlich, und damit war die Sache für ihn erledigt.

Doch was ist am ontologischen Gottesbeweis nun wirklich falsch? In knapper Form lautet Anselms Argument wie folgt:

Gott ist das größte denkbare Wesen.
Ein Wesen, das existiert, ist größer als ein Wesen, das bloß gedacht wird.
Folglich existiert Gott.

Prämisse eins lässt sich schwerlich bestreiten, da sie die Definition Gottes darstellt. Allerdings sieht Prämisse zwei etwas komisch aus. Wie viel größer ist es denn, in Wirklichkeit zu existieren als nur in der Vorstellung? Bin ich dank meines Wirklichseins größer als der imaginäre *Kaiser der Eiskrem*? Denken Sie einen Augenblick über die Wendung «existiert nur in der Vorstellung» nach. Obwohl sie eine geläufige Redensart ist, gewinnt sie eine sehr seltsame Bedeutung, wenn sie wörtlich genommen wird. Sie lässt nämlich darauf schließen, dass das betreffende Wesen real, aber irgendwie in einem winzigen Raum eingeschlossen ist – Ihrem Kopf. Natürlich ist ein solches zerebral eingeengtes Wesen weniger groß als eines, das die Möglichkeit hat, sich frei in der Weite des Kosmos zu entfalten. Allerdings kann das nicht richtig sein. In Ihrem Kopf befindet sich nämlich nicht das Ding selbst, sondern die Idee des Dings. Und die Idee gleicht dem Ding nicht im Mindesten. Beispielsweise können Sie auf einem Einhorn reiten, aber nicht auf der Idee eines Einhorns. Wer sagt, ein Wesen existiere «nur in der Phantasie», für den ist das lediglich eine Redensart. Damit ist nicht gemeint, dass das betreffende Wesen in seiner Existenz irgendwie eingeschränkt ist, sondern nur, dass wir eine bestimmte Idee/einen Begriff/eine Vorstellung im Kopf haben und dass kein Wesen dieser Idee/diesem Begriff/dieser Vorstellung entspricht. Eine Idee Gottes ist nicht eine Art Gott, nur weniger vollkommen, ebenso wenig wie das Bild einer Frucht eine Art Frucht ist, nur weniger nahrhaft.

Doch nehmen wir an, wir lassen die «imaginäre Existenz» beiseite und begnügen uns mit der Feststellung, dass es vollkommener ist zu existieren als nicht zu existieren. Dann muss doch Gott, da er alle Vollkommenheiten besitzt, existieren, oder nicht? Also, was ist falsch an Anselms Beweisführung?

Den bekanntesten Einwand gegen das ontologische Argument hat Kant vorgebracht. Existenz oder «Sein», erklärte Kant, «ist offenbar kein reales Prädicat».[6] Mit anderen Worten, existent sein ist keine gewöhnliche Eigenschaft von Dingen wie rot sein oder intelligent sein. Dieser Einwand wird gewohnheitsmäßig von all denen zitiert, die den ontologischen Gottesbeweis widerlegen wollen – Dawkins zum Beispiel. Wenn die Existenz keine wie auch immer geartete Eigenschaft ist, kann sie auch schwerlich eine Vollkommenheit sein.

Ist Kants Feststellung – Existenz ist kein Prädikat – gültig? In gewisser Hinsicht scheint die Existenz doch eine Eigenschaft zu sein: Sie ist universell. Im Gegensatz zu den Eigenschaften Rotsein oder Intelligentsein besitzt absolut jeder und jedes die Eigenschaft der Existenz. Versuchen Sie einfach mal irgendetwas zu nennen, das nicht existiert. Der Weihnachtsmann? Wenn wir sagen: «Der Weihnachtsmann existiert nicht», schreiben wir diesem Wesen keine Nichtexistenz zu, sondern sagen lediglich, dass nichts der Beschreibung eines vergnügten dicken Mannes entspricht, der mit Elfen am Nordpol lebt und zu Weihnachten Spielzeug an die Kinder in der ganzen Welt verteilt. Sogar die Aussage: «Es gibt etwas, das nicht existiert», widerspricht sich selbst, da der «Es gibt»-Teil des Satzes ebenjene Existenz behauptet, die der «nicht existiert»-Teil leugnet.

Es ist nicht offenkundig, warum die bloße Tatsache, dass Existenz universell besessen wird, sie um die Ehre bringt, eine Eigenschaft zu sein. Doch Kant hatte offenbar etwas anderes im Sinn, als er sagte, Existenz sei offenbar kein reales Prädikat. Ihm schien es darum zu gehen, dass die Existenz zum Inhalt eines Begriffs nichts hinzufügt. «Hundert wirkliche Thaler enthalten nicht das Mindeste mehr, als hundert mögliche», schrieb er und fügte hinzu: «Aber in meinem Vermögenszustande ist mehr bei hundert wirklichen Thalern, als bei dem bloßen Begriffe derselben.»[7]

In diesem Punkt hat Kant sicherlich recht. Nehmen wir einen Begriff wie «gegenwärtiges Mitglied des US-Senats». Es gibt genau einhundert Personen, auf die dieser Begriff zutrifft. Lassen Sie uns nun «Existenz» zu diesem Begriff hinzufügen – wir erhalten «gegenwärtig existente Mitglieder des US-Senats». Siehe da, dieser neue Begriff trifft auf dieselben hundert Personen zu wie der alte!

Wenn wir also einen Begriff um «Existenz» erweitern, verleihen wir ihm keine Extrabedeutung. Auch werden dadurch die Existenzaussichten des derart definierten Möchtegern-Objekts nicht verbessert. Andernfalls könnten wir alle möglichen wunderbaren Dinge einfach dadurch entstehen lassen, dass wir sie in der richtigen Weise definierten. Darauf verwies Anselms erster Kritiker, Gaunilo von Marmoutiers, ebenfalls ein Mönch des 11. Jahrhunderts. Mit Hilfe von Anselms Logik, so Gaunilo, ließe sich beweisen, dass es irgendwo im Meer eine «verlorene Insel» von idealer Annehmlichkeit geben müsse, da ihre tatsächliche Existenz notwendigerweise zu den Vollkommenheiten dieser Insel zähle.[8]

Was geschieht aus logischer Sicht, wenn wir Gottes Existenz verneinen? Nehmen wir an, wir definieren Gott auf die gleiche theologisch orthodoxe Weise, wie es Anselm tat, das heißt, als ein unendlich vollkommenes Wesen. Außerdem wollen wir, um Anselm einen gewissen Vorteil zu geben, in seine Definition ausdrücklich Existenz aufnehmen:

x ist Gott, wenn und nur wenn x unendlich ist und x existiert.

Dann ist die Aussage «Es gibt keinen Gott» gleichbedeutend mit:

Es gibt kein x derart, dass x unendlich ist und dass x existiert.

Aber dann ist sie äquivalent mit:

Für jedes x gilt: x ist entweder nicht unendlich vollkommen, oder x existiert nicht.

An dieser Aussage ist nichts inhärent selbstwidersprüchlich. Tatsächlich wäre sie wahr für eine Welt, in der jeder Inhalt hinter unendlicher Vollkommenheit zurückbliebe – was genau die Art Welt ist, in der zu leben Atheisten behaupten.

Trotzdem gibt es einen Grund, warum Anselm es für selbstwidersprüchlich hielt, die Existenz Gottes zu leugnen: weil wir nämlich «Gott» nicht nur als Abkürzung für eine Beschreibung – «unendlich vollkommenes Wesen» –, sondern auch als Namen verwenden. Wenn Gott unendlich vollkommen und damit seiend ist, wie könnte er dann nicht existieren?

Um zu erkennen, was an dieser Argumentation falsch ist, wollen wir uns eine Beschreibung ansehen, die formal ganz ähnlich ist: «ältester lebender Mann». Nehmen wir an, wir nennen den ältesten lebenden Mann – wer immer es sein mag – Methusalem. Stellen Sie nun die Frage: Lebt Methusalem? Natürlich. Definitionsgemäß ist er der älteste lebende Mann. Wie könnte er also nicht leben? Wenn aber nicht sein kann, dass Methusalem nicht lebt, kann er unmöglich tot sein. Er muss unsterblich sein! Dergestalt sind die Gefahren, denen wir uns aussetzen, wenn wir einer Definition einen Namen anheften.

Daher ist das ontologische Argument in seiner klassischen Anselm'schen Version erfolglos. Selbst wenn wir «Existenz» in die Definition Gottes aufnehmen, folgt daraus nicht, dass es ein Wesen gibt, das dieser Definition entspricht. Ist die Sache damit erledigt?

Nicht so ganz. In den letzten Jahren ist das Argument in scheinbar wirkungsvollerer Form wiederauferstanden. Die neue Version stützt sich auf eine Spielart der Logik, von der Anselm von Canterbury noch nichts wusste: die Modallogik. Das Teilgebiet übertrifft die Mittel der gewöhnlichen Logik. Während diese sich mit dem beschäftigt, was der Fall ist und was nicht der Fall ist, behandelt die Modallogik das, was notwendigerweise der Fall sein muss, was möglicherweise der Fall sein könnte und was unmöglich der Fall sein kann – also weit stärkere Begriffe.

Die Modallogik wurde von einigen der bedeutendsten Logiker des 20. Jahrhunderts entwickelt, unter anderem auch von Kurt Gödel und Saul Kripke. Gödel, der Vater des bekannten Unvollständigkeitssatzes, war es auch, der in der Modallogik eine Möglichkeit sah, den ontologischen Gottesbeweis in stärkerer Form wiederzubeleben. Auf die Idee scheint er Anfang der vierziger Jahre gekommen zu sein, aber er veröffentlichte sie erst einige Jahre vor seinem Tod – durch Essensverweigerung – im Jahr 1978. Ob Gödel von seiner Version des ontologischen Gottesbeweises überzeugt war, ist unklar. Sicherlich war er offen für die Existenz Gottes, denn er behauptete, es sei «rein rational» möglich, die theistische Weltanschauung «mit allen bekannten Fakten» zu vereinbaren.[9]

Gödel bemerkte nicht als Einziger, dass sich die Modallogik theologisch nutzen lässt. Unabhängig von ihm haben mehrere Philosophen ähnliche modalisierte Aktualisierungen von Anselms Argument vorgeschlagen. Am bekanntesten ist Alvin Plantinga, ein Professor an der University of Notre Dame in Indiana. Plantingas Versuch, die Existenz Gottes mit reiner Logik zu beweisen, hat ihm sogar die Aufmerksamkeit des *Time Magazine* verschafft, das seinen «unbeirrbaren Intellektualismus» pries und ihn «den führenden Gottesphilosophen» nannte.[10]

Der modallogische Gottesbeweis kann abschreckend wissenschaftliche Formen annehmen. Gödel präsentierte seinen Beweis in einer Reihe formaler Axiome und Sätze, während Plantinga den größten Teil seiner Abhandlung *Gott in möglichen Welten* nutzte, um alle Einzelheiten darzulegen. Allerdings lassen sich seine Kerngedanken sehr viel einfacher wiedergeben.

Ein wahrhaft großes Wesen, so beginnt das Argument, ist eines, dessen Größe auch dem Zufall standhält. Ein solches Wesen ist nicht nur groß, es wäre auch groß gewesen, wenn sich die Ereignisse anders entwickelt hätten, als sie es taten. Gemessen an diesem Kriterium war Napoleon beispielsweise nicht wirklich groß, denn er hätte als Kind auf Korsika an der Grippe sterben können, statt aufzuwachsen und Europa zu erobern. Ja, wenn seine Eltern ihre sexuellen Begegnungen anders organisiert hätten, wäre es möglicherweise nie zur Existenz Napoleons gekommen.

Wenn ein Wesen maximale Größe besitzt, ist seine Größe in

jeder möglichen Welt unübertroffen. Ein solches Wesen wäre, wenn es existierte, allwissend, allmächtig und allgütig. Es gäbe keine denkbare Situation, in der diese maximalen Eigenschaften in irgendeiner Weise eingeschränkt wären. Daraus folgt, dass ein solches Wesen nicht einfach kontingent wäre, das heißt, wie Napoleon in einigen möglichen Welten existieren würde und in anderen nicht. Wenn ein solches maximal großes Wesen überhaupt existierte, würde es notwendig existieren, in jeder möglichen Welt.

Nennen wir ein solch maximal großes Wesen der Einfachheit halber «Gott». So weit, so gut. Aber jetzt kommt es: Existiert Gott? «Mit an Sicherheit grenzender Wahrscheinlichkeit nicht», würde ein Atheist wie Richard Dawkins antworten. Doch selbst Dawkins räumt ein, dass Gottes Existenz, egal, wie unwahrscheinlich sie auch sein mag, zumindest möglich ist – so wie es möglich, wenn auch höchst unwahrscheinlich ist, dass sich eine himmlische Teekanne in einer Umlaufbahn um die Sonne befindet.

Doch das ist für den Atheisten ein folgenschweres Zugeständnis. Wenn er sagt, es sei möglich, dass eine himmlische Teekanne um die Sonne kreist, sagt er damit zugleich, dass in irgendeiner möglichen Welt eine solche Teekanne tatsächlich um die Sonne kreist. Und wenn der Atheist einräumt, es sei möglich, dass Gott existiert, sagt er damit, dass es in irgendeiner möglichen Welt tatsächlich einen Gott gibt. Aber Gott ist etwas anderes als eine Teekanne. Er ist definitionsgemäß ein maximal großes Wesen. Anders als im Fall einer Teekanne bleibt seine Größe – und damit seine Existenz – unabhängig von allen verschiedenen Möglichkeiten erhalten. Wenn Gott also in irgendeiner möglichen Welt existiert, muss er in jeder möglichen Welt existieren – einschließlich der tatsächlichen Welt. Mit anderen Worten, wenn es auch nur möglich ist, dass Gott existiert, dann ist es auch notwendig, dass er existiert.

Das ist die ziemlich verblüffende Schlussfolgerung des modalen ontologischen Gottesbeweises. Und er ist vollkommen gültig, zumindest im Rahmen der Modallogik. Um genau zu sein, er ist in dem System der Modallogik gültig, das in der Zunft «S5» genannt wird. Plantinga hat völlig recht, wenn er feststellt: «Er verletzt kein Gesetz der Logik, stiftet keine Verwirrung und ist vollkommen gefeit gegen Kants Kritik.»[11]

Anders als Anselms ontologisches Argument versteht die Modalversion Existenz nicht als Prädikat oder Vollkommenheit. Sie begreift notwendige Existenz als Vollkommenheit, aber das ist absolut plausibel. Während Existenz keine groß machende Eigenschaft ist – schließlich besitzt alles und jeder sie –, ist notwendige Existenz offensichtlich eine solche Eigenschaft. Wenn Sie notwendigerweise existieren, folgt daraus, dass Ihre Existenz von nichts anderem abhängt. Sie hätte nicht verhindert werden können. Sie sind gefeit gegen die Möglichkeit der Vernichtung. Nicht zuletzt hat der modale ontologische Gottesbeweis den Vorzug, dass er uns hoffen lässt, die Frage «Warum ist etwas und nicht nichts?» beantworten zu können. Wenn Gott möglich ist, so das Argument, dann ist Gott notwendig – und folglich ist nichts unmöglich.

Ist Gott möglich? Oder – in der Sprache des modalen ontologischen Gottesbeweises – ist maximale Größe möglicherweise exemplifiziert? Überlegen wir einmal, was «maximale Größe» bedeutet. Für ein maximal großes Wesen gilt, dass es, wenn es in einer möglichen Wirklichkeit existiert, in allen existiert. Es gleicht einem Wesen, dem es, wenn es irgendwo auf der Welt angetroffen wird, gelingt, überall zu sein, auch hier; oder einem Wesen, das, wenn es zu irgendeinem Zeitpunkt in der Geschichte existierte, zu allen Zeitpunkten existieren muss, einschließlich dem gegenwärtigen. Ein maximal großer Herrscher würde, wenn er irgendwo im Universum ein Königreich hätte, über das gesamte Universum herrschen. Ein maximal großer Mann würde, wenn er jemals lebte, ewig leben.

Zweifellos liegt maximale Größe außerhalb des vertrauten Erfahrungshorizontes. Wie könnten wir dann erkennen, dass so etwas möglich ist? Gödel ersann ein kompliziertes Argument, um zu beweisen, dass der Begriff eines maximal großen Wesens kein Widerspruch in sich ist – so wie, sagen wir, der Begriff der größten Zahl ein solcher Widerspruch ist. Daher sei, so Gödel, ein solches Wesen logisch möglich. Und da das Spektrum möglicher Welten jede logische Möglichkeit erfasst, gibt es eine Welt, die ein maximal großes Wesen enthält. Doch wenn ein solches Wesen in irgendeiner möglichen Welt existiert, muss es in jeder möglichen Welt existieren – auch in unserer eigenen, der tatsächlichen Welt.

Zum Leidwesen der Anhänger des ontologischen Gottesbeweises ist diese Logik ein zweischneidiges Schwert. Die Aussage, dass ein maximal großes Wesen nicht existiert, ist genauso wenig ein Widerspruch in sich. Plantinga bezeichnet die Eigenschaft, dass es kein maximal großes Wesen gibt, als «Nichtmaximalität». Folglich muss es eine mögliche Welt geben, in der Nichtmaximalität exemplifiziert ist – das heißt, in der es keine maximale Größe gibt. Aber wenn es Gott in irgendeiner möglichen Welt nicht gibt, gibt es ihn in allen möglichen Welten nicht – insbesondere nicht in der tatsächlichen Welt.

Also, wie sollen wir uns entscheiden? Wenn wir im Bezugssystem der Modallogik die Prämisse akzeptieren, dass Gott möglicherweise existiert, dann legen wir uns auf die Notwendigkeit seiner Existenz fest. Wenn wir akzeptieren, dass Gott möglicherweise nicht existiert, dann legen wir uns auf die Unmöglichkeit seiner Existenz fest. Beides kann nicht wahr sein. Aus rein logischer Sicht erscheint die Möglichkeit der Existenz Gottes nicht zwingender als die Möglichkeit seiner Nichtexistenz. Sollen wir einfach eine Münze werfen, um zu entscheiden, welche Prämisse wir akzeptieren?

Um die Schlüssigkeit des Gegenarguments wissend, machte

Plantinga das Zugeständnis, «ein vernünftiger und klar denkender Mensch» könnte durchaus die Prämisse ablehnen, dass ein maximal großer Gott möglich ist, und ein «schlauer Atheist» würde es bestimmt tun.[12] Ohne die Prämisse fällt die moderne Version des ontologischen Gottesbeweises natürlich in sich zusammen. Trotzdem empfiehlt Plantinga, die Prämisse im Interesse einer «Vereinfachung» der Theologie zu akzeptieren – so wie man eine abenteuerlich anmutende Prämisse der Quantentheorie akzeptiert, um die Physik zu vereinfachen.

Kritiker des modalen ontologischen Arguments wollen davon nichts wissen. «Die Prämisse, daß es etwas unüberbietbar Großes gebe, sei eben möglich, erscheint unverdächtig», meint der Oxforder Philosoph und entschiedene Atheist John Mackie. Aber, so warnt er, diese Prämisse sei ein trojanisches Pferd: «Jeder, der nicht schon aufgrund anderer unabhängiger Überlegungen von der Wahrheit des traditionellen Theismus überzeugt ist, hat allen Grund, die entscheidende Prämisse» des modalen ontologischen Gottesbeweises abzulehnen. Auch wenn das Argument interessant sein mag «als logische Kuriosität», sagt Mackie, ist es als «Stütze für den Theismus wertlos».[13]

Hier verbirgt sich ein noch tieferes Problem. Ist die Logik allein überhaupt fähig, die Frage «Warum ist etwas und nicht nichts?» zu beantworten? Kann reines Denken die Existenz einer positiven Realität bestätigen, die notwendigerweise Vorrang vor dem Nichts hat? «Jeder Philosoph würde die Frage gern bejahen», meint Bertrand Russell, «denn Aufgabe der Philosophen ist es, Probleme der Welt nicht durch Beobachtung, sondern durch Denken zu erforschen.»[14] Wenn die richtige Antwort ja laute, fügte Russell hinzu, dann gebe es eine «Brücke» vom reinen Denken zur konkreten Existenz.

Wie stabil ist die Brücke, die das ontologische Argument bietet? Der Gott, den es zu liefern behauptet, ist ein notwendiges Wesen. Seine Existenz ist eine Wahrheit reiner Logik, eine l'autologie. Doch Tautologien sind leere Aussagen. Da sie unabhängig von der Beschaffenheit der Wirklichkeit wahr sind, besitzen sie keinen Erklärungsgehalt. Wie könnte ein solcher tautologischer Gott *fons et origo* der kontingenten Welt sein, die wir um uns herum erblicken? Wie könnte eine Tautologie sich des freien Willens zur Erschaffung dieser Welt bedienen? Die Kluft zwischen Notwendigkeit und Kontingenz ist nicht weniger schwer zu überbrücken als die Kluft zwischen Sein und Nichts.

Der Gott des Richard Swinburne ist ganz entschieden anders als der Gott des ontologischen Arguments. Swinburnes Gott ist kein Produkt der Logik. Er hat einen freien Willen, der jede Tautologie transzendiert. Er existiert in der Zeit. Er ist noch nicht einmal maximal groß, zumindest nicht in dem vom ontologischen Argument verlangten Sinne, da seine Allwissenheit begrenzt ist durch seine Unfähigkeit, im Voraus zu wissen, wie wir, seine Geschöpfe, von unserem eigenen freien Willen Gebrauch machen werden. Er ist eine geeignete ontologische Grundlage für eine kontingente Welt. Doch er selbst hat keine ontologische Grundlage. Seine Essenz schließt keine Existenz ein. Sie ist nicht logisch notwendig. Er hätte auch nicht sein können. Es hätte auch keinen Gott – gar nichts – geben können.

Swinburne postuliert einen solchen Gott, weil dieser, wie der Gelehrte behauptet, der «einfachste Schlusspunkt» des Versuchs sei, die Existenz und Beschaffenheit der Welt zu erklären. Die Gotteshypothese minimiert den Teil der Wirklichkeit, der unerklärt geblieben ist. Durch das Postulat Gottes hat Swinburne dem Bild ein neues und unerklärtes Element hinzugefügt. Kant hatte recht: Das kosmologische Argument für Gottes Existenz greift nur, wenn es vom ontologischen Argument unterstützt wird. Wenn das ontologische Argument versagt, ist Gott kein notwendiges und damit selbsterklärendes Wesen. Dann bleibt die scheinbar naive Frage «Aber wer hat Gott gemacht, Mami?» ganz akut.

Was zu einem verlockenden Gedanken führt: Könnte es einen tieferen Erklärungsfaktor geben, der sowohl die Welt und – wenn es ihn denn wirklich gibt – Gott einschließt? Wie tief können Erklärungen gehen?

Es gab noch einen anderen Mann in der Nähe Oxfords, der, wie ich mir hatte sagen lassen, die Voraussetzungen besaß, diese Frage zu beantworten. Doch bevor ich mit ihm reden konnte, musste ich selbst einiges erklären.

— 7 —

DER MAGIER DES MULTIVERSUMS

Was wäre, wenn das Erklärbare grenzenlos wäre? Wenn sich die Wirklichkeit als durch und durch verständlich erwiese? Ja, wenn die Wirklichkeit ihre Verständlichkeit verlangen würde? Reine Phantasie, mögen Sie sagen, ein erkenntnistheoretischer Wunschtraum. Nur ein Narr kann glauben, dass die Wirklichkeit sich dazu bringen lässt, all ihre Geheimnisse Geschöpfen wie uns zu offenbaren – Geschöpfen, die in ihr leben.

Doch ich wusste, dass jemand in der Nähe von Oxford lebt, der das tatsächlich glaubt, jemand, der alles andere als ein Narr ist. Er heißt David Deutsch und gilt als einer der kühnsten und vielseitigsten Denker unter den lebenden Wissenschaftlern. «Deutsch scheint sich leidenschaftlicher mit der Frage zu beschäftigen, was Wirklichkeit ist, was tatsächlich existiert und warum es der Fall ist, als irgendein anderer Wissenschafter, den ich kennengelernt habe», schrieb ein erfahrener Journalist über ihn.[1] Deutsch kann zudem eine einzigartige Leistung zu seinen Verdiensten zählen: 1985 wies er die theoretische Existenz eines universellen Quantencomputers nach – eines Computers, der in der Lage ist, jede mögliche physikalische Wirklichkeit zu simulieren.

Die Idee, einen Computer zu entwickeln, der die seltsamen Fähigkeiten der Quantenmechanik nutzt, stammt nicht von Deutsch, sondern von Richard Feynman, der offenbar Anfang der achtziger Jahre als Erster daran gedacht hat. Damals hatte Deutsch gerade an der Cambridge University promoviert. Mit einem höchst knappen Ergebnis in Mathematik reiste er in die USA, wo er sich an namhafte Physiker wie John Archibald Wheeler und Bryce DeWitt wandte.

Während Deutsch über Quantenfelder in gekrümmter Raumzeit arbeitete, nahm ihn die «Viele-Welten-Interpretation» der Quantentheorie gefangen. Diesen Ansatz hatte Hugh Everett III in den fünfziger Jahren als Doktorand an der Princeton University entwickelt. Später war er bis zu seinem frühen Tod im Jahr 1982 Strategieplaner im Pentagon. Nach der Viele-Welten-Interpretation ist unser Universum nur eines unter zahllosen alternativen Universen, die – im sogenannten Multiversum – auf gespenstische Weise wechselwirken und so ansonsten unerklärliche Quantenphänomene erzeugen.

Was würde geschehen, so fragte sich Deutsch, wenn man die Quantenmechanik auf die Informatik anwendete? Konnte man all die verschiedenen Paralleluniversen im Multiversum dazu bringen, sich an einem einzigen Rechenprozess zu beteiligen?

Zum Ausgangspunkt wählte Deutsch die klassische Berechenbarkeitstheorie, die in den Jahren vor dem Zweiten Weltkrieg der Engländer Alan Turing aus der Taufe gehoben hatte. Zu Turings Entwicklungen gehörte das Programm für einen «Universalrechner», der in der Lage war, den Output jedes Spezialcomputers perfekt nachzuahmen. Deutsch schickte sich an, Turings Arbeit in das System der Quantenmechanik zu übersetzen. Dabei gelang es ihm, eine Quantenversion von Turings Universalrechner zu entwickeln, das heißt, einen einzigen Quantenoperator – oder «Hamilton-Operator», wie er in Fachkreisen genannt wird –, der die Arbeit jedes denkbaren Rechners übernehmen kann, egal, ob es sich um einen jener konventionellen Computer handelt, die wir heute verwenden, oder um einen Quantencomputer, wie ihn Feynman entworfen hatte. Außerdem hatte Deutschs universeller Quantencomputer noch eine andere wunderbare Eigenschaft: Im Prinzip konnte er jede physikalisch mögliche Umwelt simulieren. Er stellte die höchste Form einer «VR-Maschine» dar, eines Rechners zur Erzeugung einer virtuellen Realität.

Deutsch, der damals Anfang zwanzig war – er wurde 1953 in

Israel geboren –, hat später seinen Beweis für die Existenz eines universellen Quantenrechners als «ziemlich direkt»[2] bezeichnet. Er fuhr zum California Institute of Technology, um Richard Feynman, der bereits an der Krebserkrankung litt, die seinem Leben 1988 ein Ende setzte, seine Berechnungen vorzulegen. Nachdem Deutsch die ersten Zeilen seines Beweises an die Tafel geschrieben hatte, verblüffte ihn der kranke Feynman, indem er von seinem Stuhl aufsprang, sich die Kreide griff und die Formel eigenhändig vervollständigte.

Für Deutsch war der universelle Computer nichts weniger als der Schlüssel zum Verständnis der Wirklichkeit. Eine solche Maschine, die in der Lage wäre, alle physikalisch möglichen Welten zu generieren, wäre die Vollendung des physikalischen Wissens. Sie wäre ein einziges konstruierbares materielles Objekt, das mit vollkommener Genauigkeit jeden Teil des Quantenmultiversums beschreiben oder simulieren könnte. Und da es möglich sei, einen Universalrechner zu bauen, schloss Deutsch, müsste eine solche Maschine auch tatsächlich schon irgendwo im Multiversum existieren. Es gibt die Allwissenheit!

Solche spekulativen Höhenflüge sind vollkommen normal bei Deutsch, der, aus den USA nach England zurückgekehrt, zum Forschungsphysiker am Clarendon Laboratory in Oxford berufen wurde. 1997 beschrieb er seine Weltsicht in einem Buch mit dem Titel *Die Physik der Welterkenntnis [The Fabric of Reality]*. Um ein tieferes wissenschaftliches Verständnis der Wirklichkeit zu gewinnen, heißt es darin, müssten wir nicht nur Quantenmechanik und Informatik heranziehen, sondern auch die Evolutionstheorie. Richard Dawkins bezeichnet er als einen seiner geistigen Helden. Deutsch glaubt, Leben und Denken würden das Gewebe des Quantenmultiversums bilden. Während physikalische Strukturen wie etwa Sternbilder und Galaxienhaufen sich willkürlich von einem Universum zum nächsten wandeln, entstehen erkenntnistragende Strukturen – verkörpert in intelligenter Materie – aus evolutionären Prozessen, die für ihre nahezu identische Beschaffenheit in den verschiedenen Universen sorgen. Aus der Perspektive des Quantenmultiversums als Ganzem ist Intelligenz oder Geist ein allgegenwärtiges Ordnungsprinzip, einem Riesenkristall vergleichbar.

Offensichtlich ging es diesem Mann um ein vollständiges Verständnis dessen, was er gern das «Gewebe der Wirklichkeit» nannte. Würde dieses vollständige Verständnis das Geheimnis der Existenz selbst umfassen? Würde es eine Antwort auf die Frage «Warum ist etwas und nicht nichts?» liefern? Ich hoffte sehr, es herauszufinden. Vor Jahren hatte ich Deutschs Buch im *Wall Street Journal* rezensiert – wohlwollend, wie ich mich dunkel erinnerte. Er würde doch gewiss bereit sein, dachte ich, mit einem Bewunderer wie mir zu sprechen, zumal mit einem, der zu diesem Zweck die lange Reise nach Oxford auf sich genommen hatte. Also schickte ich ihm eine E-Mail, stellte mich vor und erwähnte die positive Rezension seines Buches, die ich vor mehr als zehn Jahren für die amerikanischen Leser geschrieben hatte.

«Ich habe gerade auf Google nachgesehen», mailte Deutsch zurück. «‹Arrogant im Ton und durch logische Sprünge beeinträchtigt› – meinen Sie die?»

Verflixt. Da schien mir mein Gedächtnis einen Streich gespielt zu haben. Ich googelte den Artikel selbst. Der vollständige Satz, den er zitiert hatte, lautete: «Obwohl arrogant im Ton und durch logische Sprünge beeinträchtigt, glänzt sein Buch trotzdem mit subversiven Einsichten über virtuelle Realität, Zeit und Zeitreisen, mathematische Gewissheit und freien Willen.»[3] Das klang doch gar nicht so schlecht. Zudem hatte ich ihn «verrückt, böse und eine gefährliche Bekanntschaft» genannt – eine Beschreibung, die ursprünglich mal Lord Byron gewidmet worden war. In einer weiteren Mail wies ich darauf hin, dass dies als scherzhaftes Kompliment gemeint war.

«Nach meiner Meinung war Byron buchstäblich verrückt,

schlecht und gefährlich im Umgang, nicht zuletzt, weil er ein vorsätzlich fahrlässiger Denker war», erwiderte Deutsch in einer zweiten Mail. «Daher halte ich es keineswegs für ein Kompliment, mit Byron verglichen zu werden.»

Das lief nicht gut. Aber wenn Takt und Schmeichelei nicht fruchteten, half gelegentlich, wie ich aus Erfahrung wusste, würdelose Kriecherei. Also ließ ich eine wortreiche Entschuldigung vom Stapel und flehte ihn an, mit mir zu reden.

«Kein Problem, ich bin immer für ein Plauderstündchen zu haben. Aber ich will was dafür. Teilen Sie mir bitte genau mit, was der erste logische Sprung in meinem Buch ist und wo Ihnen das erste Mal klargeworden ist, dass der Ton arrogant ist.»

Zum Glück hatte ich die Fahnen mitgenommen, die man mir damals zur Rezension zugeschickt hatte. Eingepfercht in meinem winzigen Hotelzimmer in der High Street, unweit der Logic Lane, verbrachte ich einen anstrengenden Nachmittag mit dem Versuch, die kritischen Kommentare zu entziffern, die ich vor langer Zeit an den Rand der Fahnen gekritzelt hatte. Schließlich fand ich etwas, was mir wie ein «logischer Sprung» erschien. Deutschs «Turing-Prinzip» setzte voraus, dass die Zahl der physikalisch möglichen Rechenschritte unbegrenzt war. Und das wiederum setzte voraus, dass das Universum am Ende in einem Big Crunch in sich zusammenstürzen muss, da nur ein solches feuriges Ende die unendliche Energie liefern könnte, die für einen unendlichen Rechenprozess erforderlich wäre. Daher gelangte Deutsch zu dem Schluss, dass dieser Big Crunch unser kosmisches Schicksal sein müsse. Aber das kann nicht richtig sein, dachte ich. Die derzeitige kosmologische Evidenz lässt auf ein gegenteiliges Schicksal unseres Universums schließen: Statt am Ende in sich zusammenzustürzen, wird es endlos expandieren und sich schließlich in einer eiskalten Leere zerstreuen. Wenn Deutsch in seiner Argumentation zum entgegengesetzten Schluss kam, muss er irgendwo einen ungerechtfertigten Sprung getan haben.

Ich teilte Deutsch mein Ergebnis in einer weiteren Mail mit. Er räumte ein, dass an meiner Kritik etwas dran sein könnte, wies aber gleichzeitig darauf hin, dass sie eine Behauptung betreffe, die er ziemlich spät in dem Buch gemacht habe. «Könnte es sein, dass der erste logische Sprung im letzten Kapitel kam?», fragte er. Trotzdem war er so liebenswürdig, mich zum Tee einzuladen.

Nachdem ich die kurzzeitige paranoide Anwandlung unterdrückt hatte, er könne es darauf abgesehen haben, mich zu vergiften – die dem Autor gebührende Rache an einem unverschämten Kritiker –, nahm ich die Einladung an.

Wie sich herausstellte, wohnte Deutsch nicht direkt in Oxford, sondern in dem kleinen Nachbarort Headington, wo auch, wie mir ein Oxforder Freund erzählte, J.R.R. Tolkien und Isaiah Berlin gelebt hatten. Ich beschloss, zu Fuß hinzugehen. Als ich auf der Magdalen Bridge den Cherwell überquerte, blieb ich einen Augenblick stehen, um einigen Studenten hinterherzuschauen, die in ihren Stechkähnen langsam den Fluss hinabtrieben. An der Stadtgrenze umrundete ich einen Kreisverkehr und folgte der kurvenreichen Straße hügelaufwärts. Eine Radfahrerin, die einen Holzkloben und einige Äste auf ihrem Fahrrad transportierte, überholte mich. Sie erinnerte mich an «die Frau mit dem Scheit» in *Twin Peaks*. Nachdem ich einige Kilometer zurückgelegt hatte, erreichte ich eine Art Plateau, wo ich auf eine Ansammlung von kleinen Ziegelhäusern stieß, ein Restaurant, das Café Bonjour hieß, und eine Domino's Pizzeria. Das war Headington.

An der angegebenen Adresse stand ein kleines einstöckiges Haus hinter ein paar zerzausten Bäumen. Drei Flaggen hingen an der Fassade – die britische, die israelische und die US-amerikanische. Vor dem Haus lag ein kaputter Fernsehapparat. Ich betätigte die Klingel, aber sie funktionierte nicht. Also klopfte ich an die aufgeraute Milchglasscheibe.

Kurz darauf öffnete sich die Tür, und ich erblickte einen verblüffend jungenhaft aussehenden Burschen mit maulwurfartigen

Augen, nahezu durchsichtiger Haut und schulterlangen, fast weißen Haaren. Hinter ihm waren große Haufen von verrottenden Papieren, zerbrochenen Tennisschlägern und anderem Müll zu sehen. Zwar war Deutsch bekannt dafür, dass er, wie ein Journalist geschrieben hatte, «internationale Maßstäbe für Schlampigkeit setzte»[4], aber das hier sah eher nach Kompostierexperimenten in geschlossenen Räumen aus.

Er bat mich hinein und führte mich an den Müllhaufen vorbei in ein Zimmer mit einem großen Fernsehapparat und einem Hometrainer. Auf dem Sofa saß eine attraktive junge Frau mit rotblondem Haar – sie wirkte fast wie ein Teenager – und aß Makkaroni mit Käse. Deutsch nannte sie «Lulie». Sie rückte ein Stück zur Seite, damit ich neben ihr Platz nehmen konnte, und das Gespräch nahm seinen – wenn auch etwas entmutigenden – Anfang.

«Ich bin mir nicht sicher, ob ich zur Frage, warum etwas ist und nicht nichts, überhaupt etwas weiß, abgesehen von diesem Witz», meinte Deutsch einleitend. «Wie ging er noch gleich? Ach ja: ‹Selbst wenn nichts wäre, würdest du dich noch beklagen!›»

Ich erzählte ihm, dass der Witz von Sidney Morgenbesser stammte, einem amerikanischen Philosophen, der einige Jahre zuvor gestorben sei.

«Nie von ihm gehört», sagte Deutsch.

Aber wie konnte sich Deutsch so flapsig über das Geheimnis der Existenz äußern? Immerhin glaubte er doch, dass es nicht nur eine Welt gebe. Nach seiner Vorstellung bestand die Wirklichkeit aus einer riesigen Ansammlung von Welten, die parallel existierten: einem Multiversum. Das Multiversum war für Deutsch, was Gott für Swinburne war: die einfachste Hypothese, die alles erklärt, was wir um uns herum beobachten können – vor allem die höchst merkwürdigen Phänomene der Quantenmechanik. Wenn die physikalischen Gesetze, die das Multiversum regieren, über ihre eigene Verständlichkeit gebieten, wie Deutsch glaubte, mussten sie dann nicht auch über die Verständlichkeit der Welt als Ganzes gebieten?

«Ich glaube nicht, dass eine letzte Erklärung der Wirklichkeit möglich ist», sagte er und schüttelte den Kopf. «Das soll nicht heißen, dass ich der Meinung bin, es gäbe eine Grenze für das, was wir erklären können. Wir werden nie gegen eine Ziegelmauer laufen, auf der steht: ‹Keine Erklärungen jenseits dieses Punktes.› Andererseits glaube ich auch nicht, dass wir eine Ziegelmauer finden werden, auf der steht: ‹Das ist die endgültige Erklärung für alles.› Tatsächlich wären diese beiden Mauern fast die gleichen. Lassen Sie uns einmal den unmöglichen Fall annehmen, Sie wären im Besitz der endgültigen Erkenntnis, das hieße doch, dass das philosophische Problem, warum das die wahre Erklärung ist – warum die Wirklichkeit so und nicht anders ist –, auf ewig unlösbar bliebe. Ah, ich höre das Wasser kochen!»

Er ging in die Küche. Lulie lächelte mich an und nagte weiter an ihren Makkaroni.

Als Deutsch kurz darauf mit einer Kanne Tee und einem Teller Kekse auftauchte, fragte ich ihn, ob ihn die Existenz des Multiversums irgendwie verwirrt hätte. Ob die Frage «Warum ist etwas und nicht nichts?» einen tieferen Sinn habe oder einfach in die Irre führe.

«Hmmm», erwiderte er und strich sich über die Schläfe, «... einen tieferen Sinn ... irreführend ... Schauen Sie, ich kann die Möglichkeit nicht ausschließen, dass es eine Begründung für die Wirklichkeit gibt. Aber wenn es sie gäbe, wäre das Problem, warum das die Begründung ist, immer noch unlösbar.»

Er trank einen Schluck Tee und fuhr fort: «Nehmen Sie das Argument der ‹ersten Ursache›, die Vorstellung, dass die Existenz der Welt durch irgendein Ursprungsereignis erklärbar sein muss. Es ist hoffnungslos engstirnig! Die Idee, dass Dinge immer durch andere Dinge verursacht werden, die zeitlich vorher waren, hat nichts mit Logik oder Erklärung als solcher zu tun. Man könnte sich eine Erklärung von Dingen vorstellen, deren Ursache Ereignisse sind, die zu ganz verschiedenen Zeiten in Vergangenheit und Zukunft stattfinden. Oder eine Erklärung, die nicht das Geringste mit der Zeit oder sogar mit Ursachen zu tun hat. Was Sie wirklich beantwortet haben möchten, ist nicht die Frage, was war vorher, sondern warum ist etwas, wie es ist.»

Vorsichtig nippte ich an meinem Tee, er schien nicht vergiftet zu sein.

«Sie können keine ein für alle Mal gültige Definition dessen liefern, was eine Erklärung ist», sagte Deutsch. «Tatsächlich wird die Bedeutung von ‹Erklärung› häufig durch wichtige Erklärungsfortschritte verändert. Mein Lieblingsbeispiel ist die Revolution von Newton und Galilei, die uns nicht nur neue physikalische Gesetze gebracht hat, sondern auch unsere Vorstellung vom Wesen physikalischer Gesetze verändert hat. Die Kepler'schen Gesetze beispielsweise erklärten, dass die Planeten auf elliptischen Bahnen um die Sonne kreisen. Newtons Gesetze waren ganz anders. In ihnen war keine Rede von Planeten oder Ellipsen. Stattdessen waren Newtons Gesetze Regeln, denen jedes derartige System gehorcht. Das ist eine Erklärung anderer Art, eine Erklärung, die zuvor noch nicht einmal als Erklärung gegolten hätte. Die gleiche Erklärungsrevolution ereignete sich zweihundert Jahre später bei Darwin. Wenn die Menschen früher fragten: ‹Warum hat dieses Tier diese Gestalt und keine andere?›, erwarteten sie eine Antwort, die sich auf irgendeine Eigenschaft der Gestalt berief – dass sie praktisch sei, dass sie von Gott bevorzugt werde und so fort. Nach Darwin ging es nicht mehr um Eigenschaften der Gestalt, sondern um die Frage, wie Eigenschaften dieser Gestalt durch die Evolution entstanden sind. Abermals ein anderer Erklärungsstil.»

Deutsch ging auf und ab, während er sprach. Ich blieb neben Lulie, die ihren Teller leer gegessen hatte, auf dem Sofa sitzen.

«Diese Frage nach der veränderlichen Natur von Erklärungen ist geradezu mein Steckenpferd», fuhr er fort, wobei seine Stimme sich belebte. «Ich glaube, wir brauchen einen anderen Erklärungsstil, um Probleme wie freien Willen und Bewusstsein zu lösen. Das sind grundsätzliche philosophische Probleme, keine technischen. Ich glaube, künstliche Intelligenz [KI] werden wir erst entwickeln können, wenn wir philosophische Fortschritte gemacht haben, die uns ermöglichen, besser zu verstehen, was Bewusstsein ist. Wir könnten künstliches Leben nicht ohne das Konzept eines Replikators herstellen, und wir haben noch kein entsprechendes Konzept für das Bewusstsein. Man kann nicht programmieren, was man nicht spezifizieren kann.»

Ich fand das erfrischend unkonventionell im Vergleich zu den orthodoxen Lehren der KI-Zunft, deren Mitglieder zu denken scheinen, das Geheimnis des Bewusstseins würde sich mit der angeblich unmittelbar bevorstehenden Entwicklung von superintelligenten Computern verflüchtigen.

Doch zurück zum Multiversum. Wie ist das entstanden? Warum gibt es überhaupt ein «Gewebe der Wirklichkeit»?

«Nach meiner Auffassung», sagte Deutsch, «lässt sich diese Frage nur beantworten, wenn wir ein umfassenderes Gewebe finden, zu dem das reale Multiversum gehört. Aber eine endgültige Antwort gibt es nicht.»

Ob er eine Vorstellung habe, wie dieses größere Gewebe der Wirklichkeit ausgesehen haben könnte.

«Ich würde mit dem Prinzip der Verständlichkeit beginnen», sagte er. «Schauen Sie, es gibt weit draußen im All, Milliarden Lichtjahre entfernt, irgendeinen Quasar. Und in unserem Gehirn ist ein Modell des Quasars, ein Modell, das bemerkenswerte Eigenschaften hat. In unserem Gehirn ist nicht nur ein Bild von dem Quasar, sondern auch ein strukturelles Modell mit den gleichen kausalen und mathematischen Beziehungen. Daher haben wir hier zwei Objekte, die physikalisch denkbar verschieden sind – zum einen den Quasar, also ein schwarzes Loch mit Jets, und andererseits unser Gehirn, das heißt, eine biologische Gallertmasse –, und doch enthalten sie beide die gleichen mathematischen Beziehungen!»

Interessanter Punkt, warf ich ein, aber was hat das mit unserer Frage zu tun?

«Damit das geschehen kann, müssen die Gesetze der Physik eine ganz spezielle Eigenschaft haben. Sie erlauben – sie bestimmen – ihre eigene Verständlichkeit. Und Sie können noch einen Schritt weitergehen. Wenn richtig ist, dass die Welt verständlich ist, dass wir in der Lage sind, sie zu verstehen, dann müssen Sie, um das Verhalten von Menschen zu verstehen, alles verstehen! Da die Struktur von Quasaren in den Gehirnen menschlicher Wissenschaftler repräsentiert ist, hängt das Verhalten von Wissenschaftlern von dem Verhalten der Quasare ab. Um vorherzusagen, was für Artikel ein Physiker im nächsten Jahr schreibt, müssen Sie etwas über Quasare wissen. Aus demselben Grund müssen Sie, um alle Wahrheiten über Menschen zu kennen, alle Wahrheiten kennen, die es überhaupt gibt.»

Deutsch hielt inne, als müsse er seine Gedanken neu ordnen. «Langsam und mühsam gelangen wir zu immer besseren und besseren Erklärungen. Und das ist der Grund, warum wir nie zu einer letzten Erklärung kommen. Alles, was sich als ‹letztgültige› Erklärung ausgäbe, wäre eine schlechte Erklärung, weil nichts übrig bliebe, um zu erklären, warum diese die richtige ist – um zu erklären, warum die Wirklichkeit so und nicht anders ist.»

Deutsch hatte lange behauptet, dass die Quantentheorie ein Schlüssel zum Verständnis des Wirklichkeitsgewebes sei. In der Quantenmechanik, sagte ich, scheine man doch Etwas aus Nichts zu erhalten. Beispielsweise könnten sich ein Teilchen und sein Antiteilchen spontan aus dem Vakuum bilden. Einige Forscher vermuten, das Universum selbst sei als Vakuumfluktuation entstanden – das heißt, mittels des «Tunneleffekts» aus dem Nichts hervorgegangen. Könnte die Quantentheorie erklären, warum es überhaupt eine Welt gibt?

«Nicht im Entferntesten!», erwiderte er. «Die Quantentheorie ist zu begrenzt, um etwas zur Frage der Existenz beizusteuern. Wenn wir über Teilchen und Antiteilchen sprechen, die im Vakuum erscheinen, dann hat das nichts mit Entstehung aus dem Nichts zu tun. Das Quantenvakuum ist ein hochstrukturiertes Gebilde, das tiefen und komplexen physikalischen Gesetzen gehorcht. Es ist keineswegs ein ‹Nichts› im philosophischen Sinne. Es ist nicht einmal so nichtig wie das Nichts, das Sie auf Ihrem Bankkonto haben, wenn kein Geld drauf ist. Das heißt, da gibt es immer noch das Bankkonto! Ein Quantenvakuum ist sehr viel ausgeglichener als ein leeres Bankkonto, weil es eine Struktur hat. Darin geschieht etwas Stoffliches.»

Also können uns die Gesetze, die das Quantenmultiversum regieren, nicht sagen, warum das Multiversum existiert?

«Nein, keins unserer physikalischen Gesetze kann die Frage beantworten, warum es das Multiversum gibt», sagte er. «Derartiges leisten Gesetze nicht.» Er erinnerte an ein Gleichnis des großen John Archibald Wheeler, seines einstigen Mentors. «Wheeler pflegte zu sagen, nehmt die besten Gesetze der Physik, schreibt sie auf Papierschnitzel und legt diese Schnitzel auf den Fußboden. Dann steht auf, schaut sie an und sagt: ‹Fliegt!› Sie werden nicht fliegen. Sie bleiben einfach liegen. Die Quantentheorie kann vielleicht erklären, warum es zum Urknall kam, aber sie kann die Frage, an der Sie interessiert sind, nicht beantworten, die Frage nach der Existenz. Der Existenzbegriff ist komplex und muss entfaltet werden. Und die Frage ‹Warum ist etwas und nicht nichts?› dürfte wohl vielschichtig sein. Selbst wenn es Ihnen gelingt, sie auf einer Ebene zu beantworten, kommt die nächste Ebene, über die Sie sich Gedanken machen müssen.»

Klick! Mein Rekorder schaltete sich aus. Etwas entmutigend war die B-Seite der Mikrokassette an ihr Ende gekommen, ohne einen einzigen Satz aufgezeichnet zu haben, der einen echten Beitrag zur Lösung des Existenzgeheimnisses geleistet hätte. Sollte ich überrascht sein? Auf den ersten Seiten seines Buchs hatte Deutsch geschrieben: «Ich glaube nicht, daß wir jetzt nahe dran sind, alles, was es gibt, zu verstehen, oder daß wir je so weit kommen werden.»[5] Trotzdem hatte ich etwas Wichtiges von ihm gelernt: dass die Wirklichkeit weit vielfältiger ist, als wir uns vorstellen können. Der Teil von ihr, den wir bewohnen, ist nicht nur winzig, sondern vielleicht auch völlig untypisch für das Ganze, sodass wir nur einen partiellen und entstellten Eindruck erhalten. Wir sind wie die Gefangenen, die in Platons berühmtem Gleichnis im Inneren der Höhle angekettet sind. Es könnte sogar sein, dass wir – obwohl Deutsch mir gesagt hatte, er halte dies für unwahrscheinlich – in einer simulierten Wirklichkeit leben. Ihre Schöpfer, irgendwelche höheren Wesen, könnten sie – wie Descartes' Genius malignus – mit falschen physikalischen Gesetzen programmiert haben. Doch selbst wenn wir Gefangene einer solchen partiellen und entstellten Wirklichkeit wären, würde uns unser Erkenntnisstreben schließlich über ihre virtuellen Mauern hinausführen.

«Es würde nicht genügen, die Insassen daran zu hindern, die Außenwelt zu beobachten», hatte er in *The Fabric of Reality* geschrieben. «Die simulierte Wirklichkeit müsste auch so beschaffen sein, dass keine Erklärung irgendwelcher Dinge im Inneren uns zwingen würde, ein Außen zu postulieren. Mit anderen Worten, die simulierte Wirklichkeit hätte in Hinblick auf Erklärungen in sich abgeschlossen zu sein. Aber ich bezweifle, dass irgendein Teil der Wirklichkeit, der des Ganzen nicht teilhaftig wäre, diese Eigenschaft haben könnte.»[6]

Aber wenn die ganze Wirklichkeit in Hinblick auf Erklärungen autark wäre, dann müsste sie auch die Erklärung für ihre eigene Existenz, den Grund für ihren Triumph über das reine Nichts, in sich tragen. Also gäbe es am Ende doch noch Hoffnung.

Ich war ein wenig traurig, als ich Deutsch verließ. Trotz des kühlen Beginns unserer Bekanntschaft hatte er sich als liebenswürdig und intellektuell großzügig erwiesen. Und Lulie, die mit ihrem Teller voll Makkaroni neben mir auf dem Sofa gesessen und unserem Gespräch mit höchstem Interesse gelauscht hatte, ihren bewundernden Blick fest auf Deutsch geheftet, war mir als wahrer Engel erschienen. Ich hatte mich sogar an die Müllhaufen in den Ecken gewöhnt, sodass ich sie schließlich als abenteuerliches Experiment in hochentropischer Haushaltsführung sehen konnte.

Als ich auf der verlassenen Landstraße nach Oxford zurückging, brachen rosafarbene Sonnenstrahlen aus dem umwölkten Horizont. In der Ferne läuteten wieder die Glocken der Colleges. Ich versuchte mir vorzustellen, ich sei ein Bewohner von Deutschs Multiversum. In unzähligen Parallelwelten stiegen meine Quanten-Pendants ebenfalls einen solchen Hügel hinunter, hörten solche Glocken, erfreuten sich im Schwinden des Spätwintertags an einer genauso brillanten Inszenierung des Sonnenlichts. Und wie ich zerbrachen sie sich den Kopf über das Rätsel, das die Existenz des Multiversums aufgab. Ihre Gedanken – meine Gedanken – waren in einer physikalischen Struktur verkörpert, die sich wie ein höherdimensionaler Kristall durch die Paralleluniversen erstreckte. Gewiss hatte eines dieser Quanten-Pendants, die sich irgendwo in Deutschs riesenhaftem Wirklichkeitsgewebe wie meine Schatten bewegten, auf dem Weg zur höchsten Erleuchtung größere Fortschritte erzielt. Was für Gedanken mochten ihm durch den Kopf gehen? Oder war die Lösung für das Rätsel der Existenz irgendwo in der kristallinen Gesamtstruktur encodiert, die Bewohner jeder einzelnen Quantenwelt weit überragend?

In diesem Augenblick fuhr ein Bus an mir vorbei und erschreckte mich mit seiner Hupe, meine Vision von diesem immateriellen Schauspiel löste sich auf, ohne eine Spur zu hinterlassen.

— *Zwischenspiel* —
DAS ENDE DER ERKLÄRUNGEN

Unter Philosophen erzählt man sich, Bertrand Russell sei einmal bei einem Vortrag über Kosmologie von einer alten Dame unterbrochen worden. «Alles, was Sie uns da erzählen, ist Quatsch», fuhr sie ihn zornig an. «Die Welt ist in Wirklichkeit flach und wird von einem riesigen Elefanten getragen, der auf dem Rücken einer Schildkröte steht.» Gutmütig auf sie eingehend, fragte Russell, was denn die Schildkröte trage. Die alte Dame erwiderte: «Schildkröten, bis unten hin!»

In Sachen Wirklichkeitserkenntnis erwies sich David Deutsch als ein Mann der «Schildkröten bis unten hin». Unsere Suche nach Erklärungen werde niemals enden, behauptete er. Es gebe kein fundamentales Prinzip, das absolut alles – einschließlich des Prinzips selbst – erkläre. Es gebe keine sich selbst tragende «Superschildkröte», auf der der ganze Turm von Schildkröten laste.

Doch nehmen wir an, Deutsch hat unrecht. Nehmen wir an, es gibt eine letzte Erklärung für alles. Wie könnte ein solches Prinzip aussehen? Wie würden wir erkennen, dass wir unser Ziel erreicht haben?

Aristoteles hat in seiner *Zweiten Analytik* – der *Analytica posteriora* – diese Frage als Erster angesprochen. Nach Aristoteles gibt es drei Möglichkeiten für den Verlauf einer Erklärungskette.

Erstens, sie kann im Kreis gehen: A ist wahr, weil B, und B ist wahr, weil A. Dieser Zirkel kann durch eine Vielzahl erklärender Wahrheiten erweitert werden: A, weil B, B, weil C ... Y, weil Z, Z, weil A. Aber eine Zirkelerklärung ist nicht gut. Die Äußerung «A, weil B, weil A» heißt im Grunde genommen «A, weil A». Keine Wahrheit erklärt sich selbst.

Zweitens, die Erklärungskette kann sich ewig fortsetzen: $A1$ ist wahr, weil $A2$, $A2$ ist wahr, weil $A3$, $A3$ ist wahr, weil $A4$, und so fort, ad infinitum. Aber das ist auch nicht gut. Ein solcher endloser Regress liefert nach Meinung von Aristoteles keine letzte Erklärung, keine Grundlage für unsere Erkenntnis.

Bleibt die dritte Erklärungskette, die nach einer endlichen Zahl von Schritten aufhört: $A1$, weil $A2$, $A2$, weil $A3$, und so fort, bis zur abschließenden Wahrheit X. Was für eine Art von Wahrheit könnte X sein?

Offenbar gibt es zwei Möglichkeiten. Erstens, X könnte ein *brute fact* sein, dem es an jeder Erklärung seiner selbst fehlt. Aber, so Aristoteles, wenn X durch keine Erklärung gestützt werde, könne es kaum anderen Wahrheiten Unterstützung gewähren. Die zweite Möglichkeit ist, dass X eine logisch notwendige Wahrheit ist, eine, die nicht anders sein könnte. Für Aristoteles war dies der einzige befriedigende Weg für die Beendigung einer Erklärungskette – die einzige Alternative zu Zirkularität, unendlichem Regress und ungerechtfertigten explanatorischen Fremdkörpern.

Doch bei allem Respekt für Aristoteles – wie sollte eine logische notwendige Wahrheit wirklich etwas erklären? Vor allem: Könnte sie denn etwas erklären, das logisch kontingent ist – wie den Umstand, dass es eine Welt gibt? Wenn die Existenz einer Welt sich von einer logisch notwendigen Wahrheit ableiten ließe, wäre auch sie logisch notwendig. Aber das ist sie nicht. Obwohl es eine Welt gibt, könnte es auch keine geben. Das Nichts lässt sich als logische Möglichkeit nicht ausschließen. Selbst der verheißungsvollste Versuch, das Sein aus reiner Logik abzuleiten – der ontologische Gottesbeweis –, läuft am Ende auf nichts hinaus.

Bei unserem Streben nach totaler Erkenntnis können wir unsere Erklärungskette nicht mit einer logisch notwendigen Wahrheit abschließen. Damit sind wir wieder auf die Entscheidung zwischen drei Übeln zurückgeworfen: Zirkularität, unendlicher Regress und *brute fact*. Von diesem Trio scheint das *brute fact* noch am ehesten akzeptabel zu sein. Aber gibt es irgendeine Möglichkeit, dem Fremdkörper des *brute fact* am Schlusspunkt einer Erklärungskette ein wenig von seiner Beliebigkeit zu nehmen? Kann man seine Brutalität mindern? In diesem Zusammenhang hat der Harvard-Philosoph Robert Nozick einen interessanten Vorschlag gemacht. Nach Nozick kann eine Erklärung nur dann überhaupt nichts unerklärt lassen, wenn die letzte Wahrheit in der Folge in irgendeiner Weise selbst erklärend ist. Aber wie könnte sich eine Wahrheit selbst erklären? «X, weil X» ist eher eine Flucht vor der Erklärung als diese selbst. Kein Kind ist zufrieden, wenn man ihm auf die Frage «Warum ist der Himmel blau?» antwortet: «Weil er es ist.» Denn damit landen wir wieder beim Übel der Zirkularität. Deshalb haben die Philosophen von Aristoteles bis Richard Swinburne so nachdrücklich verkündet, dass nichts sich selbst erklärt – dass die Erklärungsbeziehung «irreflexiv» ist, so der Terminus.

Nozick sah das jedoch etwas anders. Er gab zu, dass «X, weil X» als Erklärungsparadigma nichts taugt. Es gebe aber eine andere Möglichkeit, eine Wahrheit aus sich selbst abzuleiten. Nehmen wir an, unser fundamentalstes Prinzip – dasjenige, das alle anderen Naturgesetze erklärt – besitzt die Form:

Jedes Gesetz mit dem Merkmal C ist wahr.

Nennen wir dieses das Fundamentalste-aller-Prinzipien P. Das Prinzip P erklärt, warum andere Gesetze wahr sind: weil sie das Merkmal C haben. Aber was erklärt, warum P wahr ist? Nehmen wir an, es stellt sich heraus, dass P das Merkmal C hat. Dann würde die Wahrheit von P logisch aus P selbst erfolgen! In diesem Fall wäre das Prinzip selbstsubsumierend, wie Nozick es formuliert.

«Bei Selbstsubsumption kehrt das Prinzip zu sich selbst zurück, bringt sich selbst hervor, beruft sich auf sich selbst, bezieht sich auf sich selbst», schreibt Nozick. Wie er selbst einräumt, ist explanatorische Selbstsubsumption «ziemlich seltsam – eine Art Taschenspielertrick».[1] Doch im Vergleich zu den Alternativen – Zirkularität, unendlicher Regress und *Brute-fact*-Fremdkörper – schneidet sie gar nicht so schlecht ab.

Natürlich ist der Nachweis, dass ein Prinzip selbstsubsumierend ist, kein Beweis für die Gültigkeit des fraglichen Prinzips. Betrachten wir den Satz «Jeder Satz mit genau acht Wörtern ist wahr». Nennen wir diesen Satz S. Da S genau acht Wörter besitzt, ist die Wahrheit von S aus S selbst abzuleiten, womit er selbstsubsumierend wird. Aber S ist natürlich falsch – den Beweis überlasse ich dem Leser. Eine andere Aussage, die selbstsubsumierend, aber falsch ist, lautet: «Alle Verallgemeinerungen sind wahr.»

Wenn allerdings ein selbstsubsumierendes Prinzip tatsächlich wahr ist, erklärt es in gewisser Weise, warum es wahr ist. Was ist eine Erklärung denn letztlich anderes als eine Subsumption unter ein Gesetz? «Das höchste Prinzip wird, wenn es wahr ist, sich selbst erklären, indem es sich selbst subsumiert», schreibt Nozick. «Als ein fundamentales Faktum, fundamental genug, um sich zu subsumieren und sich selbst hervorzubringen, wird das Prinzip nicht ohne Erklärung als Fremdkörper in der Luft hängen.»[2] Als Glied in einer Erklärungskette ist ein selbstsubsumierendes Prinzip sicherlich einem *brute fact* vorzuziehen.

Trotzdem beseitigt die Selbstsubsumption allein nicht alle explanatorischen Probleme. Betrachten wir noch einmal den selbstsubsumierenden Satz S: «Alle Sätze mit genau acht Wörtern sind wahr.» Obwohl S falsch ist, lässt sich eine Welt denken, die ihn wahr werden lässt. Doch selbst in dieser Welt wären wir mit S als letzter Erklärung nicht zufrieden. Zum einen sieht er willkürlich aus. Warum sollte S wahr sein und irgendein konkurrierender selbstsubsumierender Satz nicht – sagen wir: «Alle Sätze, die genau neun Wörter enthalten, sind wahr»? Zum anderen macht S nicht den Eindruck von Endgültigkeit. Wenn er wahr wäre, würden wir nach irgendeiner tieferen Erklärung suchen, warum sich das so verhält – warum Welt und Sprache so und nicht anders organisiert sind.

Auch wenn Selbstsubsumption keine Garantie für Endgültigkeit sein mag, ist sie zumindest ein Zeichen für sie. Nehmen wir an, sagt Nozick, wir finden «eine selbstsubsumierende Aussage, die fundamental genug ist, um alles andere in einem Bereich oder Feld hervorzubringen, während wiederholte Bemühungen scheitern, eine fundamentalere Wahrheit zu finden, die jene hervorbringt». Dann, so behauptet er, wäre es «eine vernünftige – wenn auch vorläufige und revidierbare – Vermutung, dass eine endgültige Wahrheit erreicht wurde».[3] Mit anderen Worten, wir haben möglicherweise unsere Superschildkröte gefunden.

Könnte ein selbstsubsumierendes Prinzip von der Art, wie Nozick es sich denkt, die Antwort auf die Frage «Warum ist etwas und nicht nichts?» liefern? David Deutsch meint, es gebe keine solche Antwort, kein Ende der Erklärungen. Richard Swinburne denkt, wir könnten bestenfalls den geeigneten explanatorischen «Schlusspunkt» finden, das heißt, eine Hypothese von maximaler Einfachheit und Erklärungskraft, die für ihn die Existenz Gottes ist. Allerdings räumt Swinburne auch ein, dass Gottes Existenz sich nicht erklären lässt, «denn niemals erklärt irgend etwas sich selbst».[4] Nozick dagegen sieht eine Möglichkeit, wie sich ein Prinzip selbst erklären könnte, ohne eklatant zirkulär zu sein. Sein Ideal der Selbstsubsumption scheint einen explanatorischen Vorteil gegenüber Swinburnes Ideal der Einfachheit zu haben.

Doch welches selbstsubsumierende Prinzip könnte erklären, warum es etwas und nicht nichts gibt?

Nozick dachte, er hätte die Antwort. Er schlug das sogenannte Prinzip der Fruchtbarkeit vor. Das ist von allen ontologischen Prinzipien das liberalste. Es besagt, dass alle möglichen Welten wirklich sind. Das Prinzip stammt nicht von Nozick selbst. Im Grunde geht der Begriff – der auch als «Prinzip der Fülle» bekannt ist – auf Platon zurück. Seine Spielarten lassen sich durch die ganze Philosophiegeschichte hindurch verfolgen. Neu bei Nozick ist die Behauptung, dass das Prinzip der Fruchtbarkeit, da es selbstsubsumierend ist, seine eigene Rechtfertigung liefert. «Wenn es ein sehr fundamentales Faktum ist, das alle Möglichkeiten betrifft», schreibt er, «dann ist dieses Faktum, da es eine Möglichkeit ist, gültig wie alle Möglichkeiten kraft des fundamentalen Faktums»[5] – also seiner selbst.

Eine vom Fruchtbarkeitsprinzip bestimmte Wirklichkeit wäre die denkbar vielfältigste und umfassendste. Allerdings hätte sie eine ziemlich seltsame Struktur. Alle möglichen Welten würden existieren, wenn auch logisch isoliert voneinander in «Paralleluniversen». Einige dieser Welten wären sehr groß und kompliziert. Die größte von ihnen, die wir die Maximalwelt nennen wollen, würde selbst jede Möglichkeit enthalten und damit die Vielfältigkeit aller potenziellen Welten widerspiegeln, die die Wirklichkeit als Ganze ausmachen. Am anderen Ende des Spektrums dieser Möglichkeiten befände sich die Minimal- oder Nullwelt, die für die Option stünde, dass gar nichts existiert. Dazwischen lägen alle potenziellen Zwischenstufen von Größe und Komplexität: Welten, in denen nur ein Elektron und ein Positron einander umkreisten, Welten, die der unseren sehr ähnlich sähen, Welten, die griechische Götter enthielten, Welten, die aus Frischkäse bestünden, und so fort.

Wenn das Fruchtbarkeitsprinzip wahr wäre, würde daraus folgen, dass die Wirklichkeit unendlich umfassender wäre, als wir gedacht hatten. Daneben würde sich unser kleines Universum äußerst provinziell ausnehmen. Außerdem hätte eine solche Wirklichkeit den Vorteil, dass sie das Geheimnis der Existenz beseitigte – das jedenfalls behauptete Nozick. Die Minimalwelt, eine der nach dem Fruchtbarkeitsprinzip vorhandenen Möglichkeiten, ist natürlich unser alter Freund, das Nichts. Also, warum ist etwas und nicht einfach nichts? «Stimmt nicht», erwiderte Nozick, «es ist beides.»[6] Doch halt – die Logik scheint hier abhandengekommen zu sein. Es kann doch nicht sowohl etwas als auch nichts sein. Wenn Sie eine Wirklichkeit haben, die aus Stücken von Etwas besteht, und Sie fügen ein Stück Nichts hinzu, haben Sie immer noch Etwas. Doch damit noch nicht genug der Absurdität. Das Fruchtbarkeitsprinzip besagt auch, dass alle Möglichkeiten verwirklicht sind. Nehmen wir an, eine Möglichkeit ist:

R: Alles ist rot.

Eine andere Möglichkeit ist:

Nicht-R: Es gibt mindestens ein Objekt, das nicht rot ist.

Folglich impliziert das Fruchtbarkeitsprinzip *R* und *Nicht-R*. Und alles, was einen Widerspruch impliziert, muss falsch sein.

Nozick wusste eine Antwort auf diesen Einwand. Zwar waren beide Möglichkeiten, *R* und *Nicht-R*, realisiert, aber er sagte: «Sie existieren in unabhängigen, nicht wechselwirkenden Bereichen.»[7] Wir könnten sie uns als zwei verschiedene Planeten vorstellen, «Planet Rot» und «Planet Nicht-Rot». Das ist ein Ausweg aus dem Widerspruch. Aber es ist kein guter Weg. Denn selbst wenn *R* und *Nicht-R* auf verschiedenen Planeten herrschen, kann es keinen Planeten geben, auf dem beide Möglichkeiten gemeinsam realisiert sind. Mit anderen Worten, es kann unter den möglichen Planeten keinen «Planeten Fruchtbarkeit» geben. Selbst wenn alle möglichen Planeten verwirklicht sind, gibt es keinen Planeten, auf dem alle Möglichkeiten realisiert sind. Daraus folgt, dass Fruchtbarkeit nicht selbstsubsumierend ist. Es ist ein grausames Dilemma für Nozick: Entweder führt sein endgültiges Erklärungsprinzip in Widersprüche, oder es ist nicht selbstsubsumierend.

Ein selbstsubsumierendes endgültiges Prinzip ist wie ein Barbier, der alle anderen Männer im Dorf und sich selbst rasiert. Logisch ist daran nichts auszusetzen. Das Problem ist das Fruchtbarkeitsprinzip. Das duldet zu viele Möglichkeiten – einschließlich des Paradoxons von dem Barbier, der alle und nur jene Männer rasiert, die sich nicht selbst rasieren. Angesichts dieses fatalen logischen Defekts ist das Fruchtbarkeitsprinzip offensichtlich nicht geeignet, als endgültige Erklärung zu dienen.

Ist die Suche nach einem selbstsubsumierenden Realitätsprinzip also hoffnungslos? Leider hatte Nozick selbst nichts anderes anzubieten; 2002 starb er mit dreiundsechzig Jahren an Magenkrebs. Vielleicht waren seine ontologischen Spekulationen, so abenteuerlich sie vielen seiner Zunftkollegen erschienen, nicht abenteuerlich genug. Wenn also die Philosophie es ebenso wenig wie vor ihr die Theologie schaffte, eine vernünftige Antwort zustande zu bringen, war es vielleicht an der Zeit, mich woanders umzusehen, etwa in den noch abenteuerlicheren Gefilden der zeitgenössischen Physik. Da war vermutlich keine explanatorische «Superschildkröte» zu finden. Aber ich hatte gehört, dass theoretische Physiker das Universum als «free lunch» bezeichneten – als etwas, das es gratis gab –, und das klang fast genauso gut.

8
DER ENDGÜLTIGE «FREE LUNCH»?

Die Naturwissenschaften können die letzten Fragen nicht beantworten. Sobald Sie fragen, warum es etwas und nicht einfach nichts gibt, haben Sie die Wissenschaft hinter sich gelassen.

Allan Sandage, Vater der modernen Astronomie

Die Naturwissenschaften sind nicht in der Lage, sich mit dem Geheimnis der Existenz auseinanderzusetzen – das zumindest wird oft behauptet. Mit großer Entschiedenheit wurde diese Auffassung von dem atheistischen Humanisten und Evolutionsbiologen Julian Huxley vertreten. «Man will uns oft vorwerfen, daß das klare Licht der Wissenschaft alle Geheimnisse verscheucht habe und uns nur noch Logik und Vernunft lasse. Das ist keineswegs so. Die Wissenschaft hat tatsächlich den verdunkelnden Schleier des Geheimnisses von Naturerscheinungen niedergerissen, was für die Menschheit von größtem Nutzen war, sie hat uns aber auch vor ein grundsätzliches und universales Geheimnis gestellt, vor das Geheimnis des Daseins ... Warum gibt es eine Welt? Warum ist der Weltstoff so und nicht anders beschaffen? Warum hat er geistige oder subjektive Aspekte, wie er materielle und objektive hat? Wir wissen es nicht... Wir müssen jedoch lernen, es zu akzeptieren. Wir müssen das All sowie unser eigenes Dasein als das eine grundlegende Geheimnis anerkennen.»[1]

Die Frage «Warum ist etwas und nicht nichts?» gilt als «zu hoch», um von den Naturwissenschaften beantwortet werden zu können. Es heißt, Naturwissenschaftler könnten die materielle

Organisation des Universums erklären. Sie könnten beschreiben, wie die einzelnen Objekte und Kräfte darin kausal wechselwirken. Sie könnten darlegen, wie sich das Universum als Ganzes im Lauf seiner Geschichte von einem Zustand zum nächsten entwickelt hat. Doch wenn es um den endgültigen, den letzten Ursprung der Wirklichkeit gehe, hätten sie nichts zu sagen. Das sei ein Rätsel, das am besten der Metaphysik oder der Theologie überlassen werde, poetischem Staunen oder Schweigen.

Solange man das Universum für ewig hielt, machte seine Existenz den Wissenschaftlern nicht sonderlich zu schaffen. Einstein ging in seinen Theorien von der Ewigkeit des Universums aus und bog sich seine Relativitätsgleichungen entsprechend zurecht. Doch mit der Entdeckung des Urknalls veränderte sich alles. Wir leben augenscheinlich in den verdünnten, expandierenden, abkühlenden Überresten einer großen kosmischen Explosion, die sich vor etwa 14 Milliarden Jahren ereignete. Was könnte die Urexplosion verursacht haben? Und was, wenn überhaupt irgendetwas, war ihr vorausgegangen? Das alles klingt gewiss nach wissenschaftlichen Fragen. Aber jeder naturwissenschaftliche Versuch, sie zu beantworten, stößt auf ein scheinbar unüberwindliches Hindernis, die sogenannte Singularität.

Nehmen wir an, wir nehmen die Gesetze der allgemeinen Relativitätstheorie, die die kosmische Evolution im größten Maßstab bestimmen, und extrapolieren sie rückwärts in der Zeit bis zum Beginn des Universums. Wenn wir die Entwicklung unseres expandierenden und abkühlenden Kosmos in der Umkehrung betrachten könnten, würden wir sehen, wie sich seine Inhalte zusammenzögen und erhitzten. Bei $t = 0$ – dem Augenblick des Urknalls – gehen Temperatur, Dichte und Krümmung des Universums gegen unendlich. Hier verlieren die Gleichungen der Relativitätstheorie ihre Gültigkeit und werden bedeutungslos. Wir haben eine Singularität erreicht, eine Grenze oder einen Rand der Raumzeit selbst, einen Punkt, an dem alle Kausallinien zusammenlaufen. Wenn es tatsächlich einen Grund für dieses Ereignis gibt, muss er die Raumzeit transzendieren und sich folglich dem wissenschaftlichen Zugriff entziehen.

Das theoretische Versagen der Wissenschaft in Bezug auf den Urknall war für Kosmologen bestürzend, so bestürzend, dass sie nach Szenarien suchten, in denen sich die Anfangssingularität irgendwie vermeiden lassen würde. Doch 1970 zeigten die Physiker Stephen Hawking und Roger Penrose, dass diese Bemühungen sinnlos waren. Hawking und Penrose begannen mit den vernünftigen Annahmen, dass Gravitation immer anziehend wirkt und dass die Materiedichte des Universums ungefähr den gemessenen Werten entspricht. Von diesen beiden Annahmen ausgehend, bewiesen sie mit mathematischer Exaktheit, dass es am Anfang des Universums eine Singularität gegeben haben muss.

War also der ultimative Ursprung des Universums auf immer der Erkenntnis entzogen? Nicht unbedingt. Es bedeutete lediglich, dass sich der Urknall mit Hilfe der «klassischen» Kosmologie – das heißt, mit jener Kosmologie, die sich allein auf Einsteins allgemeine Relativitätstheorie stützt – nicht erklären lässt. Man brauchte zusätzliche theoretische Ansätze.

Worum es sich dabei handelte, wird klar, wenn wir bedenken, dass das gesamte Universum Sekundenbruchteile nach seiner Geburt nicht größer war als ein Atom. Auf dieser Größenskala ist die klassische Physik nicht mehr gültig. Im Reich der sehr kleinen Dinge regiert die Quantentheorie. Daher begannen die Kosmologen – nicht zuletzt Stephen Hawking – zu fragen: Was wäre, wenn die Quantentheorie, die bislang dazu diente, subatomare Erscheinungen zu beschreiben, auf das Universum als Ganzes angewandt würde? So entstand das Forschungsfeld der Quantenkosmologie, das der Physiker John Gribbin als «die folgenreichste Entwicklung in den Naturwissenschaften seit Isaac Newton» bezeichnete.[2]

Die Quantenkosmologie schien die Umgehung des Singularitätsproblems zu ermöglichen. Die klassischen Kosmologen nahmen an, dass die Singularität, die am Anfang des Urknalls stand, ein punktartiges Objekt mit dem Volumen null war. Aber die Quantentheorie lässt eine so genau definierte Situation nicht zu. Sie erklärt, dass die Natur auf ihrer fundamentalen Ebene eine unaufhebbare Unschärfe aufweise. Diese schließe die Möglichkeit eines exakten zeitlichen Ursprungs des Universums, eine Zeit $t = 0$, aus. Interessanter aber als das, was sie verbietet, ist das, was sie erlaubt. Sie erlaubt, dass Teilchen plötzlich und spontan – wenn auch nur kurzzeitig – aus einem Vakuum entstehen. Dieses Szenario einer Schöpfung *ex nihilo* veranlasste die Quantenkosmologen, eine atemberaubende Möglichkeit ins Auge zu fassen: dass nach den Gesetzen der Quantenmechanik das Universum selbst dem Nichts entsprungen sein könnte. Der Grund dafür, dass es Etwas und nicht Nichts gibt, wäre also, wie sie hintersinnig formulierten, dass «das Nichts instabil ist».

Die Feststellung der Physiker, das Nichts sei instabil, wird von Philosophen gelegentlich als Missbrauch der Sprache verspottet. «Nichts» bezeichne kein Objekt, daher sei es bedeutungslos, ihm eine Eigenschaft wie Instabilität zuzuschreiben. Man kann sich das Nichts aber auch anders denken: nicht als ein Ding, sondern als Beschreibung einer Sachlage. Für einen Physiker bezeichnet «das Nichts» eine Sachlage, in der es keine Teilchen gibt und alle mathematischen Felder den Wert null besitzen.

Nun können wir fragen: Ist ein solcher Nichts-Zustand möglich? Das heißt, ist er logisch mit den physikalischen Prinzipien vereinbar? Eines der elementaren Prinzipien dieser Art, das eine der Grundlagen unseres quantenmechanischen Naturbegriffs darstellt, ist Heisenbergs Unschärferelation. Diese besagt, dass bestimmte Eigenschaftspaare – sogenannte kanonisch-konjugierte Variablen – dergestalt miteinander verknüpft sind, dass sie nicht beide exakt gemessen werden können. Ein solches Paar bilden Ort und Impuls: Je genauer wir den Ort eines Teilchens bestimmen, desto weniger wissen wir über seinen Impuls, und umgekehrt. Ein anderes Paar solcher verknüpfter Eigenschaften sind Zeit und Energie: Je genauer wir wissen, in welcher Zeitspanne etwas passiert ist, desto weniger wissen wir über die beteiligte Energie, und umgekehrt.

Die Quantenunschärfe verhindert auch, dass wir den Wert eines Feldes und die Veränderungsrate dieses Feldwertes genau bestimmen können. Das ist so, wie zu sagen, man könne nicht wissen, wie hoch der Wert einer Aktie ist und wie rasch er sich verändert. Genauer betrachtet, schließt dies das Nichts aus. Das Nichts ist definitionsgemäß ein Zustand, in dem alle Feldwerte fortwährend gleich null sind. Nun sagt uns aber die Heisenberg'sche Unschärferelation, dass die Veränderungsrate, wenn der Wert eines Feldes genau bekannt ist, vollkommen zufällig ist. Mit anderen Worten, die Veränderungsrate kann nicht genau null sein. Daher ist die mathematische Beschreibung einer unveränderlichen Leere mit der Quantenmechanik unvereinbar. Prägnanter ausgedrückt, Nichts ist instabil.

Könnte das etwas mit der Kosmogenese zu tun haben? Auf diesen Gedanken scheint zum ersten Mal 1969 ein New Yorker Physiker namens Ed Tryon gekommen zu sein. Während des Gastvortrags einer Physiker-Koryphäe an der Columbia University platzte Tryon plötzlich mit der Bemerkung heraus: «Vielleicht ist das Universum eine Quantenfluktuation!»[3] Die Bemerkung soll von zahlreichen anwesenden Nobelpreisträgern mit spöttischem Gelächter aufgenommen worden sein.

Dabei hatte Tryon einen echten Gedankenblitz. Es mag uns völlig unglaubhaft erscheinen, dass ein Universum mit einer solchen Stofffülle – hundert Milliarden Galaxien nur in der kleinen Region des beobachtbaren Universums, jede Galaxie mit hundert Milliarden Sternen – aus nichts entstanden sein könnte. Wie wir von Einstein wissen, ist all diese Masse eingefrorene Energie.

Doch gegen diese ungeheure positive Energiemenge, die in den Sternen und Galaxien eingeschlossen ist, muss die negative Energie der zwischen ihnen wirkenden Gravitationsanziehung aufgerechnet werden. In einem «geschlossenen» Universum – einem Universum, das am Ende wieder in sich zusammenstürzen wird – heben sich diese positiven und negativen Energien sogar exakt auf. Anders gesagt, in einem solchen Universum ist die Energie unter dem Strich gleich null.

Die Möglichkeit, dass das gesamte Universum überhaupt keine Energie enthält, ist tatsächlich erstaunlich. Und natürlich erstaunte sie Einstein: Als ihm sein Kollege George Gamow die Idee erklärte, während die beiden durch Princeton schlenderten, blieb der verblüffte Einstein «abrupt stehen», berichtete Gamow, «und da wir gerade die Straße überquerten, mußten einige Autos bremsen, um uns nicht umzufahren».[4]

Aus quantentheoretischer Sicht stellt ein Null-Energie-Universum eine interessante Möglichkeit dar, mit der sich Tryon näher beschäftigte. Nehmen wir an, die Gesamtenergie des Universums ist tatsächlich genau null. Dann wird infolge des Unschärfekompromisses in Bezug auf Energie und Zeit, wie ihn das Heisenberg-Prinzip verlangt, die Unbestimmtheit seiner Zeitspanne unendlich. Mit anderen Worten, sobald ein solches Universum der Leere entsprungen wäre, könnte es ewig fortdauern. Es wäre wie ein Darlehen reinen Seins, das nie zurückgezahlt werden müsse. Dabei wäre die «Ursache» eines solchen Universums einfach eine Frage des Quantenzufalls. «Zur Frage, warum das geschehen ist», schrieb Tryon später, «begnüge ich mich mit der bescheidenen These, dass unser Universum einfach eines der Ereignisse war, die von Zeit zu Zeit geschehen.»[5]

Ist das die *creatio ex nihilo*? Nicht ganz. Richtig ist, dass Tryons Schöpfungsszenario keine Kosten in Hinblick auf Energie und Materie verursacht; insofern scheint es «etwas von nichts» zu bekommen. Aber der Zustand, aus dem sich Tryons Kosmos materialisiert, das sogenannte Quantenvakuum, ist keineswegs das, was sich Philosophen unter Nichts vorstellen. Zum einen ist es eine Art leerer Raum, und Raum ist nicht nichts. Zum anderen ist der Raum des Quantenvakuums nicht wirklich leer. Er besitzt eine komplizierte mathematische Struktur; er krümmt und verwirft sich wie Gummi; er ist mit Energiefeldern gesättigt und wimmelt von geschäftigen virtuellen Teilchen. Das Quantenvakuum ist ein physikalisches Objekt; tatsächlich ist es ein eigenständiger kleiner Protokosmos. Aber wie kam es zur Existenz dieses Quantenvakuums? Dazu schrieb der Physiker Alan Guth: So «betrachtet scheint der Vorschlag, das Universum sei aus dem leeren Raum entstanden, nicht grundsätzlich verschieden zu sein von dem Vorschlag, das Universum sei aus einem Stück Gummi hervorgegangen. Das mag richtig sein, aber man fragt sich immer noch, wo das Stück Gummi herkommt.»[6]

Der Mann, der der Lösung des «Gummiproblems» offenbar am nächsten gekommen ist, heißt Alex Vilenkin. Vilenkin wurde in der ehemaligen Sowjetunion geboren, genauer, in der Ukraine, wo er nach seinem Physikdiplom eine Anstellung als Nachtwächter in einem Zoo bekam. 1976 wanderte er in die USA aus und schloss dort in kaum mehr als einem Jahr seine Promotion in Physik ab. Heute lehrt Vilenkin an der Tufts University bei Boston, wo er auch Direktor des Tufts Institute of Cosmology ist. Sein Erkennungszeichen ist die Sonnenbrille, die er während seiner Lehrveranstaltungen trägt, vermutlich wegen einer Lichtempfindlichkeit seiner Augen.

Wenn Vilenkin über das aus dem «Nichts» entstandene Universum spricht, meint er das ganz wörtlich, wie ich vor einigen Jahren in einem Gespräch mit ihm erfuhr. «Nichts ist nichts!», betonte er mit einigem Nachdruck. «Nicht nur keine Materie. Auch kein Raum. Keine Zeit. Nichts.»

Doch wie soll ein Physiker einen Zustand reinen Nichts definieren? Hier bewies Vilenkin Einfallsreichtum. Stellen Sie sich die Raumzeit als Kugelfläche vor – eine solche Raumzeit heißt «geschlossen», da sie sich in sich selbst zurückkrümmt; sie ist endlich, obwohl sie keine Grenzen hat. Denken Sie sich nun, dass diese Fläche schrumpft wie ein Ballon, der Luft verliert. Der Radius wird kleiner und kleiner, bis er schließlich – versuchen Sie, sich das auszumalen – gen null geht. Die Oberfläche der Kugel verschwindet vollständig und mit ihr die Raumzeit selbst. Wir sind beim Nichts angekommen. Außerdem haben wir damit sogar die genaue Definition des Nichts erreicht: eine geschlossene Raumzeit mit dem Radius null. Das ist das vollständigste und weitestreichende Nichts, das sich in naturwissenschaftliche Begriffe fassen lässt. Es ist mathematisch nicht nur von aller Stofflichkeit, sondern auch von Ortsbestimmung und Dauer befreit.

Anhand dieser Merkmale konnte Vilenkin eine interessante Berechnung anstellen. Mit Hilfe der Quantentheorie bewies er, dass einem solchen Anfangszustand des Nichts ein winziges Stück energiegefüllten Vakuums mittels des «Tunneleffekts» spontan entspringen kann. Wie winzig ein solches Stück Vakuum wohl wäre? Vielleicht nicht größer als ein Billionstelzentimeter. Aber das reicht, wie sich zeigt, für kosmogonische Zwecke. Angetrieben vom negativen Druck der «Inflation» würde dieses winzige Stück hochenergetischen Vakuums einer unkontrollierten Expansion unterworfen. In wenigen Mikrosekunden hätte es kosmische Ausmaße angenommen und einen sprühenden Feuerball aus Licht und Materie ausgespien – den Urknall!

Der Übergang vom Nichts ins Sein ist also nach dem Vilenkin'schen Szenario ein zweistufiger Prozess. Im ersten Stadium erscheint ein winziges Stück Vakuum aus dem vollkommenen Nichts. Im zweiten Stadium bläht sich dieser Vakuumschnipsel zu einem materiegefüllten Vorläufer unseres heutigen Universums auf. Der ganze Entwurf ist laut Vilenkin wissenschaftlich wasserdicht. Die Prinzipien der Quantenmechanik, die das erste Stadium bestimmen, haben sich bislang als die zuverlässigsten der gesamten Physik bewährt. Und die Inflationstheorie, die die zweite Phase beschreibt, ist seit ihrer Einführung Anfang der achtziger Jahre nicht nur ein theoretischer Erfolg, sondern wurde durch empirische Beobachtungen auch triumphal bestätigt – vor allem durch das Muster der vom Urknall übrig gebliebenen Hintergrundstrahlung, das vom COBE-Satelliten aufgezeichnet wurde.

So erscheinen Vilenkins Berechnungen ganz vernünftig. Doch im Gespräch mit ihm musste ich zugeben, dass sich meine Vorstellungskraft mit diesem Szenario einer Schöpfung aus dem Nichts schwertat. Schließlich musste doch die Blase des falschen Vakuums, aus dem der Kosmos entstanden sein soll, irgendwoher kommen. Daraufhin forderte er mich etwas verschmitzt auf, mir das Bläschen in einem Glas Champagner vorzustellen – und mir dann den Champagner wegzudenken.

Auch dieses – wenig überzeugende – Bild konnte meine Verwirrung nicht recht beseitigen. Ein Champagnerbläschen bildet sich im Laufe der Zeit. Aber Vilenkins Bläschen, das aus dem Nichts erscheint, ist eine Blase der Raumzeit. Da die Zeit selbst – zusammen mit dem Raum – beim Übergang vom Nichts zu Etwas entsteht, kann dieser Übergang wohl kaum in der Zeit stattfinden. Er scheint sich eher logisch als zeitlich zu vollziehen. Wenn Vilenkin recht hat, hatte das Nichts nie eine Chance: Die physikalischen Gesetze hätten seit aller Ewigkeit festgelegt, dass es mit beträchtlicher Wahrscheinlichkeit zu einem Universum kommen würde. Doch was verschaffte diesen Gesetzen ihre ontologische Gültigkeit? Wenn sie der Welt logisch vorgegeben waren, wo wurden sie dann niedergeschrieben?

«Wenn Sie möchten», meinte Vilenkin, «können Sie sagen, sie sind im Bewusstsein Gottes.»

Vielleicht, so dachte ich nach diesem Gespräch, ist das das Äußerste, was die Wissenschaft zu leisten vermag. Sie kann zeigen, dass die Gesetze, die erklären, wie die Dinge in der Welt geschehen, auch erklären, warum es überhaupt eine Welt gibt – und uns insofern auch sagen, warum es etwas und nicht nichts gibt. Die Gesetze der klassischen Physik, einschließlich derjenigen aus Einsteins allgemeiner Relativitätstheorie, waren dieser Aufgabe nicht gewachsen. Sie konnten die Entwicklung des Universums beschreiben, aber nicht seine Entstehung erklären, denn sie verloren ihre Gültigkeit an dem Punkt, wo alles begann. Die Quantenkosmologie war eine Verbesserung. Sie konnte den Anfang der Welt einfach als ein Quantenereignis wie andere behandeln – eines, das dankenswerterweise keine erste Ursache brauchte. Sie zeigte, dass das Universum ontologisch tatsächlich ein «free lunch», «gratis», war.

Doch die Quantenkosmologie kann, wissenschaftlich betrachtet, nicht das letzte Wort sein. Das Problem liegt darin, dass bis jetzt niemand hat erklären können, wie sich die Gravitation in die Quantentheorie einfügen lässt. Schließlich ist die Gravitation die Naturkraft, die die Gesamtarchitektur des Universums bestimmt. In diesem riesigen Maßstab genügt Einsteins Relativitätstheorie, um die Wirkung der Gravitation zu erklären. Doch wenn die gesamte Masse des Universums in das Volumen eines Atoms gepresst wird – wie es kurz nach dem Urknall der Fall war –, führt die Quantenunschärfe zu Brüchen in der glatten Geometrie der allgemeinen Relativitätstheorie, und an diesen Punkten lässt sich nicht mehr vorhersagen, wie sich die Gravitation verhalten wird. Um die Geburt des Kosmos zu verstehen, brauchen wir daher eine Quantentheorie der Gravitation, eine, die die allgemeine Relativitätstheorie und die Quantenmechanik «vereinheitlicht». Das hat auch Stephen Hawking eingeräumt. «Eine Quantentheorie der Gravitation ist unbedingt erforderlich, wenn es uns jemals gelingen soll, das frühe Universum zu beschreiben», erklärte er 1980 in seiner Antrittsvorlesung, als er Lucasischer Professor für Mathematik an der Cambridge University wurde. «Eine solche Theorie ist erforderlich, wenn wir jemals eine Antwort auf die Frage ‹Hat die Zeit wirklich einen Anfang?› finden wollen.»[7]

Heute, mehr als drei Jahrzehnte später, suchen die Physiker immer noch nach einer Theorie von jener Art, an die Hawking damals dachte, nach einer Theorie, die alle Naturkräfte – einschließlich der Gravitation – in einem einzigen widerspruchsfreien mathematischen System vereinigt. Noch ist nicht klar, wie diese endgültige Theorie einmal aussehen könnte. Gegenwärtig setzt die Gemeinde der Physiker ihre Hoffnungen auf die Stringtheorie, deren Vertreter versuchen, die ganze physikalische Wirklichkeit durch winzige Energiestrings, Saiten, zu erklären, die in höherdimensionalen Räumen schwingen. Dissidenten, die sich dem stringtheoretischen Konsens verweigern, versuchen andere Ansätze. Einige Physiker halten sogar die ganze Vereinheitlichungsidee für ein Luftschloss.

Was könnte eine solche endgültige Theorie – so eine «Weltformel», wie sie manchmal genannt wird – über den Ursprung des Universums verraten? Sie würde wahrscheinlich viel weiter reichen als die Quantenkosmologie von Hawking, Vilenkin und Co. Beispielsweise eröffnet die Stringtheorie Ausblicke auf die Verhältnisse vor dem Urknall, in denen die Begriffe von Raum und Zeit noch keine Bedeutung hatten. Aber könnte sie auch einen überzeugenden Grund für die Existenz der Welt liefern? Und könnte sie einen überzeugenden Grund für sich selbst angeben? Wenn sie wirklich eine Weltformel, eine Theorie von allem, wäre, müsste sie erklären können, warum sie selbst wahr ist. Würde sich die Weltformel vielleicht als selbstsubsumierend erweisen?

Von allen Wissenschaftlern, die ich kannte, schien mir Steven Weinberg am ehesten in der Lage zu sein, solche Fragen zu beantworten. Kein Physiker war von größerer Bedeutung bei der Suche nach einer endgültigen Theorie. 1979 hatte Weinberg den Nobelpreis für seinen – zehn Jahre zuvor geleisteten – Beitrag zur

Vereinheitlichung zweier der vier fundamentalen Naturkräfte erhalten: der elektromagnetischen Kraft und der «schwachen» Kernkraft, die für den radioaktiven Zerfall verantwortlich ist. Wie die mit seinen Kollegen zusammen verfasste Arbeit zeigte, waren die beiden Kräfte nur niederenergetische Aspekte einer ihnen zugrundeliegenden «elektroschwachen» Kraft. Für diese und verwandte Leistungen gilt Weinberg mit einigem Recht als Vater des «Standardmodells» der Teilchenphysik, das unsere weitgehenste Erkenntnis über die physikalische Welt auf der Mikroebene darstellt.

Weinberg ist auch ein äußerst eloquenter Wissenschaftsinterpret. 1977 veröffentlichte er *Die ersten drei Minuten*, einen filmreifen Bericht über das Uruniversum in den explosiven Augenblicken nach dem Urknall. Auf der letzten Seite findet sich jene Bemerkung, die legendär werden sollte: «Je unverständlicher das Universum erscheint, desto sinnloser wirkt es.» 1993 erschien sein Buch *Der Traum von der Einheit des Universums [Dreams of a Final Theory]*, in dem er – philosophisch fundiert – erklärt, worum es bei der Suche nach der Vereinheitlichung der Naturgesetze tatsächlich geht. Weinberg beschreibt, wie die Physiker, von ihrem Sinn für mathematische Schönheit geleitet, nach immer tiefer gehenden Prinzipien suchten, um das Standardmodell und Einsteins allgemeine Relativitätstheorie zu einer allumfassenden Weltformel zu verschmelzen. Nach seinen Worten wäre das der Punkt, an dem alle Erklärungspfeile zusammenliefen – der Punkt, an dem jedes «Warum» von einem endgültigen «Weil» aufgesogen würde. Weinberg erklärte auch, warum er der Meinung war, dass die zeitgenössische Physik im Begriff sei, eine solche Theorie zu entdecken. Er bekannte sogar, dass er einen Anflug von Trauer bei dieser Aussicht verspüre: «Es könnte allerdings passieren, daß wir nach der Entdeckung einer endgültigen Theorie bedauern werden, daß die Natur banaler geworden ist, nicht mehr so staunenswert und rätselhaft ist.»[8]

Wie viel kosmisches Geheimnis würde die Weltformel nach Weinbergs Auffassung wohl noch übrig lassen? Schließlich hatte er mit großer Entschiedenheit geleugnet, dass sie buchstäblich alles würde erklären können. Beispielsweise glaubte Weinberg nicht, dass die Naturwissenschaften die Existenz moralischer Fragen erklären könnten, was an der logischen Lücke zwischen dem wissenschaftlichen «ist» und dem ethischen «soll» liege. Aber könnte die Wissenschaft die Existenz der Welt erklären? Könnte sie den Triumph des Etwas über das Nichts begründen? Ich war begierig, Weinberg diese Fragen zu stellen. Ich war begierig, Weinberg zu treffen, Punkt. Es gab keinen anderen lebenden Physiker, vor dem ich solche Hochachtung hatte. Und es gab keinen anderen Physiker – mit Ausnahme von Freeman Dyson –, der es wie er verstand, seine Ideen in knappster Form zu äußern. Abgesehen davon schien Weinberg, den Beschreibungen nach zu urteilen, die ich von ihm in der Presse gelesen hatte, ganz außergewöhnlich auszusehen: «Mit seinen roten Wangen, seinen leichten Mandelaugen und seinem silbernen Haar, das noch immer einen Stich ins Rote hat, gleicht Steven Weinberg einem großen, würdevollen Kobold», hatte ein Journalist nach einem Interview mit ihm geschrieben. «Er würde einen hervorragenden Oberon abgeben, den Elfenkönig in Shakespeares *Sommernachtstraum*.»[9]

Mich selbst eher wie Nick Bottom fühlend, nahm ich Kontakt zu Weinberg auf. Er lehrt an der University of Texas in Austin, wohin er 1982 gegangen war, nachdem er kurzzeitig den Higgins-Lehrstuhl für Physik an der Harvard University innegehabt hatte. Ich erklärte, ich würde gern eine Pilgerfahrt nach Austin unternehmen, um mich mit ihm über das Geheimnis der Existenz zu unterhalten. Er reagierte sehr liebenswürdig auf diese Androhung, seine Zeit in Beschlag zu nehmen. «Wenn Sie den langen Weg von New York machen, lade ich Sie sogar zum Lunch ein», schrieb er in einer Mail. Das Universum war also nicht der einzige «free lunch».

Die Aussicht, einmal Austin zu besuchen, war eine weitere Verlockung. Nach allem, was ich gehört hatte, stellte ich es mir als eine Bastion von Avantgardekultur und Boheme in einem ansonsten hoffnungslos rückständigen Staat vor. Die Stadt schien sogar theologisch progressiv zu sein. Weinberg, der sich kritisch über die Religion geäußert hatte – «Mit und ohne Religion hat man gute Menschen, die Gutes tun, und böse Menschen, die Böses tun. Aber dass gute Menschen Böses tun, schafft nur die Religion.»[10] –, versicherte mir auf meine Frage, wie er sich wohlfühlen könne in einer baptistischen Hochburg wie Texas, dass dort durchaus nicht alle Baptistengemeinden fundamentalistisch seien, sondern teilweise so liberal, dass sie von den Unitariern nicht zu unterscheiden seien. Außerdem beeindruckte mich Austins Ruf als Welthauptstadt der Livemusik, auch wenn Indie-Rock nicht unbedingt mein Fall war.

Daher buchte ich einen Flug nach Austin, reservierte ein Zimmer im Intercontinental und freute mich auf ein intellektuell anregendes und rundum angenehmes Wochenende. Doch sollten meine Pläne durchkreuzt werden – von einer kleinen Eruption *du néant* in mein Leben.

— *Zwischenspiel* —
EKEL

An einem frühen Samstagnachmittag landete mein Flugzeug in Austin. Es war überraschend heiß und schwül für einen Tag im Spätfrühling. Selbst in meinem Leinenanzug, elegant zerknittert wie immer, fühlte ich mich ein wenig unbehaglich. Auf dem Weg in die Innenstadt bemerkte ich viel Leben auf den Straßen. Offenbar fand irgendein Musikfestival statt. Nachdem ich in meinem Hotel eingecheckt hatte, schlenderte ich durch das alte Stadtzentrum. Das Festival war jetzt in vollem Gange. Rockabillybands plärrten an jeder Straßenecke; bierselige Menschenmassen drängten in die Bars und quollen heraus; Fleisch brutzelte auf Grills, die mitten auf den abgesperrten Straßen standen. Der Lärm war überwältigend, die Gerüche auch.

Während ich mich unter der heißen Sonne durch die lärmende Menge schob, versuchte ich, mir vorzustellen, ich wäre Roquentin, der existenzialistische Held in Sartres Roman *Der Ekel*. Ich versuchte, den Widerwillen zu imaginieren, den er angesichts der Seinsfülle, die durch die Straßen von Austin schwappte, empfunden hätte – in dieser stickigen Beengtheit, Rohheit, absurden Kontingenz. Woher kam das alles? Wie konnte der gewöhnliche Schmutz, der mich umgab, über das jungfräuliche Nichts triumphieren? Roquentin, verstört vom schleimigen Stoff der Existenz, der ihn auf seinen einsamen Wanderungen durch Bouville umfing, fühlte sich bemüßigt auszurufen: «Dreck! Verfluchter Dreck!» Ich hätte das Gleiche tun können, aber meine Epiphanie war zu schwach, um solch einen wütenden Ausbruch zu rechtfertigen. Außerdem schienen sich alle Leute hier blendend zu amüsieren.

Am Abend war es etwas ruhiger geworden. Ich fragte den Portier in meinem Hotel, wo ich zu Abend essen könnte. Er empfahl mir ein Restaurant namens Shoreline Grill, das am Lady Bird Lake lag, einem flussartigen, die Stadt durchziehenden Gewässer, das offenbar nach der verstorbenen Frau von Präsident Lyndon B. Johnson benannt war.

Als ich das Restaurant betrat, traf ich auf eine Gruppe feierlich gekleideter Highschool-Absolventen. Es war der Abend des Abschlussballs in Austin, und die jungen Leute gönnten sich ein nobles Abendessen, bevor sie zum Tanz gingen. Wie ich einige Wochen später erfahren sollte, aß Steven Weinberg ebenfalls an diesem Abend im Shoreline, allerdings in einem anderen Raum. Das sollte, so wie sich die Dinge entwickelten, die größte Annäherung unserer Weltlinien bleiben.

Als ich meine Mahlzeit inmitten der feiernden Jugendlichen beendet hatte, dämmerte es. Beim Verlassen des Restaurants bemerkte ich eine große und ziemlich schweigsame Menge, die sich an einer Brücke versammelt hatte, welche über den Lady Bird Lake führte. Die Menschen schienen auf etwas zu warten. Ich fragte jemanden, was vor sich gehe. Er wies unter die Brücke. «Fledermäuse», sagte er im Flüsterton. «In ein paar Minuten brechen sie alle zusammen auf. Passiert jeden Abend. Muss man gesehen haben.»

Als ich mir die dunkle Unterseite der Brücke etwas genauer ansah, bemerkte ich, dass kopfüber hängende Fledermäuse sie wie ein dichter Teppich bedeckten – mehr als eine Million, sagte man mir, und dass es Mexikanische Bulldoggfledermäuse seien. An schönen Abenden wie diesem versammeln sich hier Touristen und Einheimische, um auf den dramatischen Augenblick zu warten, da die Tiere, voller Heißhunger auf ihr nächtliches Insektenmahl, in einem einzigen Riesenschwarm auffliegen und den Himmel verdunkeln.

Da ich nichts Besseres zu tun hatte, setzte ich mich auf das grasbewachsene Ufer und wartete mit den Schaulustigen. Die Fledermäuse rührten sich nicht. Ein Boot tuckerte vorbei. Weitere Minuten vergingen. Die Fledermäuse rührten sich noch immer nicht. Es wurde dunkel. Enttäuscht zerstreute sich die Menge. Ich stand auf, ging zurück in mein Hotel und dachte, dass dies kein gutes Omen für mein Gespräch mit Weinberg am folgenden Tag gewesen sei.

Als ich mein Zimmer betrat, blinkte die Leuchte auf dem Telefon. Jemand hatte eine Nachricht hinterlassen. Wie sich herausstellte, war es das Ehepaar, das sich um meinen Hund, den kleinen Langhaardackel Renzo, kümmerte, wenn ich nicht in New York war. Ich rief sofort zurück. Bedrückt teilten sie mir mit, Renzo habe einige Stunden zuvor eine Art Anfall gehabt. Als er auf dem Hühnerhof ihrer Wochenendfarm im ländlichen Pennsylvania herumtollte, war er plötzlich mit einem Aufheulen zusammengebrochen. Sie hatten seinen fast leblosen Körper in ein feuchtes Handtuch gewickelt und waren mit ihm zur Notaufnahme der nächsten Tierklinik gefahren.

Ich sah Renzo vor mir, in einem dunklen, fremden Zwinger, vermutlich sterbend, während durch sein schwindendes Bewusstsein die Frage geisterte, wo ich war. Ich hatte keine Wahl. Nachdem ich mich etwa eine Stunde lang mit verschiedenen Fluggesellschaften herumgezankt hatte, bekam ich einen Flug in einer der ersten Maschinen, die am nächsten Morgen starteten. An Weinberg schickte ich eine Mail, in der ich mein Bedauern zum Ausdruck brachte und ihm mitteilte, dass ein «familiärer Notfall» dazwischengekommen sei, der es mir unmöglich mache, ihn am folgenden Tag zum Lunch zu treffen. Dann ging ich zu Bett und schlief sehr unruhig, weil die laute Klimaanlage in meinem Zimmer ständig an- und ausging.

Als ich am nächsten Morgen in der Tierklinik anrief, teilte man mir mit, dass es Renzo besserzugehen scheine. Er hatte ein bisschen gefressen und versucht, einen der Tierärzte zu beißen. Von dieser Nachricht aufgemuntert, gelang es mir, bei der Heimreise die lange Warterei auf die Anschlussflüge geduldig zu ertragen. Doch als ich dann am Ende eines langen Tages endlich bei meinem Hund war, schwand mein Optimismus. Es stand sehr schlecht um ihn.

Röntgenaufnahmen sollten meine schlimmsten Befürchtungen bestätigen. Der Tierarzt teilte mir mit, dass Renzos Lunge und Leber von Krebs befallen waren. Wahrscheinlich hatte die Krankheit schon auf das Gehirn übergegriffen. Er schien den Gesichts- und den Geruchssinn verloren zu haben, was darauf schließen ließ, dass die Kortexregionen, die für die Verarbeitung visueller und olfaktorischer Reize zuständig sind, zerstört waren.

Renzos einst so hundetypisch reiche Sinneswelt war ins Nichts verschwunden. Alles, was er noch konnte, war, blind im Kreis zu stolpern und vor Schmerzen zu winseln. Nur wenn ich ihn im Arm hielt, schien er etwas Erleichterung zu verspüren.

Daher verbrachte ich die nächsten zehn Tage damit, ihn im Arm zu halten. Gelegentlich leckte er mir die Hand und wedelte sogar ein bisschen mit dem Schwanz. Aber sein Zustand verschlechterte sich zusehends. Er fraß nicht mehr. Er konnte nicht schlafen und wimmerte die ganze Nacht. Als selbst die stärksten Schmerzmittel sein Leiden nicht mehr zu lindern vermochten, wusste ich, dass der Zeitpunkt für das Unvermeidliche gekommen war.

Während mein Hund eingeschläfert wurde, blieb ich bei ihm. Es dauerte ungefähr eine halbe Stunde. Zuerst erhielt Renzo eine Beruhigungsspritze. Das beendete sein Winden und Winseln. Als er auf dem Behandlungstisch lag und zum ersten Mal seit Tagen Frieden fand, sah er plötzlich viel jünger aus, als seine vierzehn Jahre vermuten ließen. Er atmete langsam, und seine Augen waren, obwohl sie nichts mehr sahen, weit offen. Dann wurde für die tödliche Injektion eine Kanüle in seine Pfote gelegt.

Die verantwortliche Tierärztin sah aus wie eine junge Goldie

Hawn. Während der Vorbereitungen wechselten sie und ihre Assistentin sich mit mir ab, Renzo zu streicheln. Ich wollte nicht vor ihnen in Tränen ausbrechen.

Glücklicherweise habe ich für solche Situationen einen guten Trick, um meine Fassung zu bewahren. Er beruht auf einem wunderschönen kleinen Satz über Primzahlen, der ursprünglich von Fermat stammt. Wählen Sie irgendeine Primzahl aus – zum Beispiel 13. Schauen Sie, ob ein Rest von 1 bleibt, wenn Sie sie durch 4 teilen. Besteht sie diesen Test, kann die Zahl, so der Satz, immer als die Summe zweier Quadratzahlen dargestellt werden. Tatsächlich ist 13 = 4 + 9, also die Summe zweier Quadratzahlen. Der Trick, der mir zur Selbstbeherrschung verhelfen soll, besteht darin, dass ich im Kopf alle Zahlen durchgehe und diesen Satz auf jede anwende. Zunächst prüfe ich, ob die Zahl eine Primzahl ist, bei der ein Rest von 1 bleibt, wenn man sie durch 4 teilt; wenn das der Fall ist, zerlege ich sie im Kopf in zwei Quadratzahlen. Bei kleineren Zahlen ist das leicht. So ist beispielsweise sofort erkennbar, dass 29 eine Primzahl ist, bei der man einen Rest von 1 übrig behält, wenn man sie durch 4 teilt. Genauso leicht ist zu erkennen, dass 29 die Summe von 4 und 25 ist. Bei Zahlen über 100 werden beide Aufgaben erheblich schwieriger, wenn Sie auf Stift und Papier verzichten. Nehmen Sie die Zahl 193. Da müssen Sie schon ein wenig überlegen, um sicher zu sein, dass der Satz auch auf diese Zahl zutrifft. Es wird Sie vermutlich mehr als ein paar Sekunden kosten, um herauszufinden, dass die Quadratzahlen, in die sich 193 zerlegen lässt, 49 und 144 sind.

Ich schaffte es trockenen Auges bis 193, als der Augenblick kam, da die Tierärztin die tödliche Spritze setzte, die Renzos Nervensystem lähmen und sein kleines Herz zum Stillstand bringen sollte. Das ging schnell. Nur einen Augenblick, nachdem der Kolben den Boden des Zylinders berührt hatte, atmete er heftig ein. «Das war sein letzter Atemzug», sagte die Tierärztin. Dann atmete er noch einmal aus und regte sich nicht mehr. Braver Hund.

Die Tierärztin und ihre Assistentin ließen mich allein, sodass ich noch einen Augenblick bei Renzos leblosem Körper sitzen konnte. Ich öffnete sein Maul und schaute mir seine Zähne an, was er mir nie gestattet hätte, als er noch lebte. Ich versuchte, ihm die Augen zu schließen. Nach einigen Minuten verließ ich den Raum und zahlte die Rechnung, die eine «Gemeinschaftsverbrennung» mit anderen eingeschläferten Hunden einschloss. Dann nahm ich Renzos Decke und ging nach Hause.

Am folgenden Tag rief ich Steven Weinberg in Austin an, um mit ihm zu erörtern, warum die Welt existiert.

9
WARTEN AUF DIE WELTFORMEL

«Ihnen hat das Essen im Shoreline Grill also nicht geschmeckt? Ich dachte, es sei da ganz ordentlich. Die Preise sind ganz happig für Austin, aber doch nicht nach New Yorker Maßstäben. Ich habe übrigens vollkommen vergessen, worüber wir reden wollten.» Aus dem Telefonhörer ertönte Steven Weinbergs tiefe, sonore Stimme mit einem Anflug ironischer Grobheit.

Ich erinnerte ihn daran, dass ich mich mit der Frage beschäftigte, warum etwas und nicht nichts sei.

«Das ist eine sehr hübsche Idee für ein Buch», sagte er, wobei seine Stimme bei dem Wort «sehr» ein paar Töne höher stieg.

Das Kompliment sei erfreulich, sagte ich. Aber hatte er bei dieser Frage die gleichen Empfindungen wie Wittgenstein und so viele andere? Flößte ihm die bloße Tatsache der Existenz Ehrfurcht ein? Fand er es ungewöhnlich, dass es überhaupt eine Welt gab?

«Für mich», sagte Weinberg, «ist das Teil einer umfassenderen Frage, nämlich: ‹Warum sind die Dinge so und nicht anders?› Nach der Antwort auf diese Frage, und zwar in Form fundamentaler Gesetze, suchen wir Wissenschaftler. Wir haben noch keine endgültige Theorie, keine Weltformel. Wenn wir sie haben, könnte sie auch Aufschluss über die Frage bringen, warum überhaupt etwas vorhanden ist. Die Naturgesetze könnten ergeben, dass es etwas geben muss. Beispielsweise könnte nach diesen Gesetzen ein leerer Raum in stabilem Zustand unzulässig sein. Aber das würde das Wunder nicht schmälern. Wir müssten immer noch fragen: ‹Warum sind die Gesetze so und nicht anders?› Ich denke, wir sind ständig zu Geheimnissen dieser Art verurteilt.

Und ich vermute, dass uns der Glaube an Gott nicht weiterhilft. Ich habe es schon früher gesagt und wiederhole es noch einmal. Wenn Sie bei ‹Gott› etwas Bestimmtes vor Augen haben – ein Wesen, das liebt oder eifersüchtig oder was auch immer ist –, dann stehen Sie vor der Frage, warum Gott so und nicht anders ist. Falls Sie andererseits nicht an etwas Bestimmtes denken, wenn Sie sagen, ‹Gott› stehe hinter der Existenz des Universums, warum benutzen Sie dann das Wort überhaupt? Daher denke ich, dass die Religion nicht hilft. Das gehört zur menschlichen Tragödie: Wir sind mit einem Geheimnis konfrontiert, das wir nicht verstehen können.»

Allerdings schien Weinberg nicht zu glauben, dass seine Zunftkollegen viel Licht in das Dunkel vom Ursprung des Universums bringen könnten. «Ich bin da sehr skeptisch», sagte er, «weil wir die Physik nicht wirklich verstehen. Die allgemeine Relativitätstheorie verliert ihre Gültigkeit, wenn wir zu den extremen Bedingungen der Dichte und Temperatur in der Nähe des Urknalls zurückgehen. Ich bin auch skeptisch gegenüber jedem, der Theoreme über unvermeidliche Singularitäten beschwört – Hawking-Theoreme und dergleichen. Diese Theoreme haben ihren Wert, weil sie uns sagen, dass unsere Theorien an einem bestimmten Punkt, sagen wir, wenn ein Stern kollabiert, nicht mehr anwendbar sind. Doch darüber hinaus können wir nichts sagen. Wir wissen im Augenblick einfach zu wenig.»

Diese erkenntnistheoretische Bescheidenheit war erfrischend nach all den wilden Spekulationen, die ich im Laufe des letzten Jahres gehört hatte. Es kam mir vor, als würde ich mit einem modernen Montaigne oder Sokrates sprechen. Aber was hielt Weinberg von den Versuchen einiger seiner kühneren Kollegen, die Existenz selbst zu erklären? Ich erwähnte Alex Vilenkins Annahme, nach der sich unser gegenwärtiges Universum aus einem kleinen Klümpchen «falschen Vakuums» aufgebläht habe, das seinerseits durch den quantentheoretischen «Tunneleffekt» dem reinen Nichts entsprungen sei. Physik oder Metaphysik?

«Vilenkin ist ein schlauer Bursche, und das sind interessante Vermutungen», sagte Weinberg. «Das Problem ist, dass wir gegenwärtig keine Möglichkeit haben, zu entscheiden, ob sie wahr sind oder nicht. Es ist nicht nur so, dass uns die entsprechenden Beobachtungsdaten fehlen – wir haben auch keine Theorie.»

Wenn wir die Theorie hätten – die Weltformel, die endgültige Theorie der Physik –, wäre das, wissenschaftlich gesprochen, das letzte Wort zur Frage, wie das Universum entstanden ist. Doch würde sie auch erklären, warum es das Universum gibt?

«Das wissen wir nicht», sagte Weinberg. «Es hängt davon ab, wie die Weltformel am Ende aussieht. Nehmen wir an, sie gleicht Newtons Theorie. Dort gibt es eine klare Trennung zwischen Gesetzen und Anfangsbedingungen. Beispielsweise gibt die Newton'sche Physik keinen Hinweis auf die Anfangsbedingungen des Sonnensystems. Newton selbst war sich dessen bewusst – er dachte, die Anfangsbedingungen seien von Gott festgelegt worden.»

Wenn die Weltformel ungeklärte Anfangsbedingungen zulassen würde, manchmal auch «Grenzbedingungen» genannt, selbst wenn sie dann die Entwicklung des Universums vollständig erklären könnte – der Ursprung des Universums würde trotzdem ein Geheimnis bleiben. Wer oder was legt diese Anfangsbedingungen fest? Ich dachte an eine dieser «Botschaften aus dem Unsichtbaren», die der große Alan Turing uns hinterlassen hatte: «Wissenschaft ist eine Differenzialgleichung, Religion eine Grenzbedingung.»

«Wenn die Weltformel so aussehen würde, wäre ich enttäuscht», fuhr Weinberg fort. «Hawking und andere hoffen, dass die endgültige Theorie alle Anfangsbedingungen festlegt und dass sie in Hinblick auf den Anfang des Universums keinerlei Freiheiten gewährt. Aber das wissen wir noch nicht.»

Nun, sagte ich, seien wir optimistisch. Nehmen wir an, die Weltformel wird tatsächlich das Universum vollständig erklären, auch seine Anfangsbedingungen. Damit wäre die Frage immer noch ungeklärt, warum die Weltformel eben jene besondere Gestalt hätte und nicht eine andere. Warum sollte sie eine Welt beschreiben, in der Quantenteilchen mittels bestimmter Kräfte wechselwirken? Oder eine Welt aus schwingenden Energiestrings? Oder überhaupt eine Welt? Zweifellos würde die Weltformel nicht nur von der Logik bestimmt werden. Es ist mehr als eine logisch widerspruchsfreie Form denkbar, die die Wirklichkeit annehmen könnte. Aber vielleicht gibt es nur eine logisch widerspruchsfreie Weltformel, die eine Wirklichkeit beschreibt, welche so komplex ist, dass sie bewusste Beobachter wie uns einschließt.

«Das wäre wirklich interessant», sagte Weinberg. «Wäre es ein Anlass zum Staunen? Ich habe gerade mit einem Philosophen an der Cornell University eine Korrespondenz über das sogenannte anthropische Prinzip geführt. Dieser Philosoph dachte, wenn ich ihn richtig verstanden habe, das Universum habe die Evolution von Beobachtern zulassen müssen, weil ein Universum ohne bewusste Beobachter logisch widersprüchlich wäre. Daher war er nicht überrascht, dass dieses Universum auf das Leben so fein abgestimmt zu sein scheint. Mich lässt diese scheinbare Feinabstimmung staunen. Die einzige Erklärung, die ich dafür habe, ist – von einer theologischen Erklärung abgesehen – die Multiversum-Theorie, ich meine, ein Universum, das aus vielen Teilen besteht, jedes mit anderen Naturgesetzen und anderen Werten für seine Konstanten, wie die ‹kosmologische Konstante›, die die kosmische Expansion bestimmt. Wenn es ein Multiversum gibt, das aus vielen Universen besteht, von denen die meisten lebensfeindlich sind, aber einige die Entwicklung von Leben begünstigen, dann ist es nicht überraschend, dass wir uns in einem befinden, in dem die Bedingungen im zuträglichen Bereich liegen.»

Damit bliebe aber immer noch die Frage offen, warf ich ein, warum es diese riesige Menge von Universen gebe.

«Ich will damit nicht sagen, dass das Multiversum alle philosophischen Fragen beantworten kann. Beseitigen würde es jedenfalls das Staunen darüber, dass die Bedingungen in unserem Universum genau richtig für Leben und Bewusstsein sind. Dann hätten wir aber immer noch mit dem Rätsel zu tun, warum die Naturgesetze so beschaffen sind, dass sie ein Multiversum hervorbringen, von dem unser Universum ein Teil ist. Und ich kann keinen Weg erkennen, der zur Lösung dieses Rätsels führt. Zu glauben, dass eine Theorie eine Welt hervorbringen kann, ist ein wenig so, als würde man an Anselms ontologischen Gottesbeweis glauben. Anselm fragt: Kannst du dir etwas vorstellen, über das hinaus nichts Vollkommeneres gedacht werden kann? Wenn du so dumm bist, ja zu sagen, erklärt dir Anselm im Fortgang: Da Existenz eine Vollkommenheit ist, folgt daraus, dass das Wesen, an das du denkst, existieren muss, denn würde es nicht existieren, könntest du etwas Vollkommeneres denken: das gleiche Wesen, nur existierend! Dem ontologischen Beweis ist sehr oft der Garaus gemacht worden, und immer ist er wiederauferstanden. Es gibt einen modernen Theologen an der University of Notre Dame, einen gewissen Alvin Plantinga, der behauptet, er habe eine wasserdichte Version des Anselm'schen Gottesbeweises entwickelt. Ich glaube, das ist alles Unsinn. Mir scheint offenkundig zu sein, dass man nicht aus der Tatsache, dass man etwas denkt, auf dessen Existenz schließen kann. Nach meiner Meinung ist es auch nicht zwingend, dass die Naturgesetze etwas Wirkliches beschreiben. Keine Theorie kann Ihnen garantieren, dass die Dinge, die sie behandelt, auch existieren.»

Vielleicht könne man, sagte ich, von der Quantentheorie am ehesten eine Erklärung der Existenz erhoffen. Denn sie lege nicht nur Ereignisse in der Welt dar. Sie biete – anders als die von ihr abgelöste klassische Physik – auch eine Begründung für den Eintritt der Welt in die Existenz: Durch die Quantenunschärfe sei ein winziger Keim des Kosmos der Leere entsprungen. Dieselbe

Theorie, die die inneren Zusammenhänge der Welt beschreibt, könnte also auch die Existenz der Welt von außen untermauern.

«Ja, das könnte zu ihren Gunsten sprechen», sagte Weinberg. «Doch da gibt es etwas, worüber ich nicht glücklich bin. Die Quantenmechanik ist in Wirklichkeit eine leere Bühne. Sie sagt Ihnen nichts von sich aus. Aus diesem Grund glaube ich, dass Karl Popper unrecht hatte, als er sagte, eine wissenschaftliche Theorie müsse für Falsifikation offen sein. Sie können die Quantenmechanik nicht falsifizieren, denn sie macht keine Vorhersagen. Sie ist ein sehr allgemeines Bezugssystem, in dessen Rahmen Sie Theorien formulieren können, die dann tatsächlich Vorhersagen machen. Die Newton'sche Physik ist nicht in der Quantenmechanik formuliert, aber alle unsere modernen Theorien schon. Und die Quantenmechanik selbst sagt nichts aus über den spontanen Eintritt des Universums in die Existenz. Denn für solche Dinge brauchen Sie das Zusammenwirken der Quantenmechanik mit anderen Theorien.»

Und wohin führt uns das?

«An einen ziemlich unbefriedigenden Ort, würde ich sagen. Auf lange Sicht brauchten wir schon eine wahrhaft vereinheitlichte Theorie – nicht nur Quantenmechanik plus das eine oder andere, sondern eine Theorie, die alles zu einer unauflöslichen Einheit zusammenfasst. Und nichts, was wir bisher haben, hat die entfernteste Ähnlichkeit damit. Ich meine, da gibt es die Quantentheorie der Gravitation, die Quantenelektrodynamik oder das Standardmodell, aber das sind einfach weitere Darsteller auf der Quantenbühne. Die endgültige Theorie scheint immer noch in weiter Ferne zu liegen.»

Als ich die Stringtheorie ansprach, mischte sich ein melancholischer Unterton in Weinbergs Stimme.

«Ich hatte gehofft, dass sich alle diese Dinge dank der Stringtheorie sehr viel rascher klären würden, als es der Fall war», sagte er. «Es ist ziemlich enttäuschend. Ich gehöre nicht zu den Leuten, die schlecht über die Stringtheorie reden. Ich denke immer noch, sie ist unser bester Versuch, über unser gegenwärtiges Wissen hinauszugelangen, aber sie hat sich nicht so entwickelt, wie wir es erwartet hatten. Es gibt eine Riesenzahl von verschiedenen Lösungen für die Gleichungen der Stringtheorie, etwas im Bereich von 10 hoch 500. Wenn jede dieser Lösungen irgendwie in der Natur verwirklicht wäre, dann würde uns die Stringtheorie ein natürliches Multiversum liefern – eines, das wahrlich so groß wäre, dass das anthropische Prinzip darin mühelos funktionieren könnte.»

Weinberg bezog sich auf einen Sachverhalt, den Stringtheoretiker als «die Landschaft» bezeichnen: ein unvorstellbar riesiges Gebilde aus «Taschen-Universen», deren jedes eine andere mögliche Lösung der String-Gleichungen verkörpert. Diese Taschen-Universen würden sich auf fundamentale Weise voneinander unterscheiden: in der Zahl ihrer räumlichen Dimensionen, im Typus der Teilchen, aus denen ihre Materie besteht, in der Stärke ihrer Kräfte und so fort. Die meisten wären lebensfeindliche «tote Universen», bar allen Lebens oder Bewusstseins. Doch einige wenige in dieser enormen Vielfalt würden genau die Merkmale aufweisen, die für die Entstehung von intelligenten Beobachtern erforderlich sind – Beobachtern, die erstaunt wären, in einer Welt zu leben, die offenbar auf wunderbare Weise auf ihre Bedürfnisse abgestimmt ist. Einige Physiker finden diesen stringtheoretischen Entwurf der Landschaft faszinierend, andere sehen darin eine *reductio ad absurdum*.

«Nebenbei bemerkt», fügte Weinberg hinzu, «es gibt noch einen anderen Ansatz zum Multiversum, einen rein philosophischen. Robert Nozick, ein – inzwischen verstorbener – Philosoph der Harvard University, hat ihn vorgeschlagen. Nozick ging von dem philosophischen Prinzip aus, dass alles, dessen Existenz wir uns vorstellen können, auch tatsächlich existiert.»

Richtig, sagte ich – das «Fruchtbarkeitsprinzip».

«Genau. In Nozicks Entwurf gibt es also alle diese verschiedenen möglichen Welten, alle kausal voneinander getrennt, alle vollkommen unterschiedlichen Naturgesetzen unterworfen. Es gibt eine Welt, in der Newtons Mechanik gilt, und eine andere, in der nur zwei Teilchen einander ewig umkreisen, und wieder eine andere, die vollkommen leer ist. Man kann das Fruchtbarkeitsprinzip rechtfertigen, indem man – wie Nozick – darauf verweist, dass es eine ansprechende Selbstkonsistenz besitzt. Das Prinzip besagt nämlich, dass alle Möglichkeiten verwirklicht sind, nun ist aber dieses Prinzip selbst nur eine dieser Möglichkeiten, daher muss es gemäß der eigenen Gesetzmäßigkeit verwirklicht sein.»

Ich wandte ein, dass das Fruchtbarkeitsprinzip auch, statt selbstkonsistent zu sein, ontologisch so verschwenderisch sein könnte, dass es zu Widersprüchen führe. Es sei wie die Menge aller Mengen, die – da sie eine Menge ist – auch sich selbst enthalten muss. Aber wenn einige Mengen sich selbst enthalten, kann man auch die Menge aller Mengen betrachten, die sich nicht selbst enthalten. Nennen wir diese Menge R. Fragen wir jetzt: Enthält R sich selbst? Wenn ja, dann ist das definitionsgemäß nicht der Fall; und wenn nicht, ist das definitionsgemäß der Fall. Widerspruch! Weinberg erkannte das natürlich sofort als das Russell'sche Paradoxon. Das Fruchtbarkeitsprinzip, so behauptete ich, leide an einem ähnlich fatalen logischen Mangel. Wenn alle Möglichkeiten verwirklicht sind und einige Möglichkeiten sich selbst einschließen, andere dagegen nicht, dann muss auch die Möglichkeit verwirklicht sein, dass alle sich selbst ausschließenden Möglichkeiten verwirklicht sind. Und diese Möglichkeit, schloss ich, sei genauso paradox wie die Menge aller Mengen, die sich selbst nicht enthalten.

Das führte zu einem längeren Streitgespräch zwischen Weinberg und mir über die Frage, was es eigentlich bedeute, wenn eine Möglichkeit eine andere ausschließe. Die Sache endete unentschieden, als wir uns darauf einigten, dass das Ganze lediglich auf einen «metaphysischen Spaß» hinauslaufe. Nach einer kleinen Unterhaltung über das Leben in New York – Weinberg wurde dort 1933 als Kind von Einwanderern geboren und besuchte die Bronx High School of Science, gab aber zu, «seit Jahren» nicht mehr in der Stadt gewesen zu sein – war meine Unterhaltung mit dem Vater des Standardmodells der Physik vorbei.

Hatte sie meine Erkenntnisse über das Geheimnis der Existenz vertieft? Nun, ich war überrascht, dass dieser so erfrischend skeptische und wissenschaftlich kompromisslose Forscher zu erkennen gegeben hatte, dass er für einen metaphysisch extravaganten Begriff offen war. Ich nahm noch einmal sein Buch *Der Traum von der Einheit des Universums* zur Hand, um zu schauen, was er darin zu dem Thema gesagt hatte. Das Fruchtbarkeitsprinzip, hatte er geschrieben, «nimmt vielmehr an, daß es völlig verschiedene Universen gibt, die gänzlich verschiedenen Gesetzen unterliegen. Wenn diese anderen Universen aber ganz und gar unzugänglich und unerkennbar sind, hat die Aussage, daß sie existieren, offenbar keine Konsequenzen außer der, die Frage zu vermeiden, warum sie nicht existieren. Das Problem scheint mir darin zu liegen, daß wir bemüht sind, logisch zu sein im Hinblick auf eine Frage, die im Grunde keinem logischen Argument zugänglich ist, der Frage nämlich, was unsere Neugier fesseln oder auch nicht fesseln sollte.»[1]

Dieses Bedürfnis nach Staunen könnten Physiker, so scheint Weinberg zu glauben, am ehesten befriedigen, indem sie den Heiligen Gral entdeckten, die Weltformel. «Das mag in ein oder zwei Jahrhunderten geschehen», hatte er geschrieben, «und wenn es geschieht, dann dürften die Physiker an die äußerste Grenze ihres Erklärungsvermögens gestoßen sein.»[2]

Die endgültige Theorie, von der Weinberg träumt, verspricht, in Hinblick auf den Ursprung des Universums weit über die gegenwärtige Physik hinauszugehen. Sie könnte beispielsweise zeigen, dass Raum und Zeit aus fundamentalen Objekten hervorgegangen sind, von denen wir bislang gar keinen Begriff haben. Aber es ist schwer vorstellbar, wie eine endgültige Theorie erklären könnte, warum es ein Universum und nicht einfach nichts gibt. Informieren die physikalischen Gesetze irgendwie den Abgrund, der trächtig ist mit Sein? Wenn ja, wo sind dann die Gesetze? Schweben sie über der Welt wie der Geist Gottes und befehlen den Dingen zu existieren? Oder sind sie der Welt inhärent und lediglich eine Zusammenfassung dessen, was in ihr vor sich geht?

Kosmologen wie Stephen Hawking und Alex Vilenkin erwogen gelegentlich die erste Möglichkeit, zeigten sich dann aber doch überrascht. Hier zum Beispiel erörtert Vilenkin den quantenmechanischen «Tunneleffekts», durch den seiner Meinung nach das Universum aus dem absoluten Nichts hätte geboren werden können: «Dieser Prozess unterliegt den gleichen fundamentalen Gesetzen wie die anschließende Entwicklung des Universums. Daraus folgt, dass die Gesetze schon vor dem Universum selbst ‹da› gewesen sein müssten. Bedeutet dies, dass die Gesetze mehr sind als reine Beschreibungen der Wirklichkeit, dass sie eine unabhängige, eigene Existenz besitzen können? Auf welchen Tafeln könnten sie geschrieben stehen, ohne Raum, Zeit und Materie? Die Gesetze finden ihren Ausdruck in Form mathematischer Gleichungen. Wenn die Mathematik über den Geist vermittelt wird, bedeutet dies, dass vor dem Universum der Geist steht?»[3] Die Frage, wessen Geist das sein könnte, übergeht Vilenkin mit Schweigen.

Auch Hawking hat eingestanden, dass der ontologische Status und die augenscheinliche Macht der physikalischen Gesetze ihn verblüfft hätten: «Wer bläst den Gleichungen den Odem ein und erschafft ihnen ein Universum, das sie beschreiben können? ... Ist die vereinheitlichte Theorie so zwingend, daß sie diese Existenz herbeizitiert?»[4]

Wenn die endgültigen Gesetze der Physik wie Platons ewige und transzendente Ideen eine eigene Wirklichkeit hätten, würde das nur ein neues Rätsel aufwerfen – zwei Rätsel, um genau zu sein. Das erste ist dasjenige, das Hawking zusetzte. Was verleiht diesen Gesetzen ihr ontisches Gewicht, ihr «Feuer»? Wie bringen sie eine Welt hervor? Wie bringen sie Ereignisse dazu, ihnen zu gehorchen? Selbst Platon brauchte einen göttlichen Handwerker, einen «Demiurgen», der die Welt nach dem von den Ideen gelieferten Bauplan schuf.

Das zweite Rätsel, das sich ergeben würde, wenn die physikalischen Gesetze ihre eigene transzendente Wirklichkeit hätten, ist noch grundlegender: Warum gibt es diese Gesetze? Warum nicht ein anderes System von Gesetzen oder, noch einfacher, überhaupt keine Gesetze? Wenn die physikalischen Gesetze Etwas sind, können sie nicht erklären, warum es Etwas und nicht Nichts gibt, da sie ein Teil des zu erklärenden Etwas sind.

Betrachten wir also die andere Möglichkeit – dass die physikalischen Gesetze keinen eigenen ontologischen Status haben. Diese Auffassung schließt aus, dass die Gesetze über der Welt schweben oder in irgendeiner Weise schon vor ihr existierten. Sie sind lediglich die allgemeinste mögliche Summe der Ereignismuster in der Welt. So betrachtet, kreisen die Planeten nicht um die Sonne, weil sie den Gravitationsgesetzen «gehorchen», vielmehr fasst das Gravitationsgesetz – oder vielmehr die allgemeine Relativitätstheorie, die jenes abgelöst hat – ein regelmäßiges Muster der Natur zusammen, ein Muster, das die Planetenbahnen mit einschließt.

Nehmen wir an, die Gesetze der Physik – auch jene fundamentalen Gesetze, die eines Tages die erhoffte Weltformel bilden werden – sind tatsächlich nur Zusammenfassungen dessen, was in der Welt vor sich geht. Wie können diese Gesetze dann irgendetwas erklären? Vielleicht können sie es gar nicht. Jedenfalls war Ludwig Wittgenstein dieser Meinung. «Der ganzen modernen

Weltanschauung», schrieb Wittgenstein in seinem *Tractatus*, «liegt die Täuschung zugrunde, daß die sogenannten Naturgesetze die Erklärungen der Naturerscheinungen seien ... So bleiben sie bei den Naturgesetzen als bei etwas Unantastbarem stehen, wie die älteren bei Gott und dem Schicksal.»[5] Offensichtlich teilt Weinberg diese Wittgenstein'sche Skepsis nicht. Für ihn sind Physiker nicht wie Priester oder Orakel. Sie erklären die Dinge tatsächlich. Erklärungen lösen bei Menschen Aha-Erlebnisse aus. Ein Ereignis wissenschaftlich zu erklären heißt laut Weinberg, zu zeigen, wie es in das Muster von Regelmäßigkeiten passt, die in einem physikalischen Prinzip verschlüsselt sind. Und dieses Prinzip zu erklären heißt wiederum, den Nachweis zu erbringen, dass es von einem viel tiefer liegenden Prinzip abgeleitet werden kann. Beispielsweise lassen sich die chemischen Eigenschaften vieler Moleküle aus den grundlegenden Prinzipien der Quantenmechanik und der elektrostatischen Anziehung ableiten – und dadurch auch erklären. Irgendwann werden, nach Weinbergs Auffassung, alle diese Pfeile wissenschaftlicher Erklärungen auf einer fundamentalen Ebene zusammentreffen – der tiefsten und allumfassenden Ebene, der Ebene der Weltformel.

Es ist denkbar, dass künftige Physiker sogar die Existenz des Universums in dieses große deduktive Schema einordnen werden. Mit Hilfe der Weltformel werden sie vielleicht berechnen können, dass der Keim eines inflationären Multiversums durch den Tunneleffekt dem Nichts entspringen musste. Doch welche Bedeutung hätte eine solche Berechnung? Würde sie erklären, warum es etwas gibt und nicht einfach nichts? Nein. Sie würde bloß zeigen, dass die Gesetze, die die Regelmäßigkeiten im Inneren der Welt offenbaren, nicht mit der Nichtexistenz dieser Welt zu vereinbaren sind. Wenn beispielsweise Heisenbergs Unschärferelation besagt, dass der Wert eines Feldes und seine Veränderungsrate nicht beide genau gleich null sein können, dann kann die Welt als Ganze wohl kaum aus unveränderlichem Nichts bestehen. Dem metaphysischen Optimisten könnte dieses Ergebnis gar nicht so schlecht erscheinen. Es würde bedeuten, dass die Welt in gewissem Sinne selbstsubsumierend ist, dass ihre Existenz aus Regelmäßigkeiten in ihrem Inneren folgt oder zumindest wahrscheinlich wird. Für den Zyniker sieht es allerdings nach einem Teufelskreis aus. Da die Welt den Mustern in ihrem Inneren logisch vorausgeht, können diese inneren Muster nicht dazu dienen, die Existenz der Welt zu erklären.

Meine Begegnung mit Weinberg hatte mein Verständnis für das Wesen wissenschaftlicher Erklärungen vertieft. Aber ich war mir auch mit ihm darin einig gewesen, dass keine solche Erklärung das Geheimnis der Existenz würde lüften können. Die Frage «Warum ist etwas und nicht nichts?» liegt außerhalb des Geltungsbereichs selbst der Weltformel. Ungeachtet der klugen und einfallsreichen Manöver von Kosmologen wie Stephen Hawking, Ed Tryon und Alex Vilenkin galt es, eine befriedigende Antwort – wenn es sie denn gab – woanders zu suchen, außerhalb der theoretischen Physik.

Würde sich die Suche als vergeblich herausstellen? Vielleicht. Aber das machte sie – im Sinne des Sisyphos-Mythos – nur noch vornehmer. Schließlich schrieb Weinberg ganz zum Schluss seines Buchs *Die ersten drei Minuten*: «Das Bemühen, das Universum zu verstehen, ist eines der ganz wenigen Dinge, die das menschliche Leben ein wenig über die Stufe einer Farce erheben, und gibt ihm etwas von der Anmut der Tragödie.»[6]

— *Zwischenspiel* —
EIN WORT ZU VIELEN WELTEN

Die Existenz einer Welt ist schon geheimnisvoll genug. Doch was ist mit der Existenz vieler Welten? Eine so hemmungslose Verschwendung des Seins scheint die Suche nach einer letzten Erklärung noch hoffnungsloser zu machen. Zu den bereits unbeantwortbaren Fragen «Warum überhaupt etwas?» und «Warum dieses?» scheint noch eine dritte hinzuzukommen: «Warum so viel?»

Doch offenbar sagte die Viele-Welten-Hypothese einigen der Denker, die ich aufsuchte, sehr zu. Steven Weinberg hatte trotz seiner skeptischen Grundeinstellung keine Mühe, sie zu akzeptieren. Auch nicht der weit weniger skeptische David Deutsch. Beide meinten, die Existenz einer Vielzahl von Universen würde einige fundamentale Eigenschaften unseres Universums weniger rätselhaft erscheinen lassen: sein sonst unerklärliches Quantenverhalten (Deutsch) und seine aller Wahrscheinlichkeit widersprechende Eignung für die Entwicklung von Leben (Weinberg).

Richard Swinburne dagegen hatte das Postulat einer «Trillion anderer Universen» als den «Gipfel der Irrationalität» bezeichnet.[1] Und er ist nicht der Einzige, der die Sache so kritisch sieht. Martin Gardner, der namhafte Wissenschaftsjournalist und unerbittliche Feind pseudowissenschaftlicher Schwindeleien, erklärte unmissverständlich: «Es gibt nicht den Hauch eines Beweises dafür, dass es außer dem unseren noch irgendein anderes Universum gibt.»[2] Die Multiversum-Theorien, sagte Gardner, seien «allesamt leichtfertige Phantastereien». Der Physiker Paul Davies, der die Debatte in der *New York Times* in unmittelbare

Nachbarschaft des Leitartikels brachte, verkündete: «Die Berufung auf eine unendliche Zahl unsichtbarer Universen, um die ungewöhnlichen Eigenschaften desjenigen zu erklären, das wir sehen, ist so unbegründet wie die Beschwörung eines unsichtbaren Schöpfers.»[3] In beiden Fällen sei «blinder Glauben» erforderlich.

Sollen wir an multiple Universen glauben oder nicht? Und hat unsere Entscheidung irgendwelche Auswirkungen auf die tiefer gehende Frage, warum es etwas und nicht nichts gibt?

Bevor wir uns diesen Überlegungen zuwenden, gilt es noch, einen semantischen Punkt abzuhandeln. Wenn das Universum tatsächlich «alles, was ist» umfasst, ist dann nicht definitionsgemäß klar, dass es nur ein einziges derartiges Objekt gibt? Gewiss. Aber wenn Physiker und Philosophen von zwei verschiedenen Regionen der Raumzeit sagen, sie seien «zwei Universen», meinen sie in der Regel Folgendes: Diese Regionen sind, erstens, sehr, sehr groß, zweitens, kausal voneinander isoliert, und daher, drittens, füreinander nicht durch direkte Beobachtung erkennbar. Noch mehr Gewicht bekommt die Feststellung, dass die beiden Regionen getrennte Universen sind, wenn sie, viertens, sehr verschiedene Eigenschaften haben – wenn beispielsweise die eine drei räumliche Dimensionen hat, die andere siebzehn. Schließlich könnten – und das ist die existenziell besonders interessante Möglichkeit – zwei Regionen der Raumzeit als separate Universen bezeichnet werden, wenn sie, fünftens, «parallel» sind, soll heißen, wenn sie abweichende Versionen derselben Inhalte besitzen. Beispielsweise könnten sich in ihnen verschiedene Alter Egos ihrer selbst befinden. Philosophen und Wissenschaftler, die für möglich halten, dass es viele Universen in der einen oder anderen Kombination dieser Spielarten gibt, verwenden den Begriff «Multiversum» – manchmal auch «Megaversum» – für deren Gesamtheit.

Aber warum an das Multiversum glauben?

Da andere Universen definitionsgemäß von unserem aus nicht direkt beobachtbar sind, liegt die Beweislast natürlich bei denen, die die Existenz dieser anderen Welten behaupten. Die Argumente des Pro-Multiversum-Lagers gehören im Wesentlichen zwei Kategorien an.

Die eine Kategorie – die gute – besagt, dass die Existenz anderer Universen nahegelegt wird durch Merkmale unseres Universums und die Theorien, die diese Merkmale am besten erklären. Beispielsweise lassen Messungen der kosmischen Hintergrundstrahlung – jenes Echos, das vom Urknall stammt – darauf schließen, dass der Raum, in dem wir leben, unendlich und dass die Materie zufällig über ihn verteilt ist. Daher müssten alle möglichen Materiekonfigurationen irgendwo da draußen existieren – auch genaue und ungenaue Kopien unserer eigenen Welt und der in ihr lebenden Wesen. Eine Überschlagsrechnung zeigt, dass es ein exaktes Duplikat ihrer selbst in einer Entfernung von ungefähr 10 hoch 10 hoch 28 ($10^{10^{28}}$) Metern geben könnte – oder Meilen oder Angström oder Lichtjahren, die Einheit spielt bei einer solchen Zahl keine Rolle mehr. Doch da die Lichtgeschwindigkeit endlich ist, sind diese Parallelwelten – und unsere Doppelgänger in ihnen – unerreichbar für uns und werden es, wenn die Expansion des Universums anhält, immer bleiben.

Eine andere, extravagantere Form des Multiversums folgt aus der Theorie der «chaotischen Inflation». In den achtziger Jahren von dem russischen Physiker Andrei Linde vorgeschlagen, um zu erklären, warum unser Universum so und nicht anders aussieht – groß, gleichförmig, flach, von geringer Entropie –, sagt diese Theorie auch, dass Urknall-Ereignisse ziemlich häufige Vorkommnisse sein müssten. Nach dem inflationären Entwurf ist das Multiversum ein Gebilde aus unzähligen, voneinander isolierten «Blasen-Universen», die allerdings nicht aus dem Nichts ins Sein gelangen, sondern, so die Theorie, aus einer Art präexistierendem Chaos entstehen.

Das inflationäre Multiversum bringt keine Klarheit in der Frage, warum es etwas und nicht nichts gibt. Aber es liefert, wie Steven Weinberg in unserem Gespräch erläuterte, eine gute Lösung für ein anderes Rätsel – das Rätsel unserer Existenz. In der inflationären Kosmologie besitzen die Naturgesetze im gesamten Multiversum die gleiche allgemeine Form. Doch die Einzelheiten dieser Gesetze – die genaue Stärke der Kräfte, die relative Masse der Teilchen, die Zahl räumlicher Dimensionen und so fort – sind von Universum zu Universum zufälligen Schwankungen unterworfen; diese Zufälligkeit wird durch die Quantenfluktuationen bei der Geburt der verschiedenen Blasen-Universen bewirkt. Wenn unser eigenes Universum nur eines in einer Vielzahl von Universen mit zufällig variierenden physikalischen Details ist, dann können wir davon ausgehen, dass einige dieser Universen die richtigen Bedingungen für die Entwicklung intelligenten Lebens haben. Fügen wir dieser Binsenweisheit noch die Feststellung hinzu, dass wir uns, wenn wir überhaupt existieren, zwangsläufig in einem Universum mit solchen lebensförderlichen Bedingungen befinden müssen – das besagt das sogenannte anthropische Prinzip –, so erscheint die vermeintliche Feinabstimmung unseres Universums für die Entwicklung von Leben gar nicht mehr so bemerkenswert. Damit entfällt die Notwendigkeit, die Gotteshypothese zu bemühen, um die Frage «Warum sind wir hier?» zu beantworten.

Wenn wissenschaftliche Beobachtungen also Anhaltspunkte für die Annahme liefern, dass es andere Universen geben könnte, lösen sich bestimmte, unser eigenes Universum betreffende Rätsel von selbst, gewissermaßen als Nebeneffekt. So hat das Weinberg dargestellt. Doch einige Theoretiker wollen diesen Gedanken umkehren. Sie behaupten, es müsse andere Universen geben, damit bestimmte Rätsel gelöst werden. Das ist die zweite Kategorie der Multiversum-Argumente – die schlechte Kategorie, da sie nichts mit empirischen Beobachtungen zu tun hat.

Eine Version dieses Arguments entstammt den Versuchen, eine sinnvolle Erklärung für die Quantentheorie zu finden. Betrachten wir das berühmte Paradoxon von Schrödingers Katze – jenem unglücklichen Haustier in einer Kiste, das infolge der Quantensuperposition zugleich lebendig und tot ist. Nach der Viele-Welten-Interpretation der Quantentheorie teilt Schrödingers Gedankenexperiment das Universum in zwei Parallelkopien auf, eine mit einer lebendigen Katze, die andere mit einer toten, und jede mit einer Version von Ihnen. Physiker, die diese Interpretation favorisieren, und dazu gehören viele namhafte Vertreter der Zunft, unter anderem Richard Feynman, Murray Gell-Mann und Stephen Hawking, behaupten, dass sich jedes Universum jede Sekunde in eine ungeheure Zahl von Kopien aufteile – in der Größenordnung einer 10 gefolgt von hundert Nullen –, die alle gleich real seien. Doch da die Quantentheorie diesen Parallelwelten Wechselwirkungen nur auf höchst gespenstische Weise gestatte, lasse sich ihre Wirklichkeit nicht experimentell beobachten.

Eine andere Version dieser Rückwärtsargumentation für multiple Universen vertrat der verstorbene Princeton-Philosoph David K. Lewis. Lewis schockierte seine Zunftkollegen mit der Behauptung, alle logisch möglichen Welten seien real – genauso real wie jene, die wir die «tatsächliche» Welt nennen. Wie kam er darauf? Weil sie, sagte er, wenn sie real seien, eine Vielzahl philosophischer Probleme lösen würden. Schauen wir uns das Problem der kontrafaktischen Aussagen an. Was bedeutet es, wenn wir sagen: «Wenn JFK nicht nach Dallas gefahren wäre, hätte der Vietnamkrieg früher geendet»? Laut Lewis ist die kontrafaktische Aussage nur wahr, wenn es eine mögliche, der tatsächlichen sehr ähnliche Welt gibt, in der JFK nicht nach Dallas fuhr und der Vietnamkrieg tatsächlich früher endete. Lewis mögliche Welten eignen sich auch dazu, Sätzen mit Anfängen wie «Wenn Schweine fliegen könnten...» Sinn zu verleihen.

Solche zweifelhaften Argumente für die Idee des Multiversums haben genauso zweifelhafte Argumente gegen sie provoziert – etwa diese drei:

Erstens: «Es ist unwissenschaftlich.» Paul Davies wie Martin Gardner erklären, dass die Aussage «Das Multiversum existiert» keinen empirischen Gehalt habe und daher auf leere Metaphysik hinauslaufe. Doch einige Theorien, die die Existenz eines Multiversums implizieren – etwa die Theorie der chaotischen Inflation –, ermöglichen überprüfbare Vorhersagen; überdies sind diese Vorhersagen durch die bislang gesammelten Daten bestätigt worden. Auch könnten in den nächsten zehn Jahren verbesserte Messungen der Mikrowellen-Hintergrundstrahlung und der großräumigen Materieverteilung diese Theorien weiter untermauern – oder widerlegen. Das sieht nach echter Wissenschaft aus.

Zweitens: «Alternative Universen sollten Ockhams Rasiermesser zum Opfer fallen.» Sowohl Davies wie Gardner beklagen, dass der Begriff des Multiversums zu extravagant sei. «Zweifellos ist die Annahme, dass es nur ein Universum und seinen Schöpfer gibt, unendlich einfacher und leichter zu glauben als die Vorstellung von Milliarden und Abermilliarden Welten»,[4] schreibt Gardner. Ist das so? Unser Universum entstand mit dem Urknall, und es wäre, wie der kanadische Philosoph John Leslie darlegte, außerordentlich seltsam, wenn der Mechanismus, der diesem welterzeugenden Ereignis zugrunde lag, ein Schild mit der Aufschrift getragen hätte: «Dieser Mechanismus ist nur einmal aktiviert worden». Ein Computerprogramm, das die ganze Zahlenfolge ausdruckt, ist einfacher als eines, das nur eine einzige, sehr lange Zahl produziert.

Drittens: «Wenn das Multiversum real wäre, würde es unsere Welt zu einer matrixähnlichen Simulation reduzieren.» Dieser von Davies vorgebrachte Einwand ist sicherlich am sonderbarsten. Wenn es wirklich eine Unzahl von Universen gäbe, so meint

Davies, dann müsse es in einigen von ihnen technologisch fortgeschrittene Zivilisationen geben, die Computer zur Simulation unendlich vieler virtueller Welten benutzen könnten. Diese virtuellen Welten würden die Zahl der tatsächlichen, das Multiversum konstituierenden Universen bei weitem übersteigen. Wenn man also die Multiversum-Theorie akzeptiere, so fährt er fort, sei es viel wahrscheinlicher, dass wir selbst Geschöpfe in einer virtuellen Welt sind als die Bewohner eines realen materiellen Universums. Wenn die Multiversum-Theorie wahr sei, sagt Davies, gäbe «es keinen Grund für die Annahme, dass unsere Welt – diejenige, in der Sie dies gerade lesen – realer ist als eine Simulation».[5] Er hält das für eine *reductio ad absurdum* der Multiversum-Hypothese. Aber Davies' Argument ist aus mindestens zwei Gründen schwach. Wäre es gültig, würde es die Existenz technologisch fortgeschrittener Zivilisationen in diesem Universum ausschließen, weil auch sie vermutlich simulierte Welten in großer Zahl generieren würden. Und die Hypothese, dass wir selbst in einer Simulation leben, entbehrt jeglicher empirischen Grundlage. Wie sollte sie verifiziert oder falsifiziert werden? Wie Hilary Putnam dargelegt hat, könnten wir noch nicht einmal vernünftig darüber reden, da unsere Wörter nur Dinge «im Inneren» der angeblichen Simulation bezeichnen könnten.

Unter den Theoretikern, die die Multiversum-Theorie ernst nehmen, gilt die wohl größte Meinungsverschiedenheit der Frage, wie viele verschiedene Versionen der Theorie es gibt. Ist zum Beispiel das «Quantum-Multiversum» dasselbe wie das «inflationäre Universum»? Das Quantum-Multiversum ist, wie oben beschrieben, die Version, die zur Erklärung der seltsamen Quanten-Phänomene dient. Zuerst in den fünfziger Jahren von dem Physiker Hugh Everett III in Gestalt seiner Viele-Welten-Interpretation vorgeschlagen, besagt sie, dass die verschiedenen möglichen Ergebnisse einer Quantenmessung den parallelen Universen entsprechen, die alle in einer Art größerer Wirklichkeit nebeneinander existieren. Das inflationäre Multiversum dagegen beruht auf kosmologischen Überlegungen. Es umfasst eine unendliche Zahl von Blasen-Universen, deren jedes mittels seines eigenen Urknalls aus dem Urchaos entstand.

Die Welten, die das inflationäre Multiversum konstituieren, sind voneinander durch Raumregionen getrennt, die, da sie mit Überlichtgeschwindigkeit expandieren, nicht durchquert werden können. Im Gegensatz dazu sind die Welten, aus denen das Quantum-Multiversum besteht, getrennt durch... nun, das kann eigentlich niemand sagen. Die Metapher von den Quanten-Welten, die voneinander «abzweigen», deutet an, dass sie in irgendeiner Weise nahe beieinander sind, genauso die Vorstellung, dass solche Parallelwelten ganz leicht aneinanderstoßen, wie etwa in dem Doppelspalt-Experiment.

Angesichts solcher Unterschiede könnte man denken, dass wir hier über zwei verschiedene Arten von Multiversen sprechen. Überraschenderweise gibt es jedoch namhafte Physiker, die die beiden völlig bedenkenlos miteinander verschmelzen. Einer von ihnen ist Leonard Susskind, einer der Väter der Stringtheorie. «Das Viele-Welten-Universum [Multiversum] scheint auf den ersten Blick ein ganz anderer Entwurf zu sein als das ewig inflationäre», schreibt Susskind. «Doch ich denke, sie könnten in Wahrheit ein und dasselbe sein.»[6]

Susskinds Glaube an die Identität der beiden scheinbar verschiedenen Multiversum-Versionen hatte mich überrascht, daher brachte ich das Weinberg gegenüber zur Sprache. «Ich fand es auch verwirrend», sagte er. «Ich habe mit anderen darüber gesprochen, und sie verstehen es auch nicht.» Obwohl Weinberg selbst mit der Viele-Welten-Interpretation der Quantenmechanik sympathisiert, findet er, dass sie «vollkommen unverträglich» mit der Theorie des inflationären Multiversums ist. Anders gesagt, Weinberg konnte keinen Grund erkennen, die beiden Multiversen gleichzusetzen, wie Susskind es tat. «Ich stimme nicht mit Susskind überein», meinte Weinberg zu mir, «und ich weiß nicht, warum er das behauptet hat.»

Ob die von Physikern postulierten Multiversen identisch sind oder nicht, eines lässt sich mit Bestimmtheit von ihnen sagen: Sie sind kontingent, nicht notwendig. Sie haben nichts vorzuweisen, was erklären könnte, warum sie existieren. Zwar unterscheiden sich die individuellen Welten, die ein Multiversum umfasst, in ihren Merkmalen, aber sie gehorchen denselben Naturgesetzen – Gesetzen, die aus unerklärlichen Gründen eine bestimmte Form annehmen statt irgendeiner anderen. Also selbst das extravaganteste Multiversum, das in rein physikalischen Begriffen niedergelegt ist, lässt zwei grundlegende Fragen unbeantwortet: Warum diese Gesetze? Und warum gibt es überhaupt ein Multiversum, das sie verkörpert und nicht einfach nichts?

Die Vermutung, dass «es hier möglicherweise ein Geheimnis gibt, das noch zu entdecken bleibt»[7], geht auf den amerikanischen Philosophen C. S. Peirce zurück, der im 19. Jahrhundert ein bedeutender Vertreter des Pragmatismus war und spöttisch bedauert haben soll, dass Universen nicht «so zahlreich wie Brombeeren» seien. Die Physik allein scheint nicht in der Lage zu sein, dieses Geheimnis zu entdecken. Das hat einige Physiker dazu veranlasst, mit einer mystischen Einstellung zur Wirklichkeit zu liebäugeln oder sie sogar zu übernehmen – einer Einstellung, die zurückreicht bis Platon, wenn nicht sogar Pythagoras.

— 10 —

PLATONISCHE ÜBERLEGUNGEN

See Mystery to Mathematics fly!
In vain! they gaze, turn giddy, rave, and die.*

Alexander Pope, The Dunciad

Mystik und Mathematik sind schon lange miteinander verbunden. Der mystische Kult des Pythagoras entwickelte in der Antike die Mathematik als deduktive Wissenschaft. «Alles ist Zahl», verkündete Pythagoras – womit er zu meinen schien, dass die Welt ganz buchstäblich aus Mathematik bestehe. Da kann es kaum wundernehmen, dass die Pythagoreer die Zahlen als eine Gabe der Götter verehrten. (Sie glaubten auch an Seelenwanderung und hielten den Verzehr von Bohnen für gottlos.)

Heute, zweieinhalb Jahrtausende später, haftet der Mathematik noch immer ein Hauch von Mystik an. Die zeitgenössischen Mathematiker in ihrer Mehrheit – eine repräsentative, wenn auch umstrittene, Umfrage kommt auf zwei Drittel – glauben an eine Art Himmel, allerdings nicht bevölkert mit Engeln und Heiligen, sondern mit den vollkommenen und zeitlosen Objekten, die sie studieren: n-dimensionalen Kugelflächen, unendlichen Zahlen, der Quadratwurzel aus -1 und dergleichen. Außerdem glauben sie, dass sie mit diesem Reich zeitloser Objekte durch eine Art übersinnliche Wahrnehmung verbunden sind. Mathematiker mit dieser Vorstellung werden «Platoniker» genannt, weil ihr ma-

---

* Schau das Mysterium auf dem Flug zur Mathematik/Vergebens! Sie starren, schwindeln, rasen und sterben.

thematischer Himmel dem transzendenten Reich ähnelt, das Platon in seinem *Staat* beschreibt. Geometer, so Platon, sprächen über Kreise, die vollkommen rund sind, und von unendlichen Linien, die vollkommen gerade sind. Doch solche vollkommenen Objekte sind nirgendwo in jener Welt anzutreffen, die wir mit unseren Sinnen wahrnehmen. Das Gleiche gilt nach Platons Überzeugung auch für Zahlen. Die Zahl 2 muss beispielsweise aus einem Paar vollkommen gleicher Einheiten zusammengesetzt sein, doch in der realen Welt gibt es nicht zwei Dinge, die vollkommen gleich sind.

Platon gelangte zu dem Schluss, dass die von Mathematikern betrachteten Objekte in einer anderen – einer ewigen und transzendenten – Welt sein müssten. Dieser Meinung sind auch die mathematischen Platoniker unserer Zeit. Zu den namhaftesten unter ihnen gehört Alain Connes, Professor für Analysis und Geometrie am Collège de France, der behauptet hat, dass «es unabhängig vom menschlichen Geist eine ursprüngliche und unveränderliche mathematische Wirklichkeit» gebe.[1] Ein anderer zeitgenössischer Platoniker war René Thom, der in den siebziger Jahren mit der Katastrophentheorie große Bekanntheit erwarb. «Mathematiker sollten den Mut haben, zu ihren tiefsten Überzeugungen zu stehen», erklärte Thom, «und sich dazu bekennen, dass mathematische Ideen tatsächlich eine Existenz haben, die unabhängig vom betrachtenden Geist ist.»[2]

Die Anziehungskraft des Platonismus auf Mathematiker ist verständlich. Denn er besagt, dass die Objekte, die sie studieren, keine bloßen Artefakte des menschlichen Geistes sind: Diese Objekte werden entdeckt, nicht erfunden. Mathematiker sind wie Seher, versunken in die Anschauung eines platonischen Kosmos abstrakter Ideen, der für einfache Sterbliche unsichtbar ist. Der bedeutende Logiker Kurt Gödel, ein überzeugter Platoniker, schrieb in diesem Zusammenhang: «Wir haben so etwas wie eine Wahrnehmung» für mathematische Objekte, «obwohl sie der

Sinneserfahrung entrückt sind.» Dabei war sich Gödel ganz sicher, dass das platonische Reich, das die Mathematiker wahrzunehmen glaubten, keine kollektive Halluzination war. «Ich sehe keinen Grund, warum wir weniger Vertrauen in diese Art der Wahrnehmung, das heißt, die mathematische Intuition, haben sollten als in die Sinneswahrnehmung», erklärte er.[3] Gödel glaubte auch an Geister, aber das steht auf einem anderen Blatt. Auch viele Physiker sind nicht unempfänglich für den Reiz der platonischen Sichtweise. Die mathematischen Ideen scheinen nicht nur «dort draußen» zu sein – ewig, objektiv, unwandelbar –, sie scheinen auch über das physikalische Universum zu herrschen. Wie sonst ließe sich das Phänomen erklären, das der Physiker Eugene Wigner in einem berühmten Ausspruch die «unerklärliche Leistungsfähigkeit der Mathematik in den Naturwissenschaften» nannte?[4] Mathematische Schönheit hat sich immer wieder – selbst in Abwesenheit empirischer Evidenz – als zuverlässige Richtschnur für physikalische Wahrheit erwiesen. «Man erkennt die Wahrheit nämlich an ihrer Schönheit und Einfachheit», sagte Richard Feynman. «Man erkennt sofort, daß man den richtigen Weg eingeschlagen hat.»[5] Wenn Galilei recht hätte – «Das Buch der Natur ist in der Sprache der Mathematik geschrieben»[6] –, dann nur, weil die Natur selbst im Grund mathematisch wäre. Sehr griffig ist die berühmte Bemerkung von Sir James Jeans, Gott sei Mathematiker.[7]

Für einen gläubigen Platoniker ist diese Anrufung Gottes lediglich ein bisschen überflüssige Poesie. Wer braucht einen Schöpfer, wenn die Mathematik aus eigener Kraft fähig ist, ein Universum hervorzubringen und zu unterhalten? Die Mathematik fühlt sich real, und die Welt fühlt sich mathematisch an. Könnte es sein, dass die Mathematik den Schlüssel zum Geheimnis des Seins liefert? Wenn mathematische Objekte existieren, wie die Platoniker glauben, müssen sie notwendig existieren, seit aller Ewigkeit. Vielleicht ist diese ewige mathematische Fülle irgendwie in einen physikalischen Kosmos übergetreten – einen Kosmos, der so komplex war, dass er bewusste Wesen hervorbrachte, die fähig waren, den Kontakt zu jener platonischen Welt herzustellen, aus der sie ursprünglich stammten.

Das ist ein schönes Bild. Aber kann das jemand ernst nehmen, der nicht gerade die Gewohnheit hat, Lotusblätter zu essen? Ich hatte den Eindruck, dass es zumindest ein strenger Denker ernst meinte: Sir Roger Penrose, der emeritierte Rouse-Ball-Professor für Mathematik in Oxford. Penrose gehört zu den größten lebenden mathematischen Physikern. Zunftkollegen, vor allem Kip Thorne, schätzen ihn, weil er die höhere Mathematik wieder in der theoretischen Physik heimisch gemacht hat, nachdem die beiden Forschungsfelder lange Zeit jede Verbindung abgebrochen hatten. In den sechziger Jahren bewies Penrose in Zusammenarbeit mit Stephen Hawking unter Verwendung komplizierter mathematischer Techniken, dass die Expansion des Universums aus dem Urknall die genaue Umkehrung des Prozesses gewesen sein muss, in dem ein kollabierender Stern zu einem schwarzen Loch wird. Mit anderen Worten, das Universum muss als Singularität begonnen haben. In den siebziger Jahren entwickelte Penrose die Hypothese der kosmischen Zensur, nach der jede Singularität von einem «Ereignishorizont» verhüllt ist, der den Rest des Universums vor dem Zusammenbruch der physikalischen Gesetze schützt. Außerdem war Penrose ein Pionier der Twistor-Theorie, eines eleganten neuen Verfahrens zur Angleichung von allgemeiner Relativitätstheorie und Quantenmechanik. 1994 wurde er für diese Leistungen von Queen Elizabeth in den Ritterstand erhoben.

Penrose hat auch einen Hang zu Kuriositäten. Als Doktorand entwickelte er eine Leidenschaft für «unmögliche Objekte» – das heißt, materielle Objekte, die sich der Logik des dreidimensionalen Raums zu verweigern scheinen. Sein Erfolg bei der Konstruktion eines solchen Objekts, heute als Penrose-Tribar oder

Penrose-Dreieck bekannt, regte M. C. Escher zu zwei seiner bekanntesten Drucke an: «Ascending and Descending», ein Bild, das eine Schar Mönche zeigt, die endlos eine ins Nichts führende Treppe hinauf- oder hinunterstapft, und «Wasserfall», bei dem es sich um einen ständig fallenden Wasserkreislauf handelt. Ich habe einmal gehört, der Philosoph Arthur Danto finde, jeder philosophische Fachbereich sollte ein unmögliches Objekt in seinem Büro haben, um im Betrachter das Gefühl metaphysischer Demut zu wecken.

Penrose ist, wie ich weiß, ein überzeugter Platoniker. Im Laufe der Jahre hat er in seinen Schriften und Vorträgen keinen Zweifel daran gelassen, dass er mathematische Objekte für ebenso real und bewusstseinsunabhängig hält wie den Mount Everest. Auch hatte er keine Scheu, sich auf Platon selbst zu berufen. «Ich stelle mir vor, daß der Geist jedesmal, wenn er eine mathematische Idee wahrnimmt, mit der Platonischen Welt der mathematischen Begriffe in Kontakt tritt», schrieb er 1989 in seinem Buch *Computerdenken [The Emperor's New Mind]*. «Die Vorstellungen, die jeder [Mathematiker] bei seinem Platonischen Kontakt hat, mögen jeweils ziemlich verschieden sein, aber die Kommunikation ist möglich, weil jeder in direktem Kontakt mit *derselben* außerhalb seines Bewußtseins existierenden Platonischen Welt steht.»[8]

Doch was wirklich mein Interesse erregte, war der Umstand, dass Penrose gelegentlich andeutete, unsere Welt sei nur ein Aufschluss dieser platonischen Welt. Erstmals bemerkte ich solche Hinweise in seinem zweiten populärwissenschaftlichen Buch, *Schatten des Geistes [Shadows of the Mind]*, das 1994 herauskam und wie sein höchst anspruchsvoller Vorgänger völlig unerwartet zum Bestseller wurde. Mit Berufung auf Gödels Unvollständigkeitssatz vertrat Penrose die Ansicht, dass der menschliche Verstand ein mathematisches Erkenntnisvermögen habe, das das eines jeden möglichen Computers übertreffe. Solche Verstandeskräfte müssten im Wesentlichen von quantenmechanischer Beschaffenheit sein. Verstanden werden könnten sie erst, wenn die Physiker eine Theorie der Quantengravitation entdeckt hätten – den Heiligen Gral der zeitgenössischen Physik. Am Ende werde eine solche Theorie erklären, was es mit der seltsamen Schnittstelle zwischen der Quantenwelt und der klassischen Wirklichkeit auf sich habe. Obendrein werde sie noch offenbaren, wie das menschliche Gehirn die Grenzen des mechanischen Rechnens zur ganzen farbigen Vielschichtigkeit des Bewusstseins überspringe.

Penroses Hypothesen über das Bewusstsein fanden bei vielen Hirnforschern keinen Anklang. Der verstorbene Francis Crick hatte gereizt gespottet: «Sein Argument geht in etwa wie folgt: Die Quantengravitation ist geheimnisvoll, und das Bewusstsein ist geheimnisvoll, wäre es da nicht wundervoll, wenn das eine das andere erklärte.»[9] Doch damit war Penroses Argumentation natürlich nicht erschöpft. Der Titel seines Buchs, *Schatten des Geistes*, war doppeldeutig. Einerseits brachte er zum Ausdruck, dass die elektrische Aktivität unserer Gehirnzellen, von der man meint, sie sei die Ursache unseres geistigen Lebens, nur aus den «Schatten» bestünde, die von fundamentaleren Quantenprozessen, den eigentlichen Verursachern des Bewusstseins, auf das Gehirn projiziert würden.

Andererseits waren die «Schatten» auch eine Anspielung auf Platon – genauer, auf Platons Höhlengleichnis in Buch VII des *Staates*. Dort vergleicht Platon uns mit Gefangenen, die in einer Höhle angekettet und dazu verdammt sind, immer nur die vor ihnen befindliche Felswand anzustarren. Auf dieser Wand sehen sie ein Schattenspiel, das sie für die Wirklichkeit halten. Sie wissen nicht, dass es hinter ihnen eine Welt der wirklichen Dinge gibt, die der Ursprung dieser Schattenbilder ist. Würde man einen der Gefangenen aus der Höhle befreien, würde er vom Sonnenlicht der Außenwelt augenblicklich geblendet. Doch sobald sich seine Augen an das Sonnenlicht gewöhnt hätten, würde er seine neue Umgebung verstehen. Und was geschähe, wenn er in die Höhle zurückkehrte, um seinen Mitgefangenen von der wirklichen Welt dort draußen zu erzählen? Nach seinem Aufenthalt im Sonnenlicht würde er in der nun ungewohnten Dunkelheit die Schatten, die sie für die Wirklichkeit halten, nicht mehr erkennen können. Man würde ihn mit seiner Geschichte von der wirklichen Welt außerhalb der Höhle «auslachen». Die anderen Gefangenen würden von ihm sagen, «er sei mit verdorbenen Augen von oben zurückgekommen und es lohne nicht, daß man versuche hinaufzukommen».[10]

Diese Außenwelt steht in dem Höhlengleichnis für das zeitlose Reich der Ideen, in dem die echte Wirklichkeit herrscht. Für Platon gehörten zu den Bewohnern dieses Reichs Abstraktionen wie das Gute und das Schöne, aber auch die vollkommenen Objekte der Mathematik. Ging Penrose, wenn er behauptete, dass das, was wir für Wirklichkeit halten, tatsächlich aus «Schatten» bestehe, nur mit einem neoplatonischen Mystizismus hausieren? Oder gewährte ihm sein fast konkurrenzloser Zugriff auf Quantenmechanik und Relativitätstheorie, auf Singularitäten und schwarze Löcher, auf höhere Mathematik und das Wesen des Bewusstseins privilegierte Einsichten in das Geheimnis der Existenz?

Ich brauchte keine weite Reise anzutreten, um mir Gewissheit zu verschaffen. Als ich eines Tages in der Eingangshalle des Mathematikinstituts der New Yorker Universität auf den Fahrstuhl wartete, sah ich eine Ankündigung, dass Penrose bald nach Manhattan kommen würde. Er war eingeladen worden, eine Reihe von Vorträgen über seine Beiträge zur theoretischen Physik zu halten. Ich ging nach Hause und rief die Pressesprecherin bei Oxford University Press an, um zu fragen, ob sich ein Interview einrichten ließe. Zwei Tage später meldete sie sich, um mir mitzuteilen, dass «Sir Roger» sich bereit erklärt habe, ein wenig Zeit für ein Gespräch über Philosophie zu erübrigen.

Der Zufall wollte, dass Penrose in einem imposanten Apartmenthaus einquartiert worden war, das auf die Westseite des Washington Square hinausging, nur ein paar Schritte von meiner Wohnung in Greenwich Village entfernt. Am verabredeten Tag ging ich quer über den Platz, der sich angesichts des prächtigen Frühlingswetters in seiner üblichen lärmenden Geschäftigkeit präsentierte. Hier spielte eine improvisierte Jazzband für die Leute, die auf dem Rasen faulenzten; dort heulte ein Möchtegern-Bob-Dylan über seine Gitarre hinweg. Am großen Brunnen in der Mitte des Platzes führten ein paar *banjee boys* vor einem Publikum ernst wirkender Europäer gymnastische Kunststücke auf, während nicht weit entfernt die Hunde in ihrem Auslauf umhersprangen und bellten.

Ich verließ den Platz an der Nordwestecke, wo sich die Zocker um die Schachtische versammelten und auf ahnungslose Opfer warteten, die sich auf ein Spiel einlassen und ein bisschen Geld verlieren würden. Als ich am ehrwürdigen Earle Hotel nahe der Ecke emporblickte, erinnerte ich mich, irgendwo gelesen zu haben, dass The Mamas and the Papas in diesem Hotel vor vielen Jahrzehnten ihren Hit «California Dreamin'» geschrieben hatten. Natürlich hatte ich die Melodie im Ohr, als ich die maurisch anmutende Lobby des Gebäudes betrat, in dem Penrose untergebracht war. Der livrierte Türsteher wies mir den Fahrstuhl zum Penthouse.

Sir Roger persönlich öffnete die Tür. Schlank, zierlich, mit einer dichten, kastanienbraunen Mähne sah er sehr viel jünger aus, als er, Jahrgang 1931, war. Das großzügige Apartment erinnerte in seiner Ausstattung an das New York der Vorkriegszeit. Die hohe Decke war mit verschlungenen Stuckornamenten verziert, und große Flügelfenster mit Mittelleisten aus Blei gaben den Blick frei über die Baumwipfel des Washington Square. Während wir plauderten, zeigte ich auf eine riesige Ulme, angeblich der älteste Baum in Manhattan, und erklärte Sir Roger, dass sie «Galgenbaum» genannt werde, weil sie Ende des 18. Jahrhunderts für Hinrichtungen benutzt worden sei. Er nickte leutselig zu dieser unverlangten Information und schlurfte in die Küche, um mir eine Tasse Kaffee zu holen.

Warum, so fragte ich mich, während ich auf dem Sofa Platz nahm, fand jeder außer mir koffeinhaltige Getränke besser geeignet als alkoholische, um über das Geheimnis der Existenz nachzudenken?

Als Sir Roger zurückkehrte, fragte ich ihn, ob er wirklich an eine platonische Welt glaube, die jenseits der physikalischen existiere. Ob, ontologisch betrachtet, eine solche Zwei-Welten-Auffassung nicht ein wenig verschwenderisch sei?

«Eigentlich gibt es drei Welten», erwiderte er, sich für meine Frage erwärmend. «Drei Welten! Und sie sind alle getrennt voneinander. Da ist die platonische Welt, die materielle Welt und schließlich die geistige Welt, die Welt unserer bewussten Wahrnehmungen. Und die Verbindungen zwischen diesen drei Welten sind geheimnisvoll. Ich denke, das größte Rätsel dabei ist die Frage, in welcher Beziehung die geistige Welt zur materiellen steht: wie bestimmte Arten hochorganisierter materieller Objekte – unsere Gehirne – Bewusstsein hervorrufen können. Doch ein anderes Geheimnis – das für einen mathematischen Physiker ebenso tief ist – ist die Beziehung zwischen der platonischen und der physikalischen Welt. Wenn wir versuchen, das Verhalten der Welt auf einer möglichst fundamentalen Ebene zu verstehen, werden wir der Mathematik in die Arme getrieben. Es ist fast so, als wäre die materielle Welt aus Mathematik erbaut!»

Er war also mehr als ein Platoniker – er war ein Pythagoreer! Oder zumindest liebäugelte er mit der mystischen Lehre der Pythagoreer, nach der die Welt aus Mathematik besteht: Alles ist Zahl. Doch ich bemerkte, dass es eine Verbindung zwischen diesen drei Welten gab, die Penrose noch nicht angesprochen hatte.

Er hatte erwähnt, wie die geistige Welt mit der materiellen und wie die materielle Welt mit der platonischen Welt der abstrakten Ideen verbunden sein könnte. Doch was war mit der angenommenen Verbindung zwischen der platonischen Welt und der geistigen Welt? Wie soll unser Geist mit diesen immateriellen platonischen Ideen Kontakt aufnehmen? Wenn wir mathematische Objekte erkennen sollen, müssen wir sie, wie Gödel sagte, in irgendeiner Weise «wahrnehmen». Nun heißt ein Objekt wahrnehmen in der Regel, kausalen Umgang mit ihm zu haben. Ich nehme das Kätzchen im Körbchen wahr, weil die von der Katze emittierten Photonen auf die Netzhäute meiner Augen einwirken. Aber platonische Ideen haben keine Ähnlichkeit mit Kätzchen in Körbchen. Sie leben in keiner Welt aus Raum und Zeit. Es gibt keine Photonen, die zwischen ihnen und uns hin und her wandern. Daher können wir sie nicht wahrnehmen. Aber wenn wir mathematische Objekte nicht wahrnehmen können, wie können wir dann Wissen über sie erwerben?

Platon glaubte, dieses Wissen werde aus einer früheren Existenz bezogen, aus der Zeit vor unserer Geburt, als sich die Seelen direkt mit den Ideen verständigten; was wir von der Mathematik wüssten, oder auch von dem Schönen und dem Guten, bestehe somit aus «Erinnerungen» an diese körperlose Existenz, die unserem irdischen Leben vorausgegangen sei. Niemand nimmt diese Vorstellungen heute noch ernst. Doch was ist die Alternative? Penrose hatte geschrieben, menschliches Bewusstsein würde irgendwie zur platonischen Welt «durchbrechen», wenn es mathematische Objekte betrachte. Aber Bewusstsein hängt von materiellen Prozessen im Gehirn ab, und es ist schwer nachzuvollziehen, wie solche Prozesse von einer immateriellen Wirklichkeit beeinflusst werden sollten.

Als ich Penrose diesen Einwand entgegenhielt, runzelte er die Stirn und schwieg einen Augenblick. «Ich weiß, dass das den Philosophen zu schaffen macht», sagte er schließlich. «Aber ich bin mir nicht sicher, dass ich das Argument richtig verstanden habe. Sie ist dort draußen, die platonische Welt, und wir können Zugang zu ihr haben. Letztlich bestehen unsere materiellen Gehirne aus einem Stoff, der selbst in enger Beziehung zur platonischen Welt der Mathematik steht.»

Ob er damit sagen wolle, dass wir die mathematische Wirklichkeit wahrnehmen könnten, weil unsere Gehirne irgendwie ein Teil dieser Wirklichkeit seien?

«Die Dinge liegen etwas komplizierter», sagte Sir Roger. «Jede der drei Welten – die materielle Welt, die Welt des Bewusstseins und die platonische Welt – entsteht jeweils aus einem winzigen Stück einer der anderen. Und es ist immer das absolut vollkommene Stück. Wenn Sie sich den gesamten materiellen Kosmos ansehen, so ist unser Gehirn ein ungeheuer winziger Teil dieses Kosmos. Aber es ist der Teil von ihm, der vollkommen organisiert ist. Verglichen mit der Komplexität eines Gehirns ist eine Galaxie nur ein lebloser Klumpen. Das Gehirn ist das erlesenste Stück materieller Wirklichkeit, und genau dieses Stück bringt die geistige Welt hervor, die Welt des bewussten Denkens. Entsprechend ist es nur ein kleiner Teil unseres bewussten Denkens, der uns mit der platonischen Welt verbindet, aber es ist der reinste Teil – der Teil, der aus der Anschauung mathematischer Wahrheit besteht. Und es sind nur wenige Stücke Mathematik erforderlich, um die ganze materielle Welt zu beschreiben – aber es sind die leistungsfähigsten und außergewöhnlichsten Stücke!»

Die Worte eines wahren mathematischen Physikers, dachte ich bei mir. Aber könnte es sein, dass diese «leistungsfähigen und außergewöhnlichen» Stücke Mathematik – die Stücke, die Penrose beschäftigten – so leistungsfähig sind, dass sie aus eigener Kraft eine materielle Welt hervorbringen? Verfügt die Mathematik über eigene ontologische Kräfte?

«So etwas Ähnliches, ja», sagte Sir Roger. «Vielleicht machen sich die Philosophen zu viel Sorgen um geringere Probleme, ohne zu erkennen, dass dies das größte Rätsel überhaupt ist: wie die platonische Welt die materielle ‹kontrolliert›.»

Er hielt einen Augenblick inne und fügte dann hinzu: «Ich kann nicht sagen, dass ich dieses Rätsel lösen kann.»

Nach ein wenig Smalltalk über Gödels Unvollständigkeitssatz, Quantencomputer, künstliche Intelligenz und tierisches Bewusstsein – «Ich habe keine Ahnung, ob ein Seestern Bewusstsein hat», sagte Penrose, «aber es müsste beobachtbare Zeichen geben» – endete mein Besuch bei Sir Roger. Ich kehrte der Penthouse-Welt der platonischen Ideen den Rücken, ließ mich vom Fahrstuhl hinabbringen und trat wieder in die vergängliche Welt der Sinneserscheinungen. Ich ging den gleichen Weg zurück – über den Washington Square, am «Galgenbaum» und an den Schach-Zockern vorbei und passierte den überfüllten Platz rund um den Brunnen, wo mich wieder das Chaos von ausgelassener Bewegung, schreienden Farben, penetranten Gerüchen und fremden Geräuschen erwartete. All diese Leute, dachte ich, was wissen sie schon von dem abgeklärten und zeitlosen platonischen Reich? Ob Touristen oder Straßenkünstler, Schnorrer, jugendliche Anarchisten oder Professoren für Kulturwissenschaft an der New York University, die auf dem Weg zu einer Vorlesung die Abkürzung über den Platz nahmen – ihr Bewusstsein wird nie das ätherische Reich der mathematischen Abstraktionen berühren, welches der eigentliche Ursprung der Wirklichkeit ist. Ihnen war wohl kaum bewusst, dass sie, ungeachtet der strahlenden Sonne, im allegorischen Dunkel der platonischen Höhle an die Felswand geschmiedet waren, dazu verurteilt, in einer Schattenwelt zu leben. Ihnen blieb die wahre Erkenntnis der Wirklichkeit verwehrt. Die erschloss sich nur denen, die die ewigen Ideen zu erfassen vermochten, wahren Philosophen – wie Penrose.

Doch allmählich begann der Zauber, den Sir Roger über mich geworfen hatte, seine Wirkung zu verlieren. Wie könnten die ehrwürdigen mathematischen Abstraktionen in Platons Himmel dieses fröhliche Leben auf dem Washington Square hervorbringen? Sind diese Abstraktionen wirklich die Antwort auf das Rätsel, warum etwas ist und nicht einfach nichts?

Der Entwurf des Seins, den Penrose für mich skizziert hatte, schien sich auf wunderbare Weise selbst zu erschaffen und zu unterhalten. Es gibt drei Welten: die platonische, die materielle und die geistige Welt. Und jede dieser Welten erschafft irgendwie eine der anderen. Die platonische Welt erzeugt durch die Magie der Mathematik die materielle Welt. Die materielle Welt erzeugt durch die Magie der Neurochemie die geistige Welt. Und die geistige Welt erzeugt durch die Magie bewusster Intuition die platonische Welt – die ihrerseits die materielle Welt erzeugt, die die geistige Welt erzeugt und so fort, im endlosen Kreislauf. Durch diese in sich geschlossene kausale Schleife erschafft Mathematik Materie, Materie Geist und Geist Mathematik – die drei Welten tragen sich gegenseitig und schweben so über dem Abgrund des Nichts wie Penroses unmögliche Objekte.

Doch entgegen dem Eindruck, den dieses Bild vermitteln mag, sind die drei Welten nicht ontologisch gleichberechtigt. Nach Penroses Vorstellung ist die platonische Welt *fons et origo* der Wirklichkeit. «Für mich ist die Welt der vollkommenen Ideen das Primäre ... – ihre Existenz ist fast logisch notwendig – und die anderen Welten sind *beide* ihre Schatten»,[11] schrieb er in *Schatten des Geistes*. Mit anderen Worten, die platonische Welt ist gezwungen, allein durch Logik zu existieren, und die kontingente Welt – die Welt der Materie und des Geistes – ist so etwas wie ihr Nebenprodukt. Das ist Penroses Lösung für das Rätsel der Existenz.

Sie ließ mich mit zwei Problemen zurück. Wird die Existenz der platonischen Welt wirklich durch die Logik gesichert? Und selbst wenn dem so ist, was veranlasst sie, Schatten zu werfen?

Was Ersteres angeht, so kann ich mich des Eindrucks nicht erwehren, dass Penrose hier der Mut verlassen hat. Die Existenz der platonischen Welt, schreibt er, sei «fast eine logische Notwendigkeit». Warum dieses «fast»? Logische Notwendigkeit kennt keine Abstufungen. Da heißt es alles oder nichts. Penrose legt großen Wert auf die vermeintliche Tatsache, dass die platonische Welt eine «tiefe und zeitlose Wirklichkeit»[12] besitzt. Doch das Gleiche, so möchte man anmerken, würde auch für Gott gelten – wenn Gott existierte. Doch Gott ist kein logisch notwendiges Wesen; seine Existenz lässt sich leugnen, ohne dass sich ein Widerspruch ergibt. Warum sollten mathematische Objekte in dieser Hinsicht Gott überlegen sein?

Die Überzeugung, dass Objekte der reinen Mathematik notwendigerweise existieren, ist als «altehrwürdig»[13] bezeichnet worden, aber sie hält einer näheren Nachprüfung nicht recht stand. Sie scheint auf zwei Prämissen zu beruhen: erstens, mathematische Wahrheiten sind logisch notwendig; und zweitens, einige dieser Wahrheiten behaupten die Existenz abstrakter Objekte. Nehmen wir als Beispiel den Satz 20 in Buch IX von Euklids *Elementen*, der sagt, dass es unendlich viele Primzahlen gebe. Er sieht natürlich nach einer Existenzbehauptung aus. Außerdem scheint er aus logischen Gründen wahr zu sein. Tatsächlich beweist Euklid, welche absurden Konsequenzen es hat, zu leugnen, dass es unendlich viele Primzahlen gibt. Denn wenn Sie sie alle multiplizieren und 1 addieren, erhalten Sie eine neue Zahl, die größer ist als die Primzahlen und durch keine von ihnen teilbar ist – ein Widerspruch!

Euklids *reductio ad absurdum* der Unendlichkeit von Primzahlen ist als die erste wirklich elegante Beweisführung in der Mathematik bezeichnet worden. Aber liefert sie uns irgendeinen Grund für den Glauben, dass Zahlen als ewige platonische Objekte existieren? Nicht wirklich. Tatsächlich wird die Existenz von Zahlen in dem Beweis vorausgesetzt. Eigentlich hat Euklid Folgendes gezeigt: Wenn es unendlich viele Dinge gibt, die sich wie die Zahlen 1, 2, 3 ... verhalten, dann muss es unendlich viele Dinge unter ihnen geben, die sich wie Primzahlen verhalten. Man kann die ganze Mathematik so verstehen, dass sie aus Wenn-dann-Sätzen besteht: Wenn diese oder jene Struktur bestimmte Bedingungen erfüllt, dann muss diese Struktur bestimmte weitere Bedingungen erfüllen. Diese Wenn-dann-Wahrheiten sind tatsächlich logisch notwendig. Aber sie beinhalten nicht die Existenz irgendwelcher abstrakter oder materieller Objekte. Der Satz «2 + 2 = 4» sagt Ihnen beispielsweise: Wenn Sie zwei Einhörner haben und Sie fügen zwei weitere Einhörner hinzu, dann erhalten Sie vier Einhörner. Aber dieser Wenn-dann-Satz ist sogar in einer Welt wahr, in der es keine Einhörner gibt – oder auch in einer Welt, in der es gar nichts gibt.

Mathematiker produzieren im Wesentlichen komplexe Fiktionen. Einige dieser Fiktionen haben Analogien in der materiellen Welt; sie konstituieren das, was wir «angewandte Mathematik» nennen. Andere, etwa die Fiktionen, die höhere Unendlichkeiten postulieren, sind rein hypothetisch. Bei der Erschaffung ihrer imaginären Universen werden die Mathematiker nur durch die Notwendigkeit eingeschränkt, logisch konsistent zu bleiben – und den Gesetzen der Schönheit zu folgen. «‹Imaginäre Universen› sind so viel schöner als die töricht konstruierten realen», erklärte der bedeutende englische Zahlentheoretiker G. H. Hardy.[14] Solange eine Sammlung von Axiomen nicht zu einem Widerspruch führt, ist es zumindest möglich, dass sie etwas beschreibt. Das ist der Grund, warum Georg Cantor, der Pionierarbeit auf dem Gebiet des Unendlichen leistete, sagte: «Das Wesen der Mathematik liegt in ihrer Freiheit.»[15]

Daher wird die Existenz mathematischer Objekte nicht von der Logik befohlen, wie Penrose zu glauben schien. Sie wird nur von der Logik erlaubt – eine weit schwächere Schlussfolgerung. Schließlich erlaubt die Logik fast alles. Doch für moderne Platoniker von noch radikalerer Gesinnung scheint das Erlaubnis genug zu sein. Soweit es sie betrifft, ist Selbstkonsistenz allein eine Garantie für mathematische Existenz. Das heißt, solange ein System von Axiomen nicht zu einem Widerspruch führt, ist die Welt, die es beschreibt, nicht nur möglich, sie ist wirklich.

Ein solcher radikaler Platoniker ist Max Tegmark, ein junger schwedisch-amerikanischer Kosmologe, der am Massachusetts Institute of Technology unterrichtet. Tegmark glaubt, wie Penrose, dass das Universum inhärent mathematisch ist. Ebenfalls wie Penrose glaubt er, dass mathematische Objekte abstrakt und unwandelbar sind. Doch er geht über Sir Roger hinaus, indem er meint, dass jede widerspruchsfrei beschreibbare mathematische Struktur in einem echten physikalischen Sinn existiert. Jede dieser abstrakten Strukturen konstituiert eine Parallelwelt, und zusammen bilden die Parallelwelten ein mathematisches Multiversum. «Die Elemente dieses Multiversums befinden sich nicht im selben Raum, sondern existieren außerhalb von Raum und Zeit», schreibt Tegmark. Man könne sie sich vorstellen als «statische Skulpturen, die die mathematische Struktur der sie regierenden physikalischen Gesetze repräsentieren».[16]

Tegmarks extremer Platonismus liefert eine sehr wohlfeile Lösung für das Geheimnis der Existenz. Wie er selbst einräumt, ist sie im Prinzip eine mathematische Version von Robert Nozicks Fruchtbarkeitsprinzip, nach dem die Wirklichkeit alle logischen Möglichkeiten umfasst, und die sind denkbar komplex und vielfältig. Alles, was möglich ist, muss auch wirklich existieren – das ist der Triumph des Etwas über das Nichts. Dieses Prinzip ist für Tegmark so überzeugend, weil es die Mathematik mit einer besonderen ontologischen Stärke auszustatten scheint. Mathematische Strukturen, sagt er, «fühlen sich unheimlich real an».[17] Sie sind auf unerwartete Weise fruchtbar; sie überraschen uns; sie «beißen zurück». Wir bekommen von ihnen mehr zurück, als wir hineinzustecken scheinen. Und wenn sich etwas so real anfühlt, dann muss es auch real sein.

Aber warum sollten wir uns von diesem «realen Gefühl» beeinflussen lassen, mag es auch noch so unheimlich sein?

Tegmark und Penrose mögen sich beeindrucken lassen, doch Richard Feynman, ein anderer bedeutender Physiker, ganz gewiss nicht. «Man hat nur das Gefühl, es sei so»,[18] meinte Feynman einmal abfällig, als er gefragt wurde, ob die Objekte der Mathematik eine unabhängige Existenz hätten.

Noch kritischer sah Bertrand Russell in seinem späteren Leben diese mathematische Romantik. 1907, als noch relativ junger Mittdreißiger, hatte er ein hymnisches Loblied auf die transzendente Schönheit der Mathematik verfasst: «Recht betrachtet» eigne der Mathematik «nicht nur Wahrheit, sondern auch höchste Schönheit, so kalt und streng wie die einer Skulptur».[19] Doch mit Ende achtzig war Russell zu der Einsicht gelangt, dass seine jugendliche Schwärmerei «zum größten Teil Unsinn» gewesen sei. Der Gegenstand der Mathematik erscheine ihm «nicht mehr nicht menschlich. Ich bin, wenn auch nur sehr widerstrebend, zu der Überzeugung gekommen, dass sie aus Tautologien besteht. Ich fürchte, dass einem Geist mit hinreichenden Verstandeskräften die gesamte Mathematik trivial erscheinen würde, so trivial wie die Aussage, dass ein vierbeiniges Tier ein Tier ist».[20]

Wie kann der romantische Platonismus von Penrose, Tegmark und anderen Russells kalten Zynismus überleben? Nun, wenn weder Logik noch Gefühl die Existenz zeitloser mathematischer Ideen garantieren kann, vielleicht vermag es die Wissenschaft. Die wirklich guten naturwissenschaftlichen Theorien enthalten alle ein hohes Maß an Mathematik. Betrachten wir Einsteins allgemeine Relativitätstheorie. Bei der Beschreibung, wie die Form der Raumzeit durch die Verteilung von Materie und Energie im Universum bestimmt wird, verwendet Einstein eine Fülle mathematischer Objekte wie «Funktionen», «Mannigfaltigkeiten» und «Tensoren». Sind wir nicht verpflichtet, diesen mathematischen Objekten Existenz zuzubilligen, wenn wir glauben, dass die Relativitätstheorie wahr ist? Ist es nicht intellektuell unehrlich, vorzugeben, sie seien nicht real, wenn sie für unser wissenschaftliches Verständnis der Welt unentbehrlich sind?

Hier – in aller Kürze – das sogenannte Unverzichtbarkeitsargument für mathematische Existenz. Ursprünglich wurde es von Willard Van Orman Quine vorgeschlagen, dem Doyen der amerikanischen Philosophie im 20. Jahrhundert, der den berühmten Ausspruch tat: «Sein heißt Wert einer gebundenen Variablen sein.»[21] Quine war ein entschieden «naturalistischer» Philosoph. Für ihn waren die Naturwissenschaften die letztgültigen Schiedsrichter der Existenz: Wenn diese unausweichlich auf mathematische Abstraktionen verweisen, dann existieren diese Abstraktionen. Obwohl wir sie nicht direkt beobachten, müssen wir erklären, was wir beobachten. Oder wie ein anderer Philosoph es formulierte: «Wir haben genauso viel Grund, an Zahlen und andere mathematische Objekte zu glauben, wie für unseren Glauben an Dinosaurier und dunkle Materie.»[22]

Man hat gesagt, das Unverzichtbarkeitsargument sei das einzige Argument für mathematische Existenz, das man ernst nehmen könne. Doch selbst wenn dies zuträfe, brächte es wenig Trost für Platoniker wie Penrose und Tegmark. Es beraubt die mathematischen Ideen ihrer Transzendenz. Sie werden zu bloßen theoretischen Postulaten, die zur Erklärung unserer Beobachtungen beitragen. Damit befinden sie sich auf einer Stufe mit physikalischen Objekten wie subatomaren Teilchen, da sie in denselben Erklärungen vorkommen. Wie können sie für die Existenz der physikalischen Welt verantwortlich sein, wenn sie selbst zum Gewebe dieser Welt gehören?

Und es kommt noch schlimmer für die Platoniker. Es könnte nämlich sein, dass Mathematiker gar nicht unentbehrlich für die Naturwissenschaften sind. Möglicherweise können wir erklären, wie die physikalische Welt funktioniert, ohne uns abstrakter mathematischer Objekte zu bedienen, so wie wir gelernt haben, ohne die Berufung auf Gott auszukommen.

Als einer der Ersten hat sich der amerikanische Philosoph Harry Field damit beschäftigt. 1980 zeigte er in seinem Buch *Science without Numbers*, wie sich Newtons Gravitationstheorie – die auf den ersten Blick durch und durch mathematisch erscheint – so umformulieren lässt, dass nicht der geringste Verweis auf mathematische Objekte bleibt. Dennoch liefert die zahlenfreie Version der Newton'schen Theorie genau dieselben Vorhersagen, wenn auch in einer etwas umständlicheren Form.

Wenn sich dieses Programm der Versprachlichung von Naturwissenschaften – das heißt, die Beseitigung ihrer mathematischen Aufmachung – auf Theorien wie die Quantenmechanik und die Relativitätstheorie ausdehnen ließe, würde das bedeuten, dass Quine unrecht hätte. Die Mathematik wäre nicht «unverzichtbar». Ihre Abstraktionen würden keine Rolle für unser Verständnis der physikalischen Welt spielen. Sie wären nur ein glorifiziertes Erklärungsinstrument – schön in der Praxis, da sie zu kürzeren Ableitungen führen, aber verzichtbar in der Theorie. Für Geschöpfe von höherer Intelligenz irgendwo im Kosmos wären sie vielleicht ganz überflüssig. Weit entfernt davon, zeitlos und transzendent zu sein, würden Zahlen und andere mathematische Abstraktionen als rein terrestrische Artefakte ausgestellt werden. Wir könnten sie genauso aus unserer Ontologie verbannen, wie es der Protagonist in Bertrand Russells Geschichte «The Mathematician's Nightmare» tat – mit dem Ruf: «Hebet euch hinweg! Ihr seid nur symbolische Kunstgriffe!»[23]

Aber wäre dies das Todesurteil für den Platonismus als Lösung für das Rätsel der Existenz? Vielleicht nicht. Erinnern wir uns, dass etwas fehlte in Roger Penroses platonischem Entwurf. Die Welten der Materie und des Bewusstseins waren «Schatten», welche die platonische Welt der Mathematik erzeugte. Aber was hatte man sich in seinem Gleichnis unter der Lichtquelle vorzustellen, die den Ideen ermöglichte, ihre Schatten zu werfen? Sir Roger räumte ein, es sei ein «Geheimnis», woher diese demiurgische Kraft mathematischer Abstraktionen komme. Eigentlich hält man solche Abstraktionen für kausal inaktiv: Sie säen, und sie ernten nicht. Wie konnten sich rein passive Muster, egal, wie vollkommen und zeitlos sie auch waren, zum Handeln aufraffen und eine Welt erbauen? Platon selbst hatte keine solche Lücke in seinem Entwurf. Für ihn gab es eine Lichtquelle, eine metaphorische Sonne. Das war die Idee des Guten. Gutsein steht in Platons Metaphysik über den geringeren Ideen, auch den mathematischen. Sogar über der Idee des Seins, «da das Gute nicht selbst das Sein ist, sondern noch über das Sein an Würde und Kraft hinausragt», wie uns Sokrates in Buch IV von Platons *Staat* mitteilt.[24] Der Idee des Guten verdanken die Dinge ihr Sein – nicht durch freie Entscheidung, wie es dem Vernehmen nach beim christlichen Gott der Fall ist, sondern durch logische Notwendigkeit. Gutsein ist die ontologische Sonne. Sie wirft Strahlen des Seins auf die niederen Ideen, und diese wiederum rufen das Schattenspiel des Werdens hervor – das ist die Welt, in der wir leben.

Das also ist Platons Auffassung vom Guten als dem sonnenähnlichen Ursprung der Wirklichkeit. Sollten wir sie nicht als verworrenes poetisches Phantasiegebilde abtun? Scheint sie doch noch weniger geeignet, das Rätsel der Existenz zu lösen, als Penroses mathematische Spielart des Platonismus. Wie hat man sich das vorzustellen: Das abstrakte Gutsein erschafft einen Kosmos wie den unseren, der in so vielerlei Hinsicht alles andere als gut ist? Doch zu meiner Überraschung stieß ich zumindest auf einen Denker, der genau das annahm. Noch überraschter war ich, als ich entdeckte, dass es ihm gelungen war, einige sehr namhafte Philosophen davon zu überzeugen, dass sein Unterfangen nicht völliger Blödsinn war.

— Zwischenspiel —
IT FROM BIT?

Der mathematische Platonismus als endgültige Erklärung des Seins war also ein Reinfall. Doch seine Mängel geben Anlass zu tiefer gehenden Überlegungen über das Wesen der Wirklichkeit.

Woraus besteht Wirklichkeit auf der grundlegenden Ebene? Die klassische Antwort auf diese Frage stammt von Aristoteles:

Wirklichkeit = Stoff + Form

Diese aristotelische Lehre wird als «Hylemorphismus» bezeichnet, nach den griechischen Wörtern *hyle* (Stoff) und *morphe* (Form, Gestalt). Danach existiert nichts, wenn es nicht aus Form und Stoff zusammengesetzt ist. Stoff ohne Form ist Chaos – was in der griechischen Vorstellungswelt gleichbedeutend war mit dem Nichts. Und Form ohne Stoff ist nur eine Geistererscheinung des Seins, ontologisch so flüchtig wie das Lächeln der Grinsekatze.

Oder doch nicht?

Im Laufe der letzten Jahrhunderte haben die Naturwissenschaften diesen Realitätsbegriff immer stärker unterhöhlt. Je besser unsere wissenschaftlichen Erklärungen werden, desto größer die Tendenz des «Stoffs», aus dem Bild zu verschwinden. Die Entstofflichung der Natur begann mit Isaac Newton, dessen Gravitationstheorie sich auf den scheinbar magischen Begriff der «Fernwirkung» berief. In Newtons System übte die Sonne ihre gravitative Anziehungskraft über eine riesige Entfernung auf die Erde aus, obwohl nichts als leerer Raum zwischen ihnen war.

Welcher Art auch immer der Mechanismus sein mochte, der zwischen den beiden Körpern wirkte, er schien ohne die Beteiligung irgendeines «Stoffs» auszukommen. Newton mochte sich dazu nicht äußern und erklärte: «*Hypotheses non fingo* – ich denke mir keine Hypothesen aus.»

Während Newton die Natur im größten Maßstab entstofflichte – vom Sonnensystem aufwärts –, hat die moderne Physik das Gleiche auf kleinstem Maßstab getan – vom Atom abwärts. 1844 beobachtete Michael Faraday, dass die Materie nur durch die Kräfte, die auf sie einwirken, erkannt werden kann, und fragte: «Was für einen Grund haben wir für die Annahme, dass es sie überhaupt gibt?»[1] Physische Wirklichkeit, so der Vorschlag von Faraday, bestehe im Grunde nicht aus Materie, sondern aus Feldern – das heißt, aus rein mathematischen Strukturen, die durch Punkte und Zahlen definiert sind. Anfang des 20. Jahrhunderts entdeckte man, dass die Atome, die lange Zeit als Musterbeispiele für Stabilität galten, zum größten Teil aus leerem Raum bestehen. Und die Quantentheorie offenbarte, dass sich ihre subatomaren Konstituenten – Elektronen, Protonen und Neutronen – eher wie Bündel abstrakter Eigenschaften verhielten als wie kleine Billardkugeln. Auf jeder tieferen Erklärungsebene erwies sich das, was man für Stoff hielt, als reine Struktur, also Form. Die neueste Entwicklung in diesem jahrhundertealten Trend zur Entstofflichung der Natur ist die Stringtheorie, die Materie aus reiner Geometrie erschafft.

Sogar der Begriff der Undurchdringlichkeit, der so grundlegend ist für unser Alltagsverständnis der materiellen Welt, erweist sich als eine Art mathematische Illusion. Warum fallen wir nicht durch den Fußboden? Warum prallte der Stein ab, als Dr. Johnson ihn wegkickte? Weil zwei feste Körper sich nicht gegenseitig durchdringen können. Aber der Grund, warum sie es nicht können, hat nichts mit irgendeiner intrinsischen Festigkeit bestimmter Stoffe zu tun. Vielmehr sind Zahlen der Grund.

Um zwei Atome zusammenzuquetschen, müssen Sie die Elektronen in diesen Atomen in numerisch identische Quantenzustände bringen. Und das wird durch das sogenannte Pauli'sche Ausschließungsprinzip verboten, das die unmittelbare Nachbarschaft zweier Elektronen nur dann erlaubt, wenn sie entgegengesetzte Spins haben.

Auch die stoffliche Festigkeit einzelner Atome ist im Wesentlichen eine Frage der Mathematik. Was hält die Elektronen in einem Atom davon ab, in den Kern zu stürzen? Ganz einfach, wenn sich die Elektronen direkt am Kern befänden, würden wir genau wissen, wo sich jedes Elektron befindet – direkt im Zentrum des Atoms – und wie schnell es sich bewegt: überhaupt nicht. Das wäre dann ein Verstoß gegen die Heisenberg'sche Unschärferelation, die nicht erlaubt, dass der Ort und der Impuls eines Teilchens gleichzeitig ermittelt werden können.

Die Festigkeit der alltäglichen Dinge, die uns umgeben – Tische, Stühle, Steine und so fort – ist eine gemeinsame Konsequenz des Pauli'schen Ausschließungsprinzips und der Heisenberg'schen Unschärferelation. Anders gesagt, das Ganze läuft auf zwei abstrakte Beziehungen hinaus. Der Dichter Richard Wilbur drückte das so aus: «Kick at the rock, Sam Johnson, break your bones:/But cloudy, cloudy is the stuff of stones.»* [2]

Auf fundamentaler Ebene beschreibt die Physik die Elemente der Wirklichkeit durch ihre Beziehungen untereinander und lässt alle stoffartigen Wesensmerkmale außer Acht, die diese Elemente möglicherweise besitzen. Sie sagt uns zum Beispiel, dass ein Elektron eine bestimmte Masse und Ladung hat, doch dabei handelt es sich nur um Tendenzen des Elektrons, die Wirkung anderer Teilchen und Kräfte in ganz bestimmter Weise zu erfahren. Weiterhin sagt uns die Physik, dass die Masse äquivalent zur

---

* Tritt den Stein, Sam Johnson, brich dein Bein:/Doch wolkig, wolkig ist der Stoff vom Stein.

Energie ist, aber sie liefert uns keinen Hinweis, was Energie eigentlich ist, außer dass es sich um eine numerische Größe handelt, die, wenn richtig berechnet, in allen physikalischen Prozessen erhalten bleibt. 1927 schrieb Bertrand Russell in seinem Buch *The Analysis of Matter*, wenn es um die wahre Natur der die Welt konstituierenden Objekte gehe, bleibe die Wissenschaft stumm. Sie präsentiert uns lediglich ein einziges großes Beziehungsgeflecht: alles Form, kein Stoff. Die Objekte, aus denen die materielle Welt besteht, sind wie Schachfiguren: Was zählt, ist die Rolle, die für jede Figur definiert ist durch ein System von Regeln, die festlegen, wie sie sich bewegen kann – nicht der Stoff, aus dem die Figur gemacht ist.

Nebenbei bemerkt zeigt der Realitätsbegriff des Physikers eine bemerkenswerte Ähnlichkeit mit der Sprachauffassung, die vor über hundert Jahren von Ferdinand de Saussure vorgeschlagen wurde, dem Vater der modernen Linguistik. Nach Saussure ist Sprache ein reines Beziehungssystem. Wörter haben keine ihnen innewohnende Natur. Der Eigencharakter der Laute, die wir beim Sprechen erzeugen, ist ohne Bedeutung für die Kommunikation; wichtig ist das System der Kontraste zwischen diesen Lauten. Das meinte Saussure, als er schrieb: «In der Sprache gibt es nur Unterschiede ohne positive Elemente.»[3] Saussures Entscheidung, der Struktur, also der Form, Vorrang gegenüber dem Stoff einzuräumen, wurde zum Ausgangspunkt der strukturalistischen Bewegung, die in Frankreich Ende der fünfziger Jahre den Existenzialismus beiseitefegte. Der Strukturalismus wurde von Claude Lévi-Strauss in die Anthropologie und von Roland Barthes in die Literaturtheorie übernommen. Die Verallgemeinerung dieser Forschungsmethode auf das Universum als Ganzes ließe sich also durchaus als «kosmischer Strukturalismus» bezeichnen.

Wäre die Wirklichkeit tatsächlich nur reine Struktur, würden sich vollkommen neue Denkansätze eröffnen, wie der von Penrose und Tegmark eingeschlagene Weg beispielsweise. Nach ihrer

Auffassung ist die Wirklichkeit im Wesentlichen mathematisch. Weder weiß sie vom Stoff, noch kümmert sie sich um ihn. Welten, die sich strukturell gleichen, aber aus verschiedenen Stoffen bestehen, sind in den Augen des Mathematikers identisch. Solche Welten heißen «isomorph», ein Kompositum aus den griechischen Wörtern *isos* (gleich) und *morphe* (Form). Wenn das Universum durch und durch Struktur ist, kann es von Mathematikern erschöpfend beschrieben werden. Und wenn mathematische Strukturen eine objektive Existenz haben, dann muss das Universum eine dieser Strukturen sein. Das zumindest scheint Tegmark zu meinen, wenn er sagt: «Alle mathematischen Strukturen existieren physikalisch.»[4] Wenn der Stoff nicht das wahre Wesen der Wirklichkeit ausmacht, dann ist die mathematische Struktur gleichbedeutend mit der physikalischen Existenz. Wer braucht Fleisch, wenn Knochen genug sind?

Eine unstoffliche Wirklichkeit etwas anderer Art erhält man, wenn man davon ausgeht, dass sie nicht aus Mathematik, sondern aus Information besteht. Diese Auffassung hat der verstorbene Physiker John Archibald Wheeler durch die griffige Formulierung «it from bit» wiedergegeben. Wheeler, der mit Albert Einstein zusammenarbeitete und Richard Feynmans Doktorvater war, hatte eine Begabung für solche prägnanten Wortschöpfungen; von ihm stammen auch die Bezeichnungen «schwarzes Loch», «Wurmloch» und «Quantenschaum».

Hinter «it from bit» verbirgt sich folgender Gedanke: Letztlich teilt uns die Wissenschaft nur etwas über Unterschiede mit – wie beispielsweise Unterschiede in der Verteilung von Masse und Energie assoziiert sind mit Unterschieden in der Form der Raumzeit, oder wie Unterschiede in der Ladung eines Teilchens assoziiert sind mit Unterschieden in den Kräften, die es erfährt oder ausübt. Auf diese Weise lassen sich Zustände des Universums als reine Informationszustände begreifen. Der britische Astrophysiker Sir Arthur Eddington hat einmal gesagt, «daß unsere Kenntnis der physikalischen Objekte einzig und allein in Ablesungen von Zeigern und anderen Indikatoren besteht».[5] Das «Medium», in denen diese Informationszustände realisiert werden, spielt, ganz gleich, worum es sich handelt, keine Rolle für die Erklärung physikalischer Erscheinungen. Daher ist es gänzlich verzichtbar: Es kann Ockhams Rasiermesser überlassen werden. Die Welt ist lediglich ein Fluss reiner Unterschiede ohne irgendeine zugrundeliegende Substanz. Information, *bit*, genügt für Existenz, *it*.

Einige «It from bit»-Anhänger folgen dieser Logik noch einen Schritt weiter. Sie halten das Universum für eine gigantische Computersimulation. Zu den Vertretern dieser Ansicht gehören Ed Fredkin und Stephen Wolfram, die beide postulieren, das Universum sei ein «zellulärer Automat», der mithilfe eines einfachen Programms komplexe physikalische Resultate generiere. Der vielleicht radikalste Fürsprecher der Kosmos-Computer-These ist der Amerikaner Frank Tipler. Dabei ist besonders erstaunlich, dass der Entwurf ganz ohne einen richtigen Computer auskommt: Sein Kosmos ist nur noch Software, keine Hardware mehr. Schließlich ist eine Computersimulation ja auch nur ein Programm, das abläuft; und ein Programm ist im Wesentlichen eine Input-Zahlenkette, die in eine Output-Zahlenkette umgewandelt wird. Daher entspricht jede Computersimulation – sagen wir, die Simulation des physikalischen Universums – den Sequenzen von Zahlenketten: ein rein mathematisches Objekt. Und wenn mathematische Objekte eine ewig platonische Existenz haben, dann ist nach Tiplers Auffassung die Welt vollständig erklärt: «Demnach ist das physikalische Universum», schreibt er, «auf der untersten ontologischen Ebene ein Begriff.»

Und was ist mit den simulierten Wesen, die auch irgendwie ein Teil dieses «Konzepts» sind – Wesen wie wir? Würde ihnen bewusst werden, dass die Zeit eine Illusion ist, dass sie nur erstarrte Bits eines ewigen platonischen Videobands sind? Keineswegs, meint Tipler. Sie hätten keine Möglichkeit zu erkennen, dass ihre Wirklichkeit darin besteht, «Zahlenfolge» zu sein. Höchst merkwürdig allerdings, dass ausgerechnet ihre simulierten geistigen Zustände dem mathematischen Gesamtkonzept, dessen Teil sie sind, eine physikalische Existenz verschaffen. Denn, so schreibt Tipler: «... dies ist es doch, was wir unter Existenz verstehen: daß denkende und fühlende Wesen sich als existierend denken und fühlen».[6]

Die Vorstellung, dass das Universum ein abstraktes Programm ist – «it from bit» –, besitzt für einige Philosophen und Wissenschaftler eine eigentümliche Schönheit. Außerdem scheint es sich mit der Art und Weise zu decken, wie die Wissenschaft die Natur darstellt – als ein Netz mathematischer Beziehungen. Aber ist das wirklich das ganze Bild? Gehört der Stoff tatsächlich nicht zum wahren Wesen der Welt? Ist sie wirklich durch und durch Form?

Es gibt einen Aspekt der Wirklichkeit, der nicht in dieses metaphysische Bild zu passen scheint: unser eigenes Bewusstsein. Vergegenwärtigen Sie sich, wie es sich anfühlt, wenn Sie gekniffen werden, wie eine Mandarine schmeckt, wie ein Cello klingt oder wie der rosafarbene Himmel einer Morgendämmerung aussieht. Solche qualitativen Erfahrungen – Philosophen nennen sie «Qualia» (aus dem Lateinischen, Singular: Quale) – besitzen eine innere Beschaffenheit, die über ihre Rolle im kausalen Netz hinausreicht. Diese Auffassung wird zumindest von Philosophen wie Thomas Nagel vertreten. «Im Gegensatz zu ihren materiellen Ursachen und Wirkungen lassen die subjektiven Qualitäten bewußter psychischer Prozesse sich nämlich gerade nicht mit den begrifflichen Mitteln jener gereinigten Form des Denkens erfassen, welche der den Erscheinungen zugrunde liegenden Welt angemessen ist»,[7] schreibt Nagel.

Der australische Philosoph Frank Jackson veranschaulicht diesen Gedanken: Stellen Sie sich eine Wissenschaftlerin namens Mary vor, die alles weiß, was es über Farbe zu wissen gibt: über die neurobiologischen Prozesse, durch die wir sie wahrnehmen, die Physik des Lichts, die Zusammensetzung des Spektrums und so fort. Aber stellen Sie sich weiter vor, Mary habe ihr ganzes Leben in einer schwarz-weißen Umgebung gelebt, sie habe nie eine Farbe selbst gesehen. Trotz ihres vollständigen wissenschaftlichen Verständnisses der Farbe gibt es etwas, was Mary nicht weiß: wie Farbe aussieht. Sie weiß nicht, wie es ist, die Farbe Rot zu erfahren. Daraus folgt, dass diese Erfahrung etwas einschließt – etwas Subjektives und Qualitatives –, das von den objektiven, quantitativen Fakten der Wissenschaft nicht erfasst wird.

Genauso wenig kann dieser subjektive Aspekt der Wirklichkeit von einer Computersimulation erfasst werden. Nehmen wir beispielsweise die Theorie, die als «Funktionalismus» bezeichnet wird und die behauptet, mentale Zustände seien im Wesentlichen Rechenzustände. Nach dem Funktionalismus ist ein mentaler Zustand nicht durch seine individuelle Beschaffenheit definiert, sondern durch seine Position im Flussdiagramm eines Rechners: durch die Art seiner Beziehung zum Wahrnehmungsinput, zu anderen mentalen Zuständen und zum Verhaltensoutput. Beispielsweise wird Schmerz als ein Zustand definiert, den eine Gewebeschädigung verursacht und der seinerseits Vermeidungsverhalten und spezifische Lautäußerungen wie «au» verursacht. Ein solches Flussdiagramm kausaler Beziehungen kann in ein Softwareprogramm umgesetzt werden, das auf einem Computer läuft und «Schmerzen haben» simuliert.

Aber würde eine solche Simulation auch berücksichtigen, was uns am Schmerz am wirklichsten erscheint: dass er sich so schrecklich anfühlt? Dem Philosophen John Searle erscheint der bloße Gedanke «ehrlich gesagt, ziemlich verrückt». «Warum um alles in der Welt», fragt er, «sollte irgendjemand, der bei klarem Verstand ist, annehmen, dass eine Computersimulation geistiger Prozesse tatsächlich geistige Prozesse hätte?»[8] Nehmen wir an, sagt Searle, das Programm, das ein Schmerzerleben simuliert, liefe auf einem Computer, der aus alten, mit einer Schnur zusammengehaltenen Bierdosen besteht und von einer Windmühle angetrieben wird. Können wir wirklich glauben, fragt Searle, dass ein solches System Schmerz empfinden würde?

Der Philosoph Ned Block schlägt ein ähnliches Gedankenexperiment vor. Dazu sollen wir uns vorstellen, was geschieht, wenn die Bevölkerung Chinas das Programm des Gehirns simuliert. Dazu muss jeder Chinese die Aktivität einer bestimmten Gehirnzelle nachahmen; es gibt zwar hundertmal so viele Gehirnzellen wie Chinesen, aber das spielt hier keine Rolle. Die synaptischen Verbindungen zwischen den verschiedenen Zellen können durch Handyverbindungen zwischen den Chinesen dargestellt werden. Hätte die chinesische Nation, wenn sie die Software des Gehirns auf diese Weise nachahmen würde, Bewusstseinszustände, die über jene ihrer individuellen Angehörigen hinausgehen würden? Könnte sie, sagen wir, den Geschmack von Pfefferminz erfahren?

Die Schlussfolgerung, die uns die Philosophen mit diesen Gedankenexperimenten nahelegen möchten, besagt, dass zum Bewusstsein mehr gehört als bloße Informationsverarbeitung. Wenn das stimmt, scheint die Wissenschaft, insofern sie die Welt als ein Zusammenspiel von Informationszuständen beschreibt, einen Teil der Wirklichkeit auszuklammern – nämlich den subjektiven, irreduzibel qualitativen Teil.

Man könnte natürlich einfach leugnen, dass die Wirklichkeit überhaupt einen subjektiven Teil hat. Tatsächlich gibt es Philosophen, die das verneinen – Daniel Dennett zum Beispiel. Dennett weigert sich einzuräumen, dass Bewusstsein irgendwelche intrinsisch qualitativen Elemente enthält. Er vertritt die Ansicht, Qualia seien ein philosophischer Mythos. Wenn sich etwas nicht in rein quantitativen und relationalen Begriffen beschreiben lasse, sei es eben auch kein Teil der Wirklichkeit. «Spezielle innere Qualitäten zu postulieren, die grundsätzlich unerforschbar sind und deren Existenz nicht bestätigt werden kann, ist Obskurantismus»,[9] erklärt er.

Eine solche Realitätsverleugnung stößt bei Philosophen wie Searle und Nagel auf Ungläubigkeit. Sie haben den Eindruck, dass Dennett absichtlich die Augen verschließt vor dem eigentlichen Wesen des Bewusstseins. Dazu Nagel: «Die Welt ist dann eben nicht die Welt, wie sie einem in hohem Maße abstrakten Standpunkt sich erschließt»[10] – das heißt, dem wissenschaftlichen Standpunkt.

Die innere Natur des Bewusstseins liefert einen Grund für die Annahme, dass die Welt mehr enthält als reine Struktur. Aber abgesehen vom Bewusstseinsproblem gibt es noch allgemeinere Gründe zu vermuten, dass der kosmische Strukturalismus kein angemessenes Bild von der Wirklichkeit vermittelt. Struktur an sich scheint einfach nicht auszureichen für wahres Sein. Oder wie es der idealistische Philosoph T. L. S. Sprigge formuliert: «Was Struktur hat, muss mehr haben als nur Struktur.» Vielleicht hatte Aristoteles recht: Man braucht auch Stoff. Stoff lässt die Struktur entstehen, verwirklicht die Form.

Aber wenn das wahr ist, wie können wir dann den tatsächlichen Stoff der Realität erkennen? Wie wir gesehen haben, offenbart die Wissenschaft lediglich, wie der Stoff strukturiert ist. Sie sagt uns nicht, wie die von ihr beschriebenen quantitativen Unterschiede auf Unterschiede in irgendeinem zugrundeliegenden qualitativen Stoff zurückgehen. Unsere wissenschaftliche Erkenntnis der Wirklichkeit ähnelt nach Sprigges Worten «eher der Kenntnis, die jemand, der gehörlos geboren wird, von einem Musikstück erwirbt, wenn seine ganze musikalische Erziehung aus dem Studium von Partituren bestanden hat».[11]

Doch es gibt einen Teil der Wirklichkeit, den wir ohne Vermittlung der Wissenschaft erkennen: unser eigenes Bewusstsein. Wir erfahren die intrinsischen Qualitäten unserer Bewusstseinszustände direkt, von innen. Zu ihnen haben wir einen «privilegierten Zugang», wie die Philosophen sagen. Es gibt nichts, dessen Existenz wir uns sicherer wären.

Das rückt eine interessante Möglichkeit in den Blick. Vielleicht hat der Teil der Wirklichkeit, den wir indirekt durch die Wissenschaft erkennen, der materielle Teil, die gleiche innere Beschaffenheit wie der Teil, den wir direkt durch Selbstbeobachtung erkennen, der bewusste Teil. Mit anderen Worten, möglicherweise besteht die gesamte Realität – die subjektive und die objektive – aus demselben Grundstoff. Das ist eine angenehm einfache Hypothese. Aber ist sie nicht ein wenig verrückt? Bertrand Russell kam das nicht so vor. Tatsächlich gelangte Russell in *The Analysis of Matter* mehr oder weniger zu diesem Ergebnis. Auch der bedeutende Physiker Sir Arthur Eddington fand sie nicht verrückt. In dem Buch *The Nature of the Physical World [Das Weltbild der Physik und ein Versuch seiner philosophischen Deutung, 1928]* erklärte Eddington vollmundig: «Der Stoff der Welt ist Geist-Stoff.»[12] (Der Begriff «Geiststoff» wurde übrigens 1890 von William James im ersten Band seines Werks *Principles of Psychology* geprägt.)

Verrückt oder nicht, der Gedanke, dass der fundamentale Stoff der Wirklichkeit Geiststoff ist, hat eine sehr merkwürdige Implikation. Wenn er zutreffend ist, muss das Bewusstsein die gesamte materielle Natur durchdringen. Dann bliebe subjektive Erfahrung nicht auf die Gehirne von Wesen wie uns beschränkt; sie wäre in jedem Klümpchen Materie vorhanden: in großen Dingen wie Galaxien und schwarzen Löchern, in kleinen Dingen wie Quarks und Neutrinos und in Dingen mittlerer Größe wie Blumen und Felsen.

Die Lehre, dass das Bewusstsein die Wirklichkeit durchdringt, heißt «Panpsychismus». Sie scheint auf animistische Vorstellungen zurückzugehen – den Glauben, dass Bäume und Bäche Geister beherbergen. Bei modernen Philosophen ist der Panpsychismus auf beträchtliches Interesse gestoßen. Vor einigen Jahrzehnten zeigte Thomas Nagel, dass diese Lehre, trotz aller Verrücktheit, eine zwingende Konsequenz einiger ganz vernünftiger Prämissen ist. Unsere Gehirne bestehen aus materiellen Teilchen. In bestimmten Konfigurationen erzeugen diese Teilchen subjektive Gedanken und Gefühle. Physikalische Eigenschaften allein können Subjektivität nicht erklären – wie sollte die nicht darstellbare Erfahrung des Geschmacks einer Erdbeere aus physikalischen Gleichungen erwachsen? Die Eigenschaften eines komplexen Systems wie des Gehirns entspringen nicht einfach aus dem Nirgendwo; sie müssen aus den Eigenschaften der fundamentalen Konstituenten des Systems entstehen. Diese fundamentalen Bausteine müssen daher selbst subjektive Eigenschaften haben – Eigenschaften, die sich, in den richtigen Kombinationen, zu unseren inneren Gedanken und Gefühlen zusammenfügen. Aber die Elektronen, Protonen und Neutronen, die unser Gehirn konstituieren, unterscheiden sich nicht von denen, die den Rest der Welt zusammensetzen. Daher muss das ganze Universum aus kleinen Klümpchen Bewusstsein bestehen.

Ein anderer zeitgenössischer Philosoph, der den Panpsychismus ernst nimmt, ist der Australier David Chalmers. Chalmers hat eine Schwäche für diese Lehre, weil sie verspricht, zwei metaphysische Probleme auf einmal zu lösen: das Problem des Stoffs und das Problem des Bewusstseins. Der Panpsychismus liefert nämlich nicht nur den Grundstoff – den Geiststoff –, der die von der Physik beschriebene, rein strukturelle Welt mit Fleisch ausstatten kann. Er erklärt auch, warum die ansonsten so graue Welt der Physik in allen Farben des Bewusstseins aufleuchten kann. Denn laut dem Panpsychismus entstand das Bewusstsein nicht auf irgendeine geheimnisvolle Art im Universum, als bestimmte Teilchen zufällig in der richtigen Anordnung zusammenkamen, sondern es war schon von Anfang an vorhanden, weil diese Teilchen selbst winzige Klümpchen Bewusstsein waren. Damit liegt sowohl den subjektiven Informationszuständen unseres Geistes als auch den objektiven Informationszuständen der physikalischen Welt eine einzige Ontologie zugrunde – so erklärt sich Chalmers' Maxime: «Erfahrung ist Information von innen; Physik ist Information von außen.»[13]

Wenn Sie finden, dass dieser metaphysische Deal zu schön ist, um wahr zu sein, darf ich Ihnen sagen, dass der Panpsychismus seine eigenen Probleme hat. An erster Stelle steht das sogenannte Kombinationsproblem: Wie können sich viele kleine Klümpchen Geiststoff zu einem größeren Geist zusammenfügen? Beispielsweise besteht Ihr Gehirn aus vielen Elementarteilchen. Nach Auffassung der Panpsychisten ist jedes dieser Teilchen das winzige Zentrum eines Protobewusstseins, mit seinen eigenen – vermutlich sehr einfachen – mentalen Zuständen. Aber was bewirkt, dass alle diese mentalen Mikrozustände zu einem Makrogeist wie dem Ihren zusammentreten?

Für William James, der dem Panpsychismus ansonsten durchaus positiv gegenüberstand, war das Kombinationsproblem ein Stein des Anstoßes: «Wie können viele ‹Bewusstseine› zugleich ein Bewusstsein sein?»,[14] fragte James befremdet. Er verdeutlichte den Punkt an einem Beispiel: «Nehmen wir einen Satz, der aus einem Dutzend Wörtern besteht, und nehmen wir zwölf Männer und sagen wir jedem ein Wort. Dann stellen wir die Männer in einer Reihe auf oder drängen sie zu einem Haufen zusammen und lassen jeden von ihnen, so intensiv wie er will, an das Wort denken; nirgends wird es ein Bewusstsein des ganzen Satzes geben ... Der private Geist fügt sich nicht zu einem höheren Geist zusammen.»[15]

James' Argumentation wurde von vielen zeitgenössischen Gegnern des Panpsychismus aufgegriffen. Was für einen Sinn hat es, fragen sie, Vermutungen darüber anzustellen, dass Dinge wie Elektronen und Protonen über innere mentale Zustände verfügen, wenn wir keinen Hinweis darauf haben, wie sich diese geistigen Mikrozustände zu einem komplexen menschlichen Bewusstsein vereinigen könnten?

Aber ein paar kühne Denker gibt es, die behaupten, sie hätten einen solchen Hinweis. Und sie verdanken ihn, was vielleicht überraschend ist, der Quantentheorie. Einer der verblüffendsten Befunde der Quantentheorie ist das Phänomen der Verschränkung. Wenn zwei verschiedene Teilchen in den Zustand der Quantenverschränkung eintreten, verlieren sie ihre individuelle Identität und verhalten sich als vereinheitlichtes System. Selbst wenn sie Lichtjahre auseinander sind, spürt jedes Teilchen sofort, wenn das andere eine Veränderung erfährt. Es gibt nichts Entsprechendes in der klassischen Physik. Wenn es zu einer Quantenverschränkung kommt, wird das Ganze mehr als die Summe seiner Teile. Das steht in so krassem Widerspruch zu unserer Alltagserfahrung, dass sogar Einstein es als «gespenstisch» bezeichnete.

Obwohl die Quantentheorie in der Regel auf eine physikalische Ontologie angewandt wird, die aus Teilchen und Feldern besteht, gibt es keinen erkennbaren Grund, warum sie nicht auch in einer aus Geiststoff bestehenden Ontologie einzusetzen sein sollte. Tatsächlich könnte eine solche «Quantenpsychologie» der Schlüssel zum Verständnis jener Einheit des Bewusstseins sein, die von Descartes und Kant als ein besonderes Merkmal des Geistigen angesehen wurde. Wenn physikalische Objekte ihre individuelle Identität verlieren und zu einem einzigen Ganzen verschmelzen können, dann ist es zumindest denkbar, dass protomentale Objekte dazu ebenfalls in der Lage sind und sich, wie William James es ausdrückte, «zu einem höheren Geist» zusammenfügen. Insofern bietet die Quantenverschränkung zumindest einen Hinweis auf eine Lösung des Kombinationsproblems.

Auf solche Quantenprinzipien hat sich Roger Penrose berufen, um zu erklären, wie physikalische Aktivitäten in unseren Gehirnen Bewusstsein erzeugen könnten. In *Schatten des Geis-*

tes schrieb er: «Ein einziges geist- und verstandbegabtes Wesen kann ... nur dann eine Einheit sein, wenn es eine Form von Quantenkohärenz gibt, die sich zumindest über einen nennenswerten Teil des gesamten Gehirns erstreckt.»[16] Inzwischen ist er noch einen Schritt weiter gegangen und hat die panpsychistische Vorstellung übernommen, dass die atomaren Konstituenten des Gehirns wie das übrige physikalische Universum aus Geiststoff bestehen. «Ich denke, dass etwas von dieser Beschaffenheit tatsächlich notwendig ist»,[17] verkündete Penrose in einem Vortrag, als es um dieses Thema ging.

Panpsychismus ist nicht jedermanns Sache. John Searle beispielsweise tut ihn von vornherein als einfach «absurd» ab.[18] Dabei hat er einen unbestreitbaren Vorteil: den der ontologischen Sparsamkeit. Er besagt, dass der Kosmos letztlich nur aus einem einzigen Stoff besteht. Es handelt sich also um eine monistische Wirklichkeitsauffassung. Und wenn Sie versuchen, dem Geheimnis der Existenz auf den Grund zu gehen, bietet er eine günstige metaphysische Position, da Sie nur erklären müssen, wie die eine Substanz entstanden ist. Der Dualist scheint vor einer schwierigeren Aufgabe zu stehen: Er muss die Existenz zweier Substanzen erklären: die der Materie und die des Geistes.

Besteht also die Wirklichkeit letztlich aus Geiststoff? Ist sie nicht mehr, oder nicht weniger, als ein einziger riesiger, unendlich verwickelter Gedanke – oder sogar Traum? Auf der Suche nach einer weiteren Bestätigung dieser ziemlich abenteuerlichen Schlussfolgerungen wandte ich mich einem Buch zu, das sich bis dahin immer als unanfechtbare Quelle erwiesen hatte: *The Devil's Dictionary*. Dort fand ich die folgende passende Definition:

Wirklichkeit, die; der Traum eines verrückten Philosophen.

— 11 —
«DAS ETHISCHE ERFORDERNIS, DASS ETWAS IST»

«Ich habe eine Lieblingsantwort; auf die war ich sehr stolz. Aber dann stellte ich zu meinem Schrecken und Ärger fest, dass Platon diese Antwort schon rund 2500 Jahre früher gefunden hatte!» Der Mann mit der Antwort – die er für absolut originell hielt, als er sie in seiner Jugend fand – war John Leslie, ein spekulativer Kosmologe von freundlichem, zurückhaltendem Wesen. Die Gemeinschaft der spekulativen Kosmologen ist weit gestreut, aber nicht groß. Sie besteht aus etwa hundert Wissenschaftlern mit philosophischen Neigungen und wissenschaftlich beschlagenen Philosophen – Leuten wie Baron Rees of Ludlow, Großbritanniens gegenwärtigem Astronomer Royal, Andrei Linde, dem Stanford-Physiker, der die Theorie der chaotischen Inflation schuf, Jack Smart, dem Hauptvertreter des Realismus in der australischen Philosophie, und Reverend Sir John Polkinghorne, einem ehemaligen Teilchenphysiker an der Universität Cambridge, der anglikanischer Priester wurde. In dieser vielfältigen Gemeinschaft genießt John Leslie großen Respekt – für die Kühnheit seiner kosmologischen Thesen nicht weniger als für die Geschicklichkeit, mit der er sie verteidigt. Der englischstämmige Leslie promovierte Anfang der sechziger Jahre in Oxford, ging dann nach Kanada, wo er an der University of Guelph dreißig Jahre lang Philosophie lehrte, und wurde schließlich zum Fellow der Royal Society gewählt. Im Laufe seiner Berufstätigkeit hat er einen stetigen Strom von Büchern und Artikeln produziert, in denen sich wissenschaftliche Strenge mit spekulativer Phantasie verband. In dem Buch *Universes* ging er akribisch der Frage nach, welche Konsequenzen die Hypothese der kosmischen «Feinabstimmung» für ein Multiversum hätte. 1996 erklärte er in *The End of the World*, dass reine Wahrscheinlichkeitsberechnungen auf ein «Weltuntergangsszenario» schließen ließen, in dem die Menschheit augenblicklich ausgelöscht würde. 2007 berief er sich in dem Buch *Immortality Defended* auf Prinzipien der modernen Physik – insbesondere Einsteins Relativitätstheorie und die Quantenverschränkung –, um darzulegen, dass jeder von uns, ungeachtet des biologischen Todes, in einem ganz realen Sinne ewig existieren werde. Ganz nebenbei erfand Leslie auch ein neues Brettspiel, das «Hostage Chess», eine Mischung aus westlichem Schach und dem japanischen Spiel Shogi. Ein Großmeister bezeichnete Leslies Hostage Chess als «die interessanteste und spannendste Variante, die mit einem normalen Schachspiel möglich ist».[1]

Trotzdem möchte Leslie am liebsten erinnert werden wegen seines Lösungsvorschlags für das Rätsel, warum es etwas gibt und nicht einfach nichts – auch wenn ihm, wie er zugibt, Platon zuvorgekommen ist. (Hat nicht Alfred North Whitehead gesagt, dass die ganze Philosophie nur eine Fußnote zu Platon sei?) Leslie bezeichnet seine Lösung als «extremen Axiarchismus», da er behauptet, dass die Wirklichkeit von abstrakten Werten bestimmt werde – *axia* ist das griechische Wort für «Wert» und *archein* für «herrschen».

«Sie sind weltweit der führende Experte für die Frage, warum etwas ist und nicht nichts», sagte ich zu Leslie am Anfang unseres Gesprächs. Gegen die spätherbstliche Kühle in einen bequemen Wollpullover gekleidet, saß er im Wohnzimmer seines Hauses an der Westküste Kanadas, während ich durch die Noosphäre schwebte.

«Ich bezweifle, dass es irgendeinen Experten für diese Frage gibt», erwiderte er abwinkend und blinzelte hinter seinen Brillengläsern. «Ich bin ein Experte für die Vielzahl von Vermutungen, die zu diesem Thema angestellt wurden. Aber natürlich habe ich auch meine eigenen Ideen, die, wie gesagt, auf Platon zurückgehen. Platon dachte, dass es einen Bereich notwendig existierender Möglichkeiten gebe, und ich glaube, dass er damit recht gehabt hat.»

Existierende Möglichkeiten?

«Nun», sagte Leslie, «selbst wenn überhaupt nichts existieren würde, gäbe es immer noch jede Menge logischer Möglichkeiten. Beispielsweise wäre wahr, dass Äpfel – im Gegensatz zu verheirateten Junggesellen – logisch möglich wären, obwohl sie nicht wirklich existieren würden. Genauso wäre wahr, dass, wenn es zwei Mengen mit zwei Äpfeln geben würde, vier Äpfel existieren würden. Selbst wenn es überhaupt nichts gäbe, wären solche bedingten Wahrheiten, Wahrheiten nach dem Schema von ‹wenn y, dann y›, immer noch gültig.»

«Schön», sagte ich, «aber wie kommen Sie von solchen Möglichkeiten», von den «Wenn y, dann y»-Wahrheiten, wie er sie nannte, «zur tatsächlichen Existenz?»

«Nun ja», antwortete Leslie, «Platon schaute sich unter diesen Wahrheiten um und erkannte, dass einige von ihnen mehr waren als nur ‹wenn y, dann y›. Nehmen Sie an, Sie hätten ein leeres Universum – absolut nichts. Es wäre eine Tatsache, dass dieses leere Universum sehr viel besser wäre als ein Universum voller Menschen in unermesslichem Elend. In diesem Fall würde eine ethische Notwendigkeit bestehen, dass die Leere fortdauerte und nicht durch ein Universum voll unendlichem Leid ersetzt würde. Aber es könnte auch in umgekehrter Richtung eine ethische Notwendigkeit bestehen – nämlich die Notwendigkeit, diese Leere durch ein gutes Universum zu ersetzen, ein Universum voller Glückseligkeit und Schönheit. Platon dachte, das ethische Erfordernis allein, dass ein gutes Universum existiere, reiche aus, um das Universum zu erschaffen.»

Leslie wies mich auf Platons *Staat* hin, wo es heißt, dass die Idee des Guten «den Dingen Existenz verleiht». Seine eigene Antwort auf das Geheimnis der Existenz, sagte Leslie, sei im Wesentlichen eine Aktualisierung der platonischen Forderung.

«Sie wollen also wirklich behaupten», sagte ich und versuchte, weniger ungläubig zu klingen, als ich war, «dass das Universum irgendwie durch eine abstrakte Notwendigkeit des Guten ins Sein katapultiert ist?»

Leslie war nicht aus der Fassung zu bringen. «Vorausgesetzt, Sie akzeptieren die Auffassung, dass diese Welt, unter dem Strich, eine gute Welt ist, ist die Idee, dass sie durch die Notwendigkeit der Existenz einer guten Welt geschaffen wurde, zumindest nicht von der Hand zu weisen», sagte er. «Sie hat im Lauf der Jahrhunderte seit Platon viele Menschen überzeugt. Für diejenigen, die an Gott glauben, hat sie sogar eine Erklärung für Gottes eigene Existenz geliefert: Es gibt ihn infolge der ethischen Notwendigkeit eines vollkommenen Wesens. Die Idee, dass das Gute für Existenz verantwortlich sein kann, hat eine lange Geschichte – die für mich, wie gesagt, eine große Enttäuschung war, als ich sie entdeckte, weil es mir lieb gewesen wäre, wenn ich allein auf sie gekommen wäre.»

Irgendwas in Leslies leiser, präziser Sprechweise, in der immer ein Hauch Heiterkeit mitschwang, weckte in mir den Verdacht, dass seine platonische Schöpfungsgeschichte nicht ganz frei von Ironie war. Und wenn er ernsthaft behauptete, das Universum sei in Reaktion auf ein ethisches Bedürfnis nach dem Guten entstanden, wie konnte er dann erklären, warum es sich ethisch und ästhetisch als eine solche Enttäuschung erwiesen hatte – so unübersehbar mittelmäßig, wenn nicht sogar böse?

Nun wurde ich darüber aufgeklärt, dass die Wirklichkeit, wie Leslie sie versteht, die Wirklichkeit, wie wir anderen sie kennen, bei weitem übertrifft.

Zunächst einmal, wenn Existenz aus der Notwendigkeit des Guten erwuchs, dann muss sie im Wesentlichen geistig sein. Mit anderen Worten, die Existenz muss letztlich aus Geist, aus Bewusstsein bestehen. Laut Leslie ist der Grund einfach. Damit etwas wertvoll an sich ist – und nicht wertvoll als Mittel zu einem Zweck –, muss es eine Einheit sein. Es muss mehr sein als nur eine Ansammlung von separat existierenden Teilen. Gewiss, man kann etwas herstellen, das instrumentell wertvoll ist, indem man wertlose Teile zusammenfügt – einen Fernsehapparat zum Beispiel. Ein Fernsehapparat ist instrumentell wertvoll, weil er in jemandem, der ihn betrachtet, Vergnügen hervorrufen kann. Vergnügen zu empfinden ist ein Bewusstseinszustand. Er besitzt eine Einheit, die über die bloß mechanische Organisation der Teile hinausgeht. Das ist der Grund, warum eine solche bewusste Erfahrung innerlich wertvoll sein kann. G. E. Moore – der die moderne analytische Philosophie zusammen mit Bertrand Russell begründet hat – betonte als Erster, wie wichtig die «organische Einheit», wie er sie nannte, für die Existenz eines inneren Werts ist. Nun gibt es echte organische Einheit – im Gegensatz zu bloß struktureller Einheit, wie der Einheit eines Automotors oder eines Sandhaufens – nur im Bewusstsein. (In diesem Zusammenhang schrieb William James: «Gleich, wie komplex das Objekt auch sein mag, der Gedanke daran ist ein ungeteilter Bewusstseinszustand.»[2]) Wenn die Welt tatsächlich durch die Notwendigkeit des Guten in die Existenz gebracht wurde, dann muss sie im Grunde aus Bewusstsein bestehen.

Das hatte ich mir zumindest aus Leslies früheren Schriften zusammengelesen, etwa seinem 1979 veröffentlichten Buch *Value and Existence*. Nicht vorbereitet war ich allerdings auf die enorme Erweiterung, die sein kosmischer Entwurf in der Zwischenzeit erfahren hatte.

«Nach meiner Gesamtschau der Dinge», erzählte er mir, «besteht der Kosmos aus einer unendlichen Zahl von unendlichen Geistwesen, von denen jedes absolut alles weiß, was zu wissen wert ist. Und eines der Dinge, die zu wissen wert sind, ist die Struktur eines Universums wie des unseren.»

Daher sei das materielle Universum, selbst mit seinen vielen Hundert Milliarden Galaxien, lediglich das kontemplative Produkt eines dieser unendlichen Geistwesen. Das jedenfalls erzählte mir Leslie. Und das Gleiche gelte für die Bewohner des Universums – uns – und ihre Bewusstseinszustände. Trotzdem blieb meine Frage: Wenn ein unendlicher Geist sich das Ganze zusammendenkt, wozu dann all das Böse, das Leiden, die Katastrophen und die krude Hässlichkeit? Warum leben wir in diesem «Wüsten Land»?

«Aber unser Universum ist nur eine der Strukturen, in deren Anschauung ein unendlicher Geist versunken wäre», sagte er. «Er würde auch die Struktur unendlich vieler anderer Universen kennen. Und es wäre sehr unwahrscheinlich, dass das unsere das Beste unter allen wäre. Die beste Situation ist die totale Situation, das heißt, wenn die ganze ungeheure Fülle dieser Universen als kontemplatives Muster in einem unendlichen Geist anwesend wäre. Und das vollkommen schöne Universum, das Sie bevorzugen würden? Nun vielleicht ist es eines dieser kontemplativen Muster. Doch es gibt nun einmal unser Universum. Ich vermute, dass wir von all diesen unendlich vielen Welten, die von einem unendlichen Geist gedacht werden, in Hinblick auf das generelle Gute ziemlich weit unten auf der Liste stehen. Trotzdem glaube ich, dass Sie noch ein gutes Stück weiter hinuntergehen müssten, um eine Welt zu finden, die es nicht wert ist, überhaupt zu existieren.»

Hier lachte Leslie leise in sich hinein. Wieder ernst geworden, forderte er mich auf, den Louvre als ein Gleichnis zu betrachten. Wie ein unendlicher Geist viele Universen enthält, beherbergt der Louvre viele Kunstwerke. Eines dieser Kunstwerke – sagen wir, die «Mona Lisa» – ist das beste. Enthielte aber der Louvre lediglich vollkommene Kopien der «Mona Lisa», wäre er ein weniger interessantes Museum, als er es tatsächlich ist, da eine enorme Zahl von geringeren Kunstwerken für Vielfalt sorge. Im Großen und

Ganzen wäre das beste Museum eines, das neben den allerbesten Kunstwerken auch alle geringeren Kunstwerke enthielte, solange deren künstlerischer Wert einen Ausgleich schaffen würde – das heißt, solange sie nicht unter dem Strich schlecht wären. Entsprechend ist der beste unendliche Geist, fuhr Leslie fort, derjenige, in dessen Anschauung alle kosmischen Muster vorhanden sind, deren Gesamtwert positiv ist und die von der besten aller möglichen Welten hinabreichen zu Welten von mittlerer Qualität, wo das Gute nur knapp das Böse übertrifft. Eine solche Vielfalt von Welten, von denen jede insgesamt um irgendeinen positiven Betrag besser wäre als das bloße Nichts, wäre die wertvollste Wirklichkeit – diejenige, die vielleicht aus einer platonischen Forderung nach dem Guten entstanden wäre.

Damit hatte Leslie einen naheliegenden Einwand gegen seinen kosmischen Entwurf entkräftet: das Problem des Bösen. Unsere Welt ist entschieden nicht die «Mona Lisa». Sie ist verunstaltet durch Grausamkeit, Leiden, Willkür und Verschwendung. Doch trotz aller ihrer ethischen und ästhetischen Mängel gelingt es ihr unter dem Strich, einen gewissen Wert zur Wirklichkeit in ihrer Gesamtheit beizutragen – genauso wie ein mittelmäßiges Gemälde von einem zweitrangigen Maler einen geringen Nettobeitrag zur Sammlung im Louvre leistet. Folglich ist unsere Welt wert, Teil dieser größeren Wirklichkeit zu sein: das heißt, wert in der Anschauung eines unendlichen Geistes.

Damit ist aber ein schwerer wiegender Einwand gegen Leslies axiarchische Theorie noch nicht entkräftet. Warum sollte ein unendlicher Geist – oder irgendetwas anderes – durch die bloße Notwendigkeit des Guten in die Existenz gerufen werden? Mit anderen Worten, warum wird aus «sollte existieren» tatsächlich «existiert»? Ein solches Prinzip ist in der wirklichen Welt offensichtlich nicht wirksam. Wenn ein armes Kind hungert, wäre es gut, wenn eine Schale Reis zur Existenz käme, um das Leben des Kindes zu retten. Doch wir haben noch nie gesehen, dass sich für ein solches Kind eine Schale Reis aus dem Nichts materialisiert. Warum also sollen wir dann von einem ganzen Kosmos erwarten, dass ihm das gelingt?

Als ich Leslie diesen Einwand entgegenhielt, stieß er einen tiefen Seufzer aus.

«Menschen wie ich», sagte er, «Menschen, die die platonische Auffassung akzeptieren, dass das Universum existiert, weil es existieren muss, sagen nicht, dass absolut alle ethischen Forderungen erfüllt werden. Wir erkennen an, dass es Konflikte gibt. Wenn Sie eine geordnete Welt haben wollen, die sich nach den Naturgesetzen richtet – was für eine Welt eine sehr elegante und interessante Seinsweise ist –, können Sie nicht verlangen, dass plötzlich Reisschüsseln wie durch Zauberhand erscheinen. Mehr noch, die Tatsache, dass das Kind keine Schüssel Reis hat, kann sehr gut aus dem Missbrauch der menschlichen Freiheit resultieren, und Sie können nicht das Gute einer Welt haben, in der die handelnden Subjekte frei entscheiden können, ohne zugleich die Möglichkeit zu akzeptieren, dass diese Subjekte auch schlechte Entscheidungen treffen.»

Ich begriff, dass die Voraussetzungen des Guten miteinander kollidieren können und dass manchmal die einen von den anderen außer Kraft gesetzt werden. Aber warum sollte das Gute überhaupt die Neigung haben, sich selbst zu verwirklichen? Warum sollte es sich beispielsweise von der Röte unterscheiden? Die Röte hat offensichtlich keine Neigung, sich selbst zu verwirklichen. Hätte sie die, wäre alles rot.

«Richard Dawkins hat einmal den gleichen Gedanken geäußert. Er fragte mich: ‹Wie soll ein so bangloses Konzept wie das Gute die Existenz der Welt erklären? Da könnten Sie sich genauso gut auf die Chanel-Nummer-Fünfheit berufen.› Nun, ich halte das Gute nicht für irgendetwas, das einfach auf die Dinge aufgetragen wird wie Parfum oder ein Farbanstrich. Das Gute ist erforderliche Existenz in einem nicht trivialen Sinn. Wer das nicht begreift, hat nicht im Mindesten verstanden, worum es in der Ethik geht.»

Stellen Sie sich eine gute Möglichkeit vor – etwa einen schönen und harmonischen Kosmos, der von Glück überfließt. Würde diese Möglichkeit verwirklicht, hätte sie eine Existenz, die ethisch notwendig wäre. Das ist im Wesentlichen Platons Idee: dass eine Sache existieren könnte, weil ihre Existenz vom Guten gefordert wird. Die Verknüpfung zwischen dem Guten und erforderlicher Existenz ist nicht logischer Natur. Aber sie ist eine notwendige Verbindung – dieser Meinung sind zumindest platonisch gesinnte Denker wie Leslie. Vielleicht fehlen uns einfach die begrifflichen Voraussetzungen, um zu verstehen, warum es sich so verhält. Wir neigen zu der Annahme, Werte könnten etwas nur mit Hilfe eines Mechanismus zur Existenz bringen – in Leslies Worten «vielleicht irgendeine Kombination aus stoßenden Kolben, ziehenden elektromagnetischen Feldern oder Willenskraft ausübenden Personen». Doch ein solcher Mechanismus könnte niemals die Existenz der Welt erklären. Er könnte nicht erklären, warum Etwas ist und nicht einfach Nichts, weil er Teil des zu erklärenden Etwas wäre. Angesichts der Grenzen unseres Verständnisses müssen wir uns mit der bloßen Einsicht begnügen, dass eine ethische Notwendigkeit und eine schöpferische Kraft in dieselbe Richtung weisen: in die Richtung des Seins. Die platonische Idee, es gebe eine notwendige Verbindung zwischen den beiden, ist keine zwingende Wahrheit der Logik. Aber es ist auch keine begriffliche Absurdität. Jedenfalls behauptete Leslie das.

Vielleicht könnte es helfen, die Materie genau umgekehrt zu betrachten, schlug ich vor. Selbst wenn eine abstrakte Notwendigkeit des Guten an sich keinen sehr zwingenden Grund für die Existenz eines Kosmos liefere, sei sie doch wenigstens ein Grund. Und in Abwesenheit eines Gegengrundes – eines Grundes, der der Existenz der Welt widerspreche – könnte das Gute allein genügen, um den Triumph des Seins über das Nichts zu besiegeln.

Schließlich scheine doch das Universum aus physikalischer Sicht nicht das Geringste zu kosten: Seine Gesamtenergie sei, wenn man die negative Gravitationsenergie gegen die in der Materie eingeschlossene Energie aufrechne, gleich null.

Leslie gefiel dieser Gedanke. «In Abwesenheit einer nihilistischen Kraft, die die Existenz der Dinge bekämpft», sagte er, «würde ihnen jeder gültige Grund zu ihrer Verwirklichung verhelfen. Man könnte sich eine Art Dämon vorstellen, der die Existenz der Dinge zu verhindern versucht. Aber, frage ich mich dann, woher kommt dieser Dämon?»

Was mit Heidegger sei? Habe er nicht an eine abstrakte annihilierende Kraft geglaubt? Das Nichts, das «nichtet»?

«Vielleicht hat er das, aber ich glaube nicht daran», erwiderte Leslie. «Wenn man Heidegger wirklich liest, stellt man fest, dass er in Bezug auf die Erklärung der Existenz sehr unklar ist. Allerdings interpretiert ihn der Theologe Hans Küng dahin gehend, dass für ihn das Wort ‹Gott› nur ein Etikett für ein schöpferisches ethisches Prinzip ist, welches die Welt hervorbringt. Also könnte sich Heidegger sehr gut im Platon-Leslie-Lager befinden.»

Bei all seiner theologisch angehauchten Redeweise von «göttlichen Geistwesen» hatte Leslie in Wahrheit wenig für den traditionellen Gottesbegriff übrig. «Wenn meine Auffassung stimmt», sagte er, «haben wir es mit einer unendlichen Zahl von Geistwesen zu tun, von denen jedes absolut alles weiß, was zu wissen sich lohnt. Man könnte jedes von ihnen ‹Gott› nennen, wenn man wollte, oder man könnte sagen, dass Gott die ganze unendliche Menge der Geistwesen ist. Natürlich könnte man auch behaupten, Gott sei einfach das abstrakte Prinzip, das ihnen allen zugrunde liegt.»

Ich erinnerte mich an eine Bemerkung, die der orthodoxe christliche Philosoph Richard Swinburne gemacht hatte, als ich bei ihm in Oxford gewesen war. Gott könne kein abstraktes Prinzip sein, hatte Swinburne behauptet, weil ein abstraktes Prinzip nicht leiden könne. Wenn wir um einer guten Sache willen litten, hätte der Schöpfer die Verpflichtung, mit uns zu leiden, so wie ein Elternteil die Verpflichtung habe, mit seinem Kind zu leiden. Um die Welt wäre es schlechter bestellt, wäre sie nicht von einem Gott geschaffen worden, der an unserem Leiden teilhabe – hatte Swinburne vertreten. Das könne ein abstraktes Prinzip des Guten nicht leisten.

«Na ja», sagte Leslie sehr langsam. «Das klingt nach einem Argument für die Existenz eines Höchsten Masochisten. Ich mag nicht glauben, dass die Welt durch zusätzliches Leiden verbessert werden kann. Und das gilt für einen Großteil der christlichen Lehre. Jones begeht ein Verbrechen, also sühnt man das Böse, indem man Smith ans Kreuz nagelt, und schon ist alles besser.»

Vielleicht war Leslie eher ein Pantheist im Sinne Spinozas. Spinozas Gott war kein Akteur wie der persönliche Gott der jüdisch-christlichen Tradition. Für Spinoza war Gott eine unendliche, sich selbst erhaltende Substanz, die die ganze Natur umfasste.

«Viele Leute glaubten, Spinoza habe überhaupt nicht über Gott geschrieben», sagte Leslie. «Sie nannten ihn einen Atheisten. Und wenn Sie mich als Atheisten bezeichnen, kann ich damit gut leben. Wörter wie ‹Theismus›, ‹Atheismus› und ‹Gott› sind so abgegriffen, dass sie praktisch jede Bedeutung verloren haben. Wen interessiert das schon? Ich halte mich jedoch aus zwei Gründen für einen Spinozisten. Erstens glaube ich, dass Spinoza recht hatte, als er schrieb, wir seien alle winzige Regionen eines unendlichen Geistes. Und ich bin auch darin seiner Meinung, dass die materielle Welt, die Welt, wie sie von den Naturwissenschaften beschrieben wird, ein Muster göttlichen Denkens ist. Aber ich glaube auch, dass Spinoza selbst Platoniker war. Das entspricht natürlich nicht der üblichen Auffassung. In seiner *Ethik* vertritt er die Ansicht, dass die Welt als eine Materie von logischer Notwendigkeit existiere. Aber die *Ethik* war nicht Spinozas bestes Werk. Sein bestes Buch hat er früher geschrieben: *Kurze Abhandlung von Gott, dem Menschen und seinem Glück.* Dort legt Spinoza recht klar die Auffassung dar, dass der Wert alles erschafft – dass die Welt existiert, weil es gut ist, dass sie existiert. In der *Ethik* wollte er alles nach Art der euklidischen Geometrie belegen, also lieferte er – wenig überzeugend – eine Art logischen Beweis dafür, dass es eine unendliche Substanz geben müsse. Widerspruchsfreiheit ist die Tugend kleiner Geister, und Spinoza war ein großer Geist – er verwickelte sich überall in Widersprüche.»

Ob Platoniker oder Spinozist, Leslies Auffassung von der Wirklichkeit war eine gewisse Schönheit eigen, ging mir durch den Kopf: die Schönheit eines ontologischen Luftschlosses. Doch bei aller Schlüssigkeit seiner Beweisführung – er war nie um ein Argument verlegen, wenn es galt, einen Einwand zu widerlegen – stellte sich doch die Frage, ob man seinen Axiarchismus – Werteherrschaft! – ernst nehmen konnte als letztgültige Erklärung aller Existenz?

Wie ich entdecken sollte, haben ihn viele Denker sehr ernst genommen. Zu ihnen gehörte der verstorbene Oxforder Philosoph – und überzeugte Atheist – John Mackie. In seiner wortgewaltigen Streitschrift gegen die Existenz Gottes, *Das Wunder des Theismus [The Miracle of Theism]*, widmete Mackie ein ganzes Kapitel mit dem Titel «Ersatz für Gott» Leslies Axiarchismus. «Dieser Begriff, daß das bloße ethische *Gefordertsein* von etwas dieses *aus sich heraus*, ohne Einwirkung einer Person oder eines Bewußtseins, das sich dieses Erfordernisses bewußt wäre und auf seine Verwirklichung hin handelte, in die Existenz rufen könnte, klingt zweifellos zunächst recht merkwürdig und paradox», schrieb Mackie. «Dennoch ist gerade das das stärkste Argument zugunsten des extremen Axiarchismus.» Leslie meine nämlich, fuhr Mackie fort, seine Theorie «gebe die einzig mögliche Antwort, die allen Formen des kosmologischen Arguments zugrunde liege: ‹Warum gibt es überhaupt etwas?› oder ‹Weshalb gibt es überhaupt eine Welt und nicht keine?›»[3]

Offensichtlich könne, so Mackie, keine Erklärung im Sinne einer «ersten Ursache» die fundamentale Frage der Existenz beantworten, weil eine solche Erklärung nur die weitere Frage aufwerfen würde, aus welchem Grund denn diese erste Ursache existiere – ob sie nun Gott sei, ein instabiles Klümpchen falschen Vakuums oder irgendein noch exotischeres Objekt. Leslies Erklärung für die Existenz der Welt weise diesen Denkfehler hingegen nicht auf. Die objektive Notwendigkeit des Guten, die er postuliere, sei keine Ursache, sondern eine Tatsache, eine notwendige Tatsache, die nach keiner weiteren Erklärung verlange. Das Gute sei kein Akteur oder Mechanismus, der etwas aus nichts erschaffe. Es sei ein Grund dafür, dass es eine Welt gebe und nicht einfach nichts. Doch am Ende beurteilte er Leslies Axiarchismus doch skeptisch. Mackie war nicht davon überzeugt, dass «irgendetwas, nur weil es einen Wert besitzt, das Bestreben entwickelt, zur Existenz zu gelangen».

Und ich genauso wenig. Metaphysik sei ja schön und gut, sagte ich zu Leslie, aber welche konkreten Beweise habe er für seine höchst spekulative Behauptung über die Existenz der Welt?

Er reagierte mit kaum verhohlener Verärgerung: «Ich bin immer etwas erstaunt, wenn die Menschen sagen: ‹Sehen Sie, es gibt keine Beweise für Ihre Auffassung.› Na ja, sage ich dann, es gibt doch einen sehr überzeugenden Beweis: ‹Die Tatsache, dass es eine Welt und nicht einfach nichts gibt.› Warum lassen die Leute das immer außer Acht? Die bloße Tatsache, dass etwas ist und nicht nichts, schreit nach einer Erklärung. Und wo sind die Gegenentwürfe zu meiner platonischen Theorie?»

Damit hatte er zweifellos recht. Bislang jedenfalls hatte noch keine der Lösungen, die ich gehört hatte – egal, ob sie sich auf die Quantentheorie, auf mathematische Notwendigkeit oder Gott stützte –, einer kritischen Prüfung standgehalten. Derzeit schien das platonische Gute der einzige ernstzunehmende kosmische Kandidat zu sein.

Trotzdem schien Leslies Beweisführung eine gewisse Zirkularität innezuwohnen: Die Welt war durch das Gute in die Existenz geholt worden. Aber wie können wir wissen, dass das Gute eine Welt erschaffen kann? Weil die Welt existiert! Wenn der Axiarchismus über eine leere Tautologie hinausgehen sollte, musste Leslie weitere Belege zu seinen Gunsten vorbringen – Belege, die über die bloße Existenz der Welt hinausgingen.

Das tat er auch.

«Ein weiteres Indiz ist der Umstand», fuhr er fort, «dass die Welt voller geordneter Muster ist. Warum gehorcht das Universum Kausalgesetzen? Und warum so einfachen Gesetzen anstelle von viel komplexeren? Im letzten Jahrhundert haben die Wissenschaftsphilosophen daran gezweifelt, dass sich die kausale Ordnung des Universums jemals werde erklären lassen. Aber sie scheint keiner Erklärung zu bedürfen. Trotzdem ist Ordnung unwahrscheinlich, erwartungswidrig. Es gibt unermesslich viel mehr Möglichkeiten für eine Welt, ein totales Chaos zu sein, als sich überschaubar und ordentlich zu präsentieren. Warum also vollführen die Elementarteilchen ihre mathematisch eleganten Pirouetten? Für einen Platoniker wie mich lässt sich diese Regelmäßigkeit genauso erklären wie die Tatsache, dass es etwas gibt und nicht einfach nichts – nämlich durch ihr ethisches Erfordernis.»

Eine «kausale Ordnung» scheine eher ein ästhetischer als ein ethischer Wert zu sein, merkte ich an.

«Ich konnte nie eine klare Unterscheidung zwischen den beiden ziehen», sagte Leslie. «Bei allen Werten geht es um die Frage, was existieren sollte. Nebenbei gesagt, es gibt noch ein drittes Indiz für meine platonische Theorie: den Umstand, dass die Fundamentalkonstanten der Natur eine Feinabstimmung für intelligentes Leben besitzen.»

Ich fragte, ob denn dieser Eindruck einer kosmischen Feinabstimmung nicht von der Wissenschaft erklärt werden könne?

Angenommen, unser Universum sei – die Meinung vertreten Physiker wie Steven Weinberg – nur eine Region unseres Multiversums. Angenommen, die Naturkonstanten würden unterschiedliche Werte in den verschiedenen Regionen dieses Multiversums aufweisen. Wäre dann nicht nach dem anthropischen Prinzip zu erwarten, dass wir uns in einer Region befinden, deren Konstanten der Entwicklung von Wesen wie uns förderlich sind? Wenn man ein Multiversum hat, braucht man Platon nicht!

«Darauf gibt es verschiedene Antworten», sagte Leslie. «Der Umstand, dass die Multiversum-Hypothese eine Alternative zur axiarchischen Hypothese ist, heißt nicht, dass nicht beide durch den Befund der Feinabstimmung bekräftigt werden können. Lassen Sie mich ein kleines Gleichnis erzählen, das Gleichnis vom verschwundenen Schatz. Sie befinden sich auf einer verlassenen Insel, und Sie haben dort eine Schatztruhe vergraben. Die einzigen anderen Menschen auf der Insel sind Smith und Jones. Eines Tages begeben Sie sich an den Ort, wo Sie die Schatztruhe vergraben haben, und versuchen, sie aus der Erde zu holen. Aber sie ist nicht da! Die Tatsache, dass sie nicht da ist, erhöht die Wahrscheinlichkeit, dass Jones ein Dieb ist, aber sie erhöht auch die Wahrscheinlichkeit der konkurrierenden Hypothese, dass Smith ein Dieb ist. Genauso stärkt die Entdeckung der kosmischen Feinabstimmung die Wahrscheinlichkeit, dass die Multiversum-Hypothese richtig ist, aber auch die Wahrscheinlichkeit, dass meine axiarchische Hypothese richtig ist.»

Dann brachte er ein sehr viel subtileres Argument vor – ein Argument, das, soweit ich es beurteilen konnte, vollkommen neu war: nämlich dass die Multiversum-Hypothese das Rätsel der Feinabstimmung keineswegs löse.

«Bedenken Sie», sagte Leslie, «dass jede der kosmischen Konstanten, wenn sich Leben im Universum entwickeln soll, aus vielerlei Gründen in einer bestimmten Weise abgestimmt sein muss. Beispielsweise musste die Stärke der elektromagnetischen

Kraft in einem engen Bereich liegen, erstens, damit sich die Materie von Strahlung unterschied und es etwas gab, aus dem sich Lebewesen bilden konnte; zweitens, damit sich nicht alle Quarks in Leptonen verwandelten, weil das bedeutet hätte, dass es nie Atome gegeben hätte; drittens, damit die Protonen nicht so rasch zerfielen, dass schon bald keine Atome übrig geblieben wären, gar nicht zu reden davon, dass kein Organismus die durch den Zerfall erzeugte Strahlung überlebt hätte; viertens, damit die Protonen sich nicht so heftig abstießen, dass sich keine chemischen Prozesse entwickelt hätten und damit auch keine chemisch organisierten Wesen wie wir.»

Er fuhr fort mit fünftens, sechstens, siebtens und achtens, wobei seine Ausführungen mit jedem Grund physikalisch komplizierter wurden.

«Also», sagte Leslie, als er seine Litanei beendet hatte, «wie soll das gehen, dass sich durch Drehen an ein und derselben kosmischen Stellschraube die Stärke der elektromagnetischen Kraft so einstellen lässt, dass sie derart viele Voraussetzungen erfüllt? Das scheint mir kein Problem zu sein, das sich durch das Multiversum-Modell lösen ließe. Das Multiversum-Modell besagt lediglich, dass sich die Stärke der elektromagnetischen Kraft zufällig von Universum zu Universum verändert. Doch damit auch nur eine einzige Leben gewährende Stärke möglich ist, müssen die fundamentalen Gesetze der Physik selbst genau so und nicht anders sein. Mit anderen Worten, diese Gesetze – von denen man übrigens annimmt, dass sie im ganzen Universum gleich sind – müssen die Möglichkeit für die Entwicklung intelligenten Lebens in sich tragen. Genau deshalb sind sie die Art von Gesetzen, in deren Anschauung sich ein unendlicher Geist gerne vertiefen würde.»

Leslies Axiarchismus war ein außerordentlich sauber geschnürtes Bündel. Egal, was man von seinen abenteuerlichen Annahmen hielt – der platonischen Wirklichkeit des Guten, der schöpferischen Kraft des Wertes –, man musste die Vollständigkeit und Schlüssigkeit bewundern, die seine spekulative Konstruktion besaß. Aber ich war nicht sonderlich berührt davon. Sie sprach meine existenziellen Tiefen nicht an. Mein Hunger nach letzten Erklärungen wurde dadurch nicht gestillt. Ich fragte mich, wie groß seine emotionale Beteiligung an der Theorie war. Empfand er so etwas wie eine quasireligiöse Bindung an sie?

«Äh... ehem... äh...», stammelte er. Es klang fast so, als litte er körperliche Schmerzen. «Der Gedanke, dass ich mich zu meinem System hingezogen fühlen müsste, ist mir unangenehm, weil es, nun ja, toll wäre, wenn es wahr wäre. Das sind Wunschträume, und mit denen kann ich gar nichts anfangen. So etwas wie Glauben kann ich für meine platonische Schöpfungsgeschichte nicht aufbringen. Ihre Wahrheit habe ich mit Sicherheit nicht bewiesen. Fast nichts, was von philosophischem Interesse ist, erscheint mir beweisbar. Ich würde sagen, mein Vertrauen in meine Theorie liegt bei knapp über fünfzig Prozent. Oft denke ich, das Universum existiert einfach, und das ist es.»

Ob ihm die Vorstellung, dass das Universum grundlos existiere, nicht zu schaffen mache?

«Doch», sagte er, «zumindest auf einer intellektuellen Ebene.»

Trotzdem, fügte ich hinzu, müsse er es doch als befriedigend empfinden, dass sich eine beträchtliche Minderheit anderer Philosophen zu seiner Ansicht habe bekehren lassen.

«Oder zu genauso verrückten Ansichten», sagte er.

War Leslies Axiarchismus die lang gesuchte Lösung für das Geheimnis der Existenz? Stand die Antwort auf die Frage «Warum ist etwas und nicht nichts?» praktisch seit Beginn des westlichen Denkens in Form von Platons Anschauung des Guten zur Verfügung? Warum haben so viele nachfolgende Denker – Leibniz, William James, Wittgenstein, Sartre und Stephen Hawking, um nur einige wenige zu nennen – die Antwort übersehen? Waren sie alle Gefangene in Platons Höhle?

Um den Axiarchismus ernst zu nehmen, müssen Sie drei Dinge bedenken:

Erstens, Sie müssen daran glauben, dass das Gute ein objektiver Wert ist – dass sich das, was gut und was schlecht ist, mit Fakten belegen lässt, und dass diese Fakten zeitlos und notwendig wahr sind, unabhängig von allen menschlichen Interessen, und dass sie sogar in Abwesenheit aller existierenden Dinge wahr wären.

Zweitens, Sie müssen glauben, dass die ethischen Notwendigkeiten, die sich aus diesen das Gute belegenden Fakten ergeben, schöpferisch tätig werden können, dass sie Dinge ohne Hilfe einer vermittelnden Instanz – Akteur, Kraft oder Mechanismus – zur Existenz bringen und in der Existenz erhalten können.

Drittens, Sie müssen daran glauben, dass die tatsächliche Welt – die Welt, von der wir selbst ein Teil sind, auch wenn wir nur eine winzige Region von ihr überblicken können – die Art von Wirklichkeit ist, die von dem abstrakten Guten geschaffen werden kann.

Mit anderen Worten, Sie müssen daran glauben, dass erstens Wert objektiv ist, zweitens Wert schöpferisch ist und drittens die Welt gut ist. Wenn Sie diese drei Aussagen akzeptieren, haben Sie Ihre Lösung für das Rätsel der Existenz.

Die erste Aussage ist philosophisch umstritten, um es vorsichtig auszudrücken. Die radikalsten Wertskeptiker, deren Ahnenreihe bis zu David Hume zurückreicht, vertreten die Ansicht, dass es so etwas wie das objektiv Gute nicht gebe. Unsere Urteile über richtig und falsch sind aus Hume'scher Sicht nur eine Frage unserer Affekte, die wir auf die Welt projizieren und für einen Teil der Wirklichkeit halten. Solche moralischen Urteile haben nichts mit objektiver Wahrheit zu tun, noch nicht einmal mit der Vernunft. Von Hume stammt der berühmte Ausspruch: «Es läuft der Vernunft nicht zuwider, wenn ich lieber die Zerstörung der ganzen Welt will als einen Ritz an meinem Finger.»[4]

Das heißt sicherlich, den Wertskeptizismus zu weit treiben. Doch selbst Philosophen, die in dem Meinungsstreit auf der anderen Seite stehen, die sich standhaft zur Wertobjektivität bekennen, haben Zweifel, ob ethische Notwendigkeiten sich im luftleeren Raum bewegen können, frei von den Interessen und Anliegen fühlender Wesen wie uns. Thomas Nagel hat einmal die Frage gestellt, ob es sich lohne, die Frick Collection zu erhalten, wenn alles fühlende Leben vernichtet sei?

Leslie selbst könnte man in Wertfragen als «objektiven Subjektivisten» bezeichnen. Subjektivist ist er, weil er glaubt, dass Werte letztlich nur in Bewusstseinszuständen angesiedelt sind und nicht irgendwo außerhalb unseres Geistes. Ein objektiver Subjektivist ist er, weil er glaubt, dass Glücklichsein objektiv besser ist als Leiden, und nicht einfach deshalb, weil wir es zufällig vorziehen.

Warum ist eine Welt glücklicher fühlender Wesen besser als das Nichts? Nun, man könnte sagen, dass Vernichtung ethisch schlecht wäre, wenn es um eine Welt glücklicher fühlender Wesen ginge. Aber nehmen wir an, wir beginnen auf der Seite des Nichts. Wäre es im Falle, dass absolutes Nichts herrsche, objektiv besser, wenn eine Welt glücklicher fühlender Wesen in die Existenz drängte?

Vielleicht wäre es so. Schließlich würde die Glückssumme von null auf irgendeinen positiven Wert steigen, was objektiv gut erscheint. Und es scheint auch objektiv wahr zu sein, dass es für die fühlenden Wesen, die dadurch erzeugt würden, von Vorteil wäre. Obwohl es merkwürdig klingt, wenn wir sagen, dass diesen fühlenden Wesen geschadet worden wäre, wenn sie nicht hervorgebracht worden wären.

Doch kommen wir zum zweiten Punkt – selbst wenn sich das Gute durch objektive Wahrheiten belegen ließe, wie könnten dann diese Wahrheiten irgendetwas verrichten? Wie könnten sie aus dem bloßen Nichts eine Welt hervorbringen? Auch wenn Werte objektiv sind, so befinden sie sich nicht «dort draußen», wie etwa Galaxien und schwarze Löcher. (Und wären sie dort, könnte man mit ihnen nicht erklären, warum es etwas gibt und nicht einfach nichts, weil sie Teil dessen wären, was erklärt werden soll.) Zu behaupten, Werte seien objektiv, hieße, dass wir objektive Gründe hätten, bestimmte Dinge zu tun. Und Gründe brauchen Akteure, die nach ihnen handeln, damit sie in irgendeiner Weise Einfluss auf die Wirklichkeit nehmen. Gründe ohne Akteure sind ohnmächtig. Wer etwas anderes behauptet, liebäugelt mit dem wissenschaftlich in Verruf geratenen aristotelischen Begriff der «letzten Ursache» oder der «immanenten Teleologie» – das heißt, es regnet im Frühling, weil es gut für die Ernte ist.

Doch vielleicht ist diese Schlussfolgerung voreilig. Können wir etwas mit einem Grund anfangen, der möglicherweise die Existenz von etwas begünstigt, ohne dass jemand da ist, der nach diesem Grund handeln könnte – einem Grund, nicht um zu handeln, sondern um zu sein? Wir erinnern uns, wir suchen nach einer Erklärung, warum überhaupt etwas ist – nach einer Kausalerklärung. Überlegen wir, welche Arten von Kausalerklärungen es gibt. Zum einen gibt es die Ereigniskausalität, bei der ein Ereignis, sagen wir, ein bestimmtes Skalarfeld, ein anderes, den Urknall, verursacht. Und es gibt eine Handlungskausalität, bei der ein Akteur, sagen wir, Gott, ein Ereignis, den Urknall, verursacht. Augenscheinlich kann weder die Ereigniskausalität noch die Handlungskausalität erklären, warum etwas ist und nicht nichts, da in beiden Fällen die Existenz von etwas vorausgesetzt wird. Es gibt jedoch noch eine dritte Art der Kausalerklärung: die Tatsachenkausalität, wobei die Tatsache, dass p, die Tatsache, dass q, kausal erklärt. In den meisten Fällen von Tatsachenkausalität, mit denen wir vertraut sind, bezieht die verursachende Tatsache p etwas ein, das existiert, beispielsweise «Jones starb, weil er Gift geschluckt hat». Doch es kann sein, dass die verursachende Tatsache p, wenn q die Tatsache ist, dass «etwas und nicht nichts ist», nicht auf etwas zurückgreifen muss, das existiert – einen Akteur, eine Substanz oder ein Ereignis. Die verursachende Tatsache kann einfach ein abstrakter Grund sein. Und wenn es keine weitere Tatsache gibt, die diesem abstrakten Grund widerspricht oder ihn entkräftet, kann ein solcher Grund eine angemessene Kausalerklärung sein. Das wäre die einzige Hoffnung auf eine nicht zirkuläre Lösung des Existenzrätsels.

Aber – und damit kommen wir zum dritten Kapitel des axiarchischen Entwurfs – ist es wirklich plausibel, dass der Erklärungsgrund lautet, dass diese Welt besser ist als ein ontologisches Nichts? Tatsächlich ist der Axiarchist einer viel stärkeren These verpflichtet. Er muss glauben, dass die Welt nicht einfach nur besser ist als nichts, sondern dass sie maximal gut ist, unendlich gut, die schönste Wirklichkeit, die für Geld zu haben ist.

Seit Leibniz die naiv klingende Behauptung aufgestellt hat, dass wir in der «besten aller Welten» leben – und dafür von Voltaire erbarmungslos verspottet wurde –, versuchen die Apologeten der guten Schöpfung, das offensichtlich Böse, das sie durchdringt, wegzuerklären. Vielleicht, so sagen sie, ist das Böse nicht richtig wirklich, sondern nur eine Negation, die lokale Abwesenheit des Guten, so wie Blindheit die Abwesenheit des Sehens ist – das ist die sogenannte privative Theorie des Bösen. Oder vielleicht ist das Böse ein unvermeidliches Nebenprodukt des Gutes der Freiheit, die ohne die Möglichkeit, missbraucht zu werden, nicht existieren kann. Vielleicht macht auch ein bisschen Böses die Wirklichkeit als «organisches Ganzes» besser – so wie eine Dissonanz in einem Streichquartett von Mozart die Schönheit insgesamt steigert oder wie der Tod notwendig ist für die ästhetische Kraft der Tragödie. Schließlich wäre eine Welt, die durch und durch gut ist, eine fade Angelegenheit; erst das Böse, das es in edlem Bemühen zu besiegen gilt, verleiht ihr die erforderliche Würze. Und manchmal scheint sogar das Böse selbst Glanz und Romantik auszustrahlen. Was wäre Miltons *Verlorenes Paradies* ohne den rebellischen Stolz von Satan?

Leslie räumt die Existenz des Bösen ein: «Viele Dinge in unserem Universum sind alles andere als prächtig» – von Kopfschmerzen über Massenmord bis hin zum Untergang ganzer Galaxien. Doch er behauptet, das Problem des Bösen dadurch in den Griff zu bekommen, dass er unsere Welt zu einem winzigen Teil einer viel größeren Realität erklärt – einer Realität, die aus einer unendlichen Zahl von unendlichen Geistwesen besteht, von denen jedes alles betrachtet, was der Beachtung wert ist. Solange die Welt, in der wir leben, wenigstens einen kleinen Nettowert zu dieser unendlichen Wirklichkeit beiträgt, ist ihre Existenz legitimiert durch die abstrakte Notwendigkeit des Guten. Sie mag nicht vollkommen sein, aber mit ihrer kausalen Ordnung, ihrer Lebensförderlichkeit und ihrer Fähigkeit, mehr glückliche als unglückliche Bewusstseinszustände zu erzeugen, ist sie gut genug, um in eine maximal wertvolle Wirklichkeit aufgenommen zu werden.

Das zumindest behauptete Leslie. Doch ich fragte mich, ob er nicht einfach sein glückliches Bewusstsein in einen rohen und gleichgültigen Kosmos projizierte. Er schien mir ein Mensch von heiterem Naturell zu sein, der mit seiner Skepsis und Ironie das intellektuelle Vergnügen, das ihm die minutiöse Ausarbeitung seiner Weltsicht bereitet hatte, nur noch verstärkte. Eigentlich kam er mir wie ein moderner Spinoza vor. Sein eigener metaphysischer Entwurf hatte, wie er fröhlich eingestand, durchaus spinozistische Anklänge – auch wenn er mit seinen unzähligen pantheistischen Geistwesen «weit vielfältiger» war als Spinozas Welt. Wie Spinoza sieht Leslie alle individuellen Dinge wie kleine Wellen auf dem Meer einer einheitlichen göttlichen Wirklichkeit. Soweit wir wissen, war Spinoza von tiefer geistiger Verehrung für diese Wirklichkeit erfüllt. Dank seiner freundlichen Redlichkeit ist er laut Bertrand Russell «der vornehmste und liebenswerteste der großen Philosophen».[5] Das menschliche Leid – von dem er sein Päckchen zu tragen hatte, er wurde von anderen Juden als Ungläubiger und von den Christen als gefährlicher

Atheist geächtet – verstand Spinoza als eine geringfügige Dissonanz in einer größeren kosmischen Harmonie. Leslie schien die gleiche Gabe zu haben. Und wie Spinoza lebte er in einer Art Exil – in Kanada.

Man ist versucht, sich diesem heiteren Spinoza-Leslie-Konsens anzuschließen. Es lässt sich einiges zugunsten des kosmischen Optimismus sagen – zumal er uns hilft, die Verzweiflung angesichts des Bösen zu vermeiden, aber auch verspricht, uns zu erklären, warum es die Welt gibt. Doch es lässt sich auch einiges für die gegenteilige Ansicht vorbringen. Schopenhauer tat es im 19. Jahrhundert: Die Wirklichkeit sei weit überwiegend ein Schauplatz des Leidens, und Nichtexistenz sei besser als Existenz. Ganz ähnlich lauten Byrons Zeilen: «Leiden ist Wissen: wer am meisten weiß,/Beklagt am tiefsten die unsel'ge Wahrheit...»[6] In jüngerer Zeit erklärte Camus, das einzige wirkliche philosophische Problem sei der Selbstmord, und E. M. Cioran ließ sich endlos über den «Fluch» der Existenz aus. Selbst Bertrand Russell konnte sich, trotz seiner bekundeten Bewunderung für Spinozas Charakter, nicht mit dessen Ansicht anfreunden, dass individuelle Übel durch die Aufnahme in ein größeres Ganzes neutralisiert würden. «Jeder Grausamkeitsakt», schreibt Russell, «ist in Ewigkeit ein Teil des Universums.»[7] Heute ist Woody Allen wohl der entschiedenste Gegner des kosmischen Optimismus. 2010 sprach Allen in einem Interview, das er merkwürdigerweise einem katholischen Priester gab, von der «überwältigenden Trostlosigkeit» des Universums. «Für mich ist die menschliche Existenz eine brutale Erfahrung», sagte er. «Eine brutale, sinnlose Erfahrung – eine quälende, sinnlose Erfahrung mit Oasen der Freude, ein bisschen Heiterkeit und Frieden, aber das sind nur kleine Oasen.» Es gebe keine Gerechtigkeit und keine Vernunft. Jeder tue, was in seinen Kräften stehe, um die «Qual der Conditio humana» zu lindern. Einige verklärten sie sich mit der Religion; andere jagten dem Geld oder der Liebe hinterher. Allen selbst dreht Filme und jammert. («Ich ziehe einen gewissen Trost aus dem Jammern.») Doch am Ende «geht jeder völlig sinnlos in sein Grab».⁸

Ein überzeugter Axiarchist würde vielleicht antworten, dass Woody Allen eine zu enge Sicht auf die Wirklichkeit habe. Dass es mehr zwischen Himmel und Erde gebe, als die morbide Phantasie eines Neurotikers aus Manhattan erfasse. Allerdings ließe sich dagegenhalten, dass eigentlich John Leslie an seinem stillen Herd zwischen den kahlen Felsen an Kanadas Westküste, weitab von allen Zentren der Zivilisation, der kosmologische Provinzler ist. Leslie bezeichnet den kausalen Ordnungszusammenhang des Universums und seine exakte Abstimmung auf das Leben als selbstevident gut, als Dinge, die existieren sollen. Aber wiegen sie die reine Menge an Leid und Qual auf, die fühlenden Wesen – häufig von ihresgleichen – zugefügt wird?

In einem Punkt könnte Leslie recht haben. Vielleicht verdankt die Welt ihre Existenz tatsächlich einer Art abstraktem Prinzip. Aber es ist unwahrscheinlich, dass dieses Prinzip so eng mit den menschlichen Anliegen und Urteilen verknüpft ist wie das Gute. Leslies «schöpferischer Wert» sieht zu sehr nach dem Geist eines jüdisch-christlichen Gottes aus, eines Gottes, den wir uns nach unserem Bilde geschaffen haben. Könnte es irgendeine andere platonische Möglichkeit geben, seltsam vielleicht und uns fremder, die der Existenz der Welt zugrunde liegt und erklärt, warum es etwas gibt und nicht einfach nichts? Um eine überzeugende Lösung für das Rätsel der Existenz zu finden, blieb mir nichts anderes übrig, als meine Suche auszuweiten. Wie sich herausstellte, musste ich mich dazu mit einem neuen Begriff vertraut machen: dem Selektor.

Bevor ich mich von Leslie verabschiedete, wollte ich ihm noch meine Bewunderung bezeugen für das Feuerwerk von Ideen, das er entzündet hatte. Es war für mich durchgehend erhellend und – nicht zuletzt – unterhaltsam gewesen.

«Von allen zeitgenössischen Philosophen, die ich gelesen habe», sagte ich zu ihm, «sind Sie sicherlich der geistreichste.»
«Sie sind sehr liebenswürdig», sagte er. Und fügte hinzu: «Aber ich bin mir nicht sicher, dass es unbedingt ein Kompliment ist.»

— *Zwischenspiel* —
EIN HEGELIANER IN PARIS

«Das reine Sein macht den Anfang...»[1]
Ich lese diese Worte, während ich – wieder einmal – an einem Tisch im Café de Flore sitze. Dieses Mal auf der Terrasse, mit Blick auf den belebten Boulevard Saint-Germain und die Brasserie Lipp gegenüber, die verheißungsvoll «Choucroute garnie» anbietet. Es ist einer dieser seltenen Frühlingstage, an denen das zarte Austernschalengrau des Pariser Himmels aufreißt und den Blick auf strahlenden Sonnenschein und Kobaltblau freigibt. Von dem herrlichen Wetter abgelenkt, sehe ich einen Augenblick von meinem Buch auf, in der Hoffnung, in der Menge, die an mir vorbeidefiliert, einen Bekannten oder zumindest ein vertrautes Gesicht zu entdecken. *Pas de veine.* Also schlürfe ich den Rest des Café express – der vierte, seit ich hier bin – und wende mich wieder meinem Buch zu, Hegels *Wissenschaft der Logik*.

Das scheint eine merkwürdige, wenn nicht prätentiöse Lektürewahl für einen müßigen Nachmittag in einem schicken – und überteuerten – Café auf der Rive Gauche zu sein. Doch eigentlich ist sie gar nicht so seltsam. Schließlich sitze ich an einem Ort, den Jean-Paul Sartre und Simone de Beauvoir einige Jahrzehnte zuvor zu ihrem Hauptquartier erkoren hatten. Hier begann Sartre im Winter 1941/42, während der deutschen Besetzung, mit der Niederschrift seiner beeindruckendsten philosophischen Abhandlung, *Das Sein und das Nichts*. Jener Winter war ungewöhnlich kalt, doch Monsieur Boubal, der Besitzer des Cafés, besorgte auf dem Schwarzmarkt genügend Kohlen, um wenigstens eine bescheidene Wärme zu erzeugen, und ausreichend Tabak, um die Bedürfnisse seiner rauchenden Stammkunden zu befriedigen.

Meist tauchten Sartre und Beauvoir morgens als Erste auf und setzten sich an den wärmsten Tisch, direkt am Ofenrohr. Sartre ließ sich eine Tasse Tee mit Milch kommen, seine einzige Bestellung während des ganzen Tages. Dann begann er, die runde Hornbrille auf der Nase und in seinen orangefarbenen Kunstpelzmantel gewickelt, stundenlang zu schreiben, ohne kaum jemals aufzublicken – höchstens dass er sich, wie Beauvoir in ihren Erinnerungen berichtet, rasch bückte, um eine von einem anderen Gast weggeworfene Zigarettenkippe aufzuheben, die er in seine Bruyère-Pfeife stopfte.

Und wie begann Sartre seine epische Untersuchung über die Beziehung zwischen *l'être et le néant*? Mit einer Beschreibung ebendieses Cafés als einer «Seinsfülle» – gefolgt von einer längeren Variation über die Dialektik des Seins, ein Thema aus Hegels *Wissenschaft der Logik*. Daher war es eigentlich gar nicht so abwegig, dass ich hier mit Hegel posierte. Was die Prätention angeht... deren Messlatte liegt im Café de Flore sehr hoch.

Allerdings verfolge ich einen ernsten Zweck damit. Ich möchte die Welt auf möglichst abstrakte Weise sehen. Mir scheint, dass das für mich die größte verbleibende Chance ist, die Frage nach der Existenz der Welt doch noch zu beantworten. Alle Experten, die ich bisher gesprochen hatte, ließen in Hinblick auf vollständige ontologische Allgemeinheit zu wünschen übrig. Sie betrachteten die Welt aus irgendeiner begrenzten Perspektive. Für Richard Swinburne war sie eine Manifestation des göttlichen Willens. Für Alex Vilenkin war sie eine wild gewordene Fluktuation in einem Quantenvakuum. Für Roger Penrose Ausdruck einer höheren platonischen Welt der Mathematik. Für John Leslie war sie der Ausfluss eines zeitlosen Wertes. Jede dieser Sichtweisen trat mit dem Anspruch auf, den Grund für die Existenz zu liefern. Doch keine dieser Antworten empfand ich als befriedigend. Sie drangen nicht bis zur Wurzel des existenziellen Geheimnisses vor – bis zu dem, was Aristoteles in seiner *Metaphysik* «das Seiende als Seiendes» nennt.² Was heißt es, zu sein? Ist Sein eine Art Eigenschaft, die alle existierenden Dinge besitzen? Ist es eine Tätigkeit, wie die Partizipialform «seiend» vermuten lässt? Natürlich können wir nicht verstehen, warum es Seiendes gibt, ohne zuvor wenigstens im Ansatz verstanden zu haben, was Sein eigentlich ist.

Deshalb wende ich mich, wie Sartre vor mir, Hegel zu. Seine Lehre vom reinen Sein gehört – soweit ich weiß – zu den einflussreichsten Entwürfen in der ganzen Geschichte der Philosophie. Angeblich hat er diese Lehre in seiner *Logik* am verständlichsten dargelegt.

«Das reine Sein macht den Anfang», erklärt Hegel zu Beginn, «weil es sowohl reiner Gedanke als das unbestimmte einfache Unmittelbare ist.»³

So weit, so gut, denke ich. Du kannst mit deinem Philosophieren nicht von der Stelle kommen, ohne anzuerkennen, dass etwas ist.

Aber was können wir über dieses reine Sein sagen? Nun, es sei äußerst rein, meint Hegel, es sei das «unbestimmte einfache Unmittelbare». Es besitze keine besonderen Eigenschaften wie Zahl, Größe oder Farbe.

Auch das ist einleuchtend. Reines Sein ist nicht wie ein Apfel, ein Golfball oder ein Dutzend Eier.

Doch sehr rasch nimmt Hegels Denken eine neue Richtung. «Dieses reine Sein ist nun die reine Abstraktion, damit das Absolut-Negative...»⁴ Mit anderen Worten, da das reine Sein die Abwesenheit aller Eigenschaften ist, ist es zugleich die Negation aller Eigenschaften.

Und was folgt daraus? Dass reines Sein «das Nichts ist».

Höre ich einen Tusch?

Hegel ist sich bewusst, wie absurd seine Schlussfolgerung klingt. «Es erfordert keinen großen Aufwand von Witz, den Satz, daß Sein und Nichts dasselbe ist, lächerlich zu machen»,⁵ las ich. Trotzdem, die beiden Begriffe sind auf diesem abgehobenen Abstraktionsniveau gleichermaßen leer. Jeder schließt den anderen ein. Sie sind dialektische Zwillinge.

Doch trotz ihres begrifflichen Zwillingsstatus verharren Sein und Nichts im Widerspruch zueinander. Sie befinden sich im Widerstreit. Daher, so Hegel, müssen sie miteinander versöhnt werden. Es gilt, sie zu einer Einheit zusammenzufügen, die diese beiden zeitlosen Kategorien ersetzt, ohne ihre Unterschiedlichkeit zu vernichten.

Und was überbrückt die Kluft? Werden!

Damit setzt sich die wunderbare Hegel'sche Dialektik in Bewegung. These: Wirklichkeit ist reines Sein. Antithese: Wirklichkeit ist Nichts. Synthese: Wirklichkeit ist Werden.

Damit erscheint reines Werden genauso leer wie reines Sein oder reines Nichtsein. Trotzdem, sagt Hegel, bedeute es einen Fortschritt, bewege es etwas, eröffne es Möglichkeiten. Es sei «die Unruhe in sich».[6] (Das erinnert mich an das «falsche Vakuum», das nach der gegenwärtigen kosmologischen Theorie den Urknall hervorgebracht hat – eine andere Art von reinem Werden.) Nach und nach rückt und zupft Hegel sich das Werden so zurecht, dass es eine Reihe noch subtilerer Bestimmungen liefert: Quantität, Qualität, Maß, Natur und Geschichte, Kunst, Religion und Philosophie – der ganze dialektische Prozess gipfelt in dem, was er für die Vollkommenheit des preußischen Staates hält – oder in dem, was ich für die Vollkommenheit des Faubourg Saint-Germain *au beau soleil du printemps* halte.

«Also so ist das hier alles zustande gekommen!», denke ich und blicke von dem Buch auf.

Man vergebe mir, dass ich sarkastisch werde. Hegel hat eine Begabung, in seinen Lesern Sarkasmus zu wecken. War es nicht Bertrand Russell, der zu Hegels *Logik* anmerkte: «... je fehlerhafter die Logik, um so interessanter die sich aus ihr ergebenden Konsequenzen»?[7]

Wie kommt Hegel zu dieser scheinbar so lächerlichen Gleichsetzung von Denken und Wirklichkeit? Für ihn ist die Welt letztlich ein Spiel mit Begriffen. Der Geist, der zur Erkenntnis seiner selbst gelangt. Aber was könnte die Existenz dieses Geistes erklären? Auf welchem psychischen Schauplatz hat man sich Hegels dialektische Orgie vorzustellen?

Als ich die *Logik* bis zum Ende durchblättere, beginne ich die Antwort zu ahnen. Dieser Geist zieht sich am eigenen Schopf in die Existenz, indem er sich sein eigenes Bewusstsein schafft. Wie der Gott des Aristoteles ist er ein sich selbst denkender Gedanke – nur dass Hegel ihn nicht «Gott», sondern «absolute Idee» nennt.

Ich komme zu Hegels Definition der absoluten Idee: «Die Idee als Einheit der subjektiven und der objektiven Idee ist der Begriff der Idee, dem die Idee als solche der Gegenstand, dem das Objekt sie ist; – ein Objekt, in welches alle Bestimmungen zusammengegangen sind.»[8]

Russell sagt, Hegel definiere die absolute Idee «mit recht dunklen Worten».[9] Ich denke, da hat er sich sehr taktvoll ausgedrückt. Allerdings ließen sich französische Philosophen wie Sartre und Merleau-Ponty von Hegels rhetorischer Verworrenheit nicht abschrecken. Sie begeisterten sich für die Aura von Tiefe, die sie seiner Dialektik verlieh, und ahmten sie in ihren eigenen Werken nach. Für sie war Hegel ein Vorbild, von dem sie lernten, dass ein Intellektueller durch Denken allein «die Welt besitzen» könne, wie Sartre es einmal ausdrückte.[10]

Noch heute saugen französische Denker Hegel mit der Muttermilch auf – oder spätestens als Jugendliche im Lycée. Und hier bin ich, ein Amerikaner, der mit einer Logik von trockenerer Art großgezogen wurde und nun, nachdem er nur zwei Stunden mit Hegels Dialektik gerungen hat, in einer intellektuellen Unterwerfungsgeste verharrt. Vielleicht, denke ich mir, ist es an der Zeit, die intellektuelle Schwüle von Paris gegen die klarere metaphysische Luft der Britischen Inseln zu tauschen.

Vielleicht leide ich auch nur unter den Auswirkungen eines

übermäßigen Koffeingenusses. Ich beschließe, mir als Gegenmittel ein großes Glas von meinem Lieblings-Scotch zu genehmigen – pur. Nach ein paar Minuten gelingt es mir, den Kellner auf mich aufmerksam zu machen.

«*Un grand verre de Glenfiddich, s'il vous plaît*», sage ich. «*Sans glace.*» «Glen-FIE-DIESCH», wiederholt der Kellner in vollem Ernst, offenbar in der Absicht, meine Aussprache zu verbessern.

Es ist definitiv an der Zeit, Paris zu verlassen.

— 12 —
DAS LETZTE WORT ALLER SEELEN

Keine Frage ist erhabener als die Frage, warum es ein Universum gibt: Warum es etwas gibt und nicht einfach nichts.

Derek Parfit

Ich wusste die ganze Zeit über, dass meine Suche nach einer Lösung des Existenzrätsels mich nach Oxford zurückführen würde. Und hier stand ich nun, an der Schwelle seiner ehrwürdigsten Institution, vor dem College of All Souls, dem Allerseelen-College. Ein wenig kam ich mir vor wie Dorothy vor den Toren der Smaragdstadt. Innerhalb der Mauern lebte ein Zauberer, der möglicherweise das letzte Wort auf die Frage «Warum ist etwas und nicht nichts?» wusste. Ich hoffte, er würde so gnädig sein, es mir zu verraten. Und das tat er auch, gewissermaßen jedenfalls. Unerwartet kam, dass ich obendrein noch einen «free lunch» bekam, ein freies Mittagessen.

Auf meinem Rückweg von Paris nach Oxford hatte ich zwei Tage lang in London haltgemacht – nicht um mich zu amüsieren, sondern um zu arbeiten. Im Athenaeum Club in der Pall Mall war für mich reserviert. An einem Samstag kam ich an. Der Club war übers Wochenende geschlossen. Aber als ich klingelte, erschien ein Portier in der Tür und ließ mich eintreten. Er führte mich durch die dämmrige Eingangshalle am Treppenaufgang vorbei, über dem eine große Uhr hing. Als ich nach oben blickte, um zu sehen, wie spät es war, bemerkte ich, dass die Uhr zweimal die Ziffer Sieben zeigte, aber keine Acht. Wozu das?, fragte ich mich laut.

«Das weiß eigentlich niemand, Sir», sagte der Portier, möglicherweise mit einem Augenzwinkern.

Mystère.

Am Ende der Eingangshalle befand sich ein winziger, alter Fahrstuhl. Wir fuhren bis zum Dachgeschoss des Clubs hinauf. Dann wurde ich durch ein Labyrinth schmaler Flure zu meinem Zimmer geführt. Es lag auf der Frontseite und hatte zwei kleine Fenster, die über der Statue der Pallas Athene auf dem Portikus des Clubs zum Waterloo Place hinausgingen. An das Zimmer angrenzend befand sich erfreulicherweise ein geräumiges Bad, in dessen Mitte eine altmodische Badewanne thronte.

Der Athenaeum Club verfügt über eine eindrucksvolle Bibliothek, doch ich hatte mir meinen eigenen Lesestoff mitgebracht. Er bestand aus einem Trollope-Roman – in dem mehrere Episoden passenderweise zwischen den dorischen Säulen unter dem Vorbau dieses Clubs stattfinden – und einem Essay, den ich aus einer alten Ausgabe der *London Review of Books* ausgeschnitten hatte. Er stammte von dem englischen Philosophen Derek Parfit. Der Titel lautete «Why Anything? Why This?».[1]

Dass Parfit ein Philosoph von seltener Originalität war, wusste ich noch aus meiner frühen Studienzeit. Als ich damals während der Sommerferien als Rucksacktourist durch Europa gereist war, hatte ich zufällig eine kleine Anthologie über die Philosophie des Geistes dabei. Der letzte Aufsatz in dem Taschenbuch trug den Titel «Personal Identity» und war von Parfit. Ich werde nie vergessen, wie dieser Text meine Selbstwahrnehmung erschütterte, als ich auf der Zugfahrt von Salzburg nach Venedig endlich dazu kam, ihn zu lesen. (Noch werde ich jemals vergessen, wie die ungeheuren Mengen Brot, Käse und Dauerwurst, die ich auf dieser Zugfahrt verschlang, meine Körperwahrnehmung verstärkten.) Durch eine Reihe anregender und geistreicher Gedankenexperimente, die dazu dienten, verschiedene Ichs aufzuteilen und zu verschmelzen, gelangte Parfit zu einem Schluss, der sogar Proust erstaunt hätte: Personale Identität spielt keine Rolle. Das überdauernde, identische «Ich» ist Fiktion, nicht Fakt. Vielleicht gibt es keine eindeutige Antwort auf die Frage, ob beispielsweise der unreife J.H., der Parfits Aufsatz als Student las, dasselbe Ich ist wie der J.H. im Herbst seines Lebens, der diese Worte jetzt in seine Tastatur tippt.

So wurde ich auf Parfit aufmerksam. 1984, einige Jahre später – ich war inzwischen ein gestandener Philosophiestudent an der Columbia University –, veröffentlichte er ein umfangreiches Werk mit dem Titel *Reasons and Persons*. Darin führte er detailliert aus, welche Bedeutung seine Theorie der personalen Identität für Moral und Vernunft hat, für unsere Verpflichtung gegenüber künftigen Generationen und für unsere Einstellung zum Tod. Viele von Parfits Schlussfolgerungen – dass wir nicht sind, was wir zu sein glauben; dass es häufig vernünftig ist, gegen unser Eigeninteresse zu handeln; dass unsere konventionelle Moral logisch unsinnig ist – waren beunruhigend, um es vorsichtig auszudrücken. «Die Wahrheit ist ganz anders als das, was wir zu glauben geneigt sind»,[2] erklärte der Autor ungerührt. Aber Parfits Argumente waren so luzid und überzeugend, dass das Buch in der englischsprachigen Welt der Philosophie zur Entstehung einer regelrechten Heimindustrie führte, die Kommentare produzierte. Inzwischen hatte Parfit seine Aufmerksamkeit der Frage zugewandt, die mich seit einiger Zeit beschäftigte, der Frage, die nach seinem eigenen Bekunden die «erhabenste» von allen war: Warum ist etwas und nicht nichts? Seine Gedanken zu diesem Thema hatte er in einen kleinen, streckenweise etwas kryptischen Essay gezwängt – den ich, wie ich wusste, besser gelesen haben sollte, bevor ich ihn traf.

Und ich würde ihn treffen. «An ‹Warum gibt es etwas und nicht einfach nichts› bin ich noch immer sehr interessiert», hatte Parfit geantwortet, als ich mich vor ein paar Monaten an ihn gewandt hatte. Zu dem vorgeschlagenen Interview schrieb er: «Ich bin sicher, dass es mir Spaß machen wird.» Allerdings fügte er hinzu, dass es ihm lieber wäre, nicht wörtlich zitiert zu werden, weil er viel Zeit brauche, um seine Gedanken zu formulieren. Stattdessen wolle er jede Frage, die ich zu seinen Schriften stellen würde, mit einem Ja oder Nein oder einer anderen kurzen Äußerung beantworten.

Einen Großteil des Wochenendes verbrachte ich in der Badewanne unter dem Dach des Athenaeums, stillvergnügt lesend, einweichend, Rotwein schlürfend, den mir der Portier zuvorkommend aus dem Clubkeller heraufbrachte, und grübelnd. Winston Churchill hätte es gebilligt.

Es gibt zwei grundsätzliche Fragen, die wir zur Welt stellen können: Warum ist sie, und wie ist sie? Die meisten Philosophen, die ich bis dahin getroffen hatte, waren der Überzeugung, dass die Warum-Frage zuerst komme. Wenn man erst einmal wisse, warum die Welt ist, behaupteten sie, habe man eine ziemlich klare Vorstellung davon, wie sie ist. Nehmen wir an, Sie glauben wie John Leslie – oder Platon und Leibniz vor ihm –, dass die Welt existiert, weil sie existieren soll. Dann erwarten Sie, dass die Welt eine sehr gute Welt ist. Und wenn der Teil, den Sie beobachten, nicht besonders gut aussieht, kommen Sie – abermals wie Leslie – zu dem Schluss, dass er ein winziger Teil einer größeren Realität sein muss, die in ihrer Gänze sehr gut ist – unendlich gut, um genau zu sein.

Also führt eine Möglichkeit, über die Welt nachzudenken, vom Warum zum Wie. Doch eine andere, weniger naheliegende Methode ist die umgekehrte Richtung. Nehmen wir an, Sie blicken sich in der Welt um und bemerken, dass sie einige spezielle Merkmale besitzt, die sie von allen anderen Möglichkeiten, wie sie sein könnte, unterscheidet. Vielleicht, so könnten Sie dann denken, kann diese spezielle Weise, wie die Welt ist, einen Hinweis darauf liefern, warum sie ist.

Der Weg vom Wie zum Warum war, wie ich entdeckte, das Besondere an Parfits Ansatz. Seine Umkehrung der üblichen Erklärungsrichtung ließ mich das Geheimnis der Existenz in einem ganz neuen Licht sehen.

Parfit beginnt mit der Aufforderung, dass wir uns all die verschiedenen Weisen vorstellen sollen, wie die Wirklichkeit hätte werden können. Eine dieser Möglichkeiten ist natürlich unsere eigene Welt – das Universum, das vor 14 Milliarden Jahren mit dem Urknall entstand. Aber die Wirklichkeit könnte mehr enthalten als nur unsere Welt. Es könnte auch andere Welten geben, die parallel zu der unseren existieren, selbst wenn wir keinen direkten Zugang zu ihnen haben. Diese Welten könnten sich in wichtigen Aspekten von unserer Welt unterscheiden: in ihrer Geschichte, ihren Naturgesetzen – oder in deren Nichtvorhandensein – und in der Beschaffenheit der Stoffe, die sie konstituieren. Jede dieser individuellen Welten stellt das dar, was Parfit eine «lokale» Möglichkeit nennt. All die individuellen Welten, die zusammen existieren könnten, addieren sich zu einer «kosmischen» Möglichkeit.

«Kosmische Möglichkeiten», sagt Parfit, «umfassen alles, was überhaupt existiert, und sind die verschiedenen Weisen, wie die gesamte Wirklichkeit sein könnte. Nur eine dieser Möglichkeiten kann tatsächlich sein oder diejenige, die sich durchsetzt. Lokale Möglichkeiten sind die verschiedenen Weisen, wie irgendein Teil der Wirklichkeit, oder eine lokale Welt, sein könnte. Die Existenz einer lokalen Welt lässt offen, ob noch andere Welten existieren.»

Welche Arten von kosmischen Möglichkeiten gibt es? Eine kosmische Möglichkeit besteht darin, dass jede denkbare Welt existiert. Parfit nennt diese vollste Wirklichkeit die «Alle-Welten-Möglichkeit». Das andere Extrem ist die kosmische Möglichkeit, in der überhaupt keine Welten existieren. Parfit nennt sie die «Null-Möglichkeit». Zwischen der Alle-Welten-Möglichkeit und der Null-Möglichkeit liegt eine unendliche Zahl anderer kosmischer Möglichkeiten. Eine von ihnen ist die Möglichkeit, dass nur die guten Welten existieren – das heißt, alle Welten, die unter dem Strich besser sind als nichts. Das wäre John Leslies «axiarchische» Möglichkeit. Eine andere kosmische Möglichkeit besteht darin, dass unsere Welt und 57 ähnliche, leicht abweichende Welten existieren. Diese könnte man die «58-Welten-Möglichkeit» nennen. Dann ist da die Möglichkeit, dass nur Welten existieren, die einem bestimmten System physikalischer Gesetze entsprechen – sagen wir, den Gesetzen der Stringtheorie. Nach dem gegenwärtigen Stand der Stringtheorie würde die Zahl dieser Welten im Bereich von 10 hoch 500 liegen und ein kosmisches Ensemble bilden, das die Physiker «Landschaft» nennen. Oder es gibt die Möglichkeit, dass nur solche Welten existieren, in denen es kein Bewusstsein gibt. Die könnte man als «Zombie-Möglichkeit» bezeichnen. Oder eine, in der es genau sieben Welten gibt, jede in einer einzigen Farbe: Rot, Orange, Gelb, Grün, Blau, Indigo und Violett. Das wäre die «Spektrum-Möglichkeit».

Die ganze Skala dieser kosmischen Möglichkeiten repräsentiert jede denkbare Form, die die Wirklichkeit hätte annehmen können. Selbst das reine Nichts wird in Gestalt der Null-Möglichkeit berücksichtigt; logische Unmöglichkeiten werden gleichwohl nicht einbezogen: keine kosmische Möglichkeit schließt eine Welt aus quadratischen Kreisen oder verheirateten Junggesellen ein. Von all den möglichen Weisen, wie die Wirklichkeit hätte werden können, muss sich eine durchsetzen.

Was zwei Fragen aufwirft: Welche setzt sich durch? Und warum?

«Diese Fragen sind miteinander verknüpft», fährt Parfit fort. «Wenn eine Möglichkeit leichter zu erklären ist, haben wir eher Grund zu der Annahme, dass sich diese Möglichkeit durchsetzt.»

Von allen kosmischen Möglichkeiten gäbe wohl die Null-Möglichkeit die wenigsten Rätsel auf – dass es gar nichts gibt. Das ist die bei weitem einfachste denkbare Wirklichkeit, wie schon Leibniz gezeigt hat. Es ist auch diejenige, die keiner Kausalerklärung bedarf. Wenn es überhaupt keine Welten gäbe, würde sich die Frage nicht stellen, welche Sache oder Kraft diese Welten geschaffen hat.

Doch die Null-Möglichkeit ist ganz offensichtlich nicht die Gestalt, für die sich die Wirklichkeit entschieden hat. «Auf die eine oder andere Weise», sagt Parfit, «hat es ein Universum geschafft zu existieren.»

Aber welche kosmische Möglichkeit, die konsistent ist mit der Tatsache, dass unser Universum existiert, gibt die wenigsten Rätsel auf? Die Alle-Welten-Möglichkeit: dass alle möglichen Welten existieren. «Mit jeder anderen kosmischen Möglichkeit», schreibt Parfit, «haben wir eine weitere Frage. Wenn unsere Welt die einzige ist, können wir fragen: ‹Warum ist von allen möglichen Welten diese diejenige, die existiert?› Bei jeder Version der Viele-Welten-Hypothese stellt sich uns eine ähnliche Frage: ‹Warum existieren gerade diese Welten mit diesen Elementen und Gesetzen?› Doch wenn alle Welten existieren, gibt es keine weiteren Fragen.»

Die Alle-Welten-Möglichkeit ist unter den kosmischen Möglichkeiten somit diejenige, die am wenigsten willkürlich ist, weil keine Möglichkeit ausgeschlossen wird. Und diese vollste Möglichkeit könnte nach allem, was wir wissen, tatsächlich die Gestalt sein, die die Wirklichkeit angenommen hat.

Aber was ist mit den anderen kosmischen Möglichkeiten? Nun, wenn in unserer Welt das Gute einen Nettowert über null hätte, könnte sie zu den axiarchischen Welten gehören, deren Existenz ethisch am besten wäre. Oder wenn sich die Gesetze, die unsere Welt regieren, in der von Steven Weinberg erhofften Weltformel als außerordentlich elegant erweisen sollten, könnte unsere Welt ein Teil der schönsten kosmischen Möglichkeit sein. Oder wenn Schopenhauer und Woody Allen recht hätten, gehörte unsere Welt zur schlechtesten kosmischen Möglichkeit.

Entscheidend ist, dass jede dieser kosmischen Möglichkeiten ein besonderes Merkmal besitzt. Die Null-Möglichkeit ist die einfachste, die Alle-Welten-Möglichkeit die vollste, die axiarchische die beste und so fort. Nehmen wir jetzt an, dass die kosmische Möglichkeit, die sich tatsächlich durchsetzt, ebenfalls ein besonderes Merkmal besitzt. Vielleicht ist das kein Zufall. Vielleicht setzt sich diese Möglichkeit durch, weil sie dieses besondere Merkmal hat. Wenn das der Fall ist, wählt das besondere Merkmal praktisch aus, wie die Wirklichkeit sein soll. Es ist das, was Parfit den «Selektor» nennt.

Nicht jedes besondere Merkmal einer Wirklichkeit eignet sich als glaubhafter Selektor. Nehmen wir beispielsweise an, die erwähnte 58-Welten-Möglichkeit ist die Gestalt, die die Wirklichkeit angenommen hat. Nun hat die Zahl 58 eine besondere Eigenschaft – sie ist die kleinste Summe, die sieben Primzahlen bilden können: $2 + 3 + 5 + 7 + 11 + 13 + 17 = 58$. Aber niemand würde glauben, dass diese Eigenschaft erklärt, warum die Wirklichkeit so und nicht anders geworden ist. Es wäre vernünftiger anzunehmen, dass die Zahl der Welten durch bloßen Zufall 58 beträgt. Aber mit Merkmalen wie «beste», «vollste», «schönste» und «am wenigsten willkürlich» verhält es sich anders. Wenn die kosmische Möglichkeit, die ausgewählt wurde, Wirklichkeit zu werden, eines dieser Merkmale hätte, könnte man sich nur schwer vorstellen, dass es bloßer Zufall wäre. Wahrscheinlicher wäre, dass die kosmische Möglichkeit Wirklichkeit wurde, weil sie dieses Merkmal hatte.

Aber ist diese Verwendung von «weil» nicht etwas rätselhaft?

Natürlich sei sie das, räumt Parfit ein. Aber auch gewöhnliche Kausalität, sagt er, sei rätselhaft. Im Übrigen, fährt er fort, «wenn es irgendeine Erklärung der ganzen Wirklichkeit gäbe, sollten wir nicht erwarten, dass diese Erklärung nahtlos in irgendeine vertraute Kategorie passt. Diese außergewöhnliche Frage könnte auch eine außergewöhnliche Antwort haben.»

Mir wurde bewusst, dass es Parfit gelungen war, das Rätsel der Existenz so umzuformen, dass es weit weniger rätselhaft wurde. Während alle anderen versuchten, den unüberbrückbaren Graben zwischen Sein und Nichts zu überbrücken, veranstaltete Parfit eine ontologische Lotterie. Oder war es ein Schönheitswettbewerb – die Wahl zur Miss Kosmos? Als Kandidatinnen waren all die verschiedenen Weisen angetreten, die zur Wirklichkeit hätten werden können – alle kosmischen Möglichkeiten. Und da die Wirklichkeit nun einmal irgendwie sein muss, musste sich eine dieser kosmischen Möglichkeiten zwangsläufig durchsetzen – eine Frage der logischen Notwendigkeit. Es gibt keine denkbare Alternative, daher ist kein wie auch immer gearteter «verborgener Mechanismus» erforderlich, um dafür zu sorgen, dass die Selektion stattfindet. Der Selektor übt nämlich, wenn er das Ergebnis festlegt, weder Kraft aus, noch verrichtet er Arbeit.

Aber was wäre, so fragte ich mich, wenn es keinen Selektor gäbe?

Nach meinem einsamen Wochenende voller Lesen, Grübeln, Einweichen und Dösen tat es gut, am Montagmorgen in den geräumigen Speisesaal des Athenaeum Clubs hinabzugehen und zwei Dutzend geschniegelte Geschäftsleute in makellosen Savile-Row-Maßanzügen und Turnbull-&-Asser-Hemden frühstücken zu sehen. Es erinnerte mich daran, dass es noch andere – wenn auch nicht unbedingt wichtigere – Dinge gab als diese metaphysische Spintisiererei. Ich nahm den *Daily Telegraph*, setzte mich allein an einen Tisch und bestellte mir ein ordentliches englisches Frühstück mit Eiern, Bücklingen und geschmorten Tomaten. Köstlich. Ungewöhnlich gesättigt für die Uhrzeit bestieg ich zwei Stunden später an der Paddington Station einen Zug nach Oxford.

Während der Fahrt fragte ich mich erneut, wie der Selektor für unsere Welt aussehen könnte. Natürlich war er nicht Einfachheit. Denn dann wäre das Ergebnis des Wirklichkeitswettbewerbs sicherlich die Null-Möglichkeit gewesen. Aber egal, was die Vororte und Gewerbegebiete im Westen Londons, durch die mein Zug gerade fuhr, auch sein mochten – trist, schäbig, trostlos –, sie waren nicht nichts.

Und das platonische Prinzip des Guten als Selektor, wie John Leslie glaubte? Diese allzu optimistische Vorstellung hatte ich längst hinter mir gelassen. Parfit übrigens auch. «Es ist zu bezweifeln, dass unsere Welt auch nur der am wenigsten gute Teil des besten aller möglichen Universen sein könnte», meinte er wegwerfend.

Doch wenn sich diese Welt auch nicht ethisch auszeichnet, sie scheint andere Besonderheiten zu besitzen. Sie lässt geordnete kausale Muster erkennen. Außerdem sind die Gesetze, die sie regieren, auf der tiefsten Ebene offenbar bemerkenswert einfach – so einfach, dass unsere Forscher, wenn Steven Weinberg recht hat, gerade im Begriff sind, sie zu entdecken. Sicherlich sind diese beiden Merkmale – kausale Ordnung und nomologische Einfachheit – dazu angetan, unsere tatsächliche Welt von der großen Zahl schlampiger und komplizierter kosmischer Möglichkeiten abzuheben.

Diese Überlegungen haben Parfit zu dem vorläufigen Schluss gebracht, dass es mindestens zwei «Teilselektoren» für Wirklichkeit geben könnte: von Gesetzen regiert zu werden und einfache Gesetze zu besitzen. Könnte es noch andere geben, die wir bisher nicht bemerkt haben? Möglich. «Aber die Beobachtung kann uns nur ein Stück des Weges führen», schreibt er. «Wenn wir weitergehen wollen, kann uns nur das reine Denken helfen.» Dabei geht es um das höchste Prinzip, das die Wirklichkeit regiert – das gleiche Prinzip, das die Physiker zu entdecken trachten. «Es gibt hier also», sagt Parfit, «keine klare Grenze zwischen Philosophie und Wissenschaft.»

Wir sind da! Der Zug fährt bereits in den Oxforder Bahnhof ein, genau um zwölf.

Vom Bahnhof war es nur ein kurzer Fußweg zur Stadtmitte – ein Fußweg, der mir inzwischen sehr vertraut geworden war. «Kommen Sie um eins in das All Souls College in der High Street und bitten Sie den Pförtner, mich anzurufen», hatte Parfit mich in seinem Brief instruiert.

Da ich noch ein bisschen Zeit totschlagen musste, schaute ich bei Blackwell's in der Broad Street vorbei, der besten wissenschaftlichen Buchhandlung der englischsprachigen Welt. Ich stieg die Treppe hinunter in die riesige Philosophieabteilung, wo ich nach ein wenig Stöbern ein wundervolles Buch mit Porträtfotos der größten lebenden Philosophen fand. Der Fotograf war Steve Pyke. Unter den Porträtierten befand sich auch Parfit. Er war zweifellos eine auffällige Erscheinung: schmales, längliches Gesicht, dünne Lippen, markante Nase, große, nachdenkliche Augen und über allem eine üppige Mähne lockigen weißen Haars, das ihm fast bis zum Kinn reichte. Über jedem Bild stand ein persönlicher Ausspruch des betreffenden Philosophen. Bei Parfit las ich: «Am meisten interessieren mich metaphysische Fragen, deren Antworten unsere Emotionen beeinflussen können und die rationale und moralische Bedeutung haben. Warum gibt es das Universum? Was macht uns unser ganzes Leben lang zur selben Person? Haben wir einen freien Willen? Ist das Verstreichen der Zeit eine Illusion?»[3]

Eine Viertelstunde später schaute ich durch das ziemlich abweisende Gittertor von All Souls. «Das College ist geschlossen» stand auf einem Schild, «Ruhe bitte» auf einem anderen. Jenseits des Tors konnte ich einen Innenhof mit zwei gepflegten Rasenrechtecken sehen.

Ich meldete mich bei dem mürrisch wirkenden Collegepförtner an und wartete, während er meinen Gastgeber anrief.

All Souls ist ein legendenumwobener Ort. («All Souls, no bodies» – «Lauter Seelen, keine Körper» –, lautet ein bekanntes Witzwort.) Ein gelegentlicher Besucher in All Souls war Christopher Hitchens, als er in Oxford studierte. «Wie man ein College schildern solle», fragte er, «das ein florierender Antiquitätenshop ist ... und nur dazu da ..., die erhabenen Privilegien seiner ‹Fellows› zu hüten? Diese Lasterhöhle, aus Sicht jedes Gleichmachers? Diesen Ort, in dem nächtliche Orgien an Tafeln voller silberner Kandelaber und Wildbret bei Portwein in Silberkelchen stattfinden?»[4] Die Fellows von All Souls, sechsundsiebzig an der Zahl, werden aus den erlauchtesten Kreisen der britischen Wissenschaft und Öffentlichkeit erwählt. Von allen Lehrverpflichtungen entbunden, können sie in ihrer luxuriösen Umgebung einem Leben reiner Gelehrsamkeit und spekulativen Denkens nachgehen – befreit, vielleicht, von internen Querelen und Intrigen. Etwas ungewöhnlich ist die Tatsache, dass Parfit dort seine ganze berufliche Laufbahn verbracht hat, nachdem er 1967 zum Prize Fellow gewählt worden war, das heißt, nach dem Abschluss seines Studiums am Balliol College ein Stipendium mit den vollen Rechten eines Fellows erhalten hatte.

Und da kam er, diagonal über den Innenhof eilend – ein hochgewachsener, schlaksiger Mann mit freundlichem Lächeln, dessen unbändige, silberne Mähne hielt, was das eben betrachtete Foto versprochen hatte. Er trug einen hellroten Schlips, der sich von seiner Gesichtsfarbe kaum unterschied. Wir gaben uns zur Begrüßung die Hände. Ich erklärte mich erbötig, ihn zu einem langen, weingetränkten Mittagessen in eines der besseren Restaurants in der High Street zu führen.

«Nein», sagte er, «ich lade Sie zum Mittagessen ein.»

Er führte mich ins College hinein. «Das ist der schönste Blick von ganz Oxford», sagte er und deutete aus einem großen Fenster in Richtung Radcliffe Camera, der alten Oxforder Bibliothek. «Die Kuppel ist von Hawksmoor!»

Ich erinnerte mich, dass Parfit dem Vernehmen nach ein leidenschaftlicher Architekturfotograf war.

Das Mittagessen wurde den Fellows von All Souls in der «Buttery» serviert, einem gotischen Speisezimmer mit hoher, getäfelter Decke und einer stark hallenden Akustik. Parfit forderte mich auf, am Buffet zuzugreifen, wo ich mir den Teller mit Avocadosalat und Brot füllte. Dann setzten wir uns, um zu essen und zu reden.

Parfit erzählte mir aus seinem Leben. Als Kind sei er sehr fromm gewesen, sagte er, doch mit acht oder neun Jahren habe er der Religion den Rücken gekehrt. Beim Betrachten von Kreuzigungsbildern habe er am meisten Mitleid mit dem bösen Schächer empfunden – «weil er im Gegensatz zu Jesus und dem guten Schächer nach seinem Leiden und Sterben am Kreuz in die Hölle fährt».

Dann sprach er über Mathematik, in der er miserabel sei, wie er sagte. Er äußerte sein Erstaunen darüber, dass die Mathematik so kompliziert sein könne. Ein Mathematiker hatte ihm einmal erzählt, dass achtzig Prozent der Mathematik vom Unendlichen handelten. Richtiggehend entsetzt war er, als er erfuhr, dass es mehr als eine Unendlichkeit gab!

Obwohl sein Vater wollte, dass aus ihm ein Naturwissenschaftler würde, beschloss Parfit, Philosoph zu werden. Er hasste die «Verwissenschaftlichung» der Philosophie, für die seiner Meinung nach vor allem Quine und Wittgenstein verantwortlich waren. Genauso hasste er die «Naturalisierung» der Erkenntnistheorie – die Auffassung, dass die Rechtfertigung unserer Erkenntnis den Philosophen entzogen und in die Hände der Kognitionswissenschaftler gelegt werden müsse.

Anschließend wandten wir uns der Moralphilosophie zu, der, wie er mir berichtete, im Augenblick sein Hauptinteresse galt. Im Gegensatz zu vielen zeitgenössischen Moralphilosophen war er der Meinung, wir hätten objektive Gründe, moralisch zu sein, Gründe, die unabhängig von unseren Neigungen seien – gleichwohl käme er «in Verlegenheit», fügte er hinzu, wenn er «diese Behauptung selbst vor einer nicht universitären Zuhörerschaft zu verteidigen hätte». Entsetzt sei er über einige der verrückten Auffassungen, die von zeitgenössischen Philosophen vertreten würden, etwa die These, dass nur Begierden Gründe hervorbringen könnten.

Parfit zuckte zusammen, als empfinde er Schmerzen, wenn er solche abscheulichen Ansichten erwähnte, und häufig streckte er die Arme in der Geste der Verzweiflung zur getäfelten Decke empor. Ähnlich lebhaft verhielt er sich, wenn er Ansichten vortrug, die er befürwortete. Dann lehnte er sich zu mir herüber, lächelte und nickte nachdrücklich.

Nach dem Mittagessen zogen wir uns in einen angrenzenden Salon zurück, um am Kamin Kaffee zu trinken und uns über die Frage zu unterhalten, warum etwas ist und nicht einfach nichts.

Wie erwähnt wollte Parfit sich zu dem Thema nicht zitieren lassen. Allerdings hatte er mir versprochen, meine Fragen mit einer kurzen zustimmenden oder ablehnenden Äußerung zu beantworten. Und ich hatte im Wesentlichen zwei Fragen, eine leichte und eine schwere.

Die leichte hatte mit dem Nichts zu tun. Parfit glaubte offenbar, dass das Nichts eine logisch schlüssige Idee sei. Ja, er dachte sogar, es sei eine der möglichen Weisen, wie die Wirklichkeit hätte werden können. «Es hätte sein können», hatte er geschrieben, «dass nichts jemals existierte: kein Bewusstsein, keine Atome, kein Raum, keine Zeit.» Folglich gehörte das Nichts zu seinen kosmischen Möglichkeiten – in Form der Null-Möglichkeit.

Aber ist das Nichts auch eine lokale Möglichkeit? Das heißt, kann es mit einer Welt des Seins koexistieren?

Der Philosoph Robert Nozick hatte dies für denkbar gehalten. Wenn die Fülle der Welt so groß wie möglich sei, sodass sie jede denkbare Welt miteinschließe, dann müsse eine dieser Welten notgedrungen aus absolutem Nichts bestehen. Das zumindest hatte Nozick geglaubt. Damit hätte er auf die Frage «Warum ist etwas und nicht nichts?» eine einfache Antwort gehabt: Stimmt gar nicht. Es gibt beides.

Nozicks Argumentation hat einige Wissenschaftler überzeugt, unter anderem seinen einstigen Harvard-Studenten, den Stringtheoretiker Brian Greene. «Im letztmöglichen Multiversum», schrieb Greene, «existiert tatsächlich ein Universum, das aus nichts besteht.»[5] Auch hier schließt die Wirklichkeit beides ein, das Etwas und das Nichts.

Aus einem etwas anderen Blickwinkel stimmte dem auch Jean-Paul Sartre zu, als er erklärte, «daß das Nichts das Sein heimsucht».[6]

Aber die Vorstellung, dass die Wirklichkeit sowohl das Sein als auch das Nichts umfassen könne, kam mir etwas verschroben vor. Das sagte ich auch zu Parfit. Wie könne eine «Welt aus Nichts» an ein Kollektiv von Etwas-Welten angrenzen? Es wäre nicht so, als würde man einen kahlen Planeten oder eine Region leeren Raums hinzufügen. Denn ein kahler Planet ist etwas. Genau das Gleiche gilt, darin sind sich fast alle einig, für eine Region leeren Raums. Der Raum hat Merkmale. Er kann beispielsweise endlich oder unendlich in seiner Ausdehnung sein. Das trifft auf das Nichts nicht zu.

Ich wollte diesen Punkt durch eine Gleichung verdeutlichen:

$$\text{Etwas} + \text{Nichts} = \text{Etwas}$$

Aber selbst das erschien mir zu schwach. «Nichts» zu einer kosmischen Möglichkeit hinzuzufügen, wäre eine leere Geste. Es hieße, gar nichts zu tun.

Parfit stimmte mir zu. Auch er glaubte, dass Nozick und die anderen unrecht hätten. Nach seiner Meinung ist Nichts keine lokale Möglichkeit; es kann keine Welt unter vielen sein. Die einzige mit dem Nichts konsistente Wirklichkeit ist die Wirklichkeit, die aus überhaupt keinen Welten besteht: die Null-Möglichkeit. Man kann zwei verschiedene Etwas haben, aber man kann nicht sowohl Etwas als auch Nichts haben. Es handle sich entschieden um ein Entweder-oder, sagte er.

Meine zweite Frage an Parfit ging tiefer. Angenommen, er hat recht mit der Annahme, dass sein sogenannter Selektor die Erklärung dafür liefern könnte, warum die Wirklichkeit diese und keine andere Form angenommen hat. Ist damit Schluss? Endet die kosmische Erklärung auf der Ebene des Selektors? Oder könnte es noch eine weitere Erklärung geben – etwa warum sich ein bestimmter Selektor gegen all die denkbaren konkurrierenden Selektoren durchgesetzt hat?

Betrachten wir noch einmal den Vergleich mit der Wahl zur Miss Kosmos. Die Kandidatinnen sind alle denkbaren Weisen, wie die Wirklichkeit hätte sein können – alle kosmischen Möglichkeiten. Eine dieser Bewerberinnen muss zur Siegerin gekürt werden. Nehmen wir an, die Siegerin erweist sich als die ethisch beste kosmische Möglichkeit: Miss Unendlich Gut. Dann könnten wir vermuten, dass die Preisrichter Gutsein als Selektor verwendet haben: Das würde die Wahl von Miss Unendlich Gut zur Siegerin erklären. Aber könnten wir nicht noch einen Schritt weitergehen und fragen, warum die Richter das Gutsein als Selektor verwendet haben, statt, sagen wir, Einfachheit, Eleganz oder Fülle?

Nehmen wir andererseits an, bei der Gewinnerin der Miss-Kosmos-Wahl stellte sich heraus, dass sie keine besonderen Merkmale hätte. Nennen wir sie Miss Mittelmäßig. Dann könnten wir daraus schließen, dass die Juroren überhaupt keinen Selektor benutzt und sich nicht darum gekümmert haben, wie die Kandidatinnen waren, welche besonderen Tugenden sie hatten. Sie haben einfach Streichhölzer gezogen. Aber könnten wir nicht noch einen Schritt weitergehen und fragen, warum sie sich nicht die Mühe gemacht haben, einen Selektor zu verwenden, um die Gewinnerin zu wählen?

Parfit erkannte die Notwendigkeit für weitere kosmische Erklärungen an. «Wirklichkeit könnte zufällig sein, wie sie ist, oder es könnte irgendeinen Selektor geben», hatte er geschrieben. «Egal, was davon wahr ist, es könnte zufällig wahr sein, oder es könnte einen höheren Selektor geben. Das sind die verschiedenen Möglichkeiten auf der nächsten Erklärungsebene, damit wären wir wieder bei unseren beiden Fragen: Was setzt sich durch, und warum?»

Man braucht also zuerst einen Selektor, um zu erklären, warum die Wirklichkeit ist, wie sie ist. Dann benötigt man einen Meta-Selektor auf der nächsten Erklärungsebene, um zu erläutern, warum jener Selektor bei der Entscheidung, wie die Welt werden sollte, zum Einsatz kam. Dann braucht man einen Meta-Meta-Selektor auf einer noch höheren Erklärungsebene, um zu erläutern, warum dieser und kein anderer Meta-Selektor Verwendung fand. Und so fort. Könnte dieser Erklärungsregress irgendwann zu einem Ende kommen? Und wenn, wie könnte er enden? Mit irgendeinem höchsten Selektor? Wäre dieser dann nicht das endgültige *brute fact*?

Als ich Parfit diese Frage stellte, räumte er ein, dass das Bemühen, die Wirklichkeit zu erklären, wahrscheinlich mit einem solchen *brute fact* enden würde. Wie wäre das zu vermeiden? Vielleicht dadurch, dass ein Selektor sich selbst auswählen könnte. Wenn sich beispielsweise Gutsein als der höchste Selektor erwiese, könnte man sagen, das sei wahr, weil es das Beste sei. Das heißt, Gutsein würde sich selbst zum Herrscher der Wirklichkeit wählen. Doch damit war Parfit nicht einverstanden. «So wie Gott sich nicht selbst erschaffen konnte, wäre kein Selektor in der Lage, sich selbst zu dem Selektor zu machen, der auf der höchsten Ebene herrscht», behauptete er. «Kein Selektor könnte bestimmen, dass er herrscht, da er nichts bestimmen kann, wenn er nicht herrscht.»

Trotzdem erklärte Parfit mit Entschiedenheit, dass eine Erklärung, die mit einem *brute fact* ende, immer noch besser sei als überhaupt keine Erklärung. Schließlich hätten alle wissenschaftlichen Erklärungen diese Form. Mittels einer solchen Erklärung könnten wir immer noch herausfinden, wie die Wirklichkeit in größtem Maßstab tatsächlich sei – etwa, indem sie uns einen Grund für die Annahme liefere, dass die Wirklichkeit andere Welten jenseits der unseren umfasse.

Während Parfit seinen Kaffee trank, holte ich ein kleines Diagramm hervor, das ich während des Wochenendes angefertigt hatte. Es zeigte, in welcher Beziehung die verschiedenen Selektoren zueinander und zur Wirklichkeit stehen könnten. Am unteren Rand des Blattes hatte ich die Wirklichkeitsebene gezeichnet. Dort hatte ich einige der Möglichkeiten eingetragen, über die Parfit gesprochen hatte. Auf der Ebene darüber – der ersten Erklärungsebene – waren einige der plausiblen Selektoren skizziert. Auf der Ebene darüber – der zweiten Erklärungsebene – befanden sich einige der Meta-Selektoren. Pfeile zwischen den verschiedenen Ebenen deuteten an, welche der verschiedenen Erklärungsbeziehungen sich durchsetzen könnten. Das Diagramm sah aus wie das auf der gegenüberliegenden Seite.

«Ich sehe, Sie haben alle logischen Implikationen ausgearbeitet», sagte Parfit, während er sich vorbeugte und meine Zeichnung blinzelnd betrachtete.

Die meisten dieser Implikationen hatte Parfit bereits selbst beschrieben, und sie waren ziemlich einfach. Beispielsweise greift der Einfachheits-Selektor nichts aus den kosmischen Möglichkeiten heraus. Wenn es also gar nichts gäbe, würde das durch die Tatsache erklärt, dass Nichts die einfachste Weise wäre, wie die Wirklichkeit hätte sein können.

Entsprechend würde der Gutsein-Selektor die axiarchische Möglichkeit auswählen – ein Universum, das nur aus guten Welten bestünde. Nähme die Wirklichkeit also diese Form an, würde sie durch den Umstand erklärt, dass sie die beste Weise wäre, wie die Wirklichkeit sein könnte. Aber falls das der Fall wäre, fragt sich, was erklären könnte, dass der Gutsein-Selektor herrschte? Nur die Tatsache, dass der Gutsein-Selektor, weil er so gut ist, auf der Meta-Ebene durch Gutsein ausgewählt worden wäre. Und hier stießen wir, wie Parfit bereits beschrieben hatte, auf ein Problem: Ein Selektor kann sich nicht selbst auswählen. Er kann nicht bestimmen, ob er herrschen soll, wenn er nicht herrscht. Mit anderen Worten, keine Erklärung der Wirklichkeit ist in der Lage, sich selbst zu erklären.

Um deutlich zu machen, dass Gutsein, wenn es Zirkularität vermeiden wollte, nicht sich selbst erklären konnte, hatte ich ein X über den Pfeil gezeichnet, der vom Gutsein auf der Meta-Selektoren-Ebene zum Gutsein auf Selektoren-Ebene führte.

Aber nicht alle Selektoren sind für diese Form der Zirkularität anfällig, das heißt, nicht alle Selektoren wählen sich selbst aus. Das zeigt ein Pfeil, den ich für den interessantesten in meinem Diagramm halte: derjenige, der von Einfachheit auf der Meta-Erklärungsebene zu null auf der Erklärungsebene zeigt.

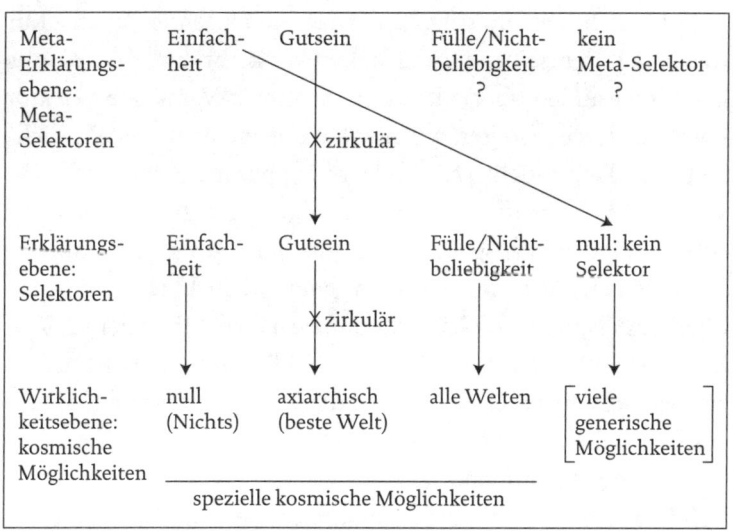

Auch zu diesem Pfeil hatte mich die Lektüre einer Schrift von Parfit angeregt. Ganz am Ende seines Essays «Why Anything? Why This?» macht er eine inspirierende Bemerkung: «Wie die einfachste kosmische Möglichkeit darin besteht, dass nichts existiert, ist die einfachste Erklärungsmöglichkeit, dass es keinen Selektor gibt.» Ich hatte das so verstanden, dass die Kein-Selektor-Möglichkeit auf der Erklärungsebene der Null-Möglichkeit auf der Wirklichkeitsebene entspricht: Beide lassen sich durch Einfachheit erklären. Würde also Einfachheit auf der Meta-Erklärungsebene herrschen, würde sie sich auf der Erklärungsebene nicht selbst als Selektor wählen. Stattdessen würde sie bestimmen, dass es überhaupt keinen Selektor gibt.

Ob Parfit das meine?

«Das ist richtig», sagte er mit einem Lächeln.

Und wie würde die Wirklichkeit aussehen, wenn kein Selektor da wäre? Mit an Sicherheit grenzender Wahrscheinlichkeit würde sie nicht die sehr spezielle Form des Nichts, die leerste aller kosmischen Möglichkeiten, annehmen. «Wenn es keinen Selektor gäbe», schreibt Parfit, «sollten wir nicht erwarten, dass es dann auch kein Universum gäbe. Das wäre ein extremer Zufall.» Mir schien, aus demselben Grund sollten wir nicht erwarten, dass es irgendeine andere spezielle Form annähme. Wenn kein Selektor vorhanden wäre, sollten wir nicht erwarten, dass die Wirklichkeit so voll wie möglich wäre oder so gut wie möglich, so schlecht wie möglich, so mathematisch wie möglich und so fort. Vielmehr sollten wir davon ausgehen, dass eine blind gewählte Wirklichkeit eine von den zahllosen kosmischen Möglichkeiten wäre, die überhaupt keine besonderen Merkmale haben. Mit anderen Worten, wir sollten erwarten, dass die Wirklichkeit durch und durch mittelmäßig wäre. Ob Parfit mit dieser Argumentation einverstanden sei?

Er nickte zustimmend.

Wäre also Einfachheit der fundamentale Selektor, würde das

erklären, warum etwas ist und nicht nichts! Auf seine obskure Art hatte Heidegger dann vielleicht doch recht mit seinem «Das Nichts selbst nichtet». Wenn Nichts auf der Erklärungsebene vorherrscht, dann gibt es dort keinen Selektor, der erklärt, wie die Wirklichkeit wurde. Wenn es keinen Selektor gibt, dann ist die Form, die die Wirklichkeit angenommen hat, zufällig. In diesem Fall wäre es äußerst seltsam gewesen, wenn die Wirklichkeit sich als Nichts erwiesen hätte. Denn die Null-Möglichkeit ist ein sehr spezielles Ergebnis, da sie die einfachste aller kosmischen Möglichkeiten darstellt. So kommt es, dass das Nichts (auf der Erklärungsebene) sich (auf der kosmischen Ebene) selbst nichtet – mit dem Ergebnis, dass die Wirklichkeit etwas und nicht einfach nichts ist. Alles kraft der Einfachheit, die auf der höchsten Ebene herrscht.

Wenn Einfachheit die letzte Erklärung der Dinge wäre, würde dies auch zeigen, warum der tatsächliche Kosmos so enttäuschend durchschnittlich erscheint: eine indifferente Mischung aus Gut und Böse, Schönheit und Hässlichkeit, Kausalordnung und zufälligem Chaos; unbegreiflich groß, aber doch weit hinter der ganzen Fülle möglichen Seins zurückbleibend. Die Wirklichkeit ist weder ein unberührtes Nichts noch ein überbordendes Alles, sondern irgendetwas Unscheinbares dazwischen.

Das war die Schlussfolgerung, die ich aus Parfits Entwurf gewonnen hatte. Doch enttäuschenderweise war auch sie keine vollständige Erklärung. Wenn Einfachheit tatsächlich auf der höchsten Ebene herrschte, war das dann nur dem Zufall zu verdanken? Wie stand es mit konkurrierenden Meta-Selektoren wie Fülle? In meinem Diagramm hatte ich ein Fragezeichen darunter gesetzt. Und was, wenn es überhaupt keinen Meta-Selektor gab? Noch ein Fragezeichen in meinem Diagramm. War die allgemeinste Erklärung der Wirklichkeit dazu verurteilt, mit einem unerklärbaren *brute fact* zu enden?

Parfit hatte seine Pflicht und Schuldigkeit getan. Er hatte viel

Licht in die Dunkelheit gebracht, die das Geheimnis der Existenz umgab. Obendrein hatte er mich zu einem Mittagessen eingeladen. Es war Zeit für ihn, in sein Arbeitszimmer zurückzukehren, wo er sich wieder in die Fragen der Moralphilosophie, der Werte, Wünsche und Gründe versenken würde. Und für mich war es Zeit, der exklusiven Abgeschiedenheit von All Souls den Rücken zu kehren und wieder in die raue Welt von Lust und Laster einzutauchen.

Ich dankte Parfit überschwänglich und trat durch das Tor auf die High Street hinaus, wo die Nachmittagssonne lange Schatten warf.

Eine Woche später war ich wieder in New York und zerbrach mir immer noch den Kopf über das mittlerweile arg zerknitterte Diagramm, das ich Parfit gezeigt hatte. Und dann, als ich eines Abends durch die vitale Schäbigkeit des East Village schlenderte, Lichtjahre von All Souls entfernt, hatte ich eine Epiphanie. Das letzte logische Puzzleteil glitt an seinen Platz. Ich hatte den Beweis.

— *Briefliches Zwischenspiel* —
DER BEWEIS

Mittwochmorgen
2 Fifth Avenue, New York

Sehr geehrter Herr Professor Parfit,

es war ein sehr schöner Nachmittag bei Ihnen in All Souls. Als ich mir unser Gespräch noch einmal durch den Kopf gehen ließ, entdeckte ich meiner Meinung nach eine vollständige und eindeutige Erklärung für die allgemeinste Form, die die Wirklichkeit annimmt – eine Erklärung, die endlich die Frage beantwortet, warum es etwas gibt und nicht einfach nichts.

Ich beginne mit der Annahme zweier Prinzipien:

I. Für jede Wahrheit gibt es eine Erklärung, warum sie wahr ist.
II. Keine Wahrheit erklärt sich selbst.

Das erste ist natürlich Leibniz' Prinzip des zureichenden Grundes. Glaubt man ihm, gibt es keine *brute facts*. Ich halte den zureichenden Grund weniger für eine Wahrheit als vielmehr für eine provisorische Richtschnur meiner Suche, die mir sagt: «Schau immer nach einer Erklärung, bis du dich in einer Situation befindest, in der keine weitere Erklärung mehr möglich ist.»

Das zweite Prinzip ist eine allgemeinere Version Ihrer These, dass kein Selektor sich selbst auswählen kann. Es soll Zirkularität ausschließen. Eine Ursache kann sich nicht selbst verursachen. Eine Begründung kann sich nicht selbst rechtfertigen. Gott kann sich nicht selbst erschaffen. Eine Menge kann nicht Element ihrer selbst sein.

In der Mengenlehre nennt man es das Fundierungsaxiom. Daher werde ich das Prinzip II «Fundierung» nennen.

Es folgt das Argument dafür, dass es eine und nur eine vollständige Erklärung für die Form gibt, die die Wirklichkeit annimmt.

Auf der Ebene 0, der Ebene der Wirklichkeit, haben wir alle «kosmischen Möglichkeiten» für die Form, die die Wirklichkeit hätte annehmen können. Diese erstrecken sich von der Null-Möglichkeit bis zur Alle-Welten-Möglichkeit, und sie schließen jede der zahllosen Zwischenmöglichkeiten ein, unter denen es einige denkbare Welten bestimmter Arten gibt, andere hingegen nicht. Es ist logisch notwendig, dass sich eine dieser kosmischen Möglichkeiten durchsetzt. Nennen wir die kosmische Möglichkeit, die sich tatsächlich durchsetzt, T – für «tatsächlich».

Auf der Ebene 1, der niedrigsten Erklärungsebene, haben wir alle plausiblen Selektoren – alle möglichen Erklärungen für die Form, die die Wirklichkeit auf Ebene 0 annimmt. Dazu gehören Einfachheit, Gutsein, Kausalstruktur, Fülle und die Kein-Selektor-Möglichkeit – die Möglichkeit, dass es überhaupt keine Erklärung gibt.

Auf Ebene 2, der Meta-Erklärungsebene, haben wir alle plausiblen Meta-Selektoren – alle möglichen Erklärungen, die deutlich machen könnten, welcher Selektor auf Ebene 1 vorherrscht. Dazu gehören abermals Einfachheit, Gutsein, Kausalstruktur und Fülle sowie die Kein-Meta-Selektor-Möglichkeit.

Schauen wir uns jetzt einige Fälle an.

Angenommen, kein Selektor erklärt, warum die Wirklichkeit diese und nicht eine andere Form annimmt, und dass keine weitere Erklärung vorliegt, warum es keinen Selektor gibt. Dann ist es ein *brute fact*, dass die Wirklichkeit die Form T annimmt. Aber das verletzt das Prinzip des zureichenden Grundes. Sackgasse.

Nehmen wir als Nächstes an, dass einer der Selektoren auf Ebene 1 erklärt, warum die Wirklichkeit die Form T annimmt. Nennen wir ihn den Selektor S. Dann gibt es entweder eine Erklärung, warum S sich bei der Bestimmung der Wirklichkeit durchsetzte, oder es gibt keine. Wenn es keine gibt, dann ist es ein *brute fact*, dass S der Selektor ist. Aber das verletzt das Prinzip des zureichenden Grundes. Sackgasse.

Nehmen wir also an, es gibt eine Erklärung dafür, dass S der Selektor ist.

Mit anderen Worten, wir wollen annehmen, dass es auf Ebene 2 einen Meta-Selektor gibt, der auf Ebene 1 S ausgewählt hat. Nennen wir diesen Meta-Selektor M.

Fragen wir nun, was könnte M sein?

Wir wissen, dass M nicht dasselbe sein kann wie S. Das würde das Fundierungsprinzip verletzen. Wenn S beispielsweise Gutsein wäre – wenn also die Wirklichkeit die bestmögliche Form angenommen hätte –, könnte die Erklärung dafür nicht lauten, es sei ethisch am besten, wenn Gutsein der Selektor sei. Gleiches gilt für die anderen Selektoren, die kosmische Möglichkeiten zwischen der Null-Möglichkeit und der Alle-Welten-Möglichkeit auswählen – etwa für den Selektor der Kausalstruktur, den Selektor der mathematischen Eleganz oder den Selektor des Bösen. Diese Selektoren sind alle selbst auf der Meta-Ebene, und das wäre zirkulär.

Tatsächlich könnten nur zwei Meta-Selektoren auf der Ebene als M dienen – Einfachheit und Fülle. Keiner der beiden wählt sich selbst, und keiner verletzt das Fundierungsprinzip. Setzte sich auf Ebene 2 der Meta-Selektor Einfachheit durch, würde er sich auf Ebene 1 nicht selbst wählen. Vielmehr würde er sich für die Kein-Selektor-Möglichkeit entscheiden, weil das die einfachste Erklärungsmöglichkeit ist – das heißt, es gäbe keine Erklärung. Wenn Fülle der auf Ebene 2 bestimmende Meta-Selektor wäre, würde sie sich auf Ebene 1 nicht selbst wählen. Vielmehr würde sie auf Ebene 1 alle Selektoren wählen.

Das Fundierungsprinzip vorausgesetzt, folgt daraus zwingend, dass es auf Ebene 2 nur zwei mögliche Meta-Selektoren gibt: Einfachheit und Fülle. Die eine oder die andere muss die endgültige Erklärung sein.

Daher bleiben uns zwei Fälle, die wir zu berücksichtigen haben.

Fall 1: Einfachheit ist der Meta-Selektor. Sie würde auf Ebene 1 die Kein-Selektor-Möglichkeit auswählen, so wie Einfachheit auf Ebene 1 die Null-Möglichkeit auf Ebene 0 bestimmen würde. Aber wenn es auf Ebene 1 keinen Selektor gäbe, dann würde T, die kosmische Möglichkeit, die die Wirklichkeit annimmt, willkürlich ausgewählt, bliebe also dem reinen Zufall überlassen. Doch das wäre kein *brute fact*, sondern würde durch Einfachheit auf der Meta-Erklärungsebene erläutert.

Fall 2: Fülle ist der Meta-Selektor. Sie würde alle Selektoren auf Ebene 1 auswählen, so wie Fülle auf Ebene 1 die Alle-Welten-Möglichkeit auf Ebene 0 auswählen würde. Aber es ist logisch unmöglich, dass alle Selektoren auf Ebene 1 die Form bestimmen, die die Wirklichkeit annimmt, denn sie widersprechen einander. Die Wirklichkeit kann nicht gleichzeitig absolut voll und absolut leer sein. Noch kann sie gleichzeitig ethisch die beste sein und die vollkommenste Kausalstruktur haben, denn gelegentliche Wunder können die Wirklichkeit verbessern. Auf keinen Fall aber kann sie ethisch die beste und die böseste zugleich sein. Allenfalls könnten die Selektoren auf Ebene 1 als partielle Selektoren zusammenwirken. Dann wäre T, die auf Ebene 0 als Wirklichkeit ausgewählte kosmische Möglichkeit, durch und durch mittelmäßig. Sie wäre so voll und so leer, so strukturiert und so chaotisch wie möglich, so elegant und so hässlich wie möglich und so fort.

In Fall 1 würde T zufällig aus den kosmischen Möglichkeiten ausgewählt. In Fall 2 wäre T das absolute Mittelmaß unter den kosmischen Möglichkeiten. Auf Ebene 0 sind das die einzigen

Wirklichkeitsresultate, die nicht im Widerspruch zu den Prinzipien des zureichenden Grundes und der Fundierung stehen. Außerdem ist bei ihnen die Wahrscheinlichkeit sehr hoch, dass sie auf das Gleiche hinauslaufen! Eine zufällig ausgewählte Möglichkeit wird höchstwahrscheinlich durch und durch mittelmäßig sein.

Das liegt einfach an den Zahlen. Von allen möglichen Formen, die die Wirklichkeit annehmen kann, besitzt nur ein verschwindend kleiner Anteil besondere Merkmale – wie etwa absolut einfach, absolut gut oder absolut voll zu sein. Die weit überwiegende Mehrzahl hat überhaupt keine besonderen Merkmale. Es sind generische Wirklichkeiten.

Wie würde eine generische Wirklichkeit aussehen? Zunächst einmal wäre sie unendlich. Wirklichkeiten, die aus unendlich vielen Welten bestehen, sind weit zahlreicher als Wirklichkeiten, die eine endliche Zahl von Welten umfassen. (Das ergibt sich natürlich aus einem elementaren Ergebnis der Mengenlehre. Die Zahl endlicher Teilmengen der natürlichen Zahlen, obwohl selbst unendlich, gehört einer kleineren Ordnung des Unendlichwerdens an als die Zahl unendlicher Teilmengen der natürlichen Zahlen.)

Doch selbst in ihrer Unendlichkeit bliebe eine generische Wirklichkeit weit dahinter zurück, die ganze Fülle der Möglichkeiten zu umfassen – unendlich weit, um genau zu sein. (In der Mengentheorie ist das Komplement einer unendlichen generischen Wirklichkeit ebenfalls unendlich.) Daher ist eine generische Wirklichkeit unendlich entfernt sowohl von der Alle-Welten-Möglichkeit wie von der Null-Möglichkeit.

Eine generische Wirklichkeit hätte, da sie unendlich ist, viele lokale Regionen, die in der einen oder anderen Hinsicht besonders erscheinen würden. Denken Sie an eine unendliche Folge zufälliger Münzwürfe: 1 für «Kopf» und 0 für «Zahl». Obwohl die Folge insgesamt kein Muster erkennen lässt, enthält sie unter

Garantie – durch reinen Zufall – alle vorstellbaren lokalen Muster. Es wird vollkommen volle Reihen geben, die aus langen Folgen von 1 bestehen, und vollkommen leere Reihen, die aus langen Reihen von 0 bestehen. Es wird Reihen geben, die die schönsten Muster bilden, die möglich sind, und Reihen, die die hässlichsten Muster bilden, die möglich sind. Es wird Reihen geben, die bedeutungsvoll erscheinen, die verborgene Botschaften und Absichten zu enthalten scheinen. Aber jede derartige lokale Bedeutung/Botschaft/Absicht wird auf den Widerspruch einer anderen lokalen Bedeutung/Botschaft/Absicht treffen, die sich an einem anderen Ort der generischen Wirklichkeit befindet. Daher werden sie sich zu kosmischer Bedeutungslosigkeit addieren.

Es besteht eine überwältigende Wahrscheinlichkeit, dass sich diese Form der Wirklichkeit ergibt, wenn der Meta-Selektor entweder Einfachheit, Fall 1, oder Fülle, Fall 2, ist. Da das die einzigen logischen Möglichkeiten sind, die sich nicht im Widerspruch zu den Prinzipien des zureichenden Grundes und der Fundierung befinden, muss die Wirklichkeit, wenn die Prinzipien gültig sind, diese Gestalt besitzen. Folglich haben wir eine vollständige Erklärung für die Form, die die Wirklichkeit annimmt – keine *brute facts*, keine offenen Fragen. Diese Erklärung beantwortet die beiden Fragen, mit denen wir unsere metaphysische Untersuchung begonnen haben: Warum überhaupt etwas? Warum dieses?

Was wäre, wenn weitere empirische Nachforschungen ergäben, dass die Wirklichkeit am Ende doch nicht so generisch ist? Dass sie offenbar ethisch so gut wie möglich ist, so, wie sie nach John Leslies Meinung sein muss? Oder von größtmöglicher Fülle, was nach Robert Nozicks Auffassung der Fall sein müsste? Oder was, wenn Gott sich plötzlich als Seinsgrund manifestierte? Dann würde, vorausgesetzt, meine Logik stimmt, entweder das Prinzip des zureichenden Grundes oder das Prinzip der Fundierung (oder beide) verletzt. Dann muss es am Ende doch noch ein *brute fact* oder eine selbst verursachte Ursache geben. Doch das Sichtbarwerden einer solchen kosmischen Besonderheit könnte auch sehr gut eine Täuschung sein – etwas, für das wir Menschen anfällig sind, weil unsere Vorstellungskraft, die Teil ist dieser Mittelmäßigkeit der Wirklichkeit als Ganzer, zu beschränkt ist, um die Wirklichkeit zu sehen, wie sie wirklich ist.

Fühlen Sie sich bitte nicht zu einer Antwort verpflichtet. Ich weiß, dass Sie mit wichtigeren Dingen beschäftigt sind. Noch einmal herzlichen Dank für das Mittagessen!

In Dankbarkeit
Jim Holt

Mittwochabend
All Souls College, Oxford

Lieber Jim,

danke für Ihre Nachricht, sie ist sehr interessant. Ich muss sorgfältig darüber nachdenken...

Beste Grüße
Derek

— 13 —
DIE WELT ALS EIN KLEINES SCHERZGEDICHT

Spätwinter in Manhattan. Nachmittag. Eine Polizeisirene in der Ferne. (Es gibt immer eine Sirene in der Ferne.) Das Telefon läutet. Es ist John Updike.

Ich hatte den Anruf erwartet. Anfang des Monats hatte ich Updike in einem Brief mein Interesse am Geheimnis der Existenz geschildert. Ich hätte die Vermutung, schrieb ich, dass es ihm genauso gehe. Ob er wohl bereit sei, mit mir darüber zu sprechen. Für diesen Fall gab ich meine Telefonnummer an.

Eine Woche später erhielt ich eine schlichte Postkarte mit Updikes Absendeadresse auf der Vorderseite und einem langen Schreibmaschinentext, den er auf die Rückseite gequetscht hatte. Die gelegentlichen Tippfehler hatte er wie ein Korrekturleser mit dem Deleatur- oder dem Umstellungszeichen von Hand verbessert. Darunter stand in blauer Tinte seine Unterschrift: «J. U.»

«Ich würde mich freuen, mit Ihnen über etwas statt nichts zu sprechen», hatte Updike getippt, «muss Sie aber warnend darauf hinweisen, dass mir nichts dazu einfällt.» Dann erwähnte er in drei munteren Sätzen die Dimensionalität der Wirklichkeit, die Möglichkeit positiven und negativen Seins und das anthropische Prinzip – zu Letzterem hatte er kryptisch hinzugefügt: «spricht bis zu einem gewissen Maße für Etwas». Dann, als Kommentar zur Rätselhaftigkeit des Ganzen, kam der Clou:

«Eigentlich habe ich keinen Schimmer; aber wer liebt das Universum nicht?»

Dass Updike das Universum liebte, war mir schon lange klar. Seine Romane und Shortstorys sind gesättigt mit der reinen Süße des Seins. Wir «gleiten auf einer strahlenden Fläche dahin, die wir nicht sehen, weil wir nichts anderes sehen», schrieb er in Erinnerung an seine Jugend. «Und tatsächlich gibt es eine Farbe, ein stilles, aber unablässiges Gutsein der Dinge, das sie in ihrer Ruhe, wie eine Ziegelmauer oder ein kleiner Stein, zu bestätigen scheinen.»[1] Insofern war Updike ein Anti-Woody-Allen.

Doch in anderer Hinsicht war er durchaus auf einer Linie mit Woody Allen. Er teilte dessen Grauen vor dem ewigen Nichts – und die Überzeugung, dass Sex ein psychologisches Bollwerk dagegen sei. Tatsächlich stellte er fest, dass sich seine Furcht vor dem Nichtsein umgekehrt proportional zu seinem fleischlichen Aktivitätsniveau verhielt – eine Erkenntnis, die er 1969 in seinem Bekenntnisgedicht «Midpoint» zu einer mathematischen Formel verknappte:

$$ARSCH = 1/ANGST$$

Doch es war nicht nur der Eros, der Updike gegen die Schrecken des Nichts wappnete. Er behauptete auch, Trost aus der Religion – besonders aus einer Spielart des Christentums, die einen Glaubenssprung verlangte – und aus der Hoffnung auf ihre allumfassende Gnade und die persönliche Erlösung zu ziehen. Hier waren seine Helden Pascal, Kierkegaard und, vor allem, Karl Barth. «An einem gewissen Punkt schien mir Barths Theologie der einzige Halt in meinem Leben zu sein»,[2] schrieb Updike einmal. Er bekannte sich zu Barths Überzeugung, dass Gott *totaliter aliter* – ganz anders – sei und dass die göttlichen Geheimnisse nicht durch rationales Denken zu lüften seien. Auch von Barths etwas mystischer Gleichsetzung vom Nichts mit dem Bösen fühlte Updike sich angezogen. In einem frühen Sammelband – *Picked-Up Pieces* – ließ er sich dunkel über den Begriff des «satanischen Nichts» aus, um dann – als habe er metaphysische Entspannung gesucht – im nächsten Essay unmittelbar zum Thema Golf überzugehen.[3]

Updikes obsessive Beschäftigung mit Sex und Tod, mit dem Guten des Seins und dem Bösen des Nichtseins ist vielleicht nicht ganz ungewöhnlich in der literarischen Zunft. Aber nur bei Updike findet man das Geheimnis der Existenz ganz unmittelbar und explizit als Gegenstand eines literarischen Werks. Sein Roman *Das Gottesprogramm [Roger's Version]* aus dem Jahr 1986, ein fröhlicher Reigen aus Theologie, Wissenschaft und Sex, gipfelt in einer virtuosen Passage, in der über fast zehn Seiten erklärt wird, «wie Dinge plötzlich, *plops!*, aus dem Nichts entstehen können».[4] Die Erklärung wird im Laufe einer Cocktailparty geliefert. Sie soll den Glauben und die Selbstsicherheit Dale Kohlers vernichten, eines achtundzwanzigjährigen Jesus-Freaks und Software-Genies, der die Dreistigkeit besitzt, die Existenz Gottes durch eine computergestützte numerische Analyse des Urknalls beweisen zu wollen. Und damit noch nicht genug der Frechheit, Dale schläft auch mit der Frau des Erzählers und Protagonisten, eines Theologieprofessors mittleren Alters namens Roger Lambert.

Wie Updike selbst ist der gehörnte Roger «ein Barthianer, durch und durch». Dem jungen Mann nimmt er nicht nur übel, dass er in seiner Ehe wildert, sondern auch diese «Art obszöner kosmischer Schnüffelei» im Reich des Numinosen betreibt. Ein Gott, dessen Existenz sich wissenschaftlich beweisen ließe – noch dazu einer, der seine Fingerabdrücke überall auf dem Urknall hinterlassen hätte –, wäre kein Gott, zumindest nicht der *totaliter aliter* Gott von Barth. Am Ende des Romans bekommt Dale dann auch gleich zwei Quittungen präsentiert. Roger vollstreckt die theologische Bestrafung für die Ketzerei. Einen Freund, den Molekularbiologen Myron Kriegman, veranlasst er, Dale von der wissenschaftlichen Seite zu packen. Zu diesem Zweck spricht Kriegman den jungen Mann auf erwähnter Cocktailparty an und verunsichert ihn mit Argumenten, die vermeintlich beweisen, dass sich das physische Universum, ohne im Mindesten auf göttlichen Beistand angewiesen zu sein, aus dem vollkommenen Nichts selbst erschaffen hat.

«Wie Sie wissen ... haben wir innerhalb der Planck-Region und der Planck-Phase diesen Schaum aus Raum und Zeit, in dem Quantenfluktuationen zwischen Materie und Nichtmaterie praktisch keinen Unterschied mehr machen, mathematisch gesprochen. Wir haben ein Higgs-Feld, das in einer Quantenfluktuation durch die Energiebarriere in einen falschen Vakuumzustand tunnelt, und schon gibt's diese Blase aus gebrochener Symmetrie, die sich durch negativen Druck exponentiell ausdehnt, und wo vorher fast nichts war, können in ein paar Mikrosekunden Masse und Rauminhalt unseres gegenwärtigen Universums entstanden sein. Wollen Sie denn nicht was trinken? Sie sehen ja ganz verdorrt aus, wie Sie dastehen.»

Damit beginnt Kriegman in seiner raschen, schnarrenden Sprechweise. Nachdem er scheinbar bewiesen hat, wie das Universum aus «fast Nichts» erzeugt wurde, erklärt er dem fassungslosen Dale, dass dieses fast Nichts aus absolut Nichts entstanden sei.

«Stellen Sie sich ein Nichts vor, ein totales Vakuum. Aber halt! Da ist *doch* etwas drin! ... Eine Art Staub von ungeordneten Punkten ...» Dieser wirbelnde Staub aus Punkten, fährt er fort, werde durch Zufall zu einem Klümpchen strukturierter Raumzeit verknotet oder gefroren. «Und sobald wir diesen Samen haben, dieses winzig kleine Senfkorn – rra-*wumm*! –, ist der Große Knall gleich um die Ecke!»

Und woher kommt dieser Urstaub aus Punkten? Aus dem absoluten Nichts! Punkt und Antipunkt schälen sich aus der Leere, so wie sich +1 und −1 aus 0 herausschälen können. «Jetzt haben wir etwas, wir haben zweimal etwas, wo wir vorher nichts hatten», stellt Kriegman fest. Ein Antipunkt sei lediglich ein Punkt, der sich in der Zeit zurückbewege.

«Der Staub der Punkte bringt die Zeit hervor, und die Zeit

bringt den Staub der Punkte hervor», schließt Kriegman. «Elegant, hm?»

Elegant zirkulär, möchte man anstelle des sprachlosen Dales sagen. Um dem Urstaub aus Punkten ins Sein zu verhelfen, ist Zeit erforderlich. Doch die Zeit wird durch das Muster gebildet, in dem sich die Punkte anordnen!

Ganz gewiss erwartete Updike nicht von uns, diese Überlegungen allzu ernst zu nehmen. Schließlich werden sie von einer Romanfigur vorgebracht, die damit einer anderen, etwas lächerlichen Figur eins auswischen möchte. (Updike berichtete mir auf seiner Postkarte, dass er den größten Teil seiner Gedanken bei dem britischen Chemiker und erklärten Atheisten Peter Atkins entlehnt habe. Atkins selbst war sich, wie ich entdeckte, der Zirkularität seines kosmogonischen Entwurfs durchaus bewusst: Zeit ist erforderlich, um Punkten Leben einzuhauchen, und Punkte sind erforderlich, um dem Leben Zeit zu geben. Das nannte er ein «kosmisches Bootstrap-Programm»[5] und ließ es damit bewenden.) Trotzdem hatte sich Updike offensichtlich aus wissenschaftlicher wie theologischer Sicht den Kopf über das Geheimnis des Seins zerbrochen. Das war Grund genug, ihn nach seinen Gedanken zu befragen.

Updike rief mich von seinem langjährigen Wohnsitz in der Ortschaft Ipswich an, die eine Autostunde nördlich von Boston an der Küste von Massachusetts liegt. Im Hintergrund waren seine zu Besuch weilenden Enkelkinder zu hören. Als ich seine charakteristische Stimme vernahm, leise und reich an Zwischentönen, sah ich ihn vor meinem geistigen Auge: der dichte graue Haarschopf, die gekrümmte Habichtsnase, die gefleckte, schuppige Haut, während Augen und Mund sicherlich den üblichen Ausdruck zeigten, den eines Mannes, dem, wie Martin Amis einmal schrieb, «viel zu viele drollige Geschichten im Kopf herumgehen».[6]

Zu Beginn fragte ich Updike, ob ihm der Theologe Karl Barth wirklich über eine schwierige Zeit in seinem Leben hinweggeholfen habe.

«Das habe ich bestimmt gesagt, und es erschien mir damals wahr», sagte er. «Ich stieß zu einem Zeitpunkt auf Barth, nachdem ich Kierkegaard als Tröster verbraucht und zuvor schon bei Chesterton Zuflucht gesucht hatte. Ich entdeckte Barth durch die Vortragssammlung *Das Wort Gottes und die Theologie*. Er unternahm keinen Versuch, es allen recht zu machen, indem er etwa die Evangelien als historische Zeugnisse auslegte oder dergleichen. Er sagte, im Wesentlichen ist dies ein Glaube – ob es dir passt oder nicht. Also ja, ich fand Barth tröstlich, und einige meiner frühen Romane – so früh auch wieder nicht – sind in gewisser Weise barthisch. *Hasenherz [Rabbit Run]* bringt sicherlich einen barthischen Standpunkt zum Ausdruck, jedenfalls aus Sicht eines evangelischen Pfarrers. Im *Gottesprogramm* ist der Barthianismus praktisch die einzige Zuflucht vor all den beunruhigenden Dingen, die seinen Glauben bedrängen – die Wissenschaft, die Dale für die theistische Position zu nutzen trachtet, und die Verwässerung der Theologie durch liberale Werte. Andererseits ist das Buch in gewissem Sinne auch eine Kritik am Barthianismus, insofern er letztlich schrecklich trocken und abgeschottet ist. Für Dale spricht immerhin, dass er versucht, sein Christentum mit dem aktuellen Stand der Wissenschaft in Einklang zu bringen. Das ganze Buch ist auch eine Art Dreierbeziehung, da sich Roger, zu Recht oder zu Unrecht, vorstellt, seine Frau hätte oben in ihrem Arbeitszimmer eine Affäre mit dem jungen Dale. Deshalb ist der Konflikt der beiden Männer auch eine Art Auseinandersetzung über... ich habe ihren Namen vergessen...»

«Esther», warf ich ein.

«Richtig, Esther... Ich mag sie, sie hat dieses Bienen-Kleid an... mit Streifen, breiten Streifen, die ihre Hüfte umspannen.

Deshalb jedenfalls organisiert Roger diese Party, zu der viele scharfzüngige Wissenschaftler kommen sollen, um Dales Naturtheologie Stück für Stück auseinanderzunehmen.»

Sollten ihre wissenschaftlichen Ausführungen über die Entstehung des Universums aus dem Nichts überzeugend klingen? «Nicht ganz, und das ist beschämend für die Naturwissenschaften. Die Naturwissenschaften erheben, wie einst die Theologie, Anspruch darauf, absolut alles zu erklären. Aber wie kann man diese tiefe Kluft zwischen Nichts und Etwas überbrücken? Und nicht nur einem Etwas, sondern einem ganzen Universum. So viel ... ich meine, das Universum ist richtig groß. Boah! So groß wie unvorstellbar hoch zwei!»

Fassungslosigkeit trieb Updikes Stimmlage um eine ganze Oktave in die Höhe.

«Es ist interessant», sagte ich, «dass einige Philosophen so viel Staunen und Ehrfurcht empfinden, weil es überhaupt etwas gibt – wie Wittgenstein, der im *Tractatus* sagt, rätselhaft sei nicht, wie die Welt sei, sondern dass sie sei. Und Heidegger tat sich damit natürlich auch schwer. Er behauptete, dass selbst Leute, die nie darüber nachgedacht hätten, warum es etwas gibt und nicht einfach nichts, von der Frage ‹gestreift› würden, ob es ihnen bewusst sei oder nicht – etwa in Phasen der Langeweile, wenn es ihnen gleichgültig ist, ob etwas existiert, oder in Augenblicken großer Freude, wenn alles wie verwandelt scheint und sie die Welt ganz neu, wie zum ersten Mal sehen. Aber ich habe auch Philosophen kennengelernt, die in der Existenz nichts Erstaunliches erblicken können. Und in manchen Stimmungen bin ich ihrer Meinung. Die Frage ‹Warum ist etwas und nicht nichts?› erscheint mir manchmal nichtssagend, in anderen Stimmungen dann wieder sehr tief gehend. Wie geht es Ihnen damit? Haben Sie schon einmal längere Zeit darüber nachgesonnen?»

«Nun, es ‹nachsinnen› zu nennen, wäre zu hoch gegriffen», sagte Updike. «Aber ich gehöre zu den Leuten, die denken, dass die Existenz der Welt eine Art Wunder ist. Sie ist tatsächlich die letzte Zuflucht der naturalistischen Theologie. Man hat der naturalistischen Theologie so viele andere Stützen weggeschlagen – das Argument des ersten Prinzips, das Aristoteles aufgestellt hat, den ersten Beweger des Thomas von Aquin... sie alle sind fortgefallen, aber das Rätsel bleibt: Warum ist etwas und nicht nichts? George Steiner ist kein so bedeutender Philosoph wie Wittgenstein, aber ich erinnere mich, wie er diese Frage aufgeworfen hat. Zuletzt habe ich gehört, Steiner fände die Existenz einer Welt staunenswert und rätselhaft genug, um daraus einen gewissen Glauben abzuleiten.»

Ich sagte: «Ich hatte kein Ahnung, dass Steiner...»

«Ja, ich wusste auch nicht, dass ihn das beschäftigte», fuhr Updike fort. «Und ich weiß auch nicht, wo er die Frage aufgeworfen hat. Steiner hat eine theologische Seite, die nicht in allem, was er schreibt, ersichtlich ist. Doch für den wissenschaftlich interessierten Laien ist die große Hoffnung, ‹etwas aus nichts› erklären zu können, die Quantenphysik, wo man diese virtuellen Teilchen hat, die ständig aus dem Vakuum springen und wieder verschwinden. Sie sind nur sagenhaft kurze Zeit vorhanden, aber sie sind trotzdem unzweifelhaft da.»

Er betonte sorgfältig jede einzelne Silbe von «unzweifelhaft».

Ich sagte zu Updike, es sei bewundernswert, wie er eine Figur im *Gottesprogramm* erklären lasse, dass das Universum durch eine quantenmechanische Fluktuation aus dem Nichts entstanden sein könnte, und fügte hinzu, in den Jahrzehnten, nachdem er das Buch geschrieben habe, hätten die Physiker einige schöne Szenarien entwickelt, nach denen es möglich wäre, dass etwas in Übereinstimmung mit den Quantengesetzen spontan aus dem Nichts entsteht. Aber dann sei man natürlich mit dem nächsten Rätsel konfrontiert: Wo sind diese Gesetze geschrieben worden? Und was gibt ihnen die Macht, dem Vakuum sein Verhalten vorzuschreiben?

«Also besagen die Gesetze letztlich auf komische Art: ‹Nichts ist gleich etwas›», sagte Updike und brach in schallendes Gelächter aus. «Q. e. d.! Eine Meinung, die ich gehört habe, besagt, da es Zeit braucht, um von nichts zu etwas zu gelangen, und da es die Zeit noch nicht gab, bevor etwas da war, ist die ganze Frage sinnlos, weshalb wir aufhören sollten, sie uns zu stellen. Sie sprengt die Grenzen der unserer Spezies eigenen Verstandeskräfte. Versetzen Sie sich in die Lage eines Hundes. Ein Hund reagiert, beweist Intuition, schaut uns mit Augen an, in denen eine Art von Intelligenz liegt, und doch braucht er die meisten Dinge, die er Menschen tun sieht, nicht zu verstehen. Er muss nicht wissen, wie sie zum Beispiel den Verbrennungsmotor erfanden. Vielleicht sollten wir uns vorstellen, dass wir Hunde sind und dass es Bereiche gibt, die zu hoch für uns sind. Ich bin mir nicht sicher, dass ich mich zu dieser Auffassung durchringen kann, aber es ist eine Möglichkeit, sich damit abzufinden, dass das Geheimnis des Seins ein dauerhaftes Geheimnis ist, zumindest angesichts des gegenwärtigen Entwicklungsstands unseres Gehirns. Es wird Sie ärgern, aber ich kann nicht so recht an die wissenschaftliche Standarderklärung glauben, die uns erzählt, wie rasch das Universum aus fast nichts angewachsen sei. Überlegen Sie mal. Die Vorstellung, dass dieser Planet und alle Sterne, die wir sehen, und die viele tausend Male größere Menge derer, die wir nicht sehen – dass all das einmal zusammengefasst war in einem Objekt von der Größe eines, ja was, eines Punktes oder einer Weintraube? Ich frage mich, wie soll das möglich sein? Aber ich mach trotzdem weiter.»

Updike lachte leise. Seine Stimmung schien sich zu verbessern.

«Ich finde», fuhr er fort, «man versucht, uns die ganze Idee der inflationären Expansion mit einem Lächeln und geputzten Schuhen zu verkaufen. Gewiss, sie löst eine Anzahl lästiger kosmologischer Probleme...»

«Moment – mit einem Lächeln und was?
«Einem Lächeln und geputzten Schuhen ...»
Ich hätte den Ausdruck noch nie gehört, sagte ich. Er sei hübsch.

«Oh, so war Willy Loman im *Tod eines Handlungsreisenden* da draußen unterwegs. Das haben sie auf seiner Beerdigung gesagt. Er war da draußen ‹mit einem Lächeln und geputzten Schuhen› unterwegs. Haben Sie das nie gehört?»

Ich gestand, dass ich ein Theaterbanause bin.

«Es ist ein Ausdruck, den ich nicht loswerden kann, weil in gewisser Weise auch ein Schriftsteller da draußen mit einem Lächeln und geputzten Schuhen unterwegs ist. Obwohl die Menschen heute ihre Schuhe vielleicht nicht mehr so viel putzen. Joggingschuhe lassen sich schlecht putzen.»

Ich käme mir immer sehr tugendhaft vor, wenn ich meine Schuhe putzte, sagte ich.

«Wie auch immer», fuhr er fort, «wenn Sie es richtig überlegen, akzeptieren wir Rationalisten – und wir sind alle bis zu einem gewissen Grade Rationalisten – Aussagen über das frühe Universum, die haarsträubender sind als irgendeines der biblischen Wunder. Ihr Verstand kann intuitiv begreifen, dass ein Toter wieder zum Leben erwacht, so wie Menschen aus einem Koma oder wir morgens aus dem Tiefschlaf erwachen. Doch die Behauptung, dass das Universum, so unermesslich groß, wie es uns erscheint, einmal in einem winzigen Raumvolumen – einem winzigen Punkt – zusammengequetscht war, ist eigentlich sehr schwer zu glauben. Ich sage nicht, dass ich die Gleichungen widerlegen kann, auf die sich diese Theorie stützt. Ich sage nur, dass es eine Glaubenssache ist, das zu akzeptieren.»

Hier sah ich mich veranlasst, Einwände zu erheben: Die Theorien, die dieses Bild des frühen Universums vermittelten – die allgemeine Relativitätstheorie, das Standardmodell der Teilchenphysik und so fort –, bewährten sich ausgezeichnet, indem sie unsere heutigen Beobachtungen vorhersagten. Selbst die zugegebenermaßen etwas spekulative Theorie der kosmischen Inflation sei bestätigt worden, als das Hubble-Weltraumteleskop die Beschaffenheit der kosmischen Hintergrundstrahlung gemessen habe. Wenn diese Theorien so gut in der Lage seien, die Beobachtungsdaten vorherzusagen, die gegenwärtig ermittelt werden, warum sollten wir ihnen nicht auch dann trauen, wenn wir sie rückwärts in der Zeit bis zum Anfang des Universums extrapolieren?

«Ich sage nur, dass ich ihnen nicht trauen kann», erwiderte Updike. «Mein Reptilienhirn lässt das nicht zu. Ich kann mir noch nicht einmal vorstellen, dass die Erde einmal auf die Größe einer Erbse zusammengepresst war, von einem ganzen Universum gar nicht zu reden.»

Manche Dinge könne man sich unmöglich vorstellen, sagte ich, aber mathematisch ziemlich leicht beschreiben.

«In der Geschichte der Menschheit», sagte Updike, der an dem Streitgespräch offenbar Gefallen fand, «hat es schon andere komplizierte Systeme gegeben. Im Mittelalter konstruierten die Scholastiker höchst verwickelte Gedankengebäude, und dann die ptolemäischen Epizyklen oder was immer ... Nun, in all dem zeigte sich große Intelligenz und sogar theoretische Konsistenz, doch am Ende fielen sie alle in sich zusammen. Aber wie Sie ganz richtig sagen, die Beobachtungsdaten häufen sich. Es ist viele Jahrzehnte her, dass das Standardmodell der Physik vorgeschlagen wurde, und es hat sich bis zur zwölften Stelle hinter dem Komma bewahrheitet. Doch diese ganze Geschichte mit der Stringtheorie ... Da gibt es doch überhaupt keine Evidenz, nur mathematische Formeln, richtig? Erwachsene Männer verbringen ihr ganzes berufliches Leben mit der Arbeit an einer Theorie von etwas, das es vielleicht noch nicht einmal gibt.»

Immerhin, sagte ich, würden sie dabei sehr schöne Arbeit im Bereich der Mathematik leisten.

«Schöne Arbeit im luftleeren Raum!», rief Updike aus. «Was ist Schönheit, wenn sie am Ende nicht wahr ist? Schönheit ist Wahrheit, und Wahrheit ist Schönheit.»

Ich fragte Updike, ob er der Naturtheologie genauso verächtlich gegenüberstehe wie Barth. Einige Menschen denken, dass es einen Gott gibt, weil sie ein religiöses Erlebnis haben. Einige denken, dass es einen Gott gibt, weil sie dem Priester glauben. Doch andere wollen Beweise, Beweise, die sich an den Verstand wenden. Das sind die Menschen, die sich von der Naturtheologie angesprochen fühlen, weil sie zeigt, wie bestimmte Beobachtungen in der Welt die Schlussfolgerung, dass es einen Gott gibt, untermauern können. Ich fragte Updike, ob er wirklich mit diesen Leuten nichts zu tun haben wolle, nur weil ihm die Vorstellung eines Gottes missfalle, der sich durch den Verstand einfangen lasse?

Updike schwieg einen Augenblick, dann sagte er: «Ich wurde einmal gebeten, an einer Radiosendung teilzunehmen, die ‹This I believe› [Das glaube ich] hieß. Als Autor fiktionaler Literatur mag ich überhaupt nicht formulieren, was ich glaube, weil sich das wie ein Quantenphänomen von Tag zu Tag verändert. Außerdem bringt es irgendwie Pech, wenn man sich zu klar ausdrückt. Daher ... ah ... warten Sie, meine Frau zeigt mir gerade ein großes Thermometer ... überall Zahlen ... Wo war ich stehengeblieben? Ach ja, in dieser Rundfunksendung habe ich zugegeben, dass man zu viele Menschen und zu viel menschliche Erfahrung ausklammern würde, wenn man die Naturtheologie nicht anerkennen würde. Ich nehme an, selbst ein hartgesottener Barthianer würde vermutlich mindestens an einem Stück Naturtheologie festhalten, nämlich an dem Christuswort: ‹An den Früchten sollt ihr sie erkennen› – denn vieles, was wir als Tugend und Heldentum verstehen, scheint aus dem Glauben zu kommen. Aber wenn man den Glauben zu einer abstrakten wissenschaftlichen Aussage macht, tut man niemandem einen Gefallen, am allerwenigsten den Gläubigen. Es bedarf keiner intellektuellen Anstrengung, um ihn anzunehmen. Glauben ist wie lieben. Barth sagt, Gott wird über die kürzeste Leiter erreicht, nicht über die längste. Immer wieder hat Barth darauf hingewiesen, dass die Distanz durch Gottes Bewegung überbrückt werde, nicht durch menschliche Bemühungen.»

Und warum sollte Gott diese Bewegung machen? Warum sollte er überhaupt ein Universum erschaffen? Ich erinnerte Updike daran, dass er irgendwo gesagt habe, Gott hätte die Welt möglicherweise aus spiritueller Erschöpfung erschaffen – dass die Wirklichkeit ein Produkt «göttlicher Acedia» gewesen sei. Was das bedeuten solle?

«Habe ich das wirklich gesagt? Gott habe die Welt aus Langeweile erschaffen? Nun, Thomas von Aquin sagte, Gott habe die Welt ‹im Spiel› gemacht. Im Spiel! In einer spielerischen Laune hat er die Welt geschaffen. Das scheint mir der Wahrheit näher zu kommen.»

Wieder schwieg er einen Augenblick, dann fuhr er fort: «Einige Naturwissenschaftler, die gläubige Menschen sind, wie Freeman Dyson, haben versucht, das endgültige Ende des Universums zu erforschen. Sie haben ein Universum beschrieben, in dem fast vollkommene Entropie herrscht und individuelle Teilchen durch Entfernungen getrennt werden, die größer sind als die Ausmaße des gegenwärtig beobachtbaren Universums ... ein unvorstellbar ödes und sinnloses Vakuum. Ich bewundere ihre wissenschaftliche Phantasie, aber ich kann ihnen da nicht folgen. Ein solcher Raum wäre ein Raum, in dem Gott existierte und nichts sonst. Könnte Gott so sehr unter Langeweile gelitten haben, dass er das Universum machte? Das lässt die Wirklichkeit fast wie ein kleines Scherzgedicht erscheinen.»

Was für ein hübscher Einfall! Die Wirklichkeit ist kein «kleiner Fleck auf nichts», wie Updikes Protagonist Henry Bech einmal in einem Anfall von Gereiztheit sagte. Sie ist ein Scherzgedicht.

Ich sagte Updike, wie sehr ich die Unterhaltung genossen habe. Er meinte, dass er zu Anfang des Gesprächs ein wenig außer Atem gewesen sei, weil er gerade mit seinen Enkelkindern Kickball gespielt hätte. «Fast mein ganzes Leben lang hat mir das Kickballspielen nichts ausgemacht, aber wenn ich es jetzt spiele, stelle ich fest, dass es mit fünfundsiebzig doch sehr anstrengend ist», sagte er lachend. «Sie hören, wie Ihr Herz schlägt und Ihre Lungen keuchen. Es ist eine gute Möglichkeit, nicht zu vergessen, in welcher Lebensphase man ist.»

Wenige Monate später wurde bei Updike Lungenkrebs festgestellt. Binnen eines Jahres war tot.

14
DAS SELBST: EXISTIERE ICH WIRKLICH?

> ... aber ich bin ein wirkliches Wesen, das wahrhaft existiert. Aber was für ein Wesen? Ich habe gesagt, ein denkendes.
>
> *Descartes, Meditationen*

Warum gibt es etwas und nicht einfach nichts? Ich dachte, ich hätte endlich eine Antwort. Sie hatte die Form eines Beweises – fast in geometrischem Stil –, den Spinoza vielleicht als kongenial empfunden hätte. Vielleicht hätte auch Sherlock Holmes meinen Beweis kongenial gefunden, weil er in genau der Weise verlief, die Holmes seinem getreuen, aber etwas schwerfälligen Gefährten Dr. Watson als die Quintessenz guter Detektivarbeit ans Herz legte: «Wir müssen auf den alten Lehrsatz zurückkommen, daß, wenn alle anderen Möglichkeiten erschöpft sind, diejenigen, die bei aller Unwahrscheinlichkeit noch übrigbleiben, die Wahrheit enthalten.»[1]

Die letzte Zeile meines Beweises dokumentierte nicht nur die Existenz einer nicht leeren Wirklichkeit, sondern legte auch fest, welche Form diese Realität annehmen muss: die des grenzenlosen Mittelmaßes. Wenn die Prinzipien, die meiner Argumentation zugrunde lagen, richtig sind, muss die Welt von der Möglichkeit, absolut alles zu umfassen, genauso weit entfernt sein wie von der Möglichkeit, absolut gar nichts zu umfassen. Doch dieser Schluss brachte gleich das nächste Problem. Wenn die Welt unendlich weit hinter ontologischer Vollständigkeit zurückbleibt, stellt sich die Frage, warum ich ein Teil von ihr bin? Wodurch habe ich mich für die Existenz qualifiziert?

Und warum wird mir ein wenig schwindelig bei dem Gedanken, dass es mir gelang? Das *brute fact* meiner Existenz wäre vielleicht nicht so rätselhaft, wenn diese Welt unter all den konkurrierenden Wirklichkeiten durch irgendein besonderes Merkmal hervorgehoben worden wäre. In diesem Falle hätte ich meine persönliche Existenz durch Berufung auf dieses besondere kosmische Merkmal erklären können. Nehmen wir beispielsweise an, der Kosmos existiert, weil er ein abstraktes Bedürfnis nach dem Guten befriedigt, wie es John Leslie glaubt. Nach dieser axiarchisch/platonischen Ansicht müsste ich hier sein, weil meine Existenz einen kleinen Beitrag zum Gutsein des ganzen Kosmos leistete. Oder nehmen wir – etwas phantasievoller – mit John Updike an, der Kosmos sei ein «kleines Scherzgedicht». Dann könnte der Grund für mein eigenes Leben die Rolle sein, die ich im kosmischen Versmaß spiele oder auch im kosmischen Scherz. Jedes besondere Merkmal dieser Art, jedes Merkmal, das diese besondere Welt für die Existenz qualifizierte, würde auch meiner eigenen Existenz als Element dieser Welt Bedeutung verleihen. Es würde meinem Leben einen Zweck geben: ethisch so gut wie möglich zu sein oder so viel humoristische Poesie zu verkörpern wie möglich oder was auch immer.

Aber die Wirklichkeit lässt keine besonderen Merkmale dieser Art erkennen. Zu dieser Schlussfolgerung hat mich zumindest meine Suche nach vollständigem ontischem Verständnis geführt. Die Existenz dieses Kosmos lässt sich vollständig nur durch die Annahme erklären, dass er in jeder Hinsicht durchschnittlich ist – eine riesige Walpurgisnacht der Mittelmäßigkeit. Selbst seine Unendlichkeit ist durchschnittlich, da der unendliche Kosmos noch immer unendlich weit hinter vollständiger Fülle zurückbleibt. Er ist wie eine zufällig ausgewählte Teilmenge der natürlichen Zahlen, eine Teilmenge, die unendlich viele Zahlen enthält, aber auch unendlich viele Zahlen ausklammert.

Und wenn die Wirklichkeit keine besonderen Merkmale besitzt, dann kann meine eigene Anwesenheit in ihr nicht durch die Hypothese erklärt werden, dass ich dieses Merkmal in irgendeiner Weise verstärke, irgendetwas zu ihm beitrage. Daher kann meine kosmische Existenz keinen Sinn haben – oder vielmehr, der einzige Sinn meiner Existenz ist, dass ich existiere. Sartre meinte etwas Ähnliches, als er schrieb, dass «die Existenz der Essenz vorausgeht».[2] Und der Zweck meines Lebens? Den erfährt der titelgebende Antiheld in Iwan Gontscharows wunderbarem Roman *Oblomow* von seiner klugen Bekannten Olga: «Es ist ein Ziel zu leben.»[3] Das sollte man sich hinter den Spiegel stecken.

Aus der Perspektive des Kosmos hat also meine Existenz weder einen Zweck, noch ist sie notwendig. (Und das ist nichts, dessen ich mich schämen müsste. Denn das Gleiche würde für Gott gelten, wenn Gott existieren würde.) Ich bin ein zufälliges, kontingentes Wesen. Ich könnte genauso gut nicht existieren.

Wie leicht hätte das geschehen können? Nehmen wir eine kleine Berechnung vor. Als Mitglied der Art *Homo sapiens* habe ich eine bestimmte genetische Identität. Es gibt ungefähr 30 000 aktive Gene im menschlichen Genom. Für jedes dieser Gene gibt es mindestens zwei Spielarten oder Allele. Damit beläuft sich die Zahl der genetisch verschiedenen Identitäten, die das Genom encodieren kann, auf mindestens 2 hoch 30 000 – was ungefähr der Zahl 2 gefolgt von 10 000 Nullen entspricht. Das ist die Zahl potenzieller Menschen, die die Struktur unserer DNA erlaubt. Und wie viele dieser potenziellen Menschen haben bisher tatsächlich existiert? Man schätzt, dass rund 40 Milliarden Menschen seit dem Auftreten unserer Art geboren wurden. Runden wir die Zahl, um ganz sicherzugehen, auf 100 Milliarden. Das heißt, dass der Bruchteil der genetisch möglichen Menschen, die tatsächlich geboren wurden, weniger als 0,00000 ... 000001 beträgt – setzen Sie rund 9979 weitere Nullen in die Lücke ein. Die weit überwiegende Mehrheit dieser genetisch möglichen Menschen sind ungeborene Gespenster. So sieht die irrwitzige Lotterie aus, die ich – wie Sie – gewinnen musste, um hier zu erscheinen. Das ist Kontingenz in höchster Potenz.

Die Tatsache, dass wir uns gegen diese ungeheure Wahrscheinlichkeit durchgesetzt haben, veranlasst Richard Dawkins zu der Feststellung: «Wir alle haben Glück gehabt.»[4] Sophokles sah das offenbar anders: «Am glücklichsten der, der nie geboren wird», erklärt der Chor in *Ödipus auf Kolonos*. Eine eher agnostische Ansicht vertrat Bertrand Russell in diesem Punkt, als er schrieb: «Ganz allgemein herrscht die Überzeugung (die ich niemals verstanden habe, dass Sein besser sei als Nichtsein; aus diesem Grunde ermahnt man die Kinder, ihren Eltern dankbar zu sein.»[5] Wären sich Ihre Eltern nie begegnet, gäbe es Sie natürlich nicht. Aber weit mehr musste auf ganz unglaubliche Weise geschehen als nur die Begegnung Ihrer Eltern oder deren Zeugungsakt in einem bestimmten Augenblick der Geschichte, damit Sie das Licht der Welt erblicken konnten. Vielleicht ist das, was viel eher Ihre Dankbarkeit verdient als Ihre Mutter oder Ihr Vater, das tapfere kleine Spermium, das sich, beladen mit der Hälfte Ihrer genetischen Identität, unverdrossen vorankämpfte und Millionen seiner Ejakulat-Rivalen hinter sich ließ, um sich mit der Eizelle zu vereinigen.

Die Entstehung meiner genetischen Identität war also ein völlig unwahrscheinliches Ereignis. Aber hat selbst das möglicherweise noch nicht ausgereicht, um die Entstehung meines «Ich» zu gewährleisten? Hätte diese genetische Identität nicht ebenso gut nicht mich, sondern gewissermaßen meinen eineiigen Zwilling hervorbringen können? (Wenn Sie zufällig ein eineiiger Zwilling sind, versuchen Sie das folgende Gedankenexperiment: Stellen Sie sich vor, die befruchtete Eizelle, die sich schon bald teilte, um Sie und Ihren Zwilling hervorzubringen, wäre stattdessen ein einziger Zellklumpen geblieben. Wer wäre das eine Baby, das Ihre Eltern neun Monate später bekommen hätten, dann gewesen? Sie? Ihr Zwilling? Keiner von beiden?)

Und bin ich wirklich nicht mehr als ein Exemplar der genetisch definierten Art *Homo sapiens*? Ich scheine mir doch durchaus vorstellen zu können, dass mein Selbst in irgendeine nicht menschliche Gestalt wandert – einen Pinguin vielleicht, einen Roboter oder ein immaterielles Wesen wie einen Engel. Vielleicht bin ich im Wesentlichen gar kein biologischer Organismus. Vielleicht bin ich im Wesentlichen jemand anderes.

Obwohl ich nicht mit Sicherheit weiß, was ich letztlich bin, gibt es für mich an einer Sache überhaupt keinen Zweifel: Ich bin. Diese Aussage mag eine kontingente Wahrheit sein, sie ist aber auch apriorisch. Ich kann sie nicht leugnen, ohne mir selbst zu widersprechen. (Ich könnte sie im Scherz leugnen, doch nur, um zum Ausdruck zu bringen, dass ich wirtschaftlich oder sozial vernachlässigbar bin, nicht dass ich metaphysisch nicht existent bin.) Selbst bei äußerstem Zweifel an der Welt bleibt die Tatsache meiner Existenz eine Bastion der Sicherheit. Das hat zumindest Descartes mit seinem berühmten Satz *cogito ergo sum* – «Ich denke, also bin ich» – behauptet. Aus dieser Behauptung – seine Existenz sei selbstevident aufgrund der bloßen Tatsache, dass er denkt – hat er die noch stärkere Aussage abgeleitet, dass er ein denkendes Wesen sei, das heißt, ein reines Bewusstseinssubjekt. Insofern musste das «Ich» in «Ich denke» etwas bezeichnen, das sich von seinem physischen Körper unterschied – etwas Immaterielles.

Hat Descartes mehr Schlussfolgerungen gezogen, als ihm zustanden? Wie viele Kommentatoren, angefangen mit Georg Christoph Lichtenberg im 18. Jahrhundert, angemerkt haben, war das «Ich» in seiner fundamentalen Prämisse nicht ganz legitim. Allenfalls konnte Descartes mit einer gewissen Sicherheit behaupten: «Es gibt Gedanken.» Er hat nie bewiesen, dass Gedanken eines Denkenden bedürfen. Vielleicht ist das Pronomen «ich» in diesem Beweis nur ein irreführendes Artefakt der Grammatik, nicht ein Name für ein tatsächlich existierendes Wesen.

Angenommen, Sie richten Ihre Aufmerksamkeit auf der Suche nach diesem Ich nach innen. Dann treffen Sie unter Umständen lediglich auf einen ständig im Wandel befindlichen Bewusstseinsstrom, einen Fluss von Gedanken und Gefühlen, in denen kein wirkliches Selbst zu entdecken ist. Das ist zumindest das, was David Hume ein Jahrhundert nach Descartes erlebte, als er sein eigenes Selbstbeobachtungsexperiment durchführte: «Ich meines Teils kann, wenn ich mir das, was ich als ‹mich› bezeichne, so unmittelbar als irgend möglich vergegenwärtige, nicht umhin, jedesmal über die eine oder andere bestimmte Perzeption zu stolpern, die Perzeption der Wärme oder Kälte, des Lichtes oder Schattens, der Liebe oder des Hasses, der Lust oder Unlust. Niemals treffe ich *mich* ohne eine Perzeption an und niemals kann ich etwas anderes beobachten als eine Perzeption ... Wenn jemand nach ernstlichem und vorurteilslosem Nachdenken eine andere Vorstellung von ‹sich selbst› zu haben meint, so bekenne ich, daß ich mit ihm nicht länger zu streiten weiß.»[6]

Also wer hat recht, Descartes oder Hume? Gibt es ein Ich oder nicht? Und wenn es keins gibt, worüber wundere ich mich dann, wenn ich mich darüber wundere, dass ich existiere?

Selbst heute noch ist die Natur des Selbst eine Frage, die die Philosophen entzweit und verwirrt. Es dürfte wohl eine knappe Mehrheit sein, die sich auf Humes Seite schlägt und die Meinung vertritt, das überdauernde Selbst sei eine Art Fiktion, ein Schatten, den das Personalpronomen «ich» werfe. Derek Parfit zum Beispiel vergleicht das Selbst mit einem Club, der seine Mitglieder im Laufe der Zeit auswechselt, sich ganz auflöst und dann wieder unter demselben Namen, aber in anderer Form neu konstituiert. Daniel Dennett sagt: «Personen sind nicht unabhängig voneinander existierende Seelenperlen, sondern Artefakte der uns erzeugenden sozialen Prozesse.»[7] Galen Strawson denkt, dass im Bewusstseinsstrom jedes Menschen kleine kurzlebige

Selbste ständig entstehen und wieder vergehen, doch keinem sei eine längere Dauer als etwa eine Stunde beschieden. «Es gibt einfach kein ‹Ich› oder Selbst, das so lange andauert wie die wache Zeit eines Tages (und schon gar nicht länger)», behauptet Strawson, «obwohl es natürlich jederzeit ein ‹Ich› oder Selbst gibt.» Hinzu kommt, dass jedes irgendwann aufgetauchte Selbst, das den Abend über noch verweilt, bald darauf dem Vergessen des Schlafs anheimfällt. Jeden Morgen erwacht ein neues kartesisches «Ich».[8]

Selbst Thomas Nagel, der eine nüchtern-realistische Auffassung vom Selbst hat, glaubt, dass seine wahre Natur uns teilweise verborgen bleiben könnte: So «könnte ich den Ausdruck ‹Ich› verstehen und auf mich anwenden, ohne zu wissen, was ich in Wahrheit bin».[9]

Vielleicht gibt es einen Grund dafür, dass das innere Ich so schwer zu fassen ist. Was soll denn das Selbst eigentlich sein? Nach moderner, das heißt postkartesischer Auffassung gehen die Philosophen von zwei übergeordneten begrifflichen Voraussetzungen aus, die das Selbst erfüllen muss. Erstens ist das Selbst, egal, was es sonst ist, das Subjekt des Bewusstseins. Die verschiedenen Erfahrungen, die ich in einem gegebenen Augenblick mache – indem ich einen Streifen Himmel durch das Fenster sehe, eine Polizeisirene in der Ferne höre, leichte Kopfschmerzen verspüre, an das Mittagessen denke –, sind Teil desselben Selbst, weil sie zum selben Bewusstsein gehören. Ich kann die Empfindung des Kopfschmerzes eindeutig als meine eigene erkennen. (Daher wirkt es so absurd, wenn die erkrankte Mrs. Gradgrind in Dickens' Roman *Harte Zeiten* erklärt: «Der Schmerz muß hier irgendwo im Zimmer sein ... aber ich kann nicht mit Bestimmtheit behaupten, daß ich ihn selbst habe.»[10]) Die zweite Voraussetzung besagt, dass das Selbst zu Selbst-Bewusstsein – im Sinne von Ich-Bewusstsein – fähig sein, dass es «ich-hafte» Erfahrungen haben muss.

Gibt es da aber nicht eine fatale Unverträglichkeit zwischen diesen beiden Voraussetzungen? Wie kann ein und dasselbe Wesen zugleich Subjekt und Objekt des Bewusstseins sein? Diese Idee bezeichnete Schopenhauer als den ungeheuerlichsten Widerspruch, den man sich vorstellen kann.[11] Wittgenstein war der gleichen Meinung. «Das Ich ist kein Gegenstand», schrieb er. «Jedem Gegenstand stehe ich objektiv gegenüber. Dem Ich nicht.»[12] Wie Schopenhauer vor ihm verglich Wittgenstein das Ich mit dem Auge. Wie das Ich der Ursprung des Bewusstseins ist, ist das Auge der Ursprung des Gesichtsfelds. Aber das Auge liegt nicht im Gesichtsfeld. Es kann sich nicht sehen.

Das ist vielleicht der Grund, warum Hume nicht in der Lage war, sein eigenes Selbst zu finden. Daran könnte es auch liegen, dass ich – wie Nagel meint – nicht wirklich wissen kann, wer ich bin.

Trotzdem scheine ich etwas zu behaupten, wenn ich sage: «Ich existiere.» Und der Inhalt meiner Behauptung muss sich vom Inhalt der Ihren unterscheiden, wenn Sie den gleichen Satz äußern. Aber wie? Was unterscheidet das eine Bewusstseinssubjekt vom anderen?

Es gibt eine Auffassung, nach der die Inhalte des Bewusstseins das sind, was das Selbst konstituiert. Das ist das psychologische Kriterium der Selbstidentität. Nach dieser Auffassung bedeutet die Aussage «Ich existiere» lediglich, dass wir die Existenz eines bestimmten, mehr oder weniger kontinuierlichen Bündels von Erinnerungen, Wahrnehmungen, Gedanken und Absichten behaupten. Das, was mich zu «mir» und Sie zu «Ihnen» macht, sind unsere unterschiedlichen Bündel.

Doch was geschieht, wenn ich eine Amnesie erleide und alle meine Erinnerungen verliere? Oder wenn es einem teuflischen Neurochirurgen gelingt, alle meine Erinnerungen auszulöschen und mir stattdessen Ihre Erinnerungen einzupflanzen? Und anschließend die umgekehrte Operation an Ihnen vornimmt? Würden wir jeweils im Körper des anderen aufwachen?

Wenn Sie glauben, dass die Antwort auf die letzte Frage «Ja» lautet, dann stellen Sie sich das folgende Szenario vor: Man teilt Ihnen mit, dass Sie morgen gefoltert werden. Verständlicherweise macht Ihnen das Angst. Doch vor der Folter wird Ihnen gesagt, dass Ihre Erinnerungen von dem teuflischen Neurochirurgen ausgelöscht und durch meine Erinnerungen ersetzt werden. Hätten Sie dann immer noch Grund, sich vor der Folter zu fürchten? Wenn Sie es täten, würde das bedeuten, dass es, obwohl Sie psychologisch komplett in mich verwandelt würden, immer noch Sie wären, der den Schmerz erlitte.

Dieses Gedankenexperiment wurde 1970 von dem Philosophen Bernard Williams vorgeschlagen, um zu zeigen, dass das psychologische Kriterium der persönlichen Identität falsch sein muss. Aber wenn psychologische Faktoren nicht über meine Selbstidentität entscheiden, was wäre dann dazu in der Lage? Die naheliegende Alternative – für die sich Williams und später, etwas vorsichtiger, Thomas Nagel entschieden – ist das physische Kriterium. Meine Identität als Selbst wird von meinem Körper bestimmt; oder, spezifischer, durch mein Gehirn, das physische Objekt, das kausal verantwortlich ist für die Existenz und Kontinuität meines Bewusstseins. Nach der Auffassung «Ich bin mein Gehirn» spielen die tatsächlichen Inhalte Ihres Bewusstseinsstroms keine Rolle für Ihre Identität. Entscheidend ist allein der Klumpen grauer Substanz, der sich in Ihrem Schädel befindet. Die Zerstörung dieses Klumpens können Sie nicht überleben. Ihr Selbst könnte weder in einen Computer «hochgeladen» werden noch in irgendeiner ätherischen Form auferstehen. Nagel hat sogar behauptet, dass selbst für den Fall, dass es gelänge, eine genaue physische Kopie Ihres Gehirns anzufertigen, es mit Ihren Erinnerungen auszustatten und in einen Klon Ihres Körpers zu transplantieren, das Ergebnis trotzdem nicht Sie wären – obwohl das Gehirn zweifellos denken würde, es sei Sie.

Wenn ich also sage «Ich existiere», behaupte ich damit nur die

Existenz eines bestimmten – funktionierenden! – Gehirns. Dann hat die Frage «Warum existiere ich?» eine rein physische Antwort: Ich existiere, weil zu einem bestimmten Zeitpunkt in der Geschichte des Universums eine bestimmte Anzahl von Atomen zufällig in einer bestimmten Weise zusammengekommen ist.

Wie mir Derek Parfit erläutert hat, liegt das Problem dieser Antwort darin, dass selbst die physische Identität meines Gehirns keine Frage von alles oder nichts ist. Nehmen wir an, sagt Parfit, alle Ihre Gehirnzellen hätten einen Defekt, der letztlich tödlich wäre. Nehmen wir weiter an, ein Chirurg könnte diese Gehirnzellen durch nicht defekte Duplikate ersetzen, was er nach und nach bewerkstelligen würde, sagen wir in einer Folge von hundert Zellverpflanzungsoperationen. Nach der ersten Operation wären noch neunundneunzig Prozent Ihres ursprünglichen Gehirns vorhanden. Nach fünfzig Operationen bestünde Ihr Gehirn zur Hälfte aus den ursprünglichen Zellen und zur anderen Hälfte aus Duplikaten. Kurz vor der letzten Operation wäre Ihr Gehirn eine neunundneunzigprozentige Kopie. Würde das Selbst am Ende dieser Serie von Eingriffen immer noch das Ihre sein, obwohl Ihr ursprüngliches Gehirn vollkommen zerstört und ersetzt wäre? Und wenn es aufgehört hätte, Sie zu sein, stellt sich die Frage, an welchem Punkt der Serie von Operationen Sie plötzlich verschwunden und durch ein neues Selbst ersetzt worden wären?

Es sieht so aus, als könnte weder das psychologische noch das physische Kriterium endgültig klären, wer ich bin. Das weckt einen verstörenden Verdacht. Vielleicht lässt sich das Problem meiner Identität nicht eindeutig lösen. Vielleicht gibt es keine klare Antwort auf die Frage, ob ich existiere oder nicht. Obwohl ich etwas bezeichne, wenn ich «ich» sage, hat dieses Etwas keine klare ontische Struktur. Es gehört nicht zum wahren und endgültigen Mobiliar des Universums. Es hat keine Existenz, abgesehen von den ständig wechselnden mentalen Zuständen, die meinen

Geist bevölkern, und der ständig wechselnden Menge physischer Teilchen, die meinen Körper konstituieren. Das Selbst ist, um Humes Vergleich zu verwenden, wie ein Staat, oder, um auf Parfits Vergleich zurückzukommen, wie ein Club. Wir können die Identität von Augenblick zu Augenblick verfolgen, aber die Frage, ob sie über lange Zeiträume oder tiefe physische oder psychische Einschnitte hinweg dieselbe ist, bleibt offen, wenn nicht sogar leer. Das überdauernde, substanzielle, selbstidentische Ich ist eine Fiktion. Oder wie Buddha gesagt hat: «Das Selbst ist nur ein konventioneller Name für eine Menge von Elementen.»[13]

Hume fand diese Schlussfolgerung deprimierend, so überzeugt er auch von ihrer Wahrheit war, und er schrieb: «Ich fange an mir einzubilden, daß ich mich in der denkbar beklagenswertesten Lage befinde, daß ich umgeben bin von der tiefsten Finsternis.»[14] (Glücklicherweise fand er Trost im Backgammonspiel mit Freunden.) Derek Parfit dagegen, darin eher Buddha gleichend, erschien sie «befreiend und tröstend». Zuvor, als Parfit annahm, die Existenz seines Selbst sei ein Alles-oder-nichts-Faktum, erschien ihm sein Leben «als Glastunnel, durch den ich Jahr für Jahr immer schneller raste und an dessen Ende mich Dunkelheit erwartete». Doch einmal vom Selbst befreit, «verschwanden die Wände meines Glastunnels. Jetzt lebe ich unter freiem Himmel.»[15]

Angenommen, das kartesische Ich – das Ich des «Ich denke, also bin ich» – ist wirklich eine Illusion. Wie könnte eine solche Illusion entstehen? (Und, so ließe sich fragen, für wen oder was ist es eine Illusion?) Nun, ein Ich zu sein heißt, Selbst-Bewusstsein zu haben, das Vermögen reflexiver Selbst-Wahrnehmung zu genießen. Vielleicht wird also das Ich durch den Akt des Übersich-selbst-Nachdenkens heraufbeschworen. Mit anderen Worten, vielleicht ist das Ich selbsterschaffend!

Das war die kühne Hypothese, die Robert Nozick vorschlug, wenn auch «nur sehr zögernd», um mit der ansonsten «gänzlich unlösbaren» Frage nach dem Ursprung des Selbst fertigzuwerden. Wenn der Kartesianer sagt «Ich denke», bezeichnet er damit laut Nozick kein präexistentes Wesen. Auch nicht einen bereits existierenden Zustand. Vielmehr wird der Zustand durch die Erklärung wahr. Die durch das Pronomen «ich» bezeichnete Entität wird (irgendwie) durch den Akt der Selbstreferenz umschrieben, der sich «das Wesen mit der größten organischen Einheit» auswählt, welches den Akt selbst einschließt. Und welche Grenzen hat diese organisch vereinigte Selbsterschaffung? «Nichts, so haben wir gesagt, begrenzt bislang das, was das sich selbst synthetisierende Selbst aus sich machen kann», hat Nozick erklärt. Er hält es sogar für möglich, dass das Selbst identisch sein könnte «mit der fundamentalen Substanz des Universums, wie in den Theorien des Vedanta, nach denen Atman Brahman ist».[16]

Sobald Sie sich die Vorstellung zu eigen gemacht haben, dass das Ich selbsterschaffend ist, geraten Sie leicht auf eine abschüssige transzendentale Bahn. Am Grund des Abhangs erwartet Sie eine seltsame Form des Idealismus, in der es heißt, dass das Ich, indem es sich selbst erschafft, zugleich die gesamte Wirklichkeit erschafft. So lächerlich diese Vorstellung klingen mag, sie hat sich in der europäischen Philosophie nach Kant immer wieder zu Wort gemeldet. Spielarten dieser Auffassung lassen sich im 19. Jahrhundert bei Hegel, Fichte und Schelling finden, im 20. Jahrhundert bei Husserl und Sartre.

Betrachten wir Johann Gottlieb Fichte. Obwohl der Sohn eines verarmten Bandwebers, brachte er es nicht nur zum angesehenen philosophischen Nachfolger Kants, sondern auch zum geistigen Vater des deutschen Nationalismus. Fichte behauptete – wie Nozick –, dass sich das Ich durch den Akt der «Selbstsetzung» erschaffe. Die Aussage «Ich = Ich» ist als ein Fall des logischen Identitätsgesetzes eine notwendige Wahrheit. Laut Fichte ist sie sogar die einzige notwendige Wahrheit, weil sie nichts voraussetzt. (Gewöhnlich setzt die Wahrheit der Identität «A = A» die Existenz von A voraus. Doch die Existenz des «Ich» in «Ich = Ich» ist garantiert durch die sich selbst setzende Natur des Selbst.) Als die einzige notwendige Wahrheit muss «Ich = Ich» die Urquelle aller Erkenntnis sein. Daher, so Fichte, muss alle Erkenntnis letztlich Selbsterkenntnis sein. Das transzendentale Subjekt erschafft sich im Setzungsakt nicht nur selbst, sondern auch die Welt – eine bemerkenswerte ontologische Tour de Force! «Alle Künste, Religionen, Wissenschaften und Institutionen sind in diesen Prozess einbezogen und bringen einen Teil der großen spirituellen Reise zum Ausdruck, durch die das leere Ich an Substanz gewinnt, sodass es sich schließlich selbst als geordnete, objektive und freie Wirklichkeit erkennt», wie der zeitgenössische Philosoph Roger Scruton die wundersame welterzeugende Dialektik Fichtes beschreibt.[17]

Edmund Husserl, Anfang des 20. Jahrhunderts der Begründer der phänomenologischen Bewegung, stattete das Ich mit ähnlichen ontischen Kräften aus. «Die objektive Welt», heißt es bei Husserl, «schöpft ... ihren ganzen Sinn und ihre Seinsgeltung ... aus mir selbst, aus mir als dem transzendentalen Ich ...»[18]

Mir käme die Überzeugung, ich sei buchstäblich der Quell aller Wirklichkeit, vor wie metaphysische Hybris, wenn nicht gar wie Irrsinn. Doch egal, was mein Selbst tatsächlich ist – eine Substanz, ein Bündel, ein Ort, ein Gefäß, ein Vehikel, ein sich selbst schreibendes Gedicht, ein grammatikalischer Schatten, ein transzendentales Ich –, es scheint im Mittelpunkt der Welt zu stehen. Wittgenstein erklärt in Satz 6.62 des *Tractatus*, «daß die Welt meine Welt ist», und in Satz 5.63, verstärkt: «Ich bin meine Welt. (Der Mikrokosmos.)»[19]

Natürlich könnte die Welt nur dann meine Welt sein – und nicht Ihre Welt oder seine Welt –, wenn ich das einzige echte Selbst wäre: das metaphysische Selbst. Da ich kein Solipsist bin, glaube ich das nicht. (Gleichwohl glaubte ich als Kind, ich könnte die Welt dunkel werden lassen, indem ich meine Augen schloss.)

Obwohl ich mich im Zentrum meiner subjektiven Welt befinde, glaube ich, dass es eine objektive Welt gibt, eine Welt, die völlig unabhängig von mir existiert, eine ungeheure Weite des Raums und der Zeit, von der ich nur einen relativ winzigen Ausschnitt kenne. Diese objektive Welt war vorhanden, bevor ich geboren wurde, und sie wird auch noch vorhanden sein, wenn ich gestorben bin. Außerdem glaube ich, dass die objektive Welt keinen Mittelpunkt hat. Sie hat keine eingebaute Perspektive – wie es der Fall wäre, wenn sie zum Beispiel im Geist Gottes existierte. Und so muss ich auch versuchen, die Welt zu verstehen – ohne Mittelpunkt. Thomas Nagel hat für diesen mittelpunktlosen Blick auf die Wirklichkeit die einprägsame Bezeichnung «der Blick von nirgendwo» gefunden. Das Selbst, das danach strebt, die Wirklichkeit so zu sehen, nennt er das «objektive» oder das «wahre» Selbst. Das objektive Selbst unterscheidet Nagel in seinem Entwurf von einer bestimmten Person. Dieses Selbst verwendet die Erfahrungen dieser bestimmten Person als eine Art Fenster zur Welt, indem es mit diesen Erfahrungen ein perspektivloses Wirklichkeitsverständnis konstruiert. Doch nachdem das objektive Selbst das getan hat, sieht es sich einer verwirrenden Situation gegenüber: «Wie kann ich, der das ganze azentrische Universum denkt, etwas so Besonderes sein, wie dies da: dieses kümmerliche und überflüssige Geschöpf, das in einem winzigen Stückchen Raum und Zeit mit einer festgelegten und keineswegs universellen psychischen und physischen Organisation dahinwest? Wie kann ich etwas so Geringes, so Konkretes, so Spezifisches sein?»[20] Bei objektiver Betrachtung der Welt ist Nagel erstaunt, dass sein Bewusstsein in einem bestimmten Menschen lokalisiert sein soll. «Was für eine Tatsache ist es», fragt er, «dass ich Thomas Nagel bin?»[21] Es erscheint ihm wundersam, dass ausgerechnet er, diese flüchtige organische Blase im Ozean der Wirklichkeit, «der Weltgeist hinter irgendeiner bescheidenen Maske» sein sollte. Damit sich das nicht nach metaphysischem

Größenwahn anhört, weist Nagel auf den strafmildernden Umstand hin, dass «der gleiche Gedanke jedem zugänglich ist. Ein jeder ist ein Subjekt des zentrumlosen Universums und eine bloß menschliche oder marsmenschliche Identität sollte jedem Betreffenden willkürlich erscheinen. Ich sage ja keineswegs, daß ich als Individuum das Subjekt des Universums sei, sondern lediglich, daß ich ein Subjekt bin, das eine Auffassung von dem zentrumslosen Universum haben kann, in dem TN ein unbedeutender Klecks ist, der auch ohne weiteres nicht hätte sein können.»[22]

Philosophen, die bestrebt sind, Nagels «objektives Selbst» auf ein menschliches Maß zu reduzieren, bringen vor, dass der Satz «Ich bin T.N.» dann wahr ist, wenn und nur wenn er von T.N. geäußert wird, und dass das, verblüffend oder nicht, alles ist. Der Satz unterscheide sich nicht von dem Satz «Heute ist Dienstag», der wahr ist, wenn und nur wenn er am Dienstag geäußert wird. Doch Nagel hält dagegen, dass eine solche semantische Analyse eine Lücke in unserem Weltverständnis hinterlasse. Selbst wenn alle öffentliche Information über den Menschen T.N. in das objektive Verständnis eingeflossen wäre, sagt er, «hätte der zusätzliche Gedanke, daß T.N. kein anderer ist als *ich*, offenbar noch einen weiteren, einen zusätzlichen Informationsgehalt. Und alles hängt davon ab, daß uns gerade dieser Informationsgehalt hellhörig macht.»

(Nachdem ich diese Worte getippt hatte, ging ich bei mir in Greenwich Village ins Delikatessengeschäft um die Ecke, um mir zum Mittagessen ein Hühnchen-Avocado-Sandwich zu holen. Und dort stand in der Schlange vor der Kasse mit einem Einkaufskorb voller Lebensmittel Thomas Nagel persönlich – die Weltseele in bescheidener Verkleidung. Ich nickte ihm zu, und er nickte freundlich zurück.)

Finde ich es ähnlich verblüffend, dass dieses Ich J. H. ist? Das hängt von meiner Stimmung ab. Manchmal kommt mir der Gedanke, dass es zutiefst geheimnisvoll ist. Dann wieder erscheint es mir vollkommen belanglos. Insofern verhält es sich ein wenig wie mit dem Gedanken, dass es etwas gibt und nicht einfach nichts. Anders als Nagel bin ich nicht besonders überrascht, wenn ich über meine kosmische Bedeutungslosigkeit nachdenke. Ich habe keine Schwierigkeiten, mich als «unbedeutenden Fleck» zu sehen.

Hätte ich jemand ganz anderes sein können als J.H. – ein ganz anderer Fleck? Nehmen wir an, die Weltgeschichte wäre genauso verlaufen, wie sie es tat, nur dass ich Napoleon gewesen wäre und Napoleon ich. Was geschieht, wenn ich versuche, mir eine solche Möglichkeit auszumalen? Nun, ich könnte mir vorstellen, dass ich klein wäre, einen kokardengeschmückten Zweispitz trüge und, die Hand in meine Uniformjacke geschoben, das verwüstete Schlachtfeld von Austerlitz überblickte. Aber, so der kluge Einwand des Philosophen Bernard Williams, in Wahrheit hatte ich mir nur vorgestellt, Napoleon als Schauspieler darzustellen. Auf diese Weise kann ich jedoch ebenso wenig verstehen, wie ich Napoleon hätte sein können, wie ich beim Anblick von Charles Boyer als Kino-Napoleon zu verstehen vermag, wie er hätte Napoleon sein können.

Wenn ich mir sage: «Ich hätte Napoleon sein können», kann das Pronomen «ich» kaum den empirischen J.H. bezeichnen, den, der Ende des 20. und Anfang des 21. Jahrhunderts eine ruhige und harmlose Existenz auf dem nordamerikanischen Kontinent führt. Denn in diesem Fall wäre der Satz ein direkter Widerspruch. Daher muss sich hier das «Ich» auf mein Selbst beziehen, wie es wäre, wenn es, allen physischen und psychischen Ballasts entledigt, mein reines, zeit- und eigenschaftsloses kartesisches Ich wäre. Das ist das Selbst, von dem ich versuche, mir vorzustellen, dass ich es mit Napoleon tausche. Aber habe ich ein solches Selbst? Haben Sie es?

Wenn ja, eröffnen sich Möglichkeiten, die noch abenteuerlicher wären als der Tausch der Selbste mit Napoleon. Beispielsweise könnten Sie, wie Derek Parfit erläutert hat, plötzlich während der Lektüre dieses Absatzes zu existieren aufhören und durch ein neues Selbst ersetzt werden, das sich in Ihrem Körper einrichten und Ihre psychologische Ausstattung exakt übernehmen würde. Wenn so etwas geschähe, würde es nie einen äußerlichen Anhaltspunkt dafür geben.

Eine andere Möglichkeit bestünde darin, dass die Welt genauso wäre, wie sie ist, abgesehen davon, dass Ihr reines kartesisches Ich nie existiert hätte. Ihre empirische Person mit ihrer genetischen Identität, ihren Erinnerungen, sozialen Beziehungen und dem ganzen Rest ihrer Lebensgeschichte wäre zwar da. Es wären aber nicht Sie. Es wäre Ihr Ihnen vollkommen gleichender eineiiger Zwilling. Nie hätte das kleine Licht Ihres Bewusstseins in dieser Welt geflackert.

Heute ist es schwer, einen Philosophen zu finden, der die Idee eines reinen kartesischen Selbst ernst nimmt. Parfit hält sie für «unverständlich», und Nagel gibt, trotz seiner Ausführungen über das «objektive Selbst», nicht zu erkennen, dass er die vollkommene Loslösung eines solchen Selbst von dessen physischen und psychologischen Vertäuungen für möglich hält. (Wenn das Gehirn tatsächlich der Kern des Selbst ist, wie Nagel hypothetisch vorgebracht hat, dann würde selbst die Transplantation meines Gehirns in Napoleons Körper nur dazu führen, dass ich ein kleinerer und blasserer J. H. wäre.) Wenn aber das Selbst so losgelöst sein könnte, fragte Williams, was würde dann noch übrig bleiben, um ein kartesisches Ich von einem anderen zu unterscheiden? Was genau würde von der Welt abgezogen werden durch die Entfernung von «mir»?

«Bei der Verwunderung darüber, daß das Universum dahin gelangt sein soll, ein Wesen mit der einmaligen Qualität zu enthalten, ich zu sein, handelt es sich um ein sehr tief verwurzeltes Bewusstsein»,[23] meint Nagel. Wie er kann ich nicht umhin, ein bisschen zu staunen, dass ich existiere – dass das Universum genau diese Gedanken produziert, die jetzt in meinem Bewusstseinsstrom auftauchen.

Doch das Erstaunen, das ich über meine unwahrscheinliche Existenz empfinde, hat einen merkwürdigen Kontrapunkt: die Schwierigkeit, die ich habe, mir meine reine Nichtexistenz vorzustellen. Warum fällt es mir so schwer, mir die Welt ohne mich vorzustellen, eine Welt, in der ich nie vorgekommen wäre? Schließlich weiß ich, dass ich schwerlich ein notwendiges Merkmal der Wirklichkeit bin. Trotzdem kann ich, wie Wittgenstein, nicht an die Welt denken, ohne zu denken, dass es meine Welt ist. Obwohl ich ein Teil der Wirklichkeit bin, fühlt sich die Wirklichkeit wie ein Teil von mir an. Ich bin ihr Mittelpunkt, ihr Epizentrum, die Sonne, die sie erleuchtet, das Baby in ihrem Badewasser. Mir vorzustellen, dass ich nie existiert hätte, wäre so, als würde ich mir vorstellen, dass die Welt nie existiert hätte – dass Nichts wäre statt Etwas.

Das Empfinden, dass die «Etwas-heit» der Welt von meiner Existenz abhängt, ist, ich weiß, eine solipsistische Täuschung. Doch selbst wenn ich es als eine solche erkenne, hat es mich fest im Griff. Wie kann ich diesen Griff lockern? Vielleicht, indem ich mir unablässig vor Augen halte, dass die Welt in den unendlichen Zeiträumen bis zu dem unwahrscheinlichen Augenblick, da ich unverhofft zum Leben erwachte, ganz wunderbar zurechtkam und dass ihr das auch weiterhin gelingen wird, wenn der unausweichliche Moment kommt, da ich in diese Nacht zurückkehre.

— 15 —
RÜCKKEHR INS NICHTS

> Man ist mit einemmale, zu seiner Verwunderung, da, nachdem man, zahllose Jahrtausende hindurch, nicht gewesen und nach einer kurzen Zeit ebenso lange wieder nicht zu sein hat. – Das ist nimmermehr richtig, sagt das Herz.
>
> Arthur Schopenhauer, «Nachträge zur Lehre von der Nichtigkeit des Daseins»[1]

Obwohl meine Geburt kontingent war, ist mein Tod notwendig. Dessen bin ich ziemlich sicher. Trotzdem fällt es mir schwer, mir meinen Tod vorzustellen. Damit befinde ich mich in bester Gesellschaft. Freud sagte, er könne sich seinen Tod nicht ausmalen. Genauso erging es Goethe, der einmal in einem Gespräch sagte: «Es sei einem denkenden Wesen durchaus unmöglich, sich ein Nichtsein, ein Aufhören des Denkens und Lebens zu denken; insoferne trage jeder den Beweis der Unsterblichkeit in sich...»[2]

Ein solcher «Beweis» der Unsterblichkeit ist leider völlig wertlos. Das ist nur ein Beispiel für den sogenannten Fehlschluss des Philosophen: einen Streich, den einem die Phantasie spielt, für Einsicht in die Wirklichkeit zu halten. Allerdings findet nicht jeder den eigenen Tod unvorstellbar. Lukrez weist in den prachtvollen Versen von *De Rerum Natura* darauf hin, dass es nicht schwerer sei, sich vorzustellen, nach dem Tod nicht mehr zu existieren, als sich vorzustellen, vor der Geburt nicht existiert zu haben. Ähnlich scheint es David Hume empfunden zu haben. Denn er behauptete, er fände die posthume Nichtexistenz nicht furchterregender als die pränatale Nichtexistenz. Als Hume von James Boswell gefragt wurde, ob ihn der Gedanke an die Vernichtung erschrecke, antwortete Hume seelenruhig: «Nicht im Mindesten.»³ Wird so viel Kaltblütigkeit angesichts des Todes an den Tag gelegt, nennt man das «philosophisch». Zu philosophieren heiße, so erklärte Cicero, sterben zu lernen. Hier gilt Sokrates als das große Vorbild. Vom Athener Gericht wegen Gottlosigkeit zum Tode verurteilt, leerte Sokrates gelassen und bereitwillig den tödlichen Schierlingsbecher. Der Tod, versicherte er seinen Freunden, könne Vernichtung sein, dann sei er wie ein langer, traumloser Schlaf; oder er könne eine Wanderung der Seele von einem Ort zu einem anderen sein. In beiden Fällen sei er nichts, was man zu fürchten habe.

Warum sollte mich die Aussicht auf Vernichtung beunruhigen, wenn sie Sokrates oder Hume nicht beeindruckte? Ich habe bereits gesagt, dass ich mir meinen eigenen Tod nicht recht vorstellen kann. Das könnte den Tod als rätselhaftes und daher furchterregendes Ereignis erscheinen lassen. Aber ich kann mir auch nicht vorstellen, vollkommen unbewusst zu sein, und doch trete ich jede Nacht in diesen Zustand ein, und das relativ furchtlos.

Was den Tod so erschreckend macht, ist nicht die Aussicht auf ein ewiges Nichts, sondern die Aussicht, alle Vorzüge des Lebens auf immer zu verlieren. «Soll die Auffassung überhaupt einen guten Sinn ergeben, daß es schlecht ist zu sterben», erklärte Thomas Nagel, «so deshalb, weil das Leben etwas Gutes ist und der Tod der entsprechende Verlust oder Mangel.»⁴ Nur weil Sie den Verlust nicht mehr erfahren, sobald Sie aufgehört haben zu leben, heißt das nicht, dass der Verlust nicht bitter für Sie ist. Angenommen, sagt Nagel, ein intelligenter Mensch hat eine Hirnverletzung, die ihn in den geistigen Zustand eines zufriedenen Babys versetzt. Das wäre sicherlich ein großes Unglück für die Person, auch wenn sie es nicht als solches erleben würde. Gilt dann nicht auch das Gleiche für den Tod, wo der Verlust noch größer ist? Aber was wäre, wenn Ihr Leben keine Vorzüge hätte? Wenn es ein Leben voll unaufhörlicher Qual oder unerträglicher Langeweile wäre? Ist dann die Nichtexistenz nicht vorzuziehen? Bei dieser Frage reagiere ich intuitiv sehr widersprüchlich. Aber ich bin beeindruckt von den Überlegungen des verstorbenen britischen Philosophen Richard Wollheim, der behauptete, der Tod sei auch dann ein Unglück, wenn das Leben ohne jede Freude sei. «Entscheidend ist nicht, dass der Tod uns einer bestimmten Freude beraubt oder der Freude überhaupt», erläutert Wollheim. «Entscheidend ist, dass er uns um etwas bringt, was viel fundamentaler ist als Freude: Er beraubt uns jener Sache, zu der wir Zugang gewinnen, wenn wir als beständige Geschöpfe in unsere gegenwärtigen geistigen Zustände eintreten... Er beraubt uns der Phänomenologie, und wenn wir einmal von der Phänomenologie gekostet haben, entwickeln wir ein Verlangen nach ihr, das wir nicht aufgeben können: noch nicht einmal, wenn der Wunsch nach Beendigung der Schmerzen, nach Auslöschung, immer größer wird.»[5]

Noch mehr beeindruckt hat mich das Zeugnis, das Miguel de Unamuno in seinem Werk *Das tragische Lebensgefühl* ablegte: «Ich muss gestehen, so schmerzlich es auch sein mag, dass ich selbst zu Zeiten des naiven Glaubens meiner Kindertage durch keine noch so grausige Beschreibung des Höllenfeuers in Angst und Schrecken zu versetzen war, weil ich immer die Vorstellung des Nichts weit schrecklicher als die Hölle fand. Wer lebt, leidet, und wer im Leiden lebt, der liebt und hofft, auch wenn über dem Tor zu diesem Ort geschrieben steht: ‹Lass alle Hoffnung fahren!› Besser in Schmerzen leben, als friedlich aufhören, überhaupt zu sein. Tatsächlich konnte ich weder an diese grässliche Hölle glauben, diese ewigliche Strafe, noch vermochte ich mir eine glaubhaftere Hölle vorzustellen als das Nichts und die Erwartung seiner.»[6]

Die Furcht vor dem Tod reicht über den Gedanken hinaus, dass der Strom des Lebens ohne uns weiterfließen wird. Denn selbst der Solipsist, der denkt, die Existenz der Welt hänge von ihm ab, fürchtet den Tod. Auch würde meine Furcht vor dem Tod nicht gelindert durch den Gedanken, dass ich stürbe, weil eine allumfassende Katastrophe das Leben auf der Erde oder sogar den ganzen Kosmos vernichtete. Im Gegenteil, das würde meine Furcht vor dem Tod nur noch verstärken.

Nein, es ist die Aussicht auf das Nichts, die mir Unbehagen einflößt – wenn nicht sogar, wie es Unamuno schildert, regelrechten Schrecken. Wie soll ich diesem Nichts begegnen? Objektiv betrachtet, ist mein Tod wie meine Geburt ein unbedeutendes Ereignis, eines, das meinen Artgenossen viele Milliarden Male widerfahren ist. Doch von innen betrachtet, ist es unfassbar – das Verschwinden meiner bewussten Welt und all dessen, was sie enthält, das Ende der subjektiven Zeit. Das ist mein «ureigener Tod», wie der amerikanische Philosoph Mark Johnston ihn nennt, die Auslöschung meines Selbst, das «Ende dieses Schauplatzes von Gegenwart und Handeln».[7] Die Aussicht auf unseren ureigenen Tod sei verstörend und schrecklich, sagt Johnston, weil er offenbare, dass wir nicht, wie wir annehmen, der Ursprung der von uns bewohnten Wirklichkeit, der Mittelpunkt der Welt sind.

Nagel sieht das ähnlich. Von innen betrachtet, heißt es bei ihm: «Mein Sein erscheint mir ... als ein eigenständiges Universum von Möglichkeiten, unabhängig von allem übrigen und daher zu seiner Fortsetzung keiner anderen Sache bedürftig. Ich empfinde es dann als einen plötzlichen Schock, wenn dieses teilweise in der Tiefe verborgene Selbstbewußtsein mit der nackten Tatsache kollidiert, daß T.N. sterben wird und ich mit ihm. Es handelt sich um eine sehr starke Form des Nichts ... Es stellt sich heraus, daß er nicht dasjenige ist, wofür er sich unbewußt immer zu halten geneigt war: eine Klasse von Möglichkeiten, die in einer kontingenten Wirklichkeit ihr Fundament haben.»[8]

Nicht allen Philosophen erscheint die unausweichliche Rückkehr ins Nichts so trostlos. Denken Sie an Derek Parfit, dessen Überlegungen zur unkörperlichen Beschaffenheit des Selbst ihn von dem Glauben befreiten, die Fortdauer seiner eigenen Existenz sei eine Alles-oder-Nichts-Angelegenheit. Sein Tod, so glaubt er, werde nur einige Kontinuitätslinien unterbrechen, andere aber unversehrt lassen. «Mehr hat es nicht auf sich, mit der Tatsache, dass niemand mehr leben wird, der ich sein wird», schreibt Parfit. «Jetzt, da ich das begriffen habe, erscheint mir der Tod weniger schlimm.»[9]

Weniger schlimm – das ist schon ein Fortschritt. Aber lässt sich denn nichts Positives über das Nichts sagen? Was ist mit dem Ideal des Nirwana, dem Ausblasen der Flamme des Selbst, dem Ende der Begierden? Könnte die persönliche Auslöschung, die der Tod uns bringt, ein Zustand ewigen Friedens sein, wie die buddhistische Philosophie behauptet? Aber wie kann man sich an etwas erfreuen, wenn man nicht mehr existiert? Daher die scherzhafte Definition des Nirwanas: gerade noch lebendig genug sein, um zu genießen, dass man tot ist.

Schopenhauer, der vom buddhistischen Denken beeinflusst war, behauptete, alles Wollen sei Leiden. Daher sei das letzte Ziel des Selbst die Vernichtung – die Rückkehr zur unbewussten Ewigkeit, aus der es gekommen sei: «Aus der Nacht der Bewußtlosigkeit zum Leben erwacht findet der Wille sich als Individuum, in einer end- und gränzenlosen Welt, unter zahllosen Individuen, alle strebend, leidend, irrend; und wie durch einen bangen Traum eilt er zurück zur alten Bewußtlosigkeit.»[10]

Schopenhauers pseudobuddhistische Lebensauffassung schien mir unnötig verbittert zu sein. Trotzdem kann die Vorstellung der Vernichtung als Rückkehr in einen verlorenen Zustand des Friedens emotional sehr ansprechend sein, weil sie auf Reminiszenzen an unsere Kindheit beruht. Wir beginnen unsere Existenz im Mutterleib – einem warmen Meer des Unbewussten – und befinden uns dann an der mütterlichen Brust in einem vollkommenen Zustand befriedigten Verlangens. Wenn sich unsere Selbstwahrnehmung allmählich herausbildet, geschieht es in einer Sphäre vollkommener Abhängigkeit von unseren Eltern – einer Abhängigkeit, die beim Menschen länger andauert als bei jeder anderen Art. Als Jugendliche müssen wir diese Abhängigkeit abschütteln, indem wir gegen unsere Eltern rebellieren, die Annehmlichkeiten des Zuhauses zurückweisen und in die Welt hinausgehen. Dort treten wir mit anderen in Konkurrenz, um uns fortzupflanzen, und so beginnt der Kreislauf von vorne. Aber die Welt ist ein gefährlicher Ort, voller Fremder; und unsere Auflehnung gegen die Eltern vermittelt uns ein Gefühl der Entfremdung, das Gefühl, ein Band zerrissen zu haben. Nur durch die Rückkehr nach Hause können wir die Schuld des Daseins abbüßen, Versöhnung erreichen und das ursprüngliche Einssein wiederherstellen.

Was ich hier geschildert habe, ist eine Karikatur der Hegel'schen Dialektik der Familie. Mag sie auch grob sein, so vermittelt sie doch einen Eindruck von dem Gefühl, dass die Wirklichkeit, wie sie ist – die Welt außerhalb des Schoßes der Familie, die Welt des Werdens –, ein Ort der Entfremdung ist. «Wir sind nicht zu Hause in der Welt, und so ist die Heimatlosigkeit eine tiefe Wahrheit über unsere Lage», schreibt Roger Scruton zum Begriff der existenziellen Entfremdung. «Hier liegt nämlich die Wurzel der Erbsünde, wir ‹fallen› in die Welt, in der wir Fremde sind.» Daher unser Wunsch, zum «ursprünglichen Ruhepunkt» zurückzukehren: zur Landschaft der Kindheit und zur Sicherheit der Familie.[11]

Und was ist das Ziel dieser ersehnten Reise im Geist der Sühne, Buße und wiederhergestellten Einheit? Der warme mütterliche Ozean, aus dem wir hervorgegangen sind – die ewige Heimat des Unbewussten. Das Nichts.

Während ich mich dem verführerischen Reiz dieser verschwommenen Begriffe überließ, erhielt ich eine Nachricht. Meine Mutter lag im Sterben.

Diese Nachricht kam zwar etwas plötzlich, aber nicht ganz unerwartet. Anderthalb Jahre zuvor war meine Mutter, die im Shenandoah Valley in Virginia lebte, wo ich auch geboren bin, ins Krankenhaus eingewiesen worden, sie hatte Beschwerden, die man einer besonders hartnäckigen Bronchitis zuschrieb. Es wurde jedoch ein Tumor in ihrer Lunge entdeckt. Bis dahin hatte sie sich während der mehr als siebzig Jahre ihres Lebens bester Gesundheit erfreut und vor wenigen Jahren sogar noch ein lokales Tennisturnier gewonnen. Doch nach der Krebsdiagnose verschlechterte sich ihr Zustand mit erschütternder Geschwindigkeit. Binnen einer Woche waren ihre Beine taub und gelähmt. Wie sich herausstellte, hatten sich schon Metastasen in der Wirbelsäule gebildet. Tägliche Strahlenbehandlungen erwiesen sich als nutzlos. Die Ärzte konnten nichts mehr für sie tun. Daher wurde meine Mutter in ein Hospiz verlegt.

Die ersten Wochen war sie dort sehr glücklich. Es war ein kleiner anheimelnder Ort, abgeschieden inmitten von Wiesen und mit Blick auf die Blue Ridge Mountains. Die Leute, die sich um sie kümmerten, seien nett, sagte sie, und das Essen war gut – viel Speck zum Frühstück. Meine Mutter rief mich jeden Tag in New York an. Liebe Freunde besuchten sie. Im Fernsehen schaute sie sich die French Open an. Sie hatte keine großen Schmerzen. (Wie viel Morphium gaben sie ihr??) Und sie schien überhaupt keine Angst vor dem Tod zu haben. Ihr ganzes Leben lang war sie eine gläubige Katholikin gewesen, war täglich zur Messe gegangen, hatte jeden Morgen ihren Rosenkranz gebetet und Andachtsübungen verrichtet. Sie hatte ein anständiges Leben geführt und alle Gebote befolgt, daher war sie sich sicher, dass sie in den Himmel kommen würde. Dort würde sie meinen Vater wiedersehen, der zehn Jahre zuvor ganz überraschend im Schlaf an einem Herzinfarkt gestorben war, nachdem er am Tag zuvor noch Tennis gespielt hatte und im Meer geschwommen war, und vermutlich auch meinen jüngeren Bruder, der vor einigen Jahren nach einer Party gestorben war, auf der er zu viel Kokain konsumiert hatte.

Ich dachte, meine Mutter würde noch eine Zeitlang leben – die Ärzte hatten ihr sechs Monate gegeben. Doch dann rief früh am Morgen eine Schwester an. Der Zustand meiner Mutter hatte sich plötzlich verschlechtert. Sie hatte aufgehört zu essen. Flüssigkeiten konnte sie nicht mehr zu sich nehmen. Sie verschluckte sich an ihnen. (Sie hatte erklärt, dass sie keine intravenöse Flüssigkeitszufuhr wollte.) Wenn sie schlief, war ein Rasseln in ihrer Kehle. Sie wachte selten auf. Es sah so aus, als würde sie binnen weniger Tage sterben.

Also mietete ich mir augenblicklich ein Auto und begab mich auf die Acht-Stunden-Fahrt von New York nach Virginia. Als ich abends im Hospiz eintraf, befand sich ein Priester im Zimmer meiner Mutter, ein junger, lächelnder Filipino, der schlecht Englisch sprach, aber auf seine Weise sehr fromm zu sein schien. Er hatte meiner Mutter die Sterbesakramente verabreicht und ihr die Absolution für ihre Sünden erteilt. Als ich mich über das Bett beugte, öffnete sie die Augen und schien mich zu erkennen. In dem Bemühen, etwas Heiteres zu sagen, verkündete ich dem Priester, dass meine Mutter nun jedes Sakrament außer der Priesterweihe empfangen habe und damit eins mehr hätte als er. Die Augenlider meiner Mutter zuckten, und sie lächelte.

Den nächsten Tag verbrachte ich an ihrem Bett, hielt ihre Hand und sagte immer wieder: «Ich bin Jim, ich bin bei dir, ich liebe dich.» Hin und wieder erwachte sie aus ihrem Dämmerzustand. Einmal kamen einige Leute aus ihrer Kirchengemeinde ins Zimmer und sangen wenig inspiriert ein monotones Gebet an die gebenedeite Jungfrau Maria. Als sie schließlich gingen, bemerkte ich, dass meine Mutter einen ganz trockenen Mund hatte. Ich träufelte ein wenig kaltes Wasser auf ein Stück Mull und betupfte damit ihre Lippen. Ihre Augenlider öffneten sich flatternd, und sie sah mich an. «Du hast eine hübsche Stirn», flüsterte sie. «Danke!», erwiderte ich. Dann schlossen sich ihre Augen wieder. Nach ein paar Stunden ging ich und bezweifelte, dass sie die Nacht überstehen würde.

Doch als ich am nächsten Morgen wiederkam, lebte meine Mutter noch. Ihre Augen waren geschlossen. Während der Nacht sei sie nicht wieder zu Bewusstsein gekommen, erzählte mir die Schwester. Meine Mutter reagierte nicht mehr auf meine Stimme. Ich war allein mit ihr. Ich legte ihr die Hand auf die Stirn und küsste sie auf die Wange. Sie atmete gleichmäßig, ihre Gesichtszüge wirkten entspannt – kein Anzeichen von Schmerz. Ich sang den schmalzigen Schlager «True Love», den sie und mein Vater früher unter schallendem Gelächter zu singen pflegten. Ich erzählte ihr von Familienausflügen, die wir vor vielen Jahren zusammen gemacht hatten. Nicht die geringste Reaktion. Durch die französischen Fenster in ihrem Zimmer blickte ich auf die Sommerblumen draußen, die Vögel, die Schmetterlinge. Was für ein hübsches Fleckchen Natur! Gegen Mittag kam die Schwester, um meine Mutter umzubetten. Ihre Beine waren fleckig, ein Zeichen, dass die Blutzirkulation aufgehört hatte, die Flecken wanderten an ihrem Körper hoch. «Sie hat vielleicht noch eine Stunde zu leben», sagte die Schwester zu mir und verließ das Zimmer.

Der Atem meiner Mutter wurde flacher. Ihre Augen blieben geschlossen. Sie sah noch immer friedlich aus, obwohl sie von Zeit zu Zeit hörbar nach Luft rang.

Als ich direkt über ihr stand, noch immer ihre Hand haltend, öffnete meine Mutter die Augen ganz weit, wie in Angst. Es war an diesem Tag das erste Mal, dass ich ihre Augen sah. Sie schien mich anzusehen. Sie öffnete den Mund. Ich sah ihre Zunge zwei- oder dreimal zucken. Versuchte sie, etwas zu sagen? Innerhalb von Sekunden hörte sie auf zu atmen.

Ich beugte mich hinunter und flüsterte ihr zu, dass ich sie liebte. Dann ging ich auf den Flur hinaus und sagte zu der Schwester: «Ich glaube, sie ist gerade gestorben.»

Ich kehrte in das Zimmer zurück, um mit dem Leichnam meiner Mutter allein zu sein. Ihre Augen waren immer noch ein wenig geöffnet und der Kopf nach rechts geneigt. Was mochte in ihrem Kopf vor sich gegangen sein, nachdem ihr Herz aufgehört hatte zu schlagen und das Blut zum Stillstand gekommen war? Unter Sauerstoffentzug leidend versuchten die Gehirnzellen verzweifelt, aber vergeblich, ihre Funktionen aufrechtzuerhalten, bis sie sich mit zunehmender Geschwindigkeit aufzulösen begannen. Vielleicht hatte noch ein paar Sekunden lang im Kortex meiner Mutter ein Rest Bewusstsein geflackert, bevor es für immer erlosch. Ich hatte soeben den infinitesimalen Übergang vom Sein zum Nichts erlebt. Das Zimmer hatte zwei Selbste enthalten, nun war es nur noch eines.

Eine halbe Stunde verging, bis der Bestattungsunternehmer kam, ein gepflegter junger Mann in einem für die Jahreszeit viel zu warmen schwarzen Wollanzug. Ich gab ihm die nötigen Anweisungen und verließ meine Mutter zum letzten Mal.

An diesem Abend spendierte ich mir ein Abendessen in einem eleganten und ambitionierten neuen Restaurant, das ein junger Chefkoch aus Manhattan vor kurzem in meiner Heimatstadt eröffnet hatte. Ich hatte den ganzen Tag nichts gegessen. An der Bar trank ich Champagner und verkündete ziemlich obenhin, dass meine Mutter am Nachmittag gestorben sei. Am Tisch bestellte ich Seeteufel, edles Schweinefleisch und eine besondere Züchtung roter Bete, dazu eine Flasche köstlichen einheimischen Cabernet Franc. Ich war ein wenig betrunken und scherzte mit der Kellnerin, die ein freundliches rotes Gesicht und einen rauen Südstaatenakzent hatte. Zum Schluss bestellte ich ein Dessert und einen Süßwein dazu. Dann verließ ich das Restaurant und schlenderte eine Zeitlang durch die ausgestorbenen Straßen der Innenstadt, bewunderte die gut erhaltene Mischung von Architektur im viktorianischen Stil und aus der Zeit vor dem Bürgerkrieg, die ich als Junge einfach hingenommen hatte. Meine Heimatstadt war wie Rom auf sieben Hügeln erbaut. Ich stieg auf den höchsten und betrachtete die funkelnden Lichter ringsum im Shenandoah Valley. Dann brach ich in heftiges Schluchzen aus.

Als ich am nächsten Morgen in dem Haus erwachte, das das meiner Mutter gewesen war – seltsam leer jetzt, trotz der Fülle von alten Möbeln, Antiquitäten und all den anderen Überbleibseln, die sie gehortet hatte –, war die Luft ungewöhnlich seidig. Nachts waren heftige Schauer niedergegangen, aber jetzt waren sie nach Osten abgezogen, weit aus dem Tal hinaus. Ich beschloss zu joggen, und zwar mit einer bestimmten Absicht: Joggend wollte ich die Hegel'sche Dialektik der Familie nachvollziehen, nur in umgekehrter Reihenfolge. Wie der Protagonist in John Cheevers Shortstory *The Swimmer* wollte ich nach Hause zurückkommen. Doch während Cheevers Figur heimkehrt, indem sie brustschwimmend eine Reihe fast aneinandergrenzender Vorstadt-Swimmingpools durchquert, wollte ich an den Wahrzeichen meines früheren Lebens vorbeilaufen, in umgekehrter chronologischer Reihenfolge, bis ich an den Ort meiner Zeugung kam. Ich würde Der Jogger sein.

Es war ein albernes Vorhaben, aber am Tag nach dem Tod seiner Mutter ist man nicht unbedingt auf der Höhe seiner Verstandeskräfte. Noch alberner war der Umstand, dass ich den Rolling-Stones-Titel *This Will Be the Last Time* nicht aus dem Kopf bekam.

Als ich loslief, begann sich der Morgennebel gerade zu lichten. Schon bald konnte ich in der Ferne die Blue Ridge Mountains sehen, scharf umrissen und buchstäblich blau im Licht der Morgendämmerung. Ich lief an meiner alten Highschool vorbei, wo ich in der Bibliothek Sartre und Heidegger gelesen hatte, um mich gegen die orthodoxen religiösen Lehren zu wappnen, die mir meine Eltern ständig einimpften, und wo mich meine schlechten Freunde zum Rauchen verführt hatten. Ich lief an dem pseudogeorgianischen Haus mit dem Tennisplatz hinten im Garten vorbei, in dem ich meine Jugend verbracht hatte und wo eines

Nachts, als meine Eltern in der Stadt waren, in einem Zimmer im Kellergeschoss der unbeholfene Beginn meines sexuellen Erwachens stattgefunden hatte. Ich joggte an der katholischen Kirche vorbei, wo ich die erste Kommunion empfangen und fromm meine absurden Kindheitssünden gebeichtet hatte, weiter zum alten Schulgebäude, wo die Nonnen mich gelehrt hatten, dem heiligen Franziskus nachzueifern, dem Schutzheiligen des Pfarrbezirks.

Nach und nach gelangte ich an den Fuß des Hügels, auf dem fast ganz oben der kleine Bungalow aus weißen Ziegeln stand, in dem meine Eltern nach der Heirat ihren ersten Hausstand gegründet hatten. Der Hügel war steiler, als ich ihn in Erinnerung hatte. Auf dem Weg nach oben musste ich immer größere Kräfte mobilisieren – wie ein Teilchenbeschleuniger immer höhere Energien braucht, dachte ich, um den frühesten Zustand des Universums zu nachzubilden. Schließlich kam ich oben an. Vor mir stand das alte Haus. Ich blickte durch das Fenster in den Raum, der das Schlafzimmer meiner Eltern gewesen war, der Schauplatz des Urknalls (ich verzieh mir den abscheulichen Witz), der mich hervorgebracht hatte – oder vielmehr das kleine symmetrische Protoplasmaklümpchen, das durch eine lange, kontingente Reihe symmetriebrechender Ereignisse zu dem schlampigen Produkt geworden war, das ich heute darstellte. Die Ontogenie rekapituliert die Kosmogonie. Hier war die Urheimat meines beginnenden Selbst. Rührung überkam mich, aber nur einen Augenblick lang. Meine Reise in die Vergangenheit war ein Klischee, ein Scherz. Das Haus hatte andere Bewohner. Das Leben war weitergegangen. Ich würde mit meinen Eltern erst wiedervereint werden, wenn auch ich in das Nichts eingegangen war, das sie bereits aufgenommen hatte. Denn das ist in Wahrheit unsere ewige Heimat.

— *Epilog* —
ÜBER DER SEINE

Paris kurz vor der Jahrtausendwende. Ich bin dank freundlicher Vermittlung eines gemeinsamen Freunds zu einer kleinen Party am Collège de France eingeladen, die zur Feier des neunzigsten Geburtstags von Claude Lévi-Strauss stattfindet.

Am verabredeten Abend gehe ich von dem zwischen der Place Maubert und der Seine gelegenen Wohnhaus aus dem 16. Jahrhundert, in dem ich untergebracht bin, die Rue Saint-Jacques zum Panthéon hinauf, betrete den Hof des Collège de France, passiere das Standbild des heute vergessenen Renaissance-Gelehrten Guillaume Budé und begebe mich in das Gebäude. Nach der Pracht des Hofs erscheinen mir die Innenräume schlecht proportioniert und ein wenig schäbig. Versammelt sind etwa ein Dutzend bedeutende Wissenschaftler und ein paar Journalisten, aber weder Kameras noch Mikrofone. Nachdem ich mir mit zwei Gläsern des gereichten Burgunders Mut angetrunken habe, werde ich Lévi-Strauss vorgestellt. Mühsam erhebt er sich und reicht mir seine zitternde Hand. Die Unterhaltung ist schleppend, was zum einen an meinem schlechten Französisch liegt und zum anderen daran, dass ich es nicht fassen kann, tatsächlich dem bedeutendsten lebenden Intellektuellen Frankreichs gegenüberzusitzen.

Einige Minuten später wird Lévi-Strauss gebeten, eine kleine Rede zu halten. Er spricht aus dem Stegreif, ohne Notizen, langsam und getragen.

«Montaigne», beginnt er, «hat gesagt, das Alter vermindere uns jeden Tag dergestalt, dass der Tod, wenn er uns schließlich ereilt, nur noch die Hälfte oder ein Viertel des Menschen fortrafft. Aber Montaigne wurde nur neunundfünfzig, daher hatte er keine Vor-

stellung von dem extremen Alter, in dem ich mich heute befinde» – was, wie er hinzufügt, eine der «merkwürdigsten Überraschungen meines Lebens war». Er sagt, er fühle sich wie ein «zerstückeltes Hologramm», das seine Einheit verloren habe, aber trotzdem ein Bild des vollständigen Selbst bewahre.
Das ist nicht die Rede, die wir erwartet haben. Sie ist intim, sie handelt vom Tod.

Dann spricht Lévi-Strauss über den «Dialog» zwischen dem dezimierten Selbst, das er geworden sei – *le moi réel* –, und dem idealen Selbst, das mit diesem koexistiere – *le moi métonymique*. Letzteres, das ehrgeizige neue Projekte plane, sage zu Ersterem: «Du musst weitermachen.» Aber Ersteres erwidere: «Das ist deine Aufgabe – nur du kannst die Dinge in Gänze sehen.» Dann dankt Lévi-Strauss den Anwesenden dafür, dass sie ihm geholfen haben, diesen sinnlosen Dialog zu beenden, sodass die beiden wieder einen Augenblick lang «zusammenkommen» konnten – «obwohl», fügt er hinzu, «ich mir sehr wohl bewusst bin, dass *le moi réel* seinen Abstieg zur endgültigen Auflösung fortsetzen wird».

Nach der Party verlasse ich das Collège de France und trete in die nieselige Pariser Nacht hinaus. Ich gehe durch die Rue des Écoles zur Brasserie Balzar, wo ich mir einen schönen Teller Sauerkraut kommen lasse und fast eine ganze Flasche Saint-Émilion trinke. Dann kehre ich in mein Apartment zurück und schalte den Fernseher ein.

Es läuft gerade eine Literatursendung, deren Gastgeber der bekannte französische Fernsehmoderator Bernard Pivot ist.[1] Seine heutigen Gäste sind ein Dominikanerpriester, ein theoretischer Physiker und ein buddhistischer Mönch. Sie alle schlagen sich mit einer tiefgründigen Frage herum, die ursprünglich mehr als drei Jahrhunderte zuvor von Leibniz gestellt wurde: *Pourquoi y-a-t-il quelque chose plutôt que rien?* Warum ist etwas und nicht nichts?

Jeder der Gäste weiß eine andere Antwort auf diese Frage. Der Priester, ein gut aussehender, aber sehr ernster junger Mann, der eine strenge Nickelbrille und die kapuzenbewehrte strahlend weiße Ordenstracht der Dominikaner trägt, vertritt die Auffassung, die Wirklichkeit müsse göttlichen Ursprungs sein. Wie jeder von uns durch einen Akt seiner Eltern entstehe, so müsse das Universum durch den Akt eines Schöpfers entstanden sein. *Au fond de la question est une cause première – Dieu.* Er fügt hinzu, dass Gott nicht die erste Ursache im zeitlichen Sinne sei, da Gott auch die Zeit geschaffen habe. Gott habe den Urknall verursacht, sei aber nicht vor ihm da gewesen.

Der Physiker ist ein älterer Bursche mit einer dichten weißen Mähne, der ein blaues Sportjackett und einen unmöglichen Westernschlips trägt. Er reagiert mit ärgerlicher Ungeduld auf diesen ganzen übernatürlichen Quatsch. Die Existenz des Universums sei rein zufälligen Quantenfluktuationen zu verdanken, sagt er. Wie ein Teilchen und ein Antiteilchen spontan aus einem Vakuum auftauchen könnten, so könne auch der Keim für ein ganzes Universum entstehen. Daher erkläre die Quantentheorie, warum etwas sei und nicht nichts. *Notre univers est venu par hasard d'une fluctuation quantique du vide.* Unser Universum entstand durch Zufall aus einer Quantenfluktuation in der Leere. Und damit hat es sich.

Der buddhistische Mönch, in ein purpurfarbenes und safrangelbes Gewand gehüllt, mit nackten Schultern und frisch rasiertem Kopf, vertritt die interessanteste Auffassung zu der Frage. Außerdem hat er das angenehmste Benehmen. Im Gegensatz zu dem verkniffenen jungen Priester und dem grantelnden alten Physiker strahlt der Mönch Zufriedenheit aus. Ständig spielt ein Lächeln um seine Lippen. Als Buddhist, sagt er, glaube er, dass das Universum keinen Beginn habe. *Il n'y a pas de début.* Nichts – *le néant* – könne niemals Sein hervorbringen, weil es sich im Widerspruch zu dem, was existiert, befinde. Eine Milliarde Ursachen könnten ein Universum nicht dazu bringen, aus dem, was nicht existiert, zu entstehen. Das sei der Grund, warum die buddhistische Lehre von einem Universum ohne Anfang metaphysisch am sinnvollsten sei. *C'est encore plus simple.*

Vous trouvez?, wirft Bernard Pivot mit hochgezogenen Augenbrauen ein.

Freundlich wendet der buddhistische Mönch ein, dass er der Frage nach dem Ursprung nicht ausweiche. Stattdessen wolle er mit ihrer Hilfe das Wesen der Wirklichkeit erkunden. Denn was sei das Universum schließlich und endlich? *Ce n'est pas bien sûr le néant.* Es sei doch gewiss nicht das Nichts. Wohl aber etwas sehr Ähnliches: eine Leere – *une vacuité.* Die Dinge hätten nicht wirklich die Festigkeit, die wir ihnen zusprächen. Die Welt sei wie ein Traum, eine Täuschung. Doch in unserem Denken verwandelten wir ihre Flüchtigkeit in etwas Festes und Robustes. Das erzeuge *le désir, l'orgueil, la jalousie.* Der Buddhismus habe also, da er unseren metaphysischen Irrtum berichtige, eine therapeutische Funktion. Er biete uns *un chemin vers l'éveil* – einen Pfad zur Erleuchtung. Außerdem löse er das Rätsel des Seins. Wenn Leibniz frage: *Pourquoi quelque chose plutôt que rien?*, setze er voraus, dass etwas wirklich und wahrhaftig existiere. Und das sei eine Täuschung.

Ah oui?, sagt Pivot und zieht wieder skeptisch die Augenbrauen hoch.

Oui!, erwidert der Mönch und lächelt strahlend.

Ich schalte den Fernseher aus und gehe hinaus in die kühle Pariser Nacht, um einen Spaziergang zu machen und eine Zigarette zu rauchen. Als ich aus dem Gebäude trete, schlage ich die Richtung zur Seine ein, die nur einen Block entfernt ist. Genau gegenüber ragt die Rückseite von Notre-Dame mit ihren Strebepfeilern empor. Auf dem Quai gehe ich ein Stück flußabwärts, bis ich zum Pont des Arts komme – meiner Lieblingsbrücke, weil es keinen

Verkehr auf ihr gibt und sie deshalb, von den Straßenkünstlern abgesehen, ruhig ist. Ich gehe bis in die Mitte der Brücke, wo ich stehen bleibe, um mir eine Zigarette anzuzünden und den Anblick des mitternächtlichen Paris auf mich wirken zu lassen.

Vor mir erstreckt sich das strahlende Band der großen *vacuité*, von der der Buddhist gesprochen hat. Ist das wirklich ein immaterieller Traum, eine leere Täuschung? Ist es eklig, schleimig und absurd, wie Sartre glaubte, oder ist es ein göttliches Geschenk, wie der Dominikanerpriester gerade behauptet hat? Oder ist die ganze Sache am Ende doch nur eine unerklärliche Quantenfluktuation?

Diese ganze Geschichte mit dem *pourquoi quelque chose plutôt que rien*, denke ich, ist doch verdammt geheimnisvoll. Die sollte ich mir mal näher anschauen. Vielleicht schreibe ich eines Tages ein Buch darüber.

Ich schnippe meine Kippe in das dunkle Wasser, das unter mir dahinfließt, und gehe nach Hause.

Philosophie, die; eine Route aus vielen Straßen, die von nirgendwo nach nichts führen.

Ambrose Bierce, *Des Teufels Wörterbuch*

DANKSAGUNG

Ich danke Adolph Grünbaum, Richard Swinburne, David Deutsch, Andrei Linde, Alex Vilenkin, Steven Weinberg, Roger Penrose, John Leslie, Derek Parfit und dem verstorbenen John Updike, die mir alle liebenswürdigerweise ihre Zeit und Gedanken zur Verfügung gestellt haben. Es dürfte klargeworden sein, dass ich von denen, die nicht direkt zu Wort kommen, am meisten Thomas Nagel verdanke, einem Philosophen, den ich seit langem wegen seiner Originalität, Tiefe und Integrität verehre.

Außerdem gilt mein Dank Samuel Scheffler, dessen Seminar über die Metaphysik des Todes ich 2010 besuchen durfte; meinen philosophischen Vertrauensleuten Anthony Gottlieb, Ned Block, Paul Boghossian und Jonathan Adler; meinem geistreichen und fleißigen Praktikanten Jimmy O'Higgins; meinem Agenten Chris Calhoun; meinem Lektor Bob Weil und dessen Assistenten Philip Marino.

Unter den Dingen, die ich bedaure, trifft mich am schmerzlichsten, dass Christopher Hitchens nicht mehr da ist, um mit mir über das Buch zu streiten. Als ich ihn um einen Klappentext bat, schrieb er aus dem Krebszentrum in Houston, auf dem alle seine Hoffnungen für eine letzte Behandlung ruhten: «Schick's rüber ... es wäre mir eine Ehre.» Zehn Tage später war er tot.

Dank gebührt schließlich Jared, Malcolm, Jenny und, vor allem, Jon, dass sie mir halfen, die drohende kosmische Kältestarre zu vertreiben.

ANMERKUNGEN

I. DEM GEHEIMNIS TROTZEN

1 Martin Heidegger, *Einführung in die Metaphysik*, Gesamtausgabe, Bd. 40, Tübingen 1953, Niemeyer, S. 3.
2 Richard Dawkins, *Der Gotteswahn*, Berlin 2007, Ullstein, Kindle-Edition, Online-Ressource, S. 217.
3 a. a. O., S. 219.
4 Stephen Hawking, *Eine kurze Geschichte der Zeit*, Reinbek 2013 (1988), Rowohlt, S. 237.
5 Henry Margenau/Roy Abraham Varghese, *Cosmos, Bios, Theos*, La Salle 1992, Open Court, S. 11.
6 Arthur O. Lovejoy, *Die große Kette der Wesen*, Frankfurt a. M. 1993, Suhrkamp, S. 204.
7 Nicholas Rescher, *The Riddle of Existence*, Lanham 1994, University Press of America, S. 17.
8 David Hume, *Dialoge über die natürliche Religion*, Altenmünster 2013, Jazzybee, Online-Ressource.
9 William James, *Some Problems of Philosophy*, New York 1911, Longmans, Green, S. 46.

2. PHILOSOPHISCHE TOUR D'HORIZON

1 William James, *Some Problems of Philosophy*, New York 1911, Longmans, Green, S. 46.
2 A. C. B. Lovell, *Der Einzelne und das Universum*, Göttingen 1959, Vandenhoeck & Ruprecht, S. 72.
3 Arthur O. Lovejoy, *Die große Kette der Wesen*, Frankfurt a. M. 1993, Suhrkamp, S. 394.
4 Martin Heidegger, *Einführung in die Metaphysik*, Gesamtausgabe, Bd. 40, Tübingen 1953, Niemeyer, S. 3 f.

5 Arthur Schopenhauer, *Die Welt als Wille und Vorstellung*, Zürcher Ausgabe, Bd. 3, Zürich 1977, Diogenes, S. 187.
6 John Colapinto, «The Interpreter», *The New Yorker*, 16. April 2007, S. 125.
7 Gottfried Wilhelm Leibniz, *Vernunftprinzipien der Natur und der Gnade/Monadologie*, Hamburg 1956, Meiner, S. 13.
8 David Hume, *Dialoge über die natürliche Religion*, Altenmünster 2013, Jazzybee, Online-Ressource.
9 Arthur Schopenhauer, *Die Welt als Wille und Vorstellung*, Bd. 3. S. 216.
10 zitiert in: Daniel Sollberger, *Metaphysik und Invention: die Wirklichkeit in den Suchbewegungen negativen und positiven Denkens in F.W.J. Schellings Spätphilosophie*, Würzburg 1996, Königshausen und Neumann, S. 55.
11 Georg Wilhelm Friedrich Hegel, *Wissenschaft der Logik*, Frankfurt a.M. 2006, Suhrkamp, S. 100.
12 Tor Nørretranders, *Spüre die Welt. Die Wissenschaft des Bewusstseins*, Reinbek 2002, Rowohlt, S. 501.
13 Henri Bergson, *Schöpferische Entwicklung*, Jena 1921, Diederichs, S. 279.
14 Martin Heidegger, *Einführung in die Metaphysik*, S. 3.
15 a.a.O., S. 215.
16 Ludwig Wittgenstein, *Tractatus logico-philosophicus*, englisch/deutsch, London 1922, Routledge & Kegan, S. 186.
17 Ludwig Wittgenstein, *Notebooks (Tagebücher) 1914–1916*, englisch/deutsch, New York 1961, Harper & Brothers, S. 86.
18 zitiert in: A.J. Ayer, *The Meaning of Life*, New York 1990, Scribner, S. 23.
19 ebd.
20 Ray Monk, *Wittgenstein. Das Handwerk des Genies*, Stuttgart 1994, Klett-Cotta, S. 543.
21 Bertrand Russell in einem BBC-Interview, zitiert in: P. Vardy, *Das Gottesrätsel. Antworten auf die Frage nach Gott*, München 1997, Don Bosco, S. 62.
22 Lawrence M. Krauss, *Ein Universum aus dem Nichts*, München 2013, Knaus, Online-Ressource.
23 zitiert in: F. David Peat, *Infinite Potential*, Boston 1996, Perseus, S. 145.

24 Hans Küng, *Credo. Das apostolische Glaubensbekenntnis – Zeitgenossen erklärt*, München 1992, Piper, S. 30.
25 Helge Kragh, *Cosmology and Controversy*, Princeton 1996, Princeton University Press, S. 46.
26 Jane Gregory, *Fred Hoyle's Universe*, Oxford 2005, Oxford University Press, S. 39.
27 zitiert in: Henry Margenau/Roy Abraham Varghese, *Cosmos, Bios, Theos*, La Salle 1992, Open Court, S. 5.
28 Robert Nozick, *Philosophical Explanations*, Cambridge 1981, Harvard University Press, S. 123.
29 a. a. O., S. 116.
30 Marcel Proust, *Auf der Suche nach der verlorenen Zeit*, Bd. 3, Frankfurt a. M. 2010, ebook Suhrkamp Verlag, Online-Ressource.
31 Timothy Williamson, in: *Proceedings of the 2004 St. Andrews Conference on Realism and Truth*, P. Greenough/M. Lynch (Hg.), Oxford University Press, in Vorbereitung.
32 William James, *Some Problems of Philosophy*, S. 40.
33 Arthur Schopenhauer, *Die Welt als Wille und Vorstellung*, Bd. 3, S. 200.
34 a. a. O., Bd. 2, S. 506.
35 zitiert in: John Updike, *Hugging the Shore*, New York 1984, Vintage Books, S. 601. (Der Cioran-Aufsatz wurde nicht in die deutsche Ausgabe [*Amerikaner und andere Menschen*, Reinbek 1987, Rowohlt] aufgenommen.)
36 Jean-Paul Sartre, *Der Ekel*, Reinbek 1950, Rowohlt, S. 180.
37 zitiert in: John D. Barrow, *New Theories of Everything*, Oxford 2007, Oxford University Press, S. 93.
38 John Updike, *Henry Bech*, Reinbek 1984, Rowohlt, S. 97 f.
39 a. a. O., S. 130.
40 zitiert in: «Die göttliche Harmonie», *Der Spiegel*, 18/1955, 27. April 1955.
41 zitiert in: Joseph W. Dauben, *Georg Cantor*, Cambrigde 1979, Harvard University Press, S. 55.
42 zitiert in: Wolfhart Henckmann, *Max Scheler*, München 1998, C. H. Beck, S. 63.

ZWISCHENSPIEL: ARITHMETIK DES NICHTS

1 Peter W. Atkins, *Schöpfung ohne Schöpfer*, Reinbek 1984, Rowohlt, S. 137.
2 David K. Lewis, *Parts of Classes*, Oxford 1991, Blackwell, S. 13.

3. EINE KURZE GESCHICHTE DES NICHTS

1 *Webster's New World Dictionary of the American Language*, David B. Guralnik (Hg.), London 1976, William Collins, S. 973.
2 Gottfried Wilhelm Leibniz, *Vernunftprinzipien der Natur und der Gnade/Monadologie*, Hamburg 1956, Meiner, S. 13.
3 ebd.
4 *The Works of John Donne*, Bd. 6, Henry Alford (Hg.), London 1839, John W. Parker, S. 155.
5 Karl Barth, *Die kirchliche Dogmatik*, III/3, *Die Lehre von der Schöpfung*, Zollikon-Zürich 1950, Evangelischer Verlag, S. 406.
6 a.a.O., S. 307.
7 Jean-Paul Sartre, *Das Sein und das Nichts*, Reinbek 1994, Rowohlt, S. 63.
8 a.a.O., S. 59.
9 Martin Heidegger, *Was ist Metaphysik?*, Gesamtausgabe, Bd. 9, S. 112.
10 a.a.O., S. 115.
11 Robert Nozick, *Philosophical Explanations*, Cambrigde 1981, Harvard University Press, S. 123.
12 Myles Burnyeat, Rezension von Nozicks *Philosophical Explanations*, Times Literary Supplement, 15. Oktober 1982, S. 1136.
13 Platon, *Theaitetos*, Werke in acht Bänden, Bd. 6, Darmstadt 2011, WBG, 183e, S. 129.
14 Bede Rundle, *Why There Is Something Rather Than Nothing*, Oxford 2006, Oxford University Press, S. 113.
15 Henri Bergson, *Schöpferische Entwicklung*, Jena 1921, Diederichs, S. 278 ff.
16 Alexander R. Luria, *The Mind of a Mnemonist*, New York 1969, Avon, S. 131 f.

17 Bede Rundle, *Why There Is Something Rather Than Nothing*, S. 116.
18 a. a. O., S. 111.
19 Milton K. Munitz, *The Mystery of Existence*, New York 1974, New York University Press, S. 149.
20 Willard Van Orman Quine, *Philosophie der Logik*, Bamberg 2005, Buchner, S. 77.
21 ebd.
22 Leonardo da Vinci, *Tagebücher und Aufzeichnungen*, Leipzig 1952, List, S. 4.

4. DER GROSSE VERWEIGERER

1 Jim Holt, Rezension von Dawkins' Buch *The God Delusion*, in: *New York Times Book Review*, 22. Oktober 2006, S. 1.
2 zitiert in: *A Dictionary of Philosophy*, Antony Flew (Hg.), New York 1984, St. Martin's Press, S. 80.
3 Isaac Newton, *Mathematische Prinzipien der Naturlehre*, Darmstadt 1963, WBG, S. 25.
4 J. J. C. Smart, *Our Place in the Universe*, Oxford 1989, Blackwell, S. 178.
5 Richard P. Feynman, *Vom Wesen physikalischer Gesetze*, München 1965, Piper, S. 209
6 Dieses Beispiel geht zurück auf Richard Swinburne.
7 Steven Weinberg, *Der Traum von der Einheit des Universums*, München 1993, C. Bertelsmann, S. 155.
8 Richard Dawkins, *Der Gotteswahn*, Berlin 2007, Ullstein, Online-Ressource, S. 205.

5. ENDLICH ODER UNENDLICH?

1 David Hume, *Dialoge über die natürliche Religion*, Altenmünster 2013, Jazzybee, Online-Ressource.
2 ebd.

ZWISCHENSPIEL: NACHTGEDANKEN IM CAFÉ DE FLORE

1 Jean-Paul Sartre, *Das Sein und das Nichts*, Reinbek 1994, Rowohlt, S. 139 f.
2 a. a. O., S. 1052.
3 Richard Swinburne, *Gibt es einen Gott?*, Frankfurt a. M. 2006, Ontos, S. 47.
4 Richard Swinburne, *Die Existenz Gottes*, Stuttgart 1987, Reclam, S. 172.
5 Adolf Grünbaum, «Rejoinder to Richard Swinburne's ‹Second Reply to Grünbaum›», *British Journal for the Philosophy of Science*, Bd. 56, 2005, S. 930.
6 Richard Dawkins, *Der Gotteswahn*, Berlin 2007, Ullstein, Online-Ressource, S. 209.
7 a. a. O., S. 216.
8 a. a. O., S. 91.
9 a. a. O., S. 93.

6. DER INDUKTIVE THEIST AUS NORTH OXFORD

1 Richard Swinburne, «Argument from the Fine-Tuning of the Universe», in: *Physical Cosmology and Philosophy*, John Leslie (Hg.), New York 1990, Macmillan, S. 158.
2 Richard Swinburne, *Die Existenz Gottes*, Stuttgart 1987, Reclam, S. 172.
3 William Butler Yeats, «Segeln nach Byzantium», übersetzt von Walter Aue. http://myweb.dal.ca/waue/Trans/Yeats-Byzantium.html

ZWISCHENSPIEL: DAS HÖCHSTE *BRUTE FACT*

1 Anselm von Canterbury, *Proslogion*, lateinischer Text nach der Edition von F. S. Schmitt, *Anselmi Opera omnia*, Seckau 1938, http://12koerbe.de/pan/proslog2.htm.
2 Arthur Schopenhauer, *Über die vierfache Wurzel des Satzes vom zureichenden Grunde*, Zürcher Ausgabe, Bd. 5, Zürich 1977, Diogenes, S. 22.

3 *The Basic Writings of Bertrand Russell*, Robert Egner (Hg.), New York 1961, Touchstone, S. 42.
4 Bertrand Russell, *Philosophie des Abendlandes*, Frankfurt a. M. 1950, Holle, S. 487.
5 Richard Dawkins, *Der Gotteswahn*, Berlin 2007, Ullstein, Online-Ressource, S. 113 f.
6 Immanuel Kant, *Kritik der reinen Vernunft*, A 598/B 626, Leipzig 1838, Modes und Baumann, S. 461.
7 a. a. O., A 599/B 627.
8 Gaunilo, «On Behalf of the Fool», in: Alvin Plantinga, *The Ontological Argument*, Garden City 1965, Anchor Books, S. 11.
9 zitiert in: Hao Wang, *A Logical Journey*, Cambridge 1996, MIT Press, S. 105.
10 «Modernizing the Case for God», *Time*, 5. April 1980, S. 66.
11 Alvin Plantinga, «God, Arguments for the Existence of», in: *Routledge Encyclopedia of Philosophy*, Bd. 4, Edward Craig (Hg.), London 1988, Routledge, S. 88.
12 Alvin Plantinga, *The Nature of Necessity*, Oxford 1974, Oxford University Press, S. 220.
13 J. L. Mackie, *Das Wunder des Theismus,* Stuttgart 1985, Reclam, S. 61.
14 Bertrand Russell, *Philosophie des Abendlandes*, S. 349.

7. DER MAGIER DES MULTIVERSUMS

1 Oliver Morton, «The Computable Cosmos of David Deutsch», *American Scholar*, Sommer 2000, S. 52.
2 David Deutsch, *Die Physik der Welterkenntnis*, Basel 1996, Birkhäuser, S. 21
3 Jim Holt, Rezension von David Deutschs *The Fabric of Reality*, *Wall Street Journal*, 7. August 1997.
4 Oliver Morton, «The Computable Cosmos of David Deutsch», S. 51.
5 David Deutsch, *Die Physik der Welterkenntnis,* S. 21.
6 David Deutsch, *The Fabric of Reality*, London 1997, Penguin, S. 139. (Das Kapitel, aus dem das Zitat stammt, ist in der deutschsprachigen Ausgabe [David Deutsch, *Die Physik der Welterkenntnis*, Basel 1996, Birkhäuser] nicht enthalten.)

ZWISCHENSPIEL: DAS ENDE DER ERKLÄRUNGEN

1 Robert Nozick, *Philosophical Explanations*, Cambridge 1981, Harvard University Press, S. 120.
2 a.a.O., S. 134.
3 a.a.O., S. 138.
4 Richard Swinburne, *Die Existenz Gottes*, Stuttgart 1987, Reclam, S. 96.
5 Robert Nozick, *Philosophical Explanations*, S. 131.
6 a.a.O., S. 130.
7 a.a.O., S. 129.

8. DER ENDGÜLTIGE «FREE LUNCH»?

1 Julian Huxley, *Ich sehe den künftigen Menschen: Natur und neuer Humanismus*, München 1965, List, S. 109 f.
2 John Gribbin, *Q Is for Quantum*, New York 1998, Free Press, S. 311.
3 zitiert in: Alex Vilenkin, *Kosmische Doppelgänger: wie es zum Urknall kam, wie unzählige Universen entstehen*, Heidelberg 2008, Spektrum, S. 270.
4 zitiert in: John Gribbin, *Am Anfang war...: Neues vom Urknall und der Evolution des Kosmos*, Basel/Boston/Berlin 1995, Birkhäuser, S. 249.
5 Ed Tryon, «Is the Universe a Vacuum Fluctuation?», *Nature*, Bd. 246, 1973, S. 396.
6 Alan Guth, *Die Geburt des Kosmos aus dem Nichts. Die Theorie des inflationären Universums*, München 1999, Droemer Knaur, S. 434.
7 Stephen W. Hawking, *Black Holes and Baby Universes and other Essays*, New York 1993, Bantam Books, S. 61. [Das Zitat steht im 7. Kapitel, das in der deutschen Ausgabe (*Einsteins Traum, Expeditionen an die Grenzen der Raumzeit*, Reinbek 1993, Rowohlt) leider fehlt.]
8 Steven Weinberg, *Der Traum von der Einheit des Universums*, München 1993, C. Bertelsmann, S. 249.
9 John Horgan, *An den Grenzen des Wissens. Siegeszug und Dilemma der Naturwissenschaften*, München 1997, Luchterhand, S. 121.

10 Steven Weinberg, «A Designer Universe?», *New York Review of Books*, 21. Oktober 1999.

9. WARTEN AUF DIE WELTFORMEL

1 Steven Weinberg, *Der Traum von der Einheit des Universums*, München 1995, Goldmann, S. 247.
2 Steven Weinberg, «Can Science Explain Everything? Anything?», *New York Review of Books*, 31. Mai 2001, S. 50.
3 Alex Vilenkin, *Kosmische Doppelgänger. Wie es zum Urknall kam, wie unzählige Universen entstehen*, Heidelberg 2008, Spektrum, S. 248.
4 Stephen Hawking, *Eine kurze Geschichte der Zeit*, Reinbek 2013 (1988), Rowohlt, S. 237.
5 Ludwig Wittgenstein, *Tractatus logico-philosophicus*, deutsch/englisch, London 1922, Kegan Paul, Trench, Trubner & Co. 6.371–5.372, S. 180.
6 Steven Weinberg, *Die ersten drei Minuten*, München 1986, dtv.

ZWISCHENSPIEL: EIN WORT ZU VIELEN WELTEN

1 Richard Swinburne, *Gibt es einen Gott?*, Frankfurt a. M. 2006, Ontos, S. 64.
2 Martin Gardner, *Are Universes Thicker Than Blackberries?*, New York 2004, W. W. Norton, S. 9.
3 Paul Davies, «A Brief History of the Multiverse», op-ed, *New York Times*, 12. April 2003.
4 Martin Gardner, *Are Universes Thicker Than Blackberries?*, S. 9.
5 Paul Davies, «A Brief History of the Multiverse».
6 Leonard Susskind, *The Cosmic Landscape*, New York 2005, Little, Brown, S. 317.
7 Paul Davies, *Der Plan Gottes. Die Rätsel unserer Existenz und die Wissenschaft*, Frankfurt a. M./Leipzig 1995, Insel, S. 166.

10. PLATONISCHE ÜBERLEGUNGEN

1 Alain Connes/Jean-Pierre Changeux, *Conversations on Mind, Matter, and Mathematics*, Oxford 1995, Oxford University Press, S. 26.
2 zitiert in: Thomas Tymoczko, *New Directions in the Philosophy of Mathematics*, Princeton 1998, Princeton University Press, S. 26.
3 Kurt Gödel, «What Is Cantor's Continuum Problem?», in: *Philosophy of Mathematics*, Paul Benacerraf/Hilary Putnam (Hg.), Cambridge 1983, Cambridge University Press, S. 484.
4 Eugene Wigner, «The Unreasonable Effectiveness of Mathematics in the Natural Sciences», in: *Communications in Pure and Applied Mathematics*, Bd. 13, Nr. 1, Februar 1960, S. 1–14.
5 Richard Feynman, *Vom Wesen physikalischer Gesetze*, München 1965, Piper, S. 209.
6 Galileo Galilei, *Il Saggiatore* (1623), Edition Nazionale, Bd. 6, Florenz 1896, S. 232. http://www.michael-giesecke.de/visualisie rung/dokumente/darstellungstheorie/exzerpt/exc_das_glasschei benideal.htm
7 zitiert in: John D. Barrow, *Ein Himmel voller Zahlen. Auf den Spuren mathematischer Wahrheit*, Heidelberg/Berlin/Oxford 1994, Spektrum, S. 292.
8 Roger Penrose, *Computerdenken. Des Kaisers neue Kleider oder Die Debatte um künstliche Intelligenz, Bewußtsein und die Gesetze der Physik*, Heidelberg 1992, Spektrum, S. 418.
9 zitiert in: Matt Ridley, *Francis Crick*, Eminent Lives, London 2006, Harper Press, S. 197.
10 Platon, *Der Staat. Werke in acht Bänden*, Bd. IV, Darmstadt 1971, WBG 517b, S. 563.
11 Roger Penrose, *Schatten des Geistes. Wege zu einer neuen Physik des Bewußtseins*, Heidelberg/Berlin/Oxford 1995, Spektrum, S. 417.
12 Roger Penrose, *Computerdenken. Des Kaisers neue Kleider oder Die Debatte um künstliche Intelligenz, Bewußtsein und die Gesetze der Physik*, S. 93.
13 W. D. Hart, *The Evolution of Logic*, Cambridge 2010, Cambridge University Press, S. 277.
14 G. H. Hardy, *A Mathematician's Apology*, Cambridge 1940, Cambridge University Press, S. 135.

15 zitiert in: Friedrich Otto Sauer, *Physikalische Begriffsbildung und mathematisches Denken*, Amsterdam 1977, Ed. Rodopi, S. 187, Anm. 175.
16 Max Tegmark, «Parallel Universes», *Scientific American*, Mai 2003, S. 50.
17 a.a.O., S. 49.
18 zitiert in: Paul Davies, *Der Plan Gottes. Die Rätsel unserer Existenz und die Wissenschaft*, Frankfurt a.M./Leipzig 1995, Insel, S. 173.
19 *The Basic Writings of Bertrand Russell*, Robert Egner (Hg.), New York 1961, Touchstone, S. 228.
20 a.a.O., S. 255.
21 zitiert in: Andreas Roser, *Ordnung und Chaos in Hegels Logik*, Frankfurt a.M. 2009, Lang, S. 372, Fn. 652.
22 W.D. Hart, *The Evolution of Logic*, S. 279.
23 Bertrand Russell, *Nightmares of Eminent Persons*, New York 1955, Touchstone, S. 46.
24 Platon, *Der Staat, Werke in acht Bänden*, Bd. IV, 509b, S. 545.

ZWISCHENSPIEL: *IT FROM BIT?*

1 zitiert in: Marc Lange, *Introduction to the Philosophy of Physics*, Oxford 2002, Blackwell, S. 168.
2 Richard Wilbur, «Epistemology», in: *New and Collected Poems*, Harcourt Brace Jovanovich, 1988, S. 288.
3 zitiert in: Hans-Martin Gauger, *Sprachbewußtsein und Sprachwissenschaft*, München 1976, Pipe, S. 136.
4 Max Tegmark, «Parallel Universes», *Scientific American*, Mai 2003, S. 50.
5 Arthur Eddington, *Das Weltbild der Physik und ein Versuch seiner philosophischen Deutung*, Braunschweig 1931, Vieweg, S. 254.
6 Frank Tipler, *Die Physik der Unsterblichkeit. Moderne Kosmologie, Gott und die Auferstehung der Toten*, München 1994, Piper, S. 260 f.
7 Thomas Nagel, *Der Blick von nirgendwo*, Frankfurt a.M. 1992, Suhrkamp, S. 31.
8 John R. Searle, *Mind*, Oxford 2004, Oxford University Press, S. 217.

9 Daniel Dennett, *Philosophie des menschlichen Bewußtseins*, Hamburg 1994, Hoffmann und Campe, S. 568.
10 Thomas Nagel, *Der Blick von nirgendwo*, S. 48.
11 T. L. S. Sprigge, «Panpsychism», in: *Routledge Encyclopedia of Philosophy*, Edward Craig (Hg.), London 1988, Bd. 7, Routledge, S. 196.
12 Arthur Eddington, *Das Weltbild der Physik und ein Versuch seiner philosophischen Deutung*, S. 271.
13 David Chalmers, *The Conscious Mind*, Oxford University Press, 1996, S. 305.
14 William James, *Writings. 1902–1910*, New York 1988, Library of America, S. 723.
15 William James, *Principles of Psychology*, Bd. 1, New York 1950, Dover, S. 160.
16 Roger Penrose, *Schatten des Geistes. Wege zu einer neuen Physik des Bewußtseins*, Heidelberg/Berlin/Oxford 1995, Spektrum, S. 468.
17 Roger Penrose, *The Large, the Small, and the Human Mind*, Cambridge 1997, Cambridge University Press, S. 175.
18 John R. Searle, *The Mystery of Consiousness*, New York 1997, New York Review of Books, S. 156.

II. «DAS ETHISCHE ERFORDERNIS, DASS ETWAS IST»

1 Larry Kaufman, www.hostagechess.com.
2 William James, *Principles of Psychology*, Bd. 1, New York 1950, Dover, S. 276.
3 J. L. Mackie, *Das Wunder des Theismus,* Stuttgart 1985, Reclam, S. 367.
4 David Hume, *Ein Traktat über die menschliche Natur*, Teilband 2, Hamburg 2013, Meiner, S. 487.
5 Bertrand Russell, *Philosophie des Abendlandes*, Frankfurt a. M. 1950, Holle, S. 483.
6 Lord Byron, *Manfred, Ein dramatisches Gedicht*, e-artnow, 2014, Online-Ressource.
7 Bertrand Russell, *Philosophie des Abendlandes*, S. 481.
8 Interview mit Pater Robert E. Lauder, *Commonweal*, 15. April 2010.

ZWISCHENSPIEL: EIN HEGELIANER IN PARIS

1. Georg Wilhelm Friedrich Hegel, *Enzyklopädie der philosophischen Wissenschaften. Erster Teil. Wissenschaft der Logik,* Altenmünster 2012, Jazzybee, Online-Ressource.
2. Aristoteles, *Metaphysik*, Berlin 2003, Akademie, 1003a 21, S. 49.
3. Georg Wilhelm Friedrich Hegel, *Enzyklopädie der philosophischen Wissenschaften.*
4. a. a. O.
5. a. a. O.
6. a. a. O.
7. Bertrand Russell, *Philosophie des Abendlandes*, Frankfurt a. M. 1950, Holle, S. 616.
8. Georg Wilhelm Friedrich Hegel, *Enzyklopädie der philosophischen Wissenschaften.*
9. Bertrand Russell, *Philosophie des Abendlandes*, S. 607.
10. Jean-Paul Sartre, *Die Wörter*, Reinbek 1988, Rowohlt, S. 87.

12. DAS LETZTE WORT ALLER SEELEN

1. Derek Parfit, *London Review of Books*, 22. Januar 1998 und 5. Februar 1998. Wenn nicht anders vermerkt, stammen alle Parfit-Zitate im vorliegenden Kapitel aus diesem Aufsatz.
2. Derek Parfit, *Reasons and Persons*, Oxford 1984, Oxford University Press, S. 281.
3. Steve Pyke, *Philosophers*, New York 1995, Distributed Art Publishing, S. 43.
4. Christopher Hitchens, *The Hitch. Geständnisse eines Unbeugsamen*, München 2010, Karl Blessing, S. 136.
5. Brian Greene, *Die verborgene Wirklichkeit*, München 2013, Pantheon, S. 296.
6. Jean-Paul Sartre, *Das Sein und das Nichts*, Reinbek 1994, Rowohlt, S. 63.

13. DIE WELT ALS EIN KLEINES SCHERZGEDICHT

1 John Updike, «The Dogwood Tree», in: *Assorted Prose*, Greenwich 1966, Fawcett, S. 146.
2 John Updike, Vorwort zu *Assorted Prose*, S. VIII.
3 John Updike, *Picked-Up Pieces*, Greenwich 1966, Fawcett, S. 99.
4 John Updike, *Das Gottesprogramm*, Reinbek 2002, Rowohlt; hier und im Folgenden, S. 372 ff., 271 f., 375 ff.
5 Peter W. Atkins, *The Creation*, Oxford 1981, W. H. Freeman, S. 111. (In der deutschen Ausgabe [*Schöpfung ohne Schöpfer*, Reinbek 1984, Rowohlt] nicht enthalten.)
6 Martin Amis, *The War Against Cliché*, London 2002, Vintage, S. 384.

14. DAS SELBST: EXISTIERE ICH WIRKLICH?

1 Arthur Conan Doyle, *Sherlock Holmes. Gesammelte Romane und Detektivgeschichten,* e-artnow 2013, Online-Ressource.
2 Jean-Paul Sartre, *Ist der Existentialismus ein Humanismus?*, Zürich 1947, Europa, S. 13.
3 Iwan Gonscharow, *Oblomow*, Frankfurt a. M. 2011, Fischer e-books, Online-Ressource, S. 203.
4 Richard Dawkins, *Der entzauberte Regenbogen. Wissenschaft, Aberglaube und die Kraft der Phantasie*, Reinbek 2000, Rowohlt, S. 17.
5 Bertrand Russell, *Philosophie des Abendlandes*, Frankfurt a. M. 1950, Holle, S. 493.
6 David Hume, *Ein Traktat über die menschliche Natur,* Teilband 1, Hamburg 2013, Meiner, S. 308.
7 Daniel Dennett, *Philosophie des menschlichen Bewußtseins*, Hamburg 1994, Hoffmann und Campe, S. 544.
8 Galen Strawson, *Selves. An Essay in Revisionary Metaphysics*, Oxford 2011, Oxford University Press, S. 246.
9 Thomas Nagel, *Der Blick von nirgendwo*, Frankfurt a. M. 1992, Suhrkamp, S. 76.
10 Charles Dickens, *Harte Zeiten*. 3. Theil. *Sämmtliche Werke*, 92. Bd., Leipzig 1854, Weber, S. 12.

11 Zitiert in: *The Oxford Companion to Philosophy*, Ted Honderich (Hg.),Oxford 1995, Oxford University Press, S. 817.
12 Ludwig Wittgenstein, *Notebooks (Tagebücher) 1914–1916*, englisch/deutsch, New York 1961, Harper & Brothers, Einträge vom 7.8. und 11.8.1916, S. 80.
13 Zitiert in: Derek Parfit, *Reasons and Persons*, Oxford 1984, Oxford University Press, S. 52.
14 David Hume, *Ein Traktat über die menschliche Natur*, Teilband 2, S. 327.
15 Derek Parfit, *Reasons and Persons*, S. 280.
16 Robert Nozick, *Philosophical Explanations*, Cambridge 1981, Harvard University Press, S. 87 ff.
17 Roger Scruton, *Modern Philosophy*, New York 1994, Penguin, S. 484.
18 Edmund Husserl, *Cartesianische Meditationen*, I. Meditation, Hamburg 2012, Meiner, S. 27.
19 Ludwig Wittgenstein, *Tractatus-logico-philosophicus*, deutsch/englisch, London 1922, Routledge & Kegan, S. 150.
20 Thomas Nagel, *Der Blick von nirgendwo*, S. 108.
21 a.a.O., S. 97.
22 a.a.O., S. 108 f.
23 a.a.O., S. 99.

15. RÜCKKEHR INS NICHTS

1 Arthur Schopenhauer, «Nachträge zur Lehre von der Nichtigkeit des Daseins», *Parerga und Paralipomena. III. Teil. Sämtliche Werke in zwölf Bänden*, Bd. 10, Stuttgart 1895, Cotta'sche Buchhandlung, S. 269.
2 W.v. Biedermann (Hg.), *Goethes Gespräche*, Leipzig 1889, Biedermann, IV, S. 294 f.; 19.10. 1823 Gespräch mit v. Müller und Riemer.
3 zitiert in: Simon Critchley, *The Book of Dead Philosophers*, London 2009, Vintage, S. 176.
4 Thomas Nagel, *Letzte Fragen*, Bodenheim 1996, Philo, S. 20.
5 Richard Wollheim, *The Thread of Life*, New Haven 1999, Yale University Press, S. 269.

6 Miguel de Unamuno, *Tragic Sense of Life*, Princeton 1972, Princeton University Press, S. 49.
7 Mark Johnston, *Surviving Death*, Princeton 2010, Princeton University Press, S. 138.
8 Thomas Nagel, *Der Blick von nirgendwo*, Frankfurt a. M. 1992, Suhrkamp, S. 393.
9 Derek Parfit, *Reasons and Persons*, Oxford 1984, Oxford University Press, S. 280.
10 Arthur Schopenhauer, *Die Welt als Wille und Vorstellung*, Zürcher Ausgabe, Bd. 4, Zürich 1977, Diogenes, S. 670.
11 Roger Scruton, *Modern Philosophy*, New York 1994, Penguin, S. 464.

EPILOG: ÜBER DER SEINE

1 Die Fernsehsendung war *Bouillon de Culture*, der Dominikanerpriester Jacques Arnould, der Physiker Jean Heidmann, der 2000 starb, und der buddhistische Mönch Matthieu Ricard.

REGISTER

Abhandlung über die menschliche Natur (Hume) 343, 345, 347 f.
Abhängigkeitsaxiom 95 f.
Abraham, Prophet 91
absolutes Nichts 13, 33, 35, 53, 67–73, 75–85, 97, 216, 282, 308
Aga Khan 124
Alice hinter den Spiegeln (Carroll) 65
Alice im Wunderland (Carroll) 72
Allen, Woody 286 f., 301, 325
Alle-Welten-Möglichkeit 299–302, 318–320
Altes Testament 140
Amis, Martin 19, 328
Analysis, s. Infinitesimalrechnung
Anarchie, Staat, Utopia (Nozick) 43
Anfangsbedingungen 209 f.
Anaximander 31
Angst 46, 52, 64, 325, 345, 362, 364
Animismus 139, 259
Anselm von Canterbury 129, 143, 145 f., 152–154, 156, 160, 211
anthropisches Prinzip 136, 210, 213, 223, 278, 324

Appearance and Reality (Bradley) 69
Aristoteles 17, 31, 74, 102, 113, 150, 179–181, 249, 258, 290, 293, 331
«Ascending and Descending» (Escher) 232 f.
Atheismus 11, 14, 23, 37, 39, 58, 92, 94, 101, 134, 145, 156, 159, 162, 187, 274 f., 285, 328
Atkins, Peter 58, 130, 328
Atome 39, 69 f., 189, 196, 246, 250 f., 262, 279, 308, 346
Auf der Suche nach der verlorenen Zeit (Proust) 44, 52
Augustinus von Hippo 95
Axiarchismus 49, 265, 270, 275–284, 287, 300–302, 312, 339
Ayer, A. J. «Freddy» 36

Bantu 30
Barth, Karl 63, 325 f., 329, 335 f.
Barthes, Roland 252
Bayes-Theorem 129
Beatles 65, 123
Beauvoir, Simone de 127, 289 f.
Beckett, Samuel 47
Bell Labs 40
Bergson, Henri 34 f., 68, 70 f., 78

Berlin, Isaiah 170
Bhagavad Gita 119–121
Bibel 39, 95, 143, 333
Bieberbach, Ludwig 92
Bierce, Ambrose 372
Big Bang s. Urknall
«Big Bounce» 116
«Big Crunch» 41, 113, 116, 169
Blasen-Universen 117, 222, 227
Block, Ned 257, 373
Bohm, David 39
Bondi, Hermann 115
Boswell, James 357
Boubal, Paul 289
Bradley, F. H. 69 f.
British Journal for the Philosophy of Science 93
Buddha Shakyamuni (Siddharta Gautama) 348
Buddhismus 20, 47, 54, 92, 360, 369–372
Budé, Guillaume 368
Burnyeat, Myles 65
Buße 142 f., 361
Byron, George Gordon Lord 168 f., 286

Camus, Albert 286
Candide (Voltaire) 17, 32
Cantor, Georg 53, 243
Carlyle, Thomas 49
Carnap, Rudolf 65
Carroll, Lewis 65
Chalmers, David 260 f.
«chaotische Inflation» 21, 24, 222, 225, 264
Cheever, John 366

Chemie 98, 214
Chesterton, G. K. 329
Cioran, E. M. 47, 286
Clarke, Samuel 150
COBE-Satellit 24, 195
Coleridge, Samuel Taylor 61, 68, 121
Computerdenken (Penrose) 233
Connes, Alain 230
Copleston, Frederick 37
Cramm, Gottfried Baron von 124
Crick, Francis 234

Danto, Arthur 28, 233
Darwin, Charles 12, 173
Das Gottesprogramm (Updike) 58, 326, 329, 331
Das Sein und das Nichts (Sartre) 10, 63 f., 124, 126 f., 289–292, 309
Das tragische Lebensgefühl (Unamuno) 358
Das Wort Gottes und die Theologie (Barth) 329
Das Wunder des Theismus (Mackie) 275
Davies, Paul 220 f., 225 f.
Dawkins, Richard 11–13, 89, 94, 107 f., 130, 134, 139, 153 f., 159, 167, 271 f., 341
Dead of Night (Film) 115
Dedekind, Richard 58
Dennett, Daniel 257 f., 343
Der Blick von nirgendwo (Nagel) 102
Der Ekel (Sartre) 47, 201

Der Gotteswahn (Dawkins) 89, 107f., 130, 153, 341
Der Staat (Platon) 230, 234, 248, 266
Der Traum von der Einheit des Universums (Weinberg) 198
De Rerum Natura (Lukrez) 356
Descartes, René 15, 81, 95, 124–127, 129, 145, 152, 177, 262, 338, 342f.
Des Teufels Wörterbuch (Bierce) 372
Deutsch, David 165–179, 183, 220
DeVito, Danny 90
DeWitt, Bryce 165
dialektischer Materialismus 39
Dialoge über die natürliche Religion (Hume) 18, 118f.
Dickens, Charles 344
Die große Kette der Wesen (Lovejoy) 15
Die kirchliche Dogmatik (Barth) 63
Die Physik der Welterkenntnis (Deutsch) 167f., 177
Die Schöpfung (Haydn) 49
Die ersten drei Minuten (Weinberg) 198, 219
Dirac-Gleichung 103
DNA 340
Don Giovanni (Mozart) 46
Donne, John 63
Douglas, Jimmy 123
Dreyfus-Affäre 44
Dyson, Freeman 199, 336

Eddington, Arthur 40, 253f., 259
Einfachheit 62, 85, 88, 96, 98, 105–108, 130, 133f., 137–139, 145, 147, 159, 183, 303, 310, 312–319, 322
Einführung in die Metaphysik (Heidegger) 10
Einstein, Albert 19, 38–40, 52, 70, 73f., 92, 104, 115, 188f., 191f., 195f., 198, 245, 253, 262, 265
Elektromagnetismus 109, 197, 272, 278f.
Elemente (Euklid) 242
Elizabeth II., Königin von England 232
Energie 15, 24, 39, 57, 74f., 78, 104f., 120f., 169, 191–194, 197, 210, 245, 252f., 273, 367
Entfremdung 361
Entropie 87f., 222, 336
Ereignishorizont 232
Erhaltungsgesetze 77f., 105, 120
Erklärungskette 144, 150, 179–182
Escher, M. C. 233
Ethik (Spinoza) 274f.
Euklid 70, 242, 275
Everett III., Hugh 166, 226
Evolution 11, 13, 70, 108, 167f., 173, 187, 188, 210, 216
Ewigkeit 39, 99, 114, 116, 118, 143, 188, 195, 231, 360
Existenzialismus 10, 16, 63–65, 201

Faraday, Michael 250
Fermat, Pierre de 55, 92, 205
Feynman, Richard 106, 165–167, 224, 231, 245, 253
Fichte, Johann Gottlieb 349 f.
Field, Hartry 247
Flashdance (Film) 90
Fredkin, Ed 245
Freud, Sigmund 46, 89, 356
Friedmann, Alexander 116
Fruchtbarkeitsprinzip 43, 183–186, 213–215, 244
Fülle, Prinzip 184
Fuller, Margaret 49
Fundierungsprinzip 318–322
Funktionalismus 256

Galileo Galilei 38, 74, 115, 173, 231
Gamow, George 192
Gardner, Martin 220, 225
Gaunilo von Marmoutiers 156
Gehirn 137–139, 174 f., 204, 234, 237–239, 257, 259–262, 332, 346 f., 365
Gell-Mann, Murray 224
Gene 340 f.
George I., König von England 32
Ghazali, Abū Hāmid Muhammad ibn Muhammad al- 113–115
Gingerich, Owen 14
Gnostiker 51
Gödel, Kurt 157 f., 161, 230 f., 233, 238, 240
Goethe, Johann Wolfgang von 356
Gold, Thomas 115

Gontscharow, Iwan 340
«Gottes Universum» (Gingerich) 14
Gravitation 24, 26, 46, 92, 109, 116, 139, 189, 191, 196, 212, 217, 233 f., 247, 273
griechische Antike 30, 35, 49, 54, 56, 66, 87, 95, 184, 249, 265
Greene, Brian 309
Gribbin, John 189
Grünbaum, Adolf 89–106, 108, 110–112, 129 f., 132, 144
Grünbaum, Thelma 110
Guth, Alan 25, 193

Hamilton-Operator 166
Harte Zeiten (Dickens) 344
Hasenherz (Updike) 247
Hardy, G. H. 243
Hawking, Stephen 12, 73, 94, 189, 198 f., 208 f., 216 f., 219, 224, 232, 280
Haydn, Franz Joseph 49
Heckmann, Otto 40
Hegel, Georg Wilhelm Friedrich 34, 91, 289–293, 349, 361, 366
Heidegger, Martin 29, 35 f., 46, 61, 64, 67, 94, 97, 273, 315, 330, 366
Heisenberg, Werner 18, 190–192, 218, 251
Heraklit 31
Higgs-Feld 75, 327
Hinduismus 116
Hintergrundstrahlung 116, 195, 222, 225, 334

Hitchens, Christopher 11 f., 306
Hitler, Adolf 92
Höhlengleichnis (Platon) 177, 234 f., 240, 280
Holocaust 50, 130
Hoyle, Fred 40, 115
Hubble, Edwin 39
Hubble-Weltraumteleskop 334
Hume, David 18, 33 f., 36, 118, 281, 343, 345, 347 f., 356 f.
Husserl, Edmund 349
Hutchinson, Sara «Asra» 61
Hutton, Barbara 123
Huxley, Julian 187
Hylemorphismus 249

Immortality Defended (Leslie) 265
Infinitesimalrechnung 32, 56, 125
Information 59 f., 87, 253 f., 257, 280
Islam 31, 113, 140
Is There a God? (Swinburne) 128
Ist das Leben nicht schön? (Film) 75 f.

Jackson, Frank 255
James, William 22, 26, 45, 259, 261 f., 268, 280
Jeans, James 231
Jeremia, Prophet 140
Jesus Christus 142, 307, 335
Johnston, Mark 359
Jones, Archilochus 61
Joyce, James 9
Judentum 31, 48, 91, 130, 140

Kant, Immanuel 33 f., 70, 91, 114 f., 154 f., 160, 163, 262, 349
Katastrophentheorie 230
Katholizismus 39, 91 f., 114, 143, 362, 367
Kausalität 34, 42, 103, 118, 128, 283, 302
Kepler, Johannes 173
Kernkraft 70, 109, 197
Kierkegaard, Søren 34, 46, 325, 329
Konstanten 26, 108, 115, 135 f., 210, 277, 278
Kombinationsproblem 261 f.
Kopernikus, Nikolaus 38
«kosmische Zensur» 232
«kosmischer Strukturalismus» 252, 258
«kosmisches Bootstrap-Programm» 328
Kosmogonie 21, 25, 27, 30, 191, 194, 328, 367
kosmologische Konstante 115, 210
Kripke, Saul 157
«Kubla Khan» (Coleridge) 121
Küng, Hans 273
künstliche Intelligenz 174, 240
Kurze Abhandlung von Gott, dem Menschen und seinem Glück (Spinoza) 275

Lagerfeld, Karl 124
Ladung 77, 251, 253
Ladungserhaltung 77
Laplace, Pierre-Simon 13

Leibniz, Gottfried Wilhelm 14 f.,
  32 f., 56 f., 72, 62, 85, 93 f., 97,
  99 f., 125–127, 130, 145,
  150–152, 280, 284, 298,
  300 f., 317, 369, 371
Leiden 47, 130, 141 f., 269 f., 274,
  282, 286, 307, 360
Lemaître, Georges 38
Lenin, Wladimir Iljitsch 39
Leonardo da Vinci 88
Leslie, John 225, 264–280, 282,
  285–287, 290, 298, 300, 304,
  322, 339
Lévi-Strauss, Claude 252, 368
Lewis, David K. 59, 224
Lichtenberg, Georg Christoph
  342
Linde, Andrei 23–27, 222, 264
logischer Positivismus 36, 42, 65
Lovejoy, Arthur 15, 28
Lovell, Bernard 28
Ludwig XIV., König von Frankreich 125
Lukrez (Titus Lucretius Carus)
  356
Lurija, Alexander 69

Mackie, John 162, 275 f.
Maimonides 31
Mathematik 16, 92, 229–253, 290
  angewandte 243
  und Atome 251
  endliche Zahlen 56, 75, 85, 180
  und Materie 45, 249–251
  und Mystik 229
  Null 54–59, 67
  Platoniker 229 f.

Primzahlen 205, 242, 302
Wenn-dann-Wahrheiten 243
unendliche Reihen 56 f.
Unendlichkeit 16, 32, 45, 53,
  56, 85 f., 307
Meditationen (Descartes) 338
Mendelejew, Dmitri
  Iwanowitsch 98
Merleau-Ponty, Maurice 293
Metaphysik (Aristoteles) 290
«Metaphysics Explained for You»
  (Jones) 81
«Midpoint» (Updike) 325
Milchstraße 76, 117
Mitford, Nancy 124
Modallogik 157–162
Monaden 32
Montaigne, Michel de 208, 368
Moore, G. E. 268
Moreau, Jeanne 124
Morgenbesser, Sidney 28, 171
Moses 147
Moyers, Bill 19
Multiversen 77, 117, 122, 135 f.,
  166–168, 171, 174, 176, 178,
  184, 210 f., 213, 218, 220–228,
  244, 265, 278 f., 299, 309
Munitz, Milton 82

Nagel, Thomas 102, 255, 258,
  260, 282, 344–346, 351 f.,
  354, 357, 359
Napoleon Bonaparte 13, 158,
  353 f.
natürliche Selektion 13, 108
Neues Testament 140
Neumann, John von 87

Newton, Isaac 13, 32, 38, 56, 72,
 99f., 103, 115, 139, 150, 173,
 189, 209, 212, 214, 247, 249f.
Nichts s. absolutes Nichts
Nirwana 47, 100, 360
Nozick, Robert 43, 64, 181–186,
 213f., 244, 308f., 322, 348f.
Null 21, 54f., 57f., 62, 73, 77f.,
 85, 137, 111, 189f., 192
 -Welt 84–88, 94, 97f., 100,
 105, 108, 184
 -Möglichkeit 80, 299–302,
 304, 308–310, 313–315,
 318–321

Oblomow (Gonscharow) 340
Ockhams Rasiermesser 85, 106,
 225, 254
Ödipus auf Kolonos (Sophokles)
 341
ontologischer Gottesbeweis 146,
 151–163, 180, 211
oszillierende Reihe (Leibniz) 57
«oszillierendes Universum»
 115f., 122

Panpsychismus 259–263
Paralleluniversen s. Multiversen
Parfit, Derek 102, 295–316,
 347f., 354, 360
Parmenides 62, 65f.
Pascal, Blaise 325
Pauli'sches Ausschließungs-
 prinzip 251
Peirce, C.S. 17, 228
Penrose, Roger 52, 189, 232–247,
 262, 290

Penrose-Dreieck 233
Penzias, Arno 41
Periodensystem 108
«Personal Identity» (Parfit) 296
Phänomenologie 350, 358
Philosophenfehlschluss 69, 356
Philosophical Explanations
 (Nozick) 43, 182–185
Picked-Up Pieces (Updike) 325
Pirahã 30
Pius XII., Papst 39
Pivot, Bernard 369, 371
Planck, Max 106, 326
Plantinga, Alvin 145, 158–162,
 211
Platon 16f., 31, 66, 141, 177,
 184, 217, 228–235, 237–249,
 254, 264–267, 270–280, 287,
 298, 304, 339
Platonismus 230, 244f., 247f.
Polkinghorne, John 264
Polychemie 98
Pope, Alexander 229
Popper, Karl 212
Principles of Psychology
 (James) 259
Prinzip des zureichenden Grun-
 des 14f., 32, 109, 117f., 121f.,
 144, 151, 317–319, 321f.
Proust, Marcel 44, 52, 94, 296f.
Putnam, Hilary 226
Pyke, Steve 305
Pythagoras 228, 237

Quanten
 -feldtheorie 21, 45, 162, 166,
 175f., 189–194, 196, 208,

210–212, 216, 218, 220,
223 f., 226 f., 232–234, 240,
247, 250, 253, 261 f., 276, 331,
370, 372
-fluktuation 12, 223, 370
-kosmologie 44, 102, 189 f.,
196 f.
-mechanik 42, 165–167, 171,
175, 190, 194, 196
-Multiversum 167 f., 176, 178
-unschärfe 191, 196, 211
-vakuum 176, 193, 290
-verschränkung 262, 265
Quine, Willard Van Orman 83 f.,
246 f., 307

Raumzeit 21, 38, 70, 72, 84,
104 f., 117, 188, 193–195,
221, 253, 245, 327, 351
Reasons and Persons (Parfit) 297
Rees, Martin, Baron Rees of
Ludlow 264
Relativitätstheorie 38 f., 41, 70,
72, 92, 104, 188 f., 195 f., 198,
208, 217, 232, 235, 245, 247,
265, 333
Rescher, Nicholas 18
Retrokausalität 103
Robinson, Edward G. 90
Rochester, John Wilmot, Earl of
61
Rolling Stones 123, 366
Rubirosa, Porfirio 123
Rundle, Bede 49, 54
Russell, Bertrand 38, 83, 152 f.,
162 f., 179, 214, 245, 247, 254,
259, 268, 285 f., 292 f., 341

Sandage, Allan 187
Sartre, Jean-Paul 10, 47, 63 f., 124,
126 f., 132, 201, 280, 289–291,
293, 309, 340, 349, 366, 372
Saussure, Ferdinand de 252
Scheler, Max 53
Schelling, Friedrich 34, 349
Schopenhauer, Arthur 29, 46 f.,
91–93, 152, 286, 301, 345,
356, 360
Schöpferische Entwicklung
(Bergson) 34 f.
Schöpfungsmythen 29–32
Schrödingers Katze 224
schwarze Löcher 52, 59, 81, 175,
232, 235, 253, 259, 283
Science without Numbers (Field)
247
Scruton, Roger 350, 361
Searle, John R. 256–258, 263
Selektor 287, 302–304,
310–315, 317–320, 322
Selbstsubsumption 181–183,
185 f., 197, 218
Schatten des Geistes (Penrose)
233–235, 262
Shannon, Claude 87
Singularität 12, 79, 99 f., 104,
188 f., 208, 232, 235
Smart, J. J. C. «Jack» 101, 106, 264
Sokrates 66, 208, 248, 357
Sonnensystem 13, 209, 250
Somewhere in Time (Film) 121
Sontag, Susan 127
Sophokles 341
Spinoza, Baruch 51 f., 140, 274 f.,
285 f., 338

Spontaneität 94f., 112
Sprache 30, 36, 38, 66f., 183,
    231, 247, 252
Sprigge, T.L.S. 258
Steady-State-Universum 115f.
Steiner, George 331
Stewart, James 75
Strawson, Galen 343f.
Stringtheorie 179, 210, 212f.,
    227, 250, 300, 309, 334
Strukturalismus 252
    «kosmischer» 252, 258
Susskind, Leonard 227f.
The Swimmer (Cheever) 366
Swinburne, Richard 128–149,
    151, 163, 171, 181, 183, 220,
    273f., 290, 373

«Taschen-Universen» 213
Tegmark, Max 244–246, 252f.
Temple, William 95
Tennyson, Alfred Lord 9
Thales 31, 45, 98, 108
The Analysis of Matter (Russell)
    252, 259
The Dunciad (Pope) 229
The End of the World (Leslie) 265
«The Mathematician's Nightmare»
    (Russell) 247
The Mind of a Mnemonist
    (Lurija) 69
The Mystery of Existence
    (Munitz) 82
The Nature of Necessity
    (Plantinga) 161f.
The Nature of the Physical World
    (Eddington) 259

Thermodynamik 87
Thom, René 230
Thomas von Aquin 32, 95, 114,
    129, 134, 143, 146, 152, 331,
    336
Thorne, Kip 232
Tipler, Frank 254f.
Tod 29, 36, 64, 265, 284, 297,
    325, 356–369
Tod eines Handlungsreisenden
    (Miller) 333
Tolkien, J.R.R. 170
Tolstoi, Leo 46
Torricelli, Evangelista 74
Tractatus logico-philosophicus
    (Wittgenstein) 28, 26, 217,
    330, 350
transzendente Ideen (Platon)
    216f., 230
Transzendentalismus 14, 49,
    140, 349
Tryon, Ed 191f., 219
Turing, Alan 166, 169
Twistor-Theorie 232

Ulysses (Joyce) 9
Ulysses (Tennyson) 9
Unamuno, Miguel de 358
Unschärferelation 18, 190f.,
    196, 211, 251
universell freie Logik 83
Unverzichtbarkeitsargument
    246
Unvollständigkeitssatz (Gödel)
    157, 233, 240
Updike, John 29, 48, 58,
    324–326, 328–337, 339

Upon Nothing (Rochester) 61
Urknall 12f., 17, 23f., 40f., 79, 99f., 103–105, 116f., 134, 178, 188f., 194–198, 208, 222, 225, 327

Vakuum 12, 21, 24, 74f., 175f., 190, 192–195, 208, 276, 290, 292, 327, 331, 336
Value and Existence (Leslie) 268
Varghese, Roy Abraham 14
Verlorenes Paradies (Milton) 284
Verstand 18f., 28, 53, 102, 106, 144, 233, 332–335
Verständlichkeit, Prinzip 174
Viele-Welten-Interpretation, s. a. Multiversen 166, 224–226, 299, 301
Viktoria, Königin von England 9
Vilenkin, Alex 107, 73, 193–195, 197, 208f., 216, 219, 290
Voltaire 17, 25, 32
Von der Nichtigkeit des Daseins (Schopenhauer) 356

«Wasserfall» (Escher) 233
Weinberg, Steven 107, 197–200, 202f., 206–215, 218–220, 223, 227f., 278, 301, 304
Weltformel 109, 197f., 207, 209f., 215, 217–219, 301
Weltkrieg, Erster 36
Weltkrieg, Zweiter 92, 166
Wissenschaft der Logik (Hegel) 289–293

Wheeler, John Archibald 52, 59, 165, 176, 253
Whitehead, Alfred North 285
«Why Anything? Why This?» (Parfit) 296f., 299–303
Why There Is Something Rather than Nothing (Rundle) 71f.
Wigner, Eugene 231
Wikinger 30
Wille 33, 46f., 51, 141, 163, 168, 174, 290, 305
Williams, Bernard 346, 353
Williams, Tennessee 48
Williamson, Timothy 45
Wittgenstein, Ludwig 28, 35–37, 46, 84, 101, 114, 207, 217f., 280, 307, 331, 345, 350, 355
Wolfram, Stephen 245
Wollheim, Richard 358
Woozley, A. D. 18

Zeit 12f., 21, 34, 58, 87, 89, 99f., 102–104, 114, 116, 118, 121, 168, 188, 190, 192–195, 215, 238, 244, 254, 305, 327f., 331, 334, 359
Zenon von Elea 110, 114
Zensur, kosmische (Penrose) 232
Zermelo, Ernst 58
zureichender Grund, Prinzip, s. Prinzip des zureichenden Grundes
Zweite Analytik (Aristoteles) 179f.
Zwecksursache 17